中国田野考古报告集

考 古 学 专 刊

丁种第一百零九号

辽 祖 陵

2003～2010年考古调查发掘报告

第二册

中国社会科学院考古研究所
内蒙古自治区文物考古研究院　编著

文物出版社

北京·2022

Zuling Mausoleum of the Liao Dynasty:

Report on the Archaeological Surveys and Excavations from 2003–2010

(II)

By

Institute of Archaeology, Chinese Academy of Social Sciences

Institute of Cultural Relics and Archaeology, Inner Mongolia Autonomous Region

Cultural Relics Press

Beijing · 2022

四　出土遗物

甲组建筑基址由三个单体建筑组成。下面分别介绍这三个单体建筑的出土遗物。

（一）西基址（J1）

J1 出土遗物不太多。主要有三类。第一类是石僧人像、残石佛像、铁马镫和铜钱等日常生活遗物；第二类是砖瓦等建筑材料，有板瓦、筒瓦、瓦当、滴水、鸱兽残块、砖等；第三类为碑片残块。需要说明的是，为了更好地认识 J1 基址的年代和性质，这里将清理出的遗物分为两组。第一组是 J1 基址遗物，第二组为表土层及基址外出土遗物。

1. J1 出土遗物

（1）日常生活遗物

1）铁器

共 28 件。均锈蚀。

刀　1 件。

08JJ1①：9，残。直背，直刃，刃部有使用形成的豁口。刀柄较刀身窄，系与刀身一同捶打而成。通长 34.5、刀身长 25.6、刀身宽 5.8、刀背厚 0.4~0.5、刀柄宽 2.9~3 厘米（图 3-2-8，1；图版二九六，1）。

刮刀　1 件。

08JJ1①：28，銎口略残。匕形身，双刃，截面略呈扁椭圆形。刀身略弧。圆锥形中空銎，顶端对称分布有圆孔。通长 25.6、刃宽 1~2.1、径 4.3 厘米（图 3-2-8，2；图版二九六，2）。

锅　2 件。均残。

08JJ1①：14，平口，内折沿，鼓肩，斜弧腹。外壁肩部有一道合范痕，腹部有一个干形铸纹，底部缺失。口部残宽 2.5、腹厚 0.7、残高 31、宽 29.5 厘米（图 3-2-8，3；图版二九六，3）。

08JJ1①：79，尖唇，内折沿，斜折肩，弧腹。残高 10.8、宽 10.2、厚 0.4 厘米（图 3-2-8，4；图版二九六，4）。

马镫　3 件。平面呈梯形，上端窄，有一长方形穿孔，下端宽，铸有踏板。

08JJ1①：24，踏板扁平，两侧下凹，其中一侧内凹明显，背面中部有脊。通高 18.3、宽 10~16、踏板宽 5.9、穿孔长 7.9、宽 1 厘米（图 3-2-8，5；图版二九六，5）。

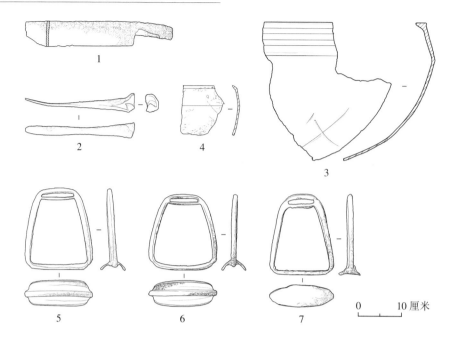

图 3-2-8　甲组建筑基址西基址出土铁器

1. 刀（08JJ1 ① : 9）　2. 刮刀（08JJ1 ① : 28）　3. 锅（08JJ1 ① : 14）　4. 锅（08JJ1 ① : 79）　5. 马镫
（08JJ1 ① : 24）　6. 马镫　（08JJ1 ① : 25）　7. 马镫　（08JJ1 ① : 41）

　　08JJ1 ① : 25，踏板扁平，两侧下凹，背面中部有脊。通高 17.1、宽 9~14.8、踏
板宽 5.9、穿孔长 6.5、宽 0.9 厘米（图 3-2-8，6；图版二九六，6）。

　　08JJ1 ① : 41，踏板横截面呈弧形。通高 18.2、宽 8.7~14.9、踏板宽 5.1、穿孔长
5.9、宽 1.1 厘米（图 3-2-8，7；图版二九七，1）。

　　镞　3 件。依据形制的不同，可分为四棱镞、亚腰镞两类。

　　四棱镞　2 件。

　　08JJ1 ① : 10，略残。矛形锋，横截面呈菱形，长铤。长 7.5、锋长 4.5、锋宽 0.3~
0.9、铤残长 3.2 厘米（图 3-2-9，1；图版二九七，2）。

　　08JJ1 ② : 17，柳叶形锋，截面呈菱形，铤细长。长 10.8、锋宽 1、铤长 5.6 厘米（图
3-2-9，2；图版二九七，3）。

　　亚腰镞　1 件。

　　08JJ1 ② : 18，平头，铲刃，长身，亚腰。镞身截面呈方形，箭铤向尾部渐细。
长 12.2、刃宽 1、铤长 4.1 厘米（图 3-2-9，3；图版二九七，4）。

　　钩　1 件。

　　08JJ1 ① : 38，钩身一端折弯成 90°，一端打制成环状并套一鼻钉。鼻钉长 4、
总长 10.6 厘米（图 3-2-9，4；图版二九七，5）。

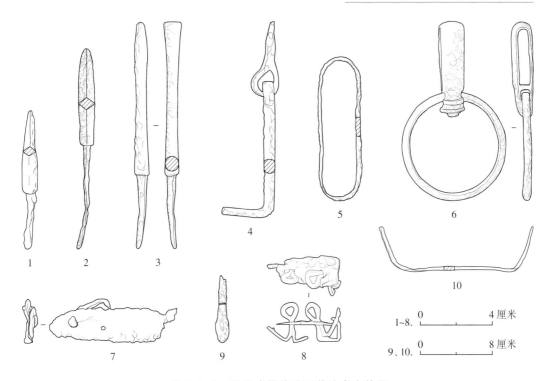

图 3-2-9 甲组建筑基址西基址出土铁器

1. 四棱镞（08JJ1①：10） 2. 四棱镞（08JJ1②：17） 3. 亚腰镞（08JJ1②：18） 4. 钩（08JJ1①：38）
5. 带环（08JJ1①：31） 6. 带环（08JJ1②：6） 7. 饰件（08JJ1①：43-1） 8. 饰件（08JJ1①：43-2）
9. 饰件（08JJ1①：76） 10. 饰件（08JJ1①：77）

带环　2件。

08JJ1①：31，锈蚀。系用一根铁条围成椭圆环形。长 7.8、宽 2.5、壁厚 0.2~0.3厘米（图 3-2-9，5；图版二九七，6）。

08JJ1②：6，分两部分。一部分为圆形，另一部分平面呈长方形，侧端有两个穿孔。穿孔一个近长方形，一个近方形。方形穿孔内有一圆铁环。通长 9.7、环径 5.9 厘米（图3-2-9，6；图版二九八，1）。

饰件　4件。

08JJ1①：43-1，长方形铁片，一端弧形，另一端残。弧形一端有铁钉。残长 7.1、厚 0.1、宽 2.4 厘米（图 3-2-9，7；图版二九八，2）。

08JJ1①：43-2，不规则长方形铁片上有两个鼻钉。鼻钉系用铁条弯成。钉身弯曲。残长 4.2、宽 1.7、厚 0.2 厘米（图 3-2-9，8；图版二九八，3）。

08JJ1①：76，用一块铁片纵向卷曲而成。铁片一端残缺，另一端略大并有一穿孔。残长 7.3、宽 1.7 厘米（图 3-2-9，9；图版二九八，4）。

08JJ1①：77，用一根铁条弯成近弓形。铁条一端宽，另一端渐细成尖。通长

17.3、铁片宽 0~1.1、总宽 4.9 厘米（图 3-2-9，10；图版二九八，5）。

钉   6 件。依形制差异，可分为圆帽钉、折帽钉、带环鼻钉三类。

圆帽钉   1 件。

08JJ1 ①：3，实心钉帽，呈圆形隆起。钉身锥状，近尖部为四棱锥形。长 17.3、帽径 1.7 厘米（图 3-2-10，1；图版二九八，6）。

折帽钉   2 件。

08JJ1 ①：1，钉帽扁平状，钉身四棱锥状，上部因捶打而弯折。长 19.2、帽宽 1~1.5 厘米（图 3-2-10，2；图版二九九，1）。

08JJ1 ②：28-2，钉帽呈不规则方形，钉身四棱锥状，弯曲呈近直角。长 5、宽 0.4~0.8 厘米（图 3-2-10，3；图版二九九，2）。

带环鼻钉   3 件。

08JJ1 ①：47，鼻钉内套一圆形铁环。鼻钉系用铁条弯成。钉身有圆形铁垫片，并分别向两侧折弯。总长 3.9、鼻钉套环径 1.6、铁垫片径 2.1 厘米（图 3-2-10，4；图版二九九，3）。

08JJ1 ②：8，鼻钉用铁片弯成，下部两片平齐并合。钉身四棱体，由顶端至尾端渐细，下部略弯折。长 10.1、鼻穿宽 2.5、环径 2.3、厚 0.2~0.4 厘米（图 3-2-10，

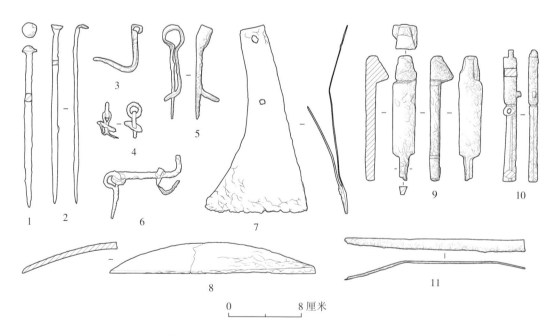

图 3-2-10   甲组建筑基址西基址出土铁器

1. 圆帽钉（08JJ1 ①：3）   2. 折帽钉（08JJ1 ①：1）   3. 折帽钉（08JJ1 ②：28-2）   4. 带环鼻钉（08JJ1 ①：47）
5. 带环鼻钉（08JJ1 ②：8）   6. 带环鼻钉（08JJ1 ②：19）   7. 铁器（08JJ1 ①：78）   8. 铁器（08JJ1 ①：82）
9. 铁器（08JJ1 ②：12）   10. 铁器（08JJ1 ②：13）   11. 铁器（08JJ1 ②：28-1）

5；图版二九九，4）。

08JJ1②：19，系用铁条制成。一端折弯成钩状，一端弯成圆环状，内套一鼻钉。钩身上套一用铁片打制的构件。钩长8、鼻钉长5.2厘米（图3-2-10，6；图版二九九，5）。

其他铁器 5件。

08JJ1①：78，平面近梯形，侧面呈"V"形。系把两片近梯形铁片的较宽边连在一起，形成一个"V"形铁器。一片完整，另一片残存一半。较窄端有上、下两个钉孔，较宽边似刃部。长20.2、宽11.4厘米（图3-2-10，7；图版三〇〇，1、2）。

08JJ1①：82，残块呈扇形。尖唇，敞口，斜腹。残长23、厚0.4~0.9、残高3.4厘米（图3-2-10，8；图版二九九，6）。

08JJ1②：12，正视近中字形，侧视为竖"J"形。长13.4厘米（图3-2-10，9；图版三〇〇，3、4）。

08JJ1②：13，一端截面为长方形，另一端截面为菱形。长方形端顶部制成榫头状，侧面近下部有一长方形卯口，内置一铁片。菱形端上部有一圆孔。长14、宽1.3厘米（图3-2-10，10；图版三〇〇，5）。

08JJ1②：28-1，系用扁铁片打制而成。一端残，一端略呈尖状。器身略弯曲。残长20、宽0.7~1.5、厚0.2厘米（图3-2-10，11；图版三〇〇，6）。

2）铜器

共2件。

鱼 1件。

08JJ1①：44，残。剖面呈弓形。鱼身棱形，鱼尾三角形。鱼身上、下鱼鳍处各设一穿孔。鱼眼镂空。头部用双弦纹与身体隔开，鱼鳞用网格纹表现，鱼尾部残缺。长3.9、宽2.5、厚0.2厘米（图3-2-11，1；图版三〇一，1）。

圆形莲花纹器 1件。

08JJ1①：23，墨绿色，呈盆形。中心有一较大的孔，孔边有一较小的孔。外侧四周饰双层莲瓣，每层10瓣，推测为铜灯构件。直径7.8~8.1、厚0.5、高2.5厘米（图3-2-11，2；图版三〇一，2）。

3）瓷器

共6件。有芒口盘、鸡腿瓶等，均残。

芒口盘 1件。

08JJ1①：50，葵瓣形敞口，圆唇，斜腹，内圈底，外圈足。白胎较细，内外壁满釉，釉色微泛灰。内底饰一周凹弦纹，弦纹内饰江涛双鱼纹。复原径20、底径5、高2.5厘米（图3-2-12，1；图版三〇一，3、4）。

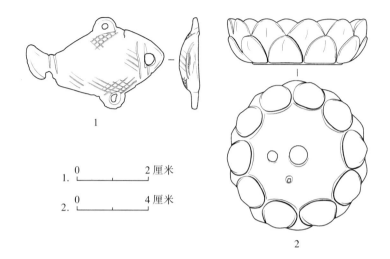

图 3-2-11 甲组建筑基址西基址出土铜器

1.鱼（08JJ1①：44） 2.圆形莲花纹器（08JJ1①：23）

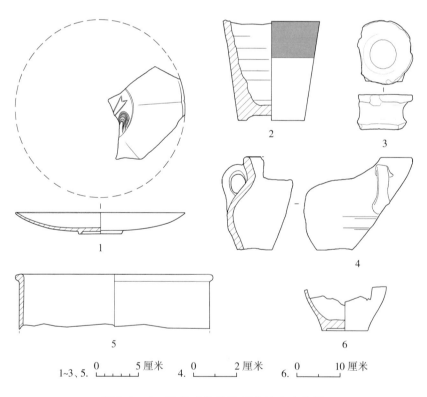

图 3-2-12 甲组建筑基址西基址出土瓷器

1.芒口盘（08JJ1①：50） 2.鸡腿瓶底（08JJ1①：69） 3.瓶（08JJ1①：67）

4.口沿（08JJ1①：80） 5.口沿（08JJ1①：81） 6.器底（08JJ1①：68）

鸡腿瓶底　1件。

08JJ1①：69，上残，仅余器底。平底内凹。夹砂灰胎，质粗糙，施白釉。釉不及底。内壁未施釉。残高11.2、底复原径7.6厘米（图3-2-12，2；图版三〇一，5）。

瓶（残片）　1件。

08JJ1①：67，折沿，矮颈，下残。夹砂灰胎，质粗糙。外壁施化妆土，敷透明釉。内壁直接施透明釉，色微泛青。残高4、残宽6.5~7.3厘米（图3-2-12，3；图版三〇一，6）。

口沿　2件。

08JJ1①：80，圆唇，直口，矮颈，鼓肩，弧腹。下残。灰褐粗胎，黑釉。残高4.2、残宽5.1厘米（图3-2-12，4；图版三〇二，1）。

08JJ1①：81，平口，折沿，下残。灰白胎，质微粗。敷化妆土后施釉，色近铅白。残宽10、残高6.1厘米（图3-2-12，5；图版三〇二，2）。

器底　1件。

08JJ1①：68，浅圈足，底心平。夹砂灰胎，质粗糙。器外壁敷化妆土，内、外壁均施釉，色呈乳白。内壁有明显拉坯痕，内底积釉，外底无釉露胎。底径10.8、残高10、壁厚1厘米（图3-2-12，6；图版三〇二，3）。

4）陶器

共1件。

围棋子　1件。

08JJ1①：4，灰色。平面呈圆形。径1.6、厚0.4~0.6厘米（图3-2-13，1；图版三〇二，4）。

5）骨器

共2件。

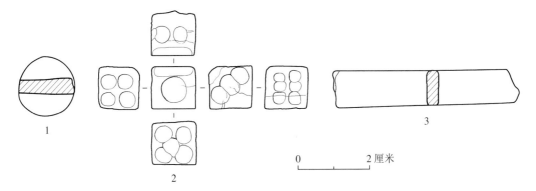

图3-2-13　甲组建筑基址西基址出土陶器、骨器

1.陶围棋子（08JJ1①：4）　2.骨骰子（08JJ1①：11）　3.骨器（08JJ1②：10）

骰子 1件。

08JJ1①：11，灰褐色，已开裂。立方体，点数清晰，对面数之和为七。宽1.3厘米（图3-2-13，2；图版三〇二，5）。

骨器 1件。

08JJ1②：10，平面呈长方形，两端残。残长5.3、宽1厘米（图3-2-13，3；图版三〇二，6）。

6）石制品

共6件。

像 2件。

08JJ1①：2，圆雕，坐像。光头，长耳。冬瓜脸，弯眉，细眼，宽鼻，嘴较小。内着右衽斜领宽袖长摆衫，外披袈裟，袈裟左袖自然垂落。衫摆下垂，覆至脚面及方座。左手抱左小腿，右手自然垂放于右膝。右腿屈膝，左腿盘坐。足穿尖头屦，屦上涂黑彩。高38、座宽22.4厘米（图3-2-14，1；图版三〇三）。

08JJ1①：26，头部及下身残。圆雕。圆领长袖，背部隐见腰带。手部作揖，已残缺。残高11.8、宽10.2、厚3.3~5.8厘米（图3-2-14，2；图版三〇四，1、2）。

饰件 1件。

08JJ1①：42，白色。整体似贝形。正面雕刻图案，背面凹陷。残长2.8、宽2.1、厚0.8厘米（图3-2-15，1；图版三〇四，3）。

构件残块 3件。

08JJ1①：48，青色细砂岩。现存部分为石构件一角，一面光平，两侧立面刻有图案。残长18.7、残宽10.5、厚11厘米（图3-2-15，2；图版三〇四，4）。

08JJ1①：49，灰色细砂岩。一侧面光平，刻有图案。残长18、残宽9.8、残厚13.6厘米（图3-2-15，3；图版三〇四，5）。

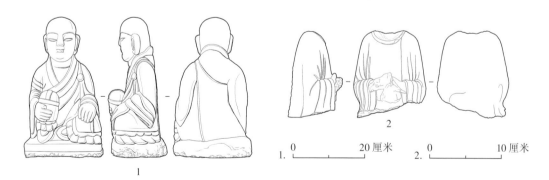

图3-2-14 甲组建筑基址西基址出土石像

1.08JJ1①：2 2.08JJ1①：26

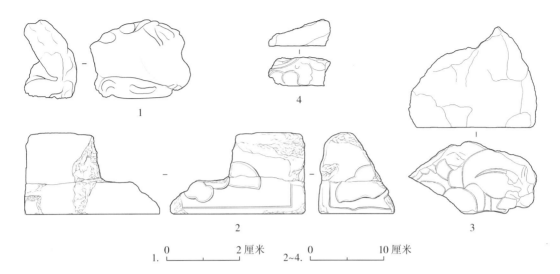

1. ⊢――――――⊣ 0　　　2 厘米　　2~4. ⊢――――――――――――⊣ 0　　　10 厘米

图 3-2-15　甲组建筑基址西基址出土石制品

1. 饰件（08JJ1①：42）　2. 构件残块（08JJ1①：48）　3. 构件残块（08JJ1①：49）　4. 构件残块（08JJ1①：75）

08JJ1①：75，残。深灰色细砂岩。石块一面磨平并阴刻纹饰。残长 8.5、残宽 4、厚 3.7 厘米（图 3-2-15，4；图版三〇四，6）。

7）铜钱

共 22 件。

大泉五十　1 件。

08JJ1②：16，对读，光背。直径 2.8、穿宽 0.9、厚 0.3 厘米（图 3-2-16，1；图版三〇五，1）。

开元通宝　5 件。均对读，背面上部多有月牙纹。

08JJ1①：30，直径 2.5、穿宽 0.7 厘米（图 3-2-16，2；图版三〇五，2）。

08JJ1①：37，直径 2.4、穿宽 0.7 厘米（图 3-2-16，3；图版三〇五，3）。

08JJ1①：39，直径 2.5、穿宽 0.7 厘米（图 3-2-16，4；图版三〇五，4）。

08JJ1②：2，光背。直径 2.4、穿宽 0.7 厘米（图 3-2-16，5；图版三〇五，5）。

08JJ1②：14，直径 2.5、穿宽 0.7 厘米（图 3-2-16，6；图版三〇五，6）。

太平通宝　1 件。

08JJ1②：9，对读，光背。直径 2.5、穿宽 0.6 厘米（图 3-2-16，7；图版三〇五，7）。

景德元宝　1 件。

08JJ1②：24，旋读，光背。直径 2.6、穿宽 0.6 厘米（图 3-2-16，8；图版三〇五，8）。

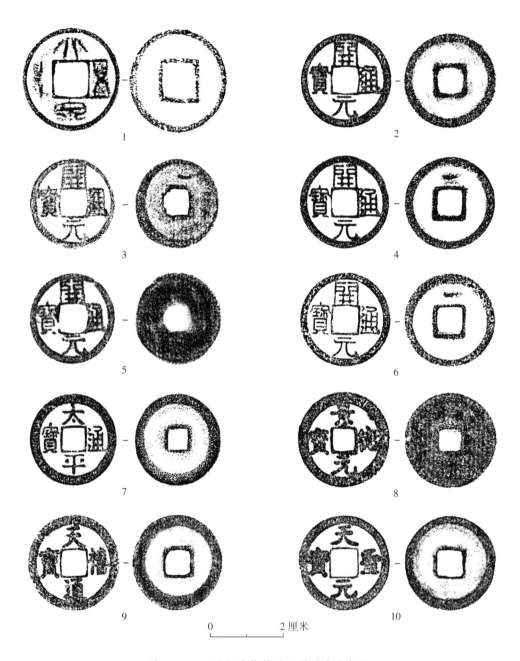

0   2厘米

图 3-2-16 甲组建筑基址西基址出土铜钱

1. 大泉五十（08JJ1②：16） 2. 开元通宝（08JJ1①：30） 3. 开元通宝（08JJ1①：37） 4. 开元通宝（08JJ1①：39）
5. 开元通宝（08JJ1②：2） 6. 开元通宝（08JJ1②：14） 7. 太平通宝（08JJ1②：9） 8. 景德元宝（08JJ1②：24）
9. 天禧通宝（08JJ1①：40）   10. 天圣元宝（08JJ1②：21）

天禧通宝　1件。

08JJ1①：40，旋读，光背。直径2.5、穿宽0.7、厚0.1厘米（图3-2-16，9；图版三〇五，9）。

天圣元宝　1件。

08JJ1②：21，旋读，光背。直径2.5、穿宽0.7厘米（图3-2-16，10；图版三〇六，1）。

景祐元宝　1件。

08JJ1②：11，旋读，光背。直径2.5、穿宽0.7厘米（图3-2-17，1；图版三〇六，2）。

皇宋通宝　2件。对读，光背。

08JJ1②：4，直径2.4、穿宽0.7厘米（图3-2-17，2；图版三〇六，3）。

08JJ1②：5，直径2.5、穿宽0.7厘米（图3-2-17，3；图版三〇六，4）。

熙宁元宝　1件。

08JJ1②：22，旋读，光背。直径2.5、穿宽0.7厘米（图3-2-17，4；图版三〇六，5）。

元丰通宝　2件。旋读，光背。

08JJ1①：27，直径2.4、穿宽0.7厘米（图3-2-17，5；图版三〇六，6）。

08JJ1②：7，直径2.6、穿宽0.7厘米（图3-2-17，6；图版三〇六，7）。

元祐通宝　3件。旋读，光背。

08JJ1①：采1，直径2.5、穿宽0.7厘米（图3-2-17，7；图版三〇六，8）。

08JJ1①：29，直径2.5、穿宽0.7厘米（图3-2-17，8；图版三〇六，9）。

08JJ1②：1，直径2.5、穿宽0.7厘米（图3-2-17，9；图版三〇七，1）。

圣宋元宝　1件。

08JJ1②：25，旋读，光背。直径2.4、穿宽0.7厘米（图3-2-17，10；图版三〇七，2）。

元符通宝　1件。

08JJ1②：3，旋读，光背。上粘朱红。直径2.5、穿宽0.7厘米（图3-2-17，11；图版三〇七，3）。

政和通宝　1件。

08JJ1②：23，对读，光背。直径2.5、穿宽0.7厘米（图3-2-17，12；图版三〇七，4）。

（2）建筑材料

1）板瓦

0 ____ 2厘米

图 3-2-17 甲组建筑基址西基址出土铜钱

1. 景祐元宝（08JJ1②：11） 2. 皇宋通宝（08JJ1②：4） 3. 皇宋通宝（08JJ1②：5） 4. 熙宁元宝（08JJ1②：22）
5. 元丰通宝（08JJ1①：27） 6. 元丰通宝（08JJ1②：7） 7. 元祐通宝（08JJ1①：采1） 8. 元祐通宝（08JJ1①：29）
9. 元祐通宝（08JJ1②：1） 10. 圣宋元宝（08JJ1②：25） 11. 元符通宝（08JJ1②：3） 12. 政和通宝（08JJ1②：23）

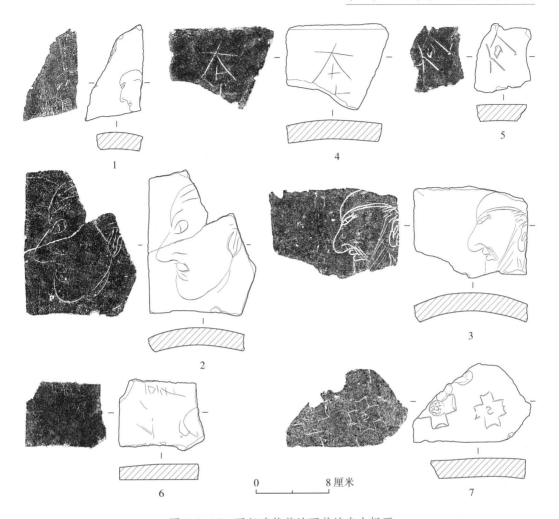

图 3-2-18　甲组建筑基址西基址出土板瓦

1. 罗汉像板瓦（08JJ1 ①：34）　2. 罗汉像板瓦（08JJ1 ①：16）　3. 罗汉像板瓦（08JJ1 ①：33）　4. 文字板瓦（08JJ1 ①：22）　5. 文字板瓦（08JJ1 ①：21）　6. 文字板瓦（08JJ1 ①：12）　7. 刻划纹板瓦（08JJ1 ①：35）

共 7 件。均为陶质，灰胎。凸面整体呈素面，其上有图像、文字和刻划痕迹。凹面保留布纹。包括罗汉像瓦、文字瓦和刻划瓦三类。

文字板瓦　3 件。

08JJ1 ①：12，板瓦凸面近宽端处存三个刻划文字，旁边还有刻划痕。残长 9.4、残宽 7.5、厚 1.6~1.9 厘米（图 3-2-18，6；图版三〇七，5）。

08JJ1 ①：21，板瓦凸面刻一"何"字。残长 6.4、残宽 7.4、厚 2 厘米（图 3-2-18，5；图版三〇七，6）。

08JJ1 ①：22，板瓦凸面近宽端处有刻划文字。侧缘有内侧切割痕迹。残长 8.9、残宽 11、厚 1.9~2.1 厘米（图 3-2-18，4；图版三〇八，1）。

罗汉像板瓦　3件。侧缘均有内侧切割痕迹。

08JJ1①：16，板瓦凸面阴刻一人头像。光头，额头上饰有皱，弯眉，眉脊上翘，杏眼，鼻头肥硕，抿嘴。人头像残高12.5、宽9.4厘米，板瓦残长15.7、残宽11.9、厚1.6~1.8厘米（图3-2-18，2；图版三〇八，2）。

08JJ1①：33，板瓦凸面阴刻一人头像。头像为髡发，细弯眉，较长，柳叶眼，眼角上翘，鼻梁高挺，鼻头肥硕，厚唇，大耳。人头像残高8.5、宽6.7厘米，板瓦残长9.5、残宽12.9、厚2厘米（图3-2-18，3；图版三〇八，3）。

08JJ1①：34，板瓦凸面阴刻一人头像。光头，细弯眉，小眼，高鼻，小嘴。人头像残高4.4、宽2.7厘米，板瓦残长10.1、残宽6.4、厚1.9厘米（图3-2-18，1；图版三〇八，4）。

刻划纹板瓦　1件。

08JJ1①：35，瓦身凸面印刻两个十字图案。侧缘有内侧切割痕迹。残长13.4、残宽8、厚2~2.2厘米（图3-2-18，7；图版三〇八，5）。

2）筒瓦

共7件。皆为陶质，灰胎。凸面整体呈素面，凹面保留布纹。

刻划纹筒瓦　1件。

08JJ1②：26，筒瓦凸面刻一符号。残长11、残宽8.5、厚1.8~2.2厘米（图3-2-19，7；图版三〇八，6）。

普通筒瓦　6件。分两种。

第一种，4件。凹面近下缘一端均经过刮削，呈斜面状。侧缘均保留内侧切割痕迹，侧缘近凹面一侧被一条粗糙的断裂面打破。部分标本上存有白灰。

08JJ1①：51，长31.8、宽13.9~14.6、厚2.2~2.7、瓦舌长1.8厘米（图3-2-19，1；图版三〇九，1、2）。

08JJ1①：52，长30.4、宽14.6~15.2、厚2.4~2.9、瓦舌长1.6厘米（图3-2-19，2；图版三〇九，3、4）。

08JJ1①：54，长31.5、宽14~14.6、厚2~2.6、瓦舌长1.5厘米（图3-2-19，3；图版三〇九，5、6）。

08JJ1①：56，长31.6、宽14.5~15、厚2.5~2.8、瓦舌长1.2厘米（图3-2-19，4；图版三一〇，1、2）。

第二种，2件。两侧缘保留内侧切割痕迹。

08JJ1①：53，残长31.1、宽12.6~13、厚1.9~2.5、瓦舌残长1.6厘米（图3-2-19，5；图版三一〇，3、4）。

08JJ1①：55，凸面存有较明显的拍印痕迹。凹面近下缘一端抹光。残长18.3、

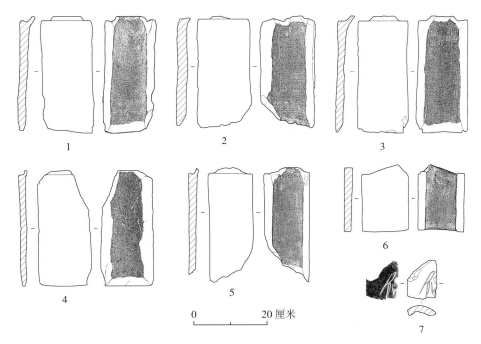

图 3-2-19 甲组建筑基址西基址出土筒瓦

1.08JJ1 ① : 51 2.08JJ1 ① : 52 3.08JJ1 ① : 54 4.08JJ1 ① : 56 5.08JJ1 ① : 53 6.08JJ1 ① : 55
7.08JJ1 ② : 26

宽 13.2、厚 2.2~2.4 厘米（图 3-2-19，6；图版三一〇，5、6；图版三一一，1）。

3）瓦当

共 15 件。均为陶质，灰胎。多存有白灰。多为兽面瓦当，另有一瓦当残块。

兽面瓦当 14 件，可分为三类。

第一类，8 件。当面饰一高浮雕狮面形象。额头正中饰一圆形乳丁纹，两侧为卷曲的毛发；眉脊略弯，眼窝深陷，眼作圆形，周边有眼睑，眼角外侧饰叶形双耳；鼻呈高挺的蒜头型；嘴咧成元宝型，起伏较大，嘴内有不明显的齿；两颊与下颌共饰四绺对称的卷曲状鬓毛。边轮和当面间没有明确的界隔。当背对接筒瓦处多残留印痕，抹泥多未经修整。

08JJ1 ① : 5，较完整。瓦当背面凹凸不平。瓦当直径 13.4、边轮宽 2~2.4、边轮厚 1.2~1.6 厘米（图 3-2-20，1；图版三一一，2）。

08JJ1 ① : 7，较完整。瓦当背面有两道斜向相交的记号线，其中一道与兽面方向平行。瓦当直径 13.4、边轮宽 2~2.3、边轮厚 1.1~1.5 厘米（图 3-2-20，2；图版三一一，3、4）。

08JJ1 ① : 8，完整。瓦当背面中间部位有一道记号线，与兽面方向不平行。瓦当直径 13~13.3、边轮宽 1.9~2.5、边轮厚 1.1~1.6 厘米（图 3-2-20，3；图版三一一，

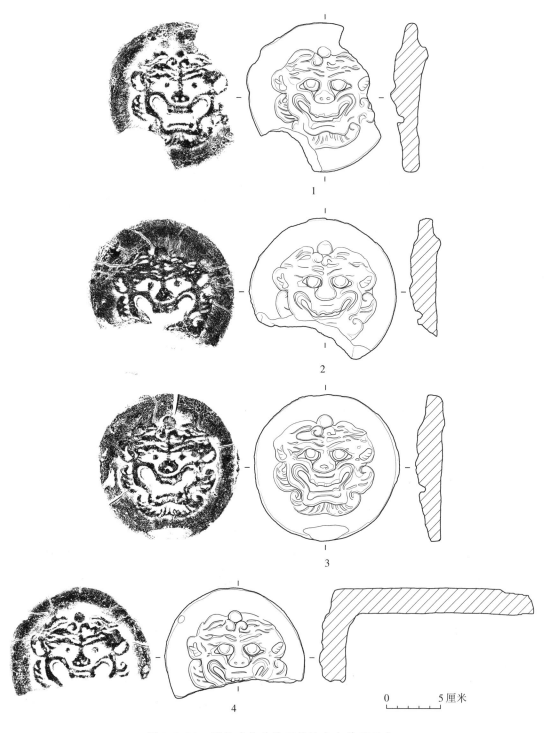

图 3-2-20　甲组建筑基址西基址出土兽面瓦当

1.08JJ1 ①：5　2.08JJ1 ①：7　3.08JJ1 ①：8　4.08JJ1 ①：17

5、6）。

08JJ1 ①：17，较完整。瓦当直径12.9、边轮宽1.8~2.2、边轮厚1.2~1.3厘米。瓦当背面保存有一段对接筒瓦，筒瓦凸面为素面，凹面保留布纹。两侧缘均为内切，近凸面一侧保留断裂面，近凹面一侧切割面基本不存。侧缘被二次加工的斜向刮削面打破，由下缘到上缘逐渐收窄。筒瓦残长17.2、宽13、厚1.9~2.2厘米（图3-2-20，4；图版三一二，1~3）。

08JJ1 ①：32，较完整。瓦当背面中部有一道记号线，与兽面方向基本平行。瓦当直径13、边轮宽1.7~2.3、边轮厚1.2~1.5厘米（图3-2-21，1；图版三一二，4、5）。

08JJ1 ①：45，较完整。瓦当直径13.5、边轮宽2.1~2.3、边轮厚1.3~1.7厘米（图3-2-21，2；图版三一三，1、2）。

08JJ1 ①：46，完整。瓦当直径13.1~13.6、边轮宽2~2.4、边轮厚1.2~1.6厘米（图3-2-21，3；图版三一三，3、4）。

08JJ1 ②：15，完整。瓦当直径13.1、边轮宽1.8~2.3、边轮厚1~1.5厘米（图3-2-21，4；图版三一三，5、6）。

第二类，4件。当面饰一兽面，兽面外饰一圈联珠纹。额头有角，角尖略下弯，眉脊呈两端略上翘的一字型，角与眉脊之间有一乳丁；眼呈圆形，眼睛两侧有叶形双耳，鼻略呈短三角形；咧嘴露齿，嘴角两端起翘，与耳相接，下颌处饰一乳丁。边轮略突出于当面。瓦当背面对接筒瓦处抹泥均经过修整。

08JJ1 ①：13，完整。瓦当背面凹凸不平。瓦当直径12~12.7、边轮宽2~2.5、边轮厚1.4~1.6厘米。当背保存有一段对接筒瓦。筒瓦凸面素面，凹面保留布纹。左侧缘残缺，右侧缘为内切，近凸面一侧保留有断裂面，近凹面一侧切割面基本不存。侧缘被二次加工的斜向刮削面打破。筒瓦残长5.8、厚1.9~2.2厘米（图3-2-22，1；图版三一二，6）。

08JJ1 ①：15，较完整。瓦当直径11.9~12.5、边轮宽2.1~2.5、边轮厚1.2~1.6厘米。当背保留一小段对接筒瓦，筒瓦宽2.3~2.5厘米（图3-2-22，2；图版三一四，1）。

08JJ1 ①：19，完整。当背刻划有较深且交错的细线。瓦当直径12~12.7、边轮宽2~3、边轮厚1.4~1.5厘米。瓦当背面保存有一段对接筒瓦，凸面素面，凹面保留布纹，凹面下缘有内凹痕迹。右侧缘残缺。左侧缘为内切，近凸面一侧保留断裂面，近凹面一侧切割面基本不存。侧缘被二次加工的斜向刮削面打破。筒瓦残长9、厚1.9~2.3厘米（图3-2-22，4；图版三一四，3、4）。

08JJ1 ③：3，较完整。瓦当背面对接筒瓦处有刻划痕迹。瓦当直径12.4~12.6、边轮宽2.2~3、边轮厚1.2~1.4厘米（图3-2-22，3；图版三一四，2）。

第三类，2件。面像周边饰密集的放射状鬃毛。

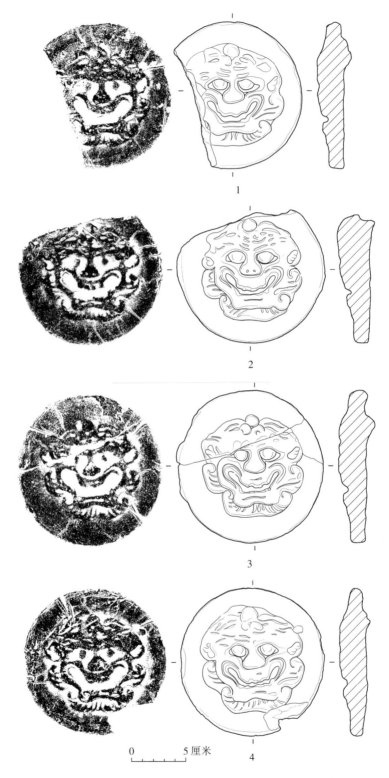

0 ⊢——————⊣ 5厘米

图 3-2-21　甲组建筑基址西基址出土兽面瓦当

1.08JJ1 ① : 32　2.08JJ1 ① : 45　3.08JJ1 ① : 46　4.08JJ1 ② : 15

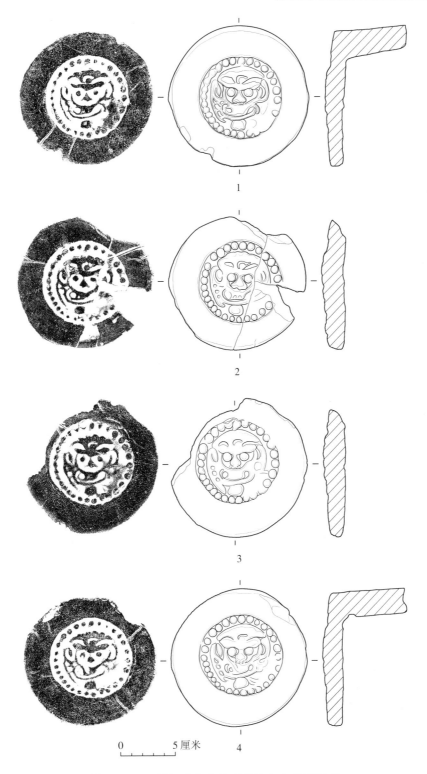

图 3-2-22　甲组建筑基址西基址出土兽面瓦当

1. 08JJ1 ①：13　2. 08JJ1 ①：15　3. 08JJ1 ③：3　4. 08JJ1 ①：19

08JJ1②：20，残，当面保存上半部分。兽面顶部犄角、眉脊平而略弯，小圆形眼；周围有放射状鬃毛；鼻尖以下部分残缺。边轮突起明显。瓦当背面对接筒瓦处有印痕，抹泥经过修整。瓦当直径14、边轮宽1.8~2、边轮厚2厘米。当背保存有一段对接筒瓦。筒瓦凸面素面，凹面保留布纹。左侧缘残缺，右侧缘较平整，因被白灰覆盖而不能明确切割和断裂痕迹。右侧缘被二次加工的斜向刮削面打破。筒瓦残长9.1、厚2~2.2厘米（图3-2-23，1；图版三一四，5、6）。

08JJ1②：29，大部分残缺。兽面仅存数道细线鬃毛。边轮较宽，高于当面。瓦当背面对接筒瓦处抹泥经过修整。瓦当残径8.9、边轮宽2.6~3.1、边轮厚1.4厘米（图3-2-23，2；图版三一五，1）。

瓦当残块　1件。

08JJ1①：57，大部分残缺，仅存当心。当心饰一高出的乳突，周围环绕一周小乳丁，原先应存八个，残存七个。小乳丁外有一周凸弦纹。瓦当背面有细线刻划。瓦当残径6厘米（图3-2-23，3；图版三一五，2）。

4）滴水

共9件。均为陶质，灰胎。分层式布局。端面底部呈波浪状，饰有绳纹。侧缘均保存有内侧切割痕迹。部分标本上有白灰。

08JJ1①：20，滴水端面与瓦身呈直角相接，端面戳印一层纹饰，端面底部呈波浪状。残长25、残宽24.1、瓦身厚1.9~3.2、滴水端面宽4.8厘米（图3-2-24，4；图版三一五，3、4）。

08JJ1①：58，滴水端面与瓦身呈钝角相接，分四层，纹饰位于第二层，第四层

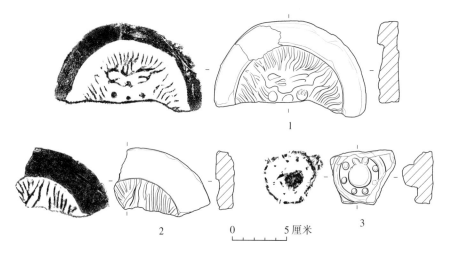

图3-2-23　甲组建筑基址西基址出土兽面瓦当、瓦当残块

1.兽面瓦当（08JJ1②：20）　2.兽面瓦当（08JJ1②：29）　3.瓦当残块（08JJ1①：57）

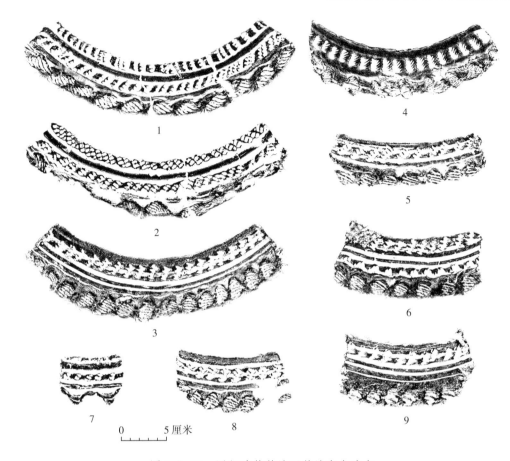

图 3-2-24　甲组建筑基址西基址出土滴水

1.08JJ1①：60　2.08JJ1①：64　3.08JJ1③：2　4.08JJ1①：20　5.08JJ1①：58　6.08JJ1①：59
7.08JJ1①：61　8.08JJ1①：62　9.08JJ1①：63

呈波浪状。残长10.9、残宽17.3、瓦身厚2~2.7、滴水端面宽4.2厘米（图3-2-20，5；图版三一五，5、6）。

08JJ1①：59，滴水端面与瓦身呈钝角相接，分五层，纹饰位于第一、四层，第五层呈波浪状。残长10.5、残宽17.1、瓦身厚2.4~2.8、滴水端面宽5.4厘米（图3-2-24，6；图版三一六，1）。

08JJ1①：60，滴水端面完整，与瓦身呈直角相接，分五层，纹饰位于第一、三层，第五层呈波浪状。残长12、宽28.7、瓦身厚2.3、滴水端面宽5.1厘米（图3-2-24，1；图版三一六，2）。

08JJ1①：61，滴水端面底部绳纹磨损严重。滴水端面与瓦身呈直角相接，分五层，纹饰位于第三层，第五层呈波浪状。侧缘有线切痕。残长13、残宽9.1、瓦身厚1.8~2.1、滴水端面宽5厘米（图3-2-24，7；图版三一六，3）。

08JJ1①：62，滴水端面与瓦身呈钝角相接，分四层，纹饰位于第二层，第四层呈波浪状。残长14、残宽13.2、瓦身厚2.3~3.3、滴水端面宽4.8厘米（图3-2-24，8；图版三一六，4）。

08JJ1①：63，滴水端面与瓦身呈钝角相接，分五层，纹饰位于第二层，第五层呈波浪状。残长11.1、残宽15、瓦身厚2.8、滴水端面宽5厘米（图3-2-24，9；图版三一六，5、6）。

08JJ1①：64，滴水端面完整，与瓦身呈钝角相接，分五层，纹饰位于第一、三层，第五层呈波浪状。侧缘有线切痕。残长11.9、宽27.7、瓦身厚2.1~2.4、滴水端面宽5厘米（图3-2-24，2；图版三一七，1~3）。

08JJ1③：2，滴水端面完整，与瓦身呈钝角相接，分五层，纹饰位于第二层，第五层呈波浪状。残长18、宽27.1、瓦身厚2.2~2.6、滴水端面宽5.5厘米（图3-2-24，3；图版三一七，4、5）。

5）鸱兽

共10件。均为陶质，灰胎。部分标本上有白灰。包括鸱吻和兽头两类。

鸱吻　7件。

08JJ1①：18，现存平面近三角形。正面图案分三部分。中间为龙纹，残存一足，其上饰鳞片状指甲纹，分三爪。龙纹一侧有一道饰椭圆形戳纹的直凸棱，旁有五道纵向凸棱和凹弦纹组成的鳍状纹。另一侧由三缕凹弦纹组成低平的水波状纹饰。龙爪旁有一近圆形穿孔，孔径1.9厘米。背面较平整，连接隔板处一残凸棱。长26.8、宽22.6、厚6.7厘米（图3-2-25，2；图版三一七，6）。

08JJ1①：65，此鸱吻构件分两面，中间有两块垂直的连接隔板，另有一端连接处呈中空的圆筒形。一面由一条饰椭圆形戳纹的弧形凸棱带分隔成两部分。上部饰鳍状纹，尾端卷曲。下部饰龙纹，存有龙首、躯干、足、爪等，形态弯曲，其上戳刻鳞片状纹饰，龙身周边饰水波纹。另一面残缺，仅存卷曲的鳍状纹，主体纹饰不详。两侧陶板上有多个小椭圆形穿孔。一块连接隔板上有一较大的椭圆形穿孔，孔径7.6厘米。长63.4、高38.4、厚21.8厘米（图3-2-26，1；图版三一八，1）。

08JJ1①：66，正面饰一龙纹，存有躯干和足、爪。龙身上戳刻有鳞片状装饰，足为三爪。龙身周边饰水波纹。龙身旁有一椭圆形孔，直径2.4厘米。背面素面且较平整，存有一垂直的连接隔板。长36.4、宽31.2、厚20.6厘米（图3-2-25，1；图版三一八，3、4）。

08JJ1①：70，存有两侧直边和一侧弧边。正面饰两道弧形宽凸棱，其上饰凹弦纹，一缕呈卷云状，一缕中间内收、两端散开。凸棱带旁饰有低平的凹弦纹。背面素面且较平整，连接隔板处存有残凸棱痕迹。长33.4、宽28.5、厚9.8厘米（图3-2-25，

图 3-2-25 甲组建筑基址西基址出土鸱兽

1. 鸱吻（08JJ1 ①：66） 2. 鸱吻（08JJ1 ①：18） 3. 鸱吻（08JJ1 ①：72） 4. 鸱吻（08JJ1 ①：70） 5. 鸱吻（08JJ1 ①：74） 6. 兽头（08JJ1 ②：27） 7. 兽头（08JJ1 ①：73） 8. 兽头（08JJ1 ①：71）

4；图版三一八，2）。

08JJ1 ①：72，正面饰多道双层弧向凹弦纹，有一椭圆形穿孔，孔径 2.8 厘米。背面素面且较平整，存有一段连接的隔板。长 49.4、宽 34.1、厚 14.6 厘米（图 3-2-25，3；图版三一八，5）。

08JJ1 ①：74，正面纹饰分成三部分。中间为一条饰长椭圆形戳纹的直凸棱带，一侧有五道凸棱带和凹弦纹组成的鳍状纹，另一侧有多道凹弦纹。背面连接一块垂直的隔板，隔板上有一直径 11 厘米的大椭圆形穿孔和两个直径约 2.5 厘米的小椭圆形穿孔。长 51、宽 33.2、厚 23.6 厘米（图 3-2-25，5；图版三一九，1、2）。

08JJ1 ③：1，此鸱吻构件分两面，分别饰有龙、凤形象。中间有两块垂直的连接隔板，另一端连接处呈中空的圆筒形。一面由一条饰椭圆形戳纹的弧形凸棱带分隔成两部分。上部饰鳍状纹，尾端卷曲。下部饰一凤鸟，小圆眼，长喙，躯干细长，其上戳刻有鳞片状装饰，尾翼起翘。凤鸟周边饰凹弦纹组成的水波状纹饰。另一面上

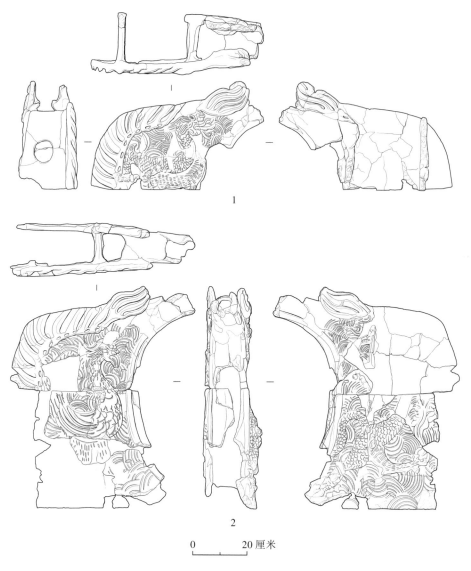

0　　　　20 厘米

图 3-2-26　甲组建筑基址西基址出土鸱吻
1. 08JJ1 ①：65　2. 08JJ1 ③：1

部有一绺卷曲的鳍状纹，下部饰龙纹。龙纹上身多残缺，仅龙首保存较好。龙纹下身
相对完整，存有躯干、足、爪和尾等。龙身上戳刻有鳞片状装饰，足为三爪。龙纹周
边有水波纹。中间一块连接隔板上有残缺的穿孔痕迹。长 68.6、高 79、厚 21.3 厘米
（图 3-2-26，2；图版三一九，3、4）。

　　兽头　3 件。

　　08JJ1 ①：71，残存兽首一侧上半部分。眼呈圆形凸起状，深眼窝，上下均有凸
棱带，构成弓形眉脊和眼眶。眉脊上方存有一绺饰凹弦纹的鬃毛状装饰，以及一小

块饰密集刻划线的凸棱。背面凹凸不平。长 19.1、宽 11.3、高 28.5 厘米（图 3-2-25，8；图版三一八，6）。

08JJ1 ①：73，由前、后两部分组成，后部为一弧形陶板，前部饰一兽首。正面残存兽首下颌的轮廓，局部可见牙根和舌根，下颌侧面、下部饰弧曲的凹弦纹。背面素面。长 7.2、宽 17.3、高 21.6 厘米（图 3-2-25，7；图版三二〇，1）。

08JJ1 ②：27，由前、后两部分组成。后部为一弧形陶板。前部为一兽首上半部分。兽首眼呈圆形，用凹弦纹饰单层眼睑，深眼窝。眼上部有弓形眉脊，眉脊上端有一条鬃毛状装饰，后接耳。鼻梁鼓出，两侧鼻孔呈内凹圆形，相互贯通。兽首两侧有弧向凹弦纹组成的鬃毛状装饰。兽首内部中空。前额与上颌内面各有一穿孔，前者呈扁椭圆形，后者呈圆形，孔径均为 2 厘米。长 22.9、宽 20.4、高 15.1 厘米（图 3-2-25，6；图版三二〇，2）。

6）砖

共 7 件。均为长方形砖，灰胎。包括沟纹砖、素面砖两类。

沟纹砖　6 件。一面饰沟纹，另一面为素面。

08JJ1 ③：4，饰斜向沟纹。砖上存有黄土浆和白灰。长 37.7、宽 18.2、厚 5.2~5.4 厘米（图 3-2-27，1；图版三二〇，3、4）。

08JJ1 ③：10，饰斜向沟纹。砖上存有黄土浆和白灰。长 36.6、宽 17.6~18、厚 5~5.3 厘米（图 3-2-27，2；图版三二〇，5、6）。

08JJ1 ③：9，饰斜向沟纹，分五组。背面中部有一直线。长 37.5、宽 18~18.7、厚 5.4~6 厘米（图 3-2-27，3；图版三二一，1、2）。

08JJ1 ③：5，沟纹近纵向，略弧。长 35.6、宽 18.5~19、厚 5.3~6 厘米（图 3-2-27，4；图版三二一，3、4）。

08JJ1 ③：6，饰纵向沟纹，沟纹较粗。侧立面存有白灰。残长 20.6、宽 19、厚 5.4 厘米（图 3-2-28，1；图版三二一，5、6）。

08JJ1 ③：7，饰纵向沟纹，沟纹较细密。长 36.5、宽 16.3~18、厚 5.4~5.8 厘米（图 3-2-28，2；图版三二一，7、8）。

素面砖　1 件。

08JJ1 ③：8，长 52.6、宽 25.5、厚 5.6 厘米（图 3-2-28，3；图版三二二，1）。

（3）石碑残块

共 2 件。

08JJ1 ①：6，褐色砂岩。契丹大字，现存 4 行 3 列 11 字（图 3-2-29，1；图版三二二，2）。

08JJ1 ①：36，青色砂岩。现存 3 行 2 列 4 字（图 3-2-29，2；图版三二二，3）。

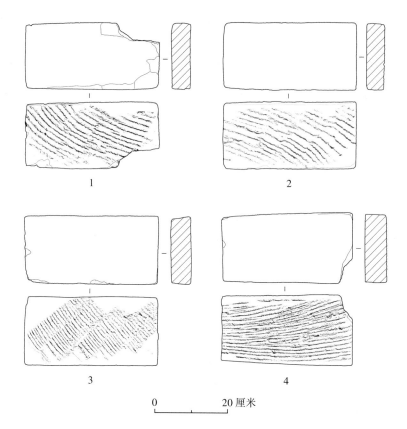

0　　　　　20 厘米

图 3-2-27　甲组建筑基址西基址出土长方形沟纹砖

1.08JJ1③：4　2.08JJ1③：10　3.08JJ1③：9　4.08JJ1③：5

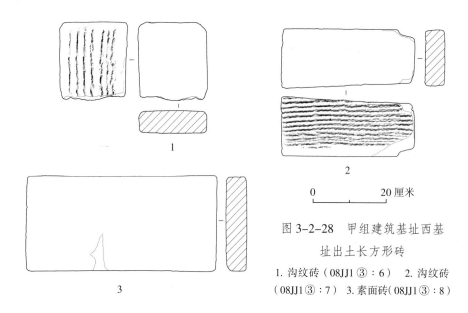

0　　　　　20 厘米

图 3-2-28　甲组建筑基址西基
址出土长方形砖

1. 沟纹砖（08JJ1③：6）　2. 沟纹砖
（08JJ1③：7）　3. 素面砖（08JJ1③：8）

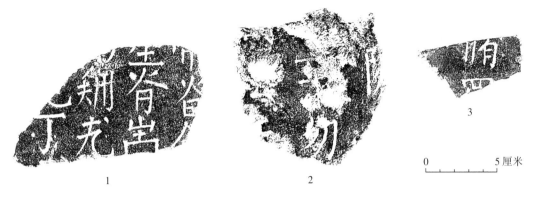

图 3-2-29 甲组建筑基址西基址、表土层及基址外出土石碑残块

1.08JJ1①：6 2.08JJ1①：36 3.08T21②：2

2.J1 表土层及基址外遗物

J1 表土层及基址外遗物，均按探方编号。

（1）日常生活遗物

1）铁器

共 4 件。均锈蚀。

锅 1 件。

08T22②：2，残。铸造。铁锅腹片，侧视为弧形，平面呈不规则形。残长 13.5、宽 7 厘米（图 3-2-30，1；图版三二二，4）。

丸 1 件。

08T32②：1，灰黑色。球形。径 1.4 厘米（图 3-2-30，2；图版三二二，5）。

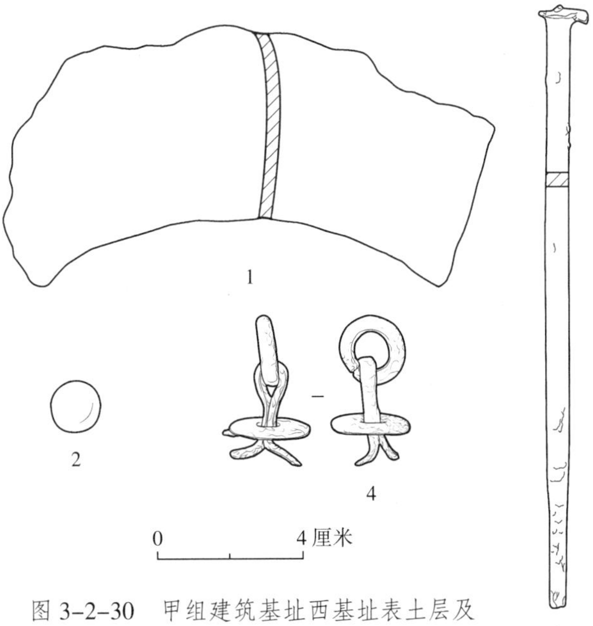

扁帽钉 1 件。

图 3-2-30 甲组建筑基址西基址表土层及基址外出土铁器

1.锅（08T22②：2） 2.丸（08T32②：1） 3.扁帽钉（08T20②：1） 4.鼻钉（08T31②：3）

08T20②：1，残。锻制。钉帽系用钉身打制成扁平状折弯而成，钉身略呈四棱锥状，尖部残。残长 16、帽宽 1.3~1.5 厘米（图 3-2-30，3；图版三二二，6）。

鼻钉 1 件。

08T31②：3，鼻钉穿过垫片。鼻孔处穿一铁丝环，钉腿向两侧折弯。全长 4.2、钉长 2.9、环径 1.8、圆形片径 2.2、穿孔 0.6 厘米（图 3-2-30，4；图版三二二，7）。

2）瓷器

共3件。

碗　2件。均残。

08T10①：1，弧腹，圈足，内圆底。外底中部略鼓，圈足内壁有刮痕，器内底有5个支烧痕。白胎，胎质较细腻，施釉后外壁呈奶白色。釉不及底。残高3.5、腹壁厚0.4~0.8厘米（图3-2-31，1；图版三二三，1、2）。

08T21①：1，圆唇，敞口，斜弧腹，内凹底，圈足。外底中间略鼓。夹砂灰褐胎，质粗糙。敷化妆土后施釉，色乳白。内壁除涩圈外满釉，外壁釉不及底。复原口径23、圈足径8.2、通高8.8厘米（图3-2-31，2；图版三二三，3、4）。

盘　1件。

08T11①：5，残存器底局部。圈足，平底，内底阴刻一支莲。细白胎，施透明釉。裹足刮釉。残长5、底厚0.5厘米（图3-2-31，3；图版三二三，5）。

3）石制品

共2件。

棋子　1件。

08T11①：4，白色。扁圆体，正面有不规则凸。直径1.4、厚0.4厘米（图3-2-31，4；图版三二四，1）。

构件　1件。

08T21②：1，残甚。浅灰褐色。正面及一侧面磨光，背面与另一侧面有凿痕。

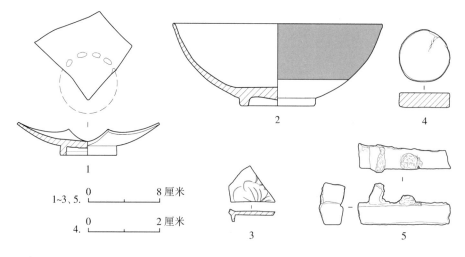

1~3、5. 0 —— 8厘米

4. 0 —— 2厘米

图3-2-31　甲组建筑基址西基址表土层及基址外出土瓷器、石制品

1.瓷碗（08T10①：1）　2.瓷碗（08T21①：1）　3.瓷盘（08T11①：5）　4.石棋子（08T11①：4）

5.石构件（08T21②：1）

残长 10、宽 4.5、厚 2.8~2.4 厘米（图 3-2-31，5；图版三二三，6）。

4）铜钱

共 5 件。

开元通宝 2 件。对读，光背。

08T11①：1，粘有朱红。直径 2.5、穿宽 0.7 厘米（图 3-2-32，1；图版三二四，2）。

08T11①：2，局部粘朱红。直径 2.5、穿宽 0.7 厘米（图 3-2-32，2；图版三二四，3）。

元丰通宝 1 件。

08T12①：1，旋读，光背。直径 2.5、穿宽 0.7 厘米（图 3-2-32，3；图版三二四，4）。

圣宋元宝 1 件。

08T31②：1，旋读，光背。穿略歪。直径 2.5、穿宽 0.7 厘米（图 3-2-32，4；图版三二四，5）。

□元通宝 1 件。

08T11①：3，残。对读，背面左侧有月牙纹。直径 2.5、穿宽 0.7 厘米（图 3-2-32，5；图版三二四，6）。

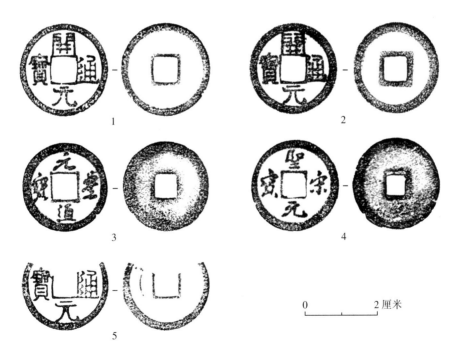

图 3-2-32 甲组建筑基址西基址表土层及基址外出土铜钱

1.开元通宝（08T11①：1） 2.开元通宝（08T11①：2） 3.元丰通宝（08T12①：1） 4.圣宋元宝（08T31②：1）
5.□元通宝（08T11①：3）

（2）建筑材料

1）板瓦

共4件。均为陶质，灰胎。凸面整体呈素面，凹面保留布纹。

佛字板瓦　1件。

08T32②：4，板瓦宽端凸面刻一"佛"字。残长15.7、残宽19.8、厚2.3厘米（图3-2-33，1；图版三二四，7）。

刻划纹板瓦　1件。

08T32②：3，板瓦凸面有刻划纹。侧缘有内侧切割痕迹。残长15.1、残宽12.5、厚2~2.4厘米（图3-2-33，2；图版三二五，1、2）。

手印纹板瓦　1件。

08T32②：2，板瓦凸面近宽端处有手印纹。侧缘有内侧切割痕迹。残长17.4、残宽12.4、厚2~2.5厘米（图3-2-33，3；图版三二五，3、4）。

指压纹板瓦　1件。

08T32①：1，一端瓦缘饰指压纹。侧缘有内侧切割痕迹。残长24、残宽23.3、厚2.2~2.6厘米（图3-2-33，4；图版三二五，5~7）。

2）瓦当

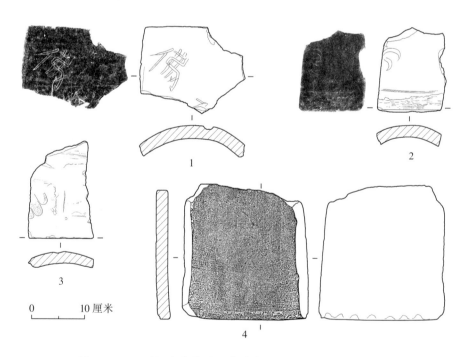

图3-2-33　甲组建筑基址西基址表土层及基址外出土板瓦

1. 佛字板瓦（08T32②：4）　2. 刻划纹板瓦（08T32②：3）　3. 手印纹板瓦（08T32②：2）　4. 指压纹板瓦（08T32①：1）

共 3 件。均为兽面瓦当，陶质，灰胎，个别标本上有白灰。可分为两类。

第一类，2 件。当面饰一高浮雕狮面形象。额头正中饰一圆形乳丁纹，两侧为卷曲的毛发；眉脊略弯，眼窝深陷，眼作圆形，周边饰有眼睑，眼角外侧饰叶形双耳；鼻呈高挺的"蒜头"形；嘴咧成"元宝"形，起伏较大，嘴内有不明显的齿；两颊与下颌共饰四绺对称的卷曲状鬓毛。边轮和当面间没有明确的界隔。

04JJ1：采 1，完整。瓦当背面对接筒瓦处抹泥经过一定修整。瓦当直径 13~13.5、边轮宽 1.9~2.4、边轮厚 1.2~1.4 厘米。瓦当背面保存有一段对接筒瓦，筒瓦凸面为素面，凹面保留布纹。右侧缘残缺，左侧缘内切，近凸面一侧保留有断裂面，近凹面一侧切割面基本不存，侧缘被二次加工的斜向刮削面打破。筒瓦残长 8.2、宽 13.6、厚 2~2.5 厘米（图 3-2-34，3；图版三二六，1）。

08T31 ②：2，残。瓦当残径 11、边轮宽 1.9~2.3、边轮厚 1.2~1.3 厘米（图 3-2-

图 3-2-34 甲组建筑基址西基址表土层及基址外出土兽面瓦当

1. 08T22 ②：1 2. 08T31 ②：2 3. 04JJ1：采 1

34，2；图版三二六，2）。

第二类，1件。

08T22②：1，大部分残缺。兽面仅存顶部的放射状鬃毛、一字形眉脊。眼和耳均由小圆乳丁构成。兽面和边轮间有两圈凸弦纹。边轮略微突起。瓦当背面对接筒瓦处有纵向的细线刻划，抹泥经过修整。残径8.9、边轮宽1.6、边轮厚1.2~1.4厘米（图3-2-34，1；图版三二六，3）。

（3）石碑残块

共1件。为青砂岩。

08T21②：2，残，现存1行2列2字（图3-2-29，3；图版三二六，4）。

（二）北基址（J2）

J2出土遗物较多。主要有两类。第一类是铁刀、镰、剪刀、锅、矛、镞、马镫和铜钱等日常生活遗物；第二类是砖瓦等建筑材料，有板瓦、筒瓦、瓦当、滴水、砖、石柱础残块等。需要说明的是，为了更好地认识J2的年代和性质，这里将清理出的遗物分为两组。第一组是J2基址遗物，第二组为表土层及基址外遗物。

1. J2出土遗物

J2出土遗物包括倒塌堆积和建筑地面的遗物，分别编号为J2①和J2②；J2东偏间北侧的半地穴建筑内遗物单独编号J2E1F1。

（1）日常生活遗物

1）铁器

共131件。器表均锈蚀。

锅　10件。铸造，均残。

08JJ2①：25，平口，内折沿。口沿外部饰一圈凸弦纹，外部有一条合范痕。残长约29.2、残高5.7、口沿宽2厘米（图3-2-35，7；图版三二六，5）。

08JJ2①：48，平口，凸缘，鼓肩，斜腹。肩部装饰有凸弦纹，有一残耳。厚0.8、残长14.9、残高10.6厘米（图3-2-35，4；图版三二六，6）。

08JJ2①：97，弧腹。肩外饰一凸弦纹。残高18、残宽17.6、厚0.5厘米（图3-2-35，5；图版三二六，7）。

08JJ2②：27，平口，内折沿。高领，肩部有一圈凸棱。残存三耳，斜弧腹，口部较厚。残径37.8、残高20.3厘米（图3-2-35，1；图版三二七，1）。

08JJ2②：30-1~08JJ2②：30-3，1组3件。

标本08JJ2②：30-1，平口，略内敛。残长11.3、宽10.9、厚0.7厘米（图3-2-35，

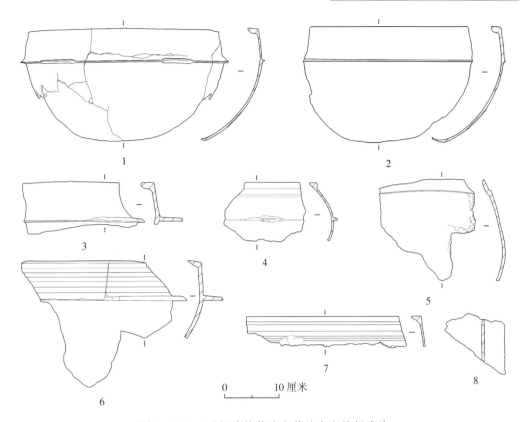

图 3-2-35 甲组建筑基址北基址出土铁锅残片

1.08JJ2②：27 2.08JJ2②：32 3.08JJ2②：50 4.08JJ2①：48 5.08JJ2①：97 6.08JJ2②：42
7.08JJ2①：25 8.08JJ2②：30-1

8；图版三二七，2）。

08JJ2②：32，仅存上半部。平口，内折沿，肩微鼓。肩部饰一圈凸弦纹，残存两器耳。斜腹，底部缺失，残成两块。残高20.5、残宽30.9、沿宽2.2、腹厚0.6厘米（图3-2-35，2；图版三二七，3）。

08JJ2②：42，平口，内折沿，斜弧腹。口沿部分较厚，肩部有一条尖凸棱，凸棱上有一梯形耳。肩部往上有六条凹弦纹、七条圆凸棱并合范痕。厚0.7、残长30、残高22.4、残宽30.2厘米（图3-2-35，6；图版三二七，4）。

08JJ2②：50，平口，内折沿，高领，斜腹。肩部有一条凸弦纹，残存一器耳。残宽22.4、残高9.4、口沿宽2.5、厚0.7厘米（图3-2-35，3；图版三二七，5）。

菜刀 1件。

08JJ2①：75，刀身一端宽，一端窄。刀刃毁坏，刀柄呈圆筒状，中空（有銎）。柄尾较粗，柄内侧有一柳叶形孔。从刀柄长孔处可见柄、刀身为分铸而成。长37.9、宽13.9、刀背厚1.5~1.8、柄长13、銎柄直径4.8厘米（图3-2-36，1；图版三二七，6）。

剪刀　2件。

08JJ2E1F1：6，由铆钉在中部拼合而成。前部为刃，后部为柄，柄略残，呈"S"形。长12.3、总宽3.1厘米（图3-2-36，2；图版三二八，1）。

08JJ2①：26，刃部呈长三角形，截面呈凹形。手柄较直，中部有一穿孔。残长19.1、刀身长10、宽1.3、柄直径0.6厘米（图3-2-36，3；图版三二八，2）。

熨斗　1件。

08JJ2①：71，折沿，直壁，平底。口沿一端有一平面呈梯形的短柄。短柄内部中空，略上翘，表面有三行凸线纹。短柄外侧置椭圆形铁柄，中空上翘。口径19.6、总高7.9、梯形短柄长4.5厘米（图3-2-36，4；图版三二八，3）。

锁　1件。

08JJ2E1F1：17，残。横式，圆柱形锁套，"U"形锁柱。长21、锁套直径2.7、总宽4.8厘米（图3-2-36，5；图版三二八，4）。

镰刀　7件。均残，平面似弯月形，内侧为刃，外侧为背。弧背。

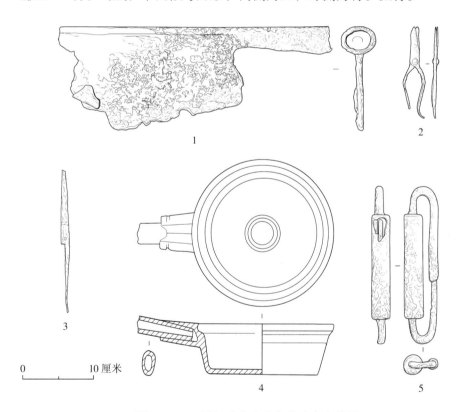

图 3-2-36　甲组建筑基址北基址出土铁器

1. 菜刀（08JJ2①：75）　2. 剪刀（08JJ2E1F1：6）　3. 剪刀（08JJ2①：26）　4. 熨斗（08JJ2①：71）　5. 铁锁（08JJ2E1F1：17）

08JJ2E1F1：13，仅存头部，从刃到背渐厚。残长 13.5、刃宽 4.6、总体宽 4.9 厘米（图 3-2-37，2；图版三二八，5）。

08JJ2 ①：46，镰尖残缺，柄部残缺。薄刃。残长 20.4、总体宽 7.3、刃宽 5.6 厘米（图 3-2-37，1；图版三二八，6）。

08JJ2 ①：64，薄刃，直柄。长 21.8、中部宽 6.7、柄长 8、柄宽 1.5~2、总体宽 20.1 厘米（图 3-2-37，3；图版三二八，7）。

08JJ2 ②：28，弯刃，直柄。刀身长 21、中部宽 6.9、厚 0.1~0.6、柄长 5.8、柄宽 1.4~1.6、总体宽 19 厘米（图 3-2-37，4；图版三二八，8）。

08JJ2 ②：33，斜直柄，截面为三角形，柄尾端上翘形成一孔。刀身长 21.5、中部宽 5、厚 0.1~1、柄长 10.3、柄宽 1.8~3.2、总体宽 19.1 厘米（图 3-2-37，5；图版三二八，9）。

08JJ2 ②：45，斜直柄。刀身长 20、中部宽 5.8、厚 0.1~0.6、柄长 8.2、柄宽 1.2~2、总体宽 20.1 厘米（图 3-2-37，6；图版三二九，1）。

08JJ2 ②：51，斜直柄。刀身长 22、中部宽 5.6、厚 0.1~0.4、柄长 8.7、柄宽 1.7~2.1、整体宽 20.6 厘米（图 3-2-37，7；图版三二九，2）。

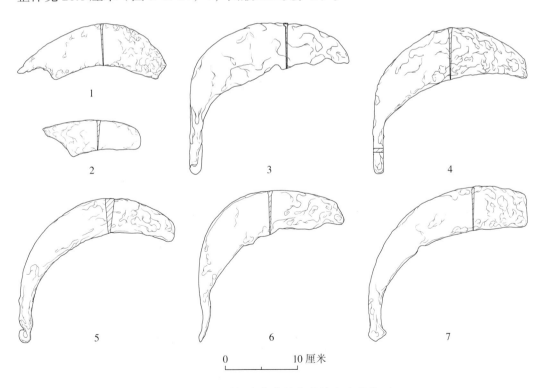

0   10 厘米

图 3-2-37 甲组建筑基址北基址出土铁镰刀

1. 08JJ2 ①：46 2. 08JJ2E1F1：13 3. 08JJ2 ①：64 4. 08JJ2 ②：28 5. 08JJ2 ②：33 6. 08JJ2 ②：45
7. 08JJ2 ②：51

铲 1件。

08JJ2②：47，残。正面中部起脊，反面平。銎形柄。铲身长 14.4、宽 8.6~10.9、厚 0.1~1.8 厘米，柄长 6.5、宽 2.8~3.2 厘米（图 3-2-38，1；图版三二九，3、4）。

斧 2件。

08JJ2E1F1：1，侧面呈三角形，弧身，截面呈长方形。身中间有一长方形銎孔。一斧两用，一头为锤，一头为刃。锤面已被砸扁，刃部也已卷刃。长 11.4、宽 5~6.3、刃宽 6.3、顶面宽 5.1~5.7 厘米，銎口长 3、宽 1.1 厘米（图 3-2-38，2；图版三二九，5、6）。

08JJ2①：59，上部残，弧刃。残存断面见有长方形銎口。残长 7、宽 7.1、厚 2.5 厘米（图 3-2-38，3；图版三三〇，1）。

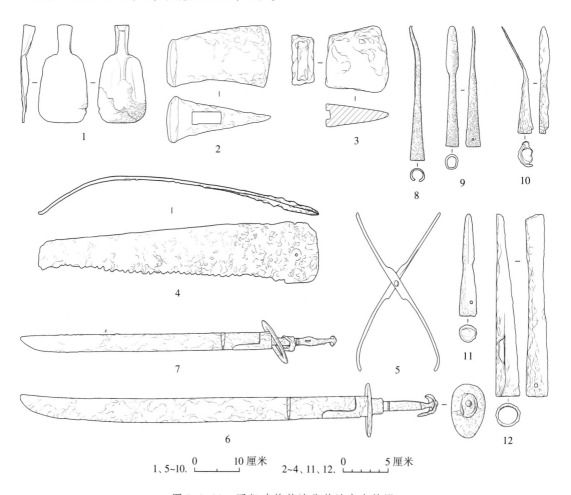

图 3-2-38 甲组建筑基址北基址出土铁器

1.铲（08JJ2②：47） 2.斧（08JJ2E1F1：1） 3.斧（08JJ2①：59） 4.锯（08JJ2E1F1：11） 5.钳子（08JJ2②：25）
6.长刀（08JJ2②：21） 7.长刀（08JJ2②：22） 8.矛（08JJ2①：3） 9.矛（08JJ2②：24） 10.矛（08JJ2②：52）
11.矛（08JJ2②：53） 12.矛（08JJ2①：70）

锯 1件。

08JJ2E1F1：11，略残。平面近梯形，背部直边，刃部为锯齿形，从头向尾渐宽。尾部有一个穿孔。长30.9、宽2.7~6.6、孔径0.3~0.4厘米（图3-2-38，4；图版三三〇，2）。

钳子 1件。

08JJ2②：25，锈蚀。平面呈"X"形，中间用铁钉固定。钳身四棱形，左侧钳体正面带槽。钳柄四棱形，两柄向内凹，中部较宽。长33.7、总宽18.6厘米（图3-2-38，5；图版三三〇，3）。

长刀 2件。平面长条形，直背。

08JJ2②：21，刀尖上弧。后部有固定隔挡，与刀柄相分。扁柄，较细。柄末端有小型回扣箍。刀身长76.1、宽5、厚0.7厘米，柄长15.8、宽1.9厘米（图3-2-38，6；图版三三〇，4）。

08JJ2②：22，后部有单独隔挡，与刀柄相分。圆形隔挡不固定。圆柄中间粗，两头细。柄中间有穿孔，末端有小型圆箍。刀身长55.6、宽3.7、厚0.8厘米，柄长14.4、最大宽2.1厘米（图3-2-38，7；图版三三〇，6）。

矛 5件。均锈蚀。

08JJ2①：3，矛头略弯。矛身为四棱锥形，截面为正方形。锥形銎半开口。通长28.6厘米，矛身长15、厚0.5~1厘米，銎径3.2厘米（图3-2-38，8；图版三三〇，5）。

08JJ2①：70，残存矛身下部。扁状，中间稍隆起。中空，圆锥形銎，边有竖缝。銎口上端有两对称圆孔，一孔圆形，一孔椭圆形。銎孔内有木纹痕。残长19.3、矛身宽2.1、銎口径2.7厘米（图3-2-38，12；图版三三一，1）。

08JJ2②：24，肩部略弯，两面起脊，截面呈菱形。锥形銎，有缝，銎身有一孔。通长25.7、矛头长9.9厘米，刃体宽1.6~2.9、厚0.5~0.8厘米，銎径3.1厘米（图3-2-38，9；图版三三一，2）。

08JJ2②：52，矛头呈柳叶形，有脊。锥形銎，已残。矛头与銎处弯曲。通长22.8、刃宽2.4厘米（图3-2-38，10；图版三三一，3）。

08JJ2②：53，矛头四棱锥形，收腰，接一圆锥形銎身。銎壁有一钉孔。长11、矛头长5.2、銎口径1.9、壁厚0.2~0.3厘米（图3-2-38，11；图版三三一，4）。

镞 34件。均残，锈蚀。依据形制的不同，可分为扇形镞、亚腰镞、四棱镞及镞残件。

扇形镞 3件。

08JJ2E1F1：2，扇形，平头。关部凸起，长铤。长13.5、刃宽3.3、铤长5.2厘米

（图 3-2-39，1；图版三三一，5）。

08JJ2①：60，扇形，平头，铤残。长 9.2、刃宽 4.4、铤残长 0.6 厘米（图 3-2-39，2；图版三三一，6）。

08JJ2①：63，头部残，短身，铤残。残长 4.4、镞身长 3.2、铤残长 1.2 厘米（图 3-2-39，3；图版三三一，7）。

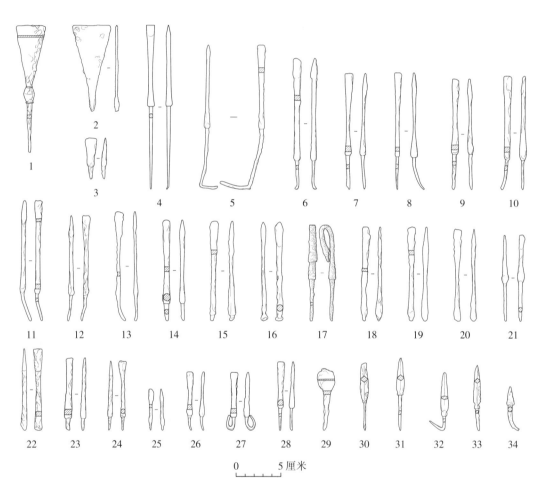

0   5 厘米

图 3-2-39 甲组建筑基址北基址出土铁镞

1. 扇形镞（08JJ2E1F1：2）   2. 扇形镞（08JJ2①：60）   3. 扇形镞（08JJ2①：63）   4. 亚腰镞（08JJ2E1F1：10）
5. 亚腰镞（08JJ2①：61）   6. 亚腰镞（08JJ2②：35）   7. 亚腰镞（08JJ2①：88）   8. 亚腰镞（08JJ2①：89）
9. 亚腰镞（08JJ2①：67）   10. 亚腰镞（08JJ2①：90）   11. 亚腰镞（08JJ2①：96）   12. 亚腰镞（08JJ2②：15）
13. 亚腰镞（08JJ2②：46）   14. 亚腰镞（08JJ2①：57）   15. 亚腰镞（08JJ2②：34）   16. 亚腰镞（08JJ2E1F1：5）
17. 亚腰镞（08JJ2E1F1：8）   18. 亚腰镞（08JJ2①：76）   19. 亚腰镞（08JJ2②：26）   20. 亚腰镞（08JJ2②：37）
21. 亚腰镞（08JJ2①：12）   22. 亚腰镞（08JJ2①：15）   23. 亚腰镞（08JJ2①：92）   24. 亚腰镞（08JJ2①：17）
25. 亚腰镞（08JJ2①：105-2）   26. 亚腰镞（08JJ2①：74）   27. 亚腰镞（08JJ2①：85）   28. 亚腰镞（08JJ2①：42）
29. 镞残件（08JJ2①：105-1）   30. 四棱镞（08JJ2①：8）   31. 四棱镞（08JJ2①：83）   32. 四棱镞（08JJ2①：52-1）
33. 四棱镞（08JJ2②：4）   34. 四棱镞（08JJ2②：11）

亚腰镞　25 件。

08JJ2E1F1：5，锋略宽，呈铲形。亚腰。铤缺失。长 10.5、刃宽 1 厘米（图 3-2-39，16；图版三三二，1）。

08JJ2E1F1：8，锋略宽，呈铲形。长身，亚腰，身部弯曲。长铤。展开长 14.7、现长 10.2、刃宽 0.9、铤长 4.6 厘米（图 3-2-39，17；图版三三二，2）。

08JJ2E1F1：10，锋略宽，呈铲形。长身，亚腰。长铤。长 17.4、刃宽 1.2、铤长 8.7 厘米（图 3-2-39，4；图版三三二，3）。

08JJ2①：12，锋呈铲形，截面方形。亚腰。箭铤向尾部渐细。通长 9.2、镞身长 4.9、铤长 4.3、刃残宽 0.5 厘米（图 3-2-39，21；图版三三二，4）。

08JJ2①：15，铲形、平头。长身，亚腰，截面方形。铤残。残长 8.6、刃宽 1 厘米（图 3-2-39，22；图版三三二，5）。

08JJ2①：17，平铲头。长身，亚腰，截面方形。短铤。残长 7.4、镞身长 6、刃宽 0.9、铤残长 1.4 厘米（图 3-2-39，24；图版三三二，6）。

08JJ2①：42，头部略宽，呈平头铲形。长身，亚腰。细铤。残长 7.3、镞身长 4.8、刃宽 0.9 厘米（图 3-2-39，28；图版三三二，7）。

08JJ2①：57，头部略宽，呈平头铲形。长身，亚腰。短铤。通长 10.7、铤长 1.9、宽 0.9 厘米（图 3-2-39，14；图版三三二，8）。

08JJ2①：61，头略宽，呈铲形锋。长身，亚腰。长铤，铤部折弯。通长 15.3、宽 1.1 厘米，刃宽 0.9、铤长 9.1 厘米（图 3-2-39，5；图版三三二，9）。

08JJ2①：67，头部略宽，呈铲形锋。长身，亚腰。长铤。残长 11.7、刃部宽 0.6 厘米（图 3-2-39，9；图版三三三，1）。

08JJ2①：74，头部略宽，呈铲形锋。长身，亚腰。铤残。残长 6.2、镞身长 4.7、铤残长 1.5 厘米（图 3-2-39，26；图版三三三，2）。

08JJ2①：76，平刃，正锋。长身，亚腰，截面为长方形。铤残。通长 10.1、宽 0.8 厘米，铤残长 0.6、宽 0.8 厘米（图 3-2-39，18；图版三三三，3）。

08JJ2①：85，头部略宽，呈铲形锋。长身，亚腰。长铤，铤部弯曲。通长 6.2、镞身长 4.7、刃宽 0.9 厘米（图 3-2-39，27；图版三三三，4）。

08JJ2①：88，头部略宽，呈铲形锋。长身，亚腰。长铤，铤尖残。残长 12.3、刃宽 0.9 厘米（图 3-2-39，7；图版三三三，5）。

08JJ2①：89，头部略宽，呈铲形锋。长身，亚腰。铤部弯曲。残长 12.4、刃宽 1 厘米（图 3-2-39，8；图版三三三，6）。

08JJ2①：90，头部略宽，呈铲形锋。长身，亚腰。短铤，铤截面呈菱形。长 12.1、刃宽 1、镞身宽 0.7、厚 0.4、铤长 3.4 厘米（图 3-2-39，10；图版三三三，7）。

08JJ2①：92，头部略宽，呈铲形锋。长身，亚腰。铤残。残长 7.7、刃宽 1、镞身残长 6.5、铤残长 1.2、宽 0.7 厘米（图 3-2-39，23；图版三三三，8）。

08JJ2①：96，头部略宽，呈铲形锋。长身，亚腰。铤弯且残。长 12.8、刃宽 0.8、镞身长 9.7、镞身宽 0.6~0.8、厚 0.7、铤长 3.1 厘米（图 3-2-39，11；图版三三三，9）。

08JJ2①：105-2，头部略宽，呈铲形锋。亚腰。铤残。长 4.5、刃宽 0.6 厘米（图 3-2-39，25；图版三三四，1）。

08JJ2②：15，平刃，正锋，铤残。长身，亚腰。短铤。残长 11.2、镞身长 8.5、刃长 0.8 厘米（图 3-2-39，12；图版三三四，2）。

08JJ2②：26，铲形锋，平刃。亚腰，长身。铤残。残长 10、锋宽 0.9 厘米（图 3-2-39，19；图版三三四，3）。

08JJ2②：34，铲形锋，平刃。长身，亚腰。铤残。残长 10.2、刃宽 1、铤残长 0.5 厘米（图 3-2-39，15；图版三三四，4）。

08JJ2②：35，平刃。亚腰，长身。圆锥形短铤。长 14、刃宽 1、铤长 3.1 厘米（图 3-2-39，6；图版三三四，5）。

08JJ2②：37，铲形宽锋，平刃。亚腰，长身。铤部残缺。残长 9.8、刃宽 1 厘米（图 3-2-39，20；图版三三四，6）。

08JJ2②：46，铲形锋。长身，亚腰。短铤。残长 11.6、宽 0.5~0.6、刃宽 1、铤残长 2.8 厘米（图 3-2-39，13；图版三三四，7）。

四棱镞 5 件。

08JJ2①：8，截面菱形，尖部残缺，铤部细长。残长 7.2、镞身长 4.2、铤残长 3 厘米（图 3-2-39，30；图版三三四，8）。

08JJ2①：52-1，平面呈"L"形。镞锋呈扁四棱形，截面菱形，铤部弯成直角。长 6.2、锋宽 0.9 厘米（图 3-2-39，32；图版三三四，9）。

08JJ2①：83，四棱形，箍形关，长铤。长 7.7、宽 1、镞身长 3.8、铤长 3.9 厘米（图 3-2-39，31；图版三三五，1）。

08JJ2②：4，长身四棱，菱形铤，短关。残长 7、镞身长 4.6、铤长 2.4 厘米（图 3-2-39，33；图版三三五，2）。

08JJ2②：11，四棱锥形，长铤，尾部弯曲。残长 4.7、镞身长 2 厘米（图 3-2-39，34；图版三三五，3）。

镞残件 1 件。

08JJ2①：105-1，一端扁平，一端尖。长 6.6、宽 2 厘米（图 3-2-39，29；图版三三五，4）。

马镫 2 件。梯形，上端窄，有一穿孔。下端宽，踏板扁状，下凹。

08JJ2①：66，通高17.4、宽14.6、踏板宽6.1厘米（图3-2-40，1；图版三三五，5）。

08JJ2①：73，通高17.8、宽7.3~14.3、踏板宽4.4厘米（图3-2-40，2；图版三三五，6）。

车軎　1件。

08JJ2①：100，推测为截管状圆环形。壁外残存突齿，齿横断面呈方形。軎壁厚1.1~1.3、宽3.2、突齿高1.2、残长6.9厘米（图3-2-41，1；图版三三五，7）。

带扣　1件。

08JJ2①：95，用铁丝弯成椭圆形圈扣，上挂铁压。圈扣长8.8、宽2.7、铁压长3.9厘米（图3-2-41，2；图版三三六，1）。

环　6件。依据形制差异，可分为圈形环、带扣形环、附耳环、拉环四类。

圈形环　2件。

08JJ2②：18，由铁片弯成近长方形圆环。长7.4、宽2.6厘米（图3-2-41，3；图版三三六，2）。

08JJ2①：31，平面近椭圆形，由一根圆柱形铁丝弯成。长8.3、宽3.6厘米（图3-2-41，4；图版三三六，3）。

带扣形环　2件。锻制，由铁丝弯成。平面呈圆角方形，中部向内伸出一段，呈带扣状。

08JJ2①：38，环长7.5、宽3.6厘米（图3-2-41，5；图版三三六，4）。

08JJ2①：40，长8.5、宽5.5厘米（图3-2-41，6；图版三三六，5）。

附耳环　2件。

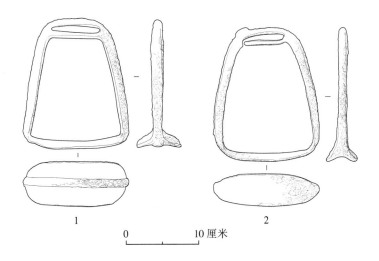

图3-2-40　甲组建筑基址北基址出土铁马镫

1. 08JJ2①：66　2. 08JJ2①：73

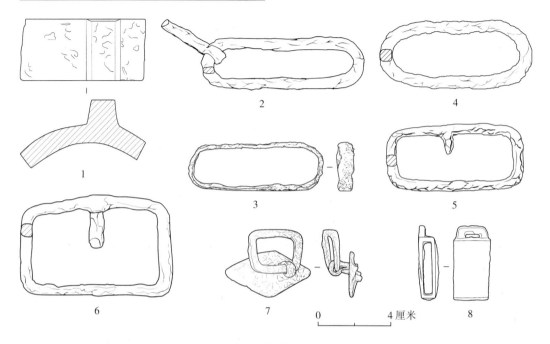

图 3-2-41　甲组建筑基址北基址出土铁器

1. 车辖（08JJ2①：100）　2. 带扣（08JJ2①：95）　3. 圈形环（08JJ2②：18）　4. 圈形环（08JJ2①：31）　5. 带扣形环（08JJ2①：38）　6. 带扣形环（08JJ2①：40）　7. 附耳环（08JJ2E1F1：4）　8. 附耳环（08JJ2①：29）

08JJ2E1F1：4，由菱形挡片、方形环及两枚鼻钉构成。菱形挡片长5、宽2.7厘米，鼻钉残长2、方形套环长3.3、宽2.6厘米（图3-2-41，7；图版三三六，6）。

08JJ2①：29，平面呈长方形，上部有长方形穿孔。正面凸起，背面较平。长3.9、宽2.1厘米（图3-2-41，8；图版三三七，1）。

甲片　36片。均残。

08JJ2E1F1：29-1，平面呈长方形，短边侧视略弧。边缘有一圈孔。长8.8、宽2.7厘米（图3-2-42，1；图版三三七，2）。

08JJ2E1F1：29-2，平面呈长方形，短边侧视略弧。边缘有一圈孔。长8.5、宽2.6厘米（图3-2-42，4；图版三三七，3）。

08JJ2E1F1：30-1，平面近长方形，长边已残。边缘有一圈孔。长9.3、宽2.6厘米（图3-2-42，2；图版三三七，4）。

08JJ2E1F1：30-2，平面长方形，残缺一边。短边略弧，自短边侧视呈弧形。边缘有穿孔。残长6.3、宽2.4厘米（图3-2-42，5；图版三三七，5）。

08JJ2①：14，平面为不规则长方形，对称分布圆形孔，存6孔，其中一孔锈蚀。残长6.3、宽2.8厘米（图3-2-42，6；图版三三七，6）。

08JJ2①：53-1~08JJ2①：53-3，共3片。形制大小相近。平面近长方形，略弯

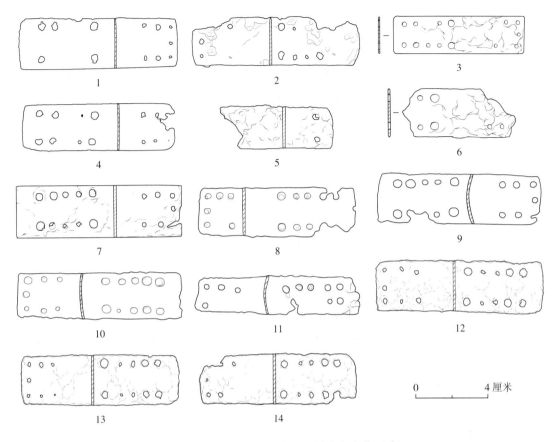

图 3-2-42　甲组建筑基址北基址出土铁甲片

1.08JJ2E1F1：29-1　2.08JJ2E1F1：30-1　3.08JJ2②：19　4.08JJ2E1F1：29-2　5.08JJ2E1F1：30-2　6.08JJ2①：14
7.08JJ2①：53-1　8.08JJ2①：87-1　9.08JJ2①：87-2　10.08JJ2①：87-3　11.08JJ2①：87-4　12.08JJ2
①：86-1　13.08JJ2①：86-2　14.08JJ2①：86-3

曲。一端略窄。存 17 孔，一端 10 孔，一端 7 孔。长 9.2、宽 2.8 厘米（图 3-2-42，7；
图版三三七，7~9）。

　　08JJ2①：86-1~08JJ2①：86-13，共 13 片。平面呈长方形，略弯曲。存 17 孔，
6 个大孔，余者为小孔。分两型。

　　Ⅰ型：08JJ2①：86-1，长 9.2、宽 2.5~2.7、厚 0.1 厘米（图 3-2-42，12；图版
三三八，1）。

　　Ⅱ型：08JJ2①：86-2、08JJ2①：86-3，长 8.7、宽 2.5~2.6、厚 0.1 厘米（图
3-2-42，13、14；图版三三八，2、3）。

　　08JJ2①：87-1~08JJ2①：87-14，共 14 片。分三型。

　　Ⅰ型：平面近长方形。

　　08JJ2①：87-1，上有 17 孔。一侧 7 孔，其中一孔锈蚀，另一侧 10 孔（6 大孔，

4 小孔）。长 8.7、宽 2.7、厚 0.1 厘米（图 3-2-42，8；图版三三八，4）。

Ⅱ型：平面近长方形。上有 17 孔。一侧 7 孔，另一侧 10 孔。

08JJ2①：87-2，长 9.1、宽 2.8、厚 0.1 厘米（图 3-2-42，9；图版三三八，5）。

08JJ2①：87-3，长 9.2、宽 2.7、厚 0.1 厘米（图 3-2-42，10；图版三三八，6）。

Ⅲ型：平面近梯形。

08JJ2①：87-4，上有 11 孔。一侧 7 孔，另一侧 4 孔。长 9.2、宽 2.1、厚 0.1 厘米（图 3-2-42，11；图版三三八，7）。

08JJ2②：19，平面为长方形，上有 15 孔。一侧 9 孔，另一侧 6 孔。长 7.3、宽 1.9~2 厘米（图 3-2-42，3；图版三三八，8）。

钉　5 件。依据形制的不同，分为鼻钉、圆帽钉、"T"形钉三类。

鼻钉　3 件。

08JJ2②：9，主体为一鼻钉。尖部残缺，钉孔处穿一铁丝环。钉残长 2.3、铁圈径 1.4 厘米（图 3-2-43，1；图版三三八，9）。

08JJ2②：10，主体为一鼻钉。由铁条弯成，钉尖向上弯曲，钉孔处穿一铁丝环。残长 2.6、环径 2.1 厘米（图 3-2-43，2；图版三三八，10）。

08JJ2②：29，扁铁条中间弯曲成圆穿鼻。圆穿鼻顶面较宽，两侧渐细。长 7.3、鼻穿宽 0.9~1.7、环径 2.6、厚 0.2~0.4、总宽 2.8 厘米（图 3-2-43，3；图版三三九，1）。

圆帽钉　1 件。

08JJ2①：82，钉帽实心，圆形隆起。钉身渐细，截面呈方形。整体长 7.9 厘米，

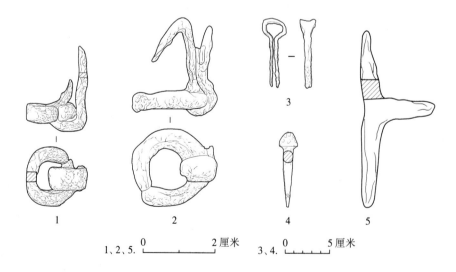

图 3-2-43　甲组建筑基址北基址出土铁钉

1.鼻钉（08JJ2②：9）　2.鼻钉（08JJ2②：10）　3.鼻钉（08JJ2②：29）　4.圆帽钉（08JJ2①：82）

5."T"形钉（08JJ2①：47）

中部径截面长 1.1~1.2、顶部长 1.8、钉帽径 2.2 厘米（图 3-2-43，4；图版三三九，2）。

"T"形钉 1件。

08JJ2①：47，平面呈"T"字形。长 4.7、总宽 2.1、钉直径 0.3~0.6 厘米（图 3-2-43，5；图版三三九，3）。

片状构件 1件。

08JJ2②：36，平面呈长条形，侧面呈"L"形。一端打成尖状并弯曲，另一端残缺。长 17.5、宽 2.2、厚 0.6 厘米（图 3-2-44，1；图版三三九，4）。

片状带孔构件 3件。

08JJ2①：13，平面近树叶形，上有两孔。条形柄。整体残长 8.9、柄长 4.8 厘米（图 3-2-44，2；图版三三九，5）。

08JJ2②：31，长条形。一端残。中间竖排有四孔。孔间距约 4.2、残长 14.9、宽 2.3、厚 0.3、孔径 0.5 厘米（图 3-2-44，3；图版三三九，6）。

08JJ2②：44，近长方形，有断裂痕。其中一角有两个并排小孔。残长 16.2、残宽 7.8 厘米（图 3-2-44，4；图版三四〇，1）。

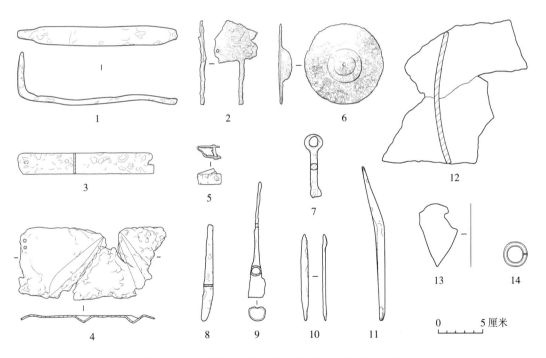

图 3-2-44 甲组建筑基址北基址出土铁器、铜器

1. 铁片状构件（08JJ2②：36） 2. 铁片状带孔构件（08JJ2①：13） 3. 铁片状带孔构件（08JJ2②：31） 4. 铁片状带孔构件（08JJ2②：44） 5. 铁片状带铆钉构件（08JJ2①：102） 6. 铁圆铍形带孔构件（08JJ2E1F1：7） 7. 铁条状带环构件（08JJ2①：98） 8. 铁器（08JJ2①：32） 9. 铁器（08JJ2①：49） 10. 铁器（08JJ2①：52-2） 11. 铁器（08JJ2①：157） 12. 铁器（08JJ2②：38） 13. 铜片（08JJ2①：39） 14. 铜环（08JJ2②：43）

片状带铆钉构件　1件。

08JJ2①：102，长方形铁片，已弯曲。铁片两端各有一小圆帽钉穿过。残长 2.7、宽 1.2、钉长 1.3~1.9 厘米（图 3-2-44，5；图版三四〇，3、4）。

圆钹形带孔构件　1件。

08JJ2E1F1：7，钹形。中心鼓起，微有裂痕。正中有孔，疑为门钹残件。径 8.6、厚 0.1 厘米（图 3-2-44，6；图版三四〇，5、6）。

条状带环构件　1件。

08JJ2①：98，一端有环孔，另一端残。残长 6.8、上端环外径 2.1、中部粗 0.8 厘米（图 3-2-44，7；图版三四〇，2）。

其他铁器　5件。

08JJ2①：32，长方形扁片。残长 10.2、宽 1.4、厚 0.3 厘米（图 3-2-44，8；图版三四一，1）。

08JJ2②：38，长方形，略有弧度，锈蚀严重。长 16.2、宽 15.3、厚 0.7 厘米（图 3-2-44，12；图版三四一，2）。

08JJ2①：49，头部呈锥形，尾部膨大，作圆锥形銎孔。銎身有竖缝。残长 12.4、尾部宽 2.1、銎深 3.6、前端铤直径 0.5 厘米（图 3-2-44，9；图版三四一，3）。

08JJ2①：52-2，平面长条形，截面呈扁长方形。残长 9.2、宽 0.9 厘米（图 3-2-44，10；图版三四一，4）。

08JJ2①：157，器身中间粗，两端渐细。横截面为四棱锥体。长 16.4、最宽 1.2 厘米（图 3-2-44，11；图版三四一，5）。

2）铜器

共 3 件。

片　2件。残且锈蚀。

标本 08JJ2①：39，残长 6.7、宽 4.3、厚 0.1 厘米（图 3-2-44，13；图版三四一，6）。

环　1件。

08JJ2②：43，环径 2.7 厘米（图 3-2-44，14；图版三四一，7）。

3）瓷器

共 34 件。

瓮　2件。

08JJ2E1F1：18，芒口，圆唇，凸缘，鼓肩，斜腹，平底。夹砂胎。茶褐色釉，外底无釉。内壁流釉明显，有三行拼接痕。外壁局部见白斑。口径 58.7、腹径 70.3、壁厚 1.4、通高 85.6 厘米（图 3-2-45，2；图版三四二，1）。

08JJ2E1F1：19，敛口，厚圆唇外卷。圆肩，斜腹，平底。灰褐缸胎，茶褐色釉。内底积釉开裂，有结晶。外底无釉，局部流釉。器身旋削痕明显，有多处铁质锔补痕。器沿有两个锔孔。口径43.2、腹径67.7、底径28.1、通高76.5厘米（图3-2-45，1；图版三四二，2）。

钵 3件。

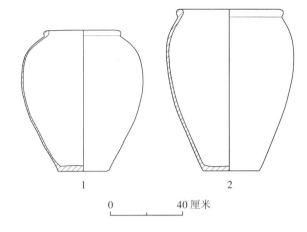

图3-2-45 甲组建筑基址北基址出土瓷瓮
1.08JJ2E1F1：19 2.08JJ2E1F1：18

08JJ2①：50，平唇，直口，小折沿，玉璧底。上腹近直，下腹弧收。内底近圈，有两处耐火土支烧痕。灰胎，胎质较细。釉不及底。外壁敷化妆土略厚，显乳白；内壁施化妆土较薄，闪青灰。口径25、底径10、通高15.2厘米（图3-2-46，1；图版三四二，3）。

08JJ2①：94，芒口，方唇，弧腹，内圈底，外日晕底。灰胎，质粗糙，敷化妆土后色近乳黄。内壁满釉，近口沿处局部有粘疤；外壁半釉，口沿下施凹弦纹，露胎处局部呈火石红。口径19、底径9.7、通高11.4厘米（图3-2-46，2；图版三四二，4）。

08JJ2①：126，芒口，方圆唇，弧腹，内圈底，外日晕底。深灰胎，质粗糙，敷化妆土后施釉。釉色近乳黄，局部微泛暗青。内壁满釉，外壁半釉。外壁口沿下施凹弦纹，局部有窑疤。复原径18.6、底径9.6、通高11.4厘米（图3-2-46，3；图版三四三，1）。

碗 6件。

08JJ2E1F1：3，敞口，圆唇，斜弧腹，圈足。夹砂灰胎，敷化妆土后外壁呈乳白色。外壁釉不及底，内壁满釉。内底有支烧痕。圈足高0.5~0.6、口径20.6、通高5厘米（图3-2-46，4；图版三四三，2）。

08JJ2E1F1：9，上残。敞口，圆唇，斜弧腹。内底略凹，圈足，外平底。白胎，施釉后色较白。外底无釉，内底有一周11个支烧痕。圈足外径6.9、圈足高0.8、复原口径20、残高4.5厘米（图3-2-46，5；图版三四三，3、4）。

08JJ2E1F1：24，敞口，圆唇，弧腹，内圈底，外圈足。细白胎，施釉后显粉白。内壁满釉，残存一圈支烧痕；外壁施釉近底，有明显利坯痕。复原径22、底径8、通高8.8厘米（图3-2-46，6；图版三四三，5、6）。

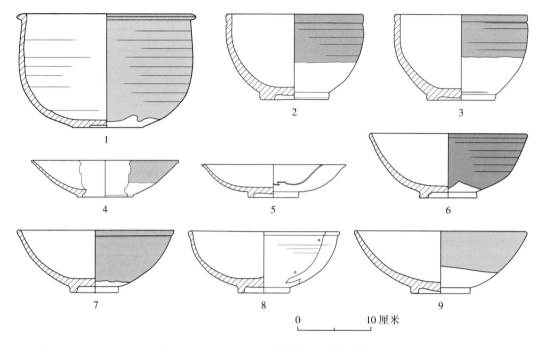

图 3-2-46　甲组建筑基址北基址出土瓷器

1. 钵（08JJ2①：50）　2. 钵（08JJ2①：94）　3. 钵（08JJ2①：126）　4. 碗（08JJ2E1F1：3）　5. 碗
（08JJ2E1F1：9）　6. 碗（08JJ2E1F1：24）　7. 碗（08JJ2①：122）　8. 碗（08JJ2①：124）　9. 碗
（08JJ2①：125）

08JJ2①：122，圆唇，突缘，敞口，弧腹，内圜底，圈足。白胎，胎质细腻，施釉后显乳白色。施釉近底，内壁满釉，外壁无釉。内底有一周 11 枚支烧痕。口径22、腹径壁厚 0.4、底径 7.2、通高 8.5 厘米（图 3-2-46，7；图版三四四，1）。

08JJ2①：124，敞口，圆唇，突缘。弧腹，内圜底，外圈足。足心开裂。白胎，质较细，施釉后白中泛青。内壁满釉，内底有一圈支烧痕；外壁施釉近底，有两处锔孔。外底无釉，釉层磨损严重。口径 20.8~21、底径 7.3、通高 8.4 厘米（图 3-2-46，8；图版三四四，2）。

08JJ2①：125，圆唇，敞口，斜弧壁，内圜底，圈足，足心略鼓。粗灰胎，敷化妆土，施釉后呈乳黄色。外壁釉不及底，内壁满釉。内底有涩圈。口径 24、底径 8.2、通高8.5 厘米（图 3-2-46，9；图版三四四，3）。

盘　6 件。

08JJ2E1F1：25，花式芒口，口沿有三角形缺。敞口，圆唇，斜弧腹，内底略凹，圈足。白胎，质较细。器身满釉，色泛灰。器内壁出筋，弦纹圈内饰水波纹。口径18.9、底径 6、通高 3.3 厘米（图 3-2-47，1；图版三四四，5、6）。

08JJ2E1F1：26，敞口，圆唇，斜壁。灰胎，胎质细腻。施化妆土后色乳白。釉

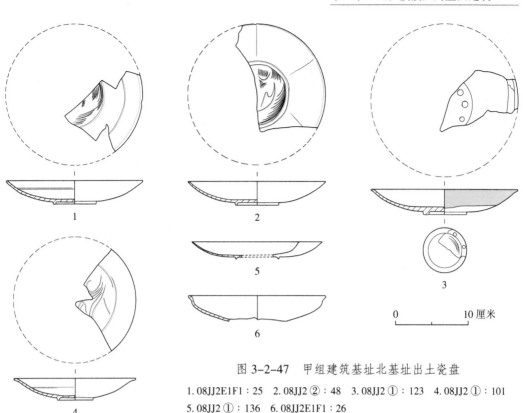

图 3-2-47　甲组建筑基址北基址出土瓷盘

1.08JJ2E1F1：25　2.08JJ2 ②：48　3.08JJ2 ①：123　4.08JJ2 ①：101
5.08JJ2 ①：136　6.08JJ2E1F1：26

不及底。壁厚 0.4、残高 3.5 厘米（图 3-2-47，6；图版三四五，1、2）。

08JJ2 ①：101，芒口。敞口，尖唇，斜弧腹，平底，矮圈足。细白薄胎，满釉泛灰。器内壁弦纹圈内饰一支莲。口径 17、腹壁厚 0.3、通高 3.1 厘米（图 3-2-47，4；图版三四五，3、4）。

08JJ2 ①：123，圆唇，敞口，斜弧腹，内底略凹，外底略鼓，圈足。灰胎，胎质较细，敷化妆土后色乳黄。外壁釉不及底，内壁满釉。内底见有三枚支烧痕。口径 20.6、底径 6.1、通高 3.5 厘米（图 3-2-47，3；图版三四五，5、6）。

08JJ2 ①：136，芒口。敞口，尖唇，斜弧腹，内平底，矮圈足。白胎，满釉。内底在一圈弦纹内划刻一支莲。口径 18、圈足高 0.3、胎厚 0.3~0.4、高 2.4 厘米（图 3-2-47，5；图版三四四，4）。

08JJ2 ②：48，五瓣花式芒口盘。敞口，圆唇，斜弧腹，内圜底，矮圈足。细白薄胎，裹足满釉，色泛灰。内壁出筋，内底弦纹圈内饰水波；外壁下部有数周竹丝刷痕。复原口径 19、底径 6、通高 3.3 厘米（图 3-2-47，2；图版三四六，1~3）。

壶嘴　1 件。

08JJ2 ②：59，管状短流。夹砂灰胎，质粗糙。外壁施化妆土呈米黄；内壁不施化妆土，色青灰。口径壁厚 0.6、残高 4.5、残宽 5.1 厘米（图 3-2-48，1；图版三四六，4）。

口沿 7件。

08JJ2①：139，芒口。圆唇，折沿，鼓腹。米黄色胎，施化妆土后色黄白。内壁施釉，外壁饰黑花。腹壁厚1厘米、残高5.5、残宽9.2（图3-2-48，2；图版三四六，5）。

08JJ2①：140，圆唇，侈口，弧腹，从口向底渐厚。白胎，施釉后色乳白。口径厚0.4~0.8、残高3.6厘米（图3-2-48，3；图版三四六，6）。

08JJ2①：141，芒口。圆唇，突缘。灰褐胎，微见细砂。敷化妆土，色呈乳黄。复原口径18、腹厚0.7~0.9、残高6.1、残宽8.7厘米（图3-2-48，4；图版三四七，1）。

08JJ2①：142，圆唇，突缘，弧腹。白胎，施釉后色白。外壁饰较密集的凹弦纹。口径厚0.3~0.5、残高6厘米（图3-2-48，5；图版三四七，2）。

08JJ2①：149，芒口。圆唇，突缘，敞口，弧腹，胎体从口至底渐厚。灰褐胎，夹少量细砂。施化妆土，釉色白中偏黄。外壁半釉。腹厚0.8~1.4、残高8.9厘米（图3-2-48，7；图版三四七，3）。

08JJ2①：150，芒口。圆唇，突缘，斜腹。灰胎，双色釉。外壁酱釉，内壁青黄釉。腹壁厚0.6~0.7、残高4.4、残宽8.2厘米（图3-2-48，6；图版三四七，4）。

08JJ2①：159，尖唇，敞口，斜弧腹，近底部渐厚。灰白胎，釉色白。残口径

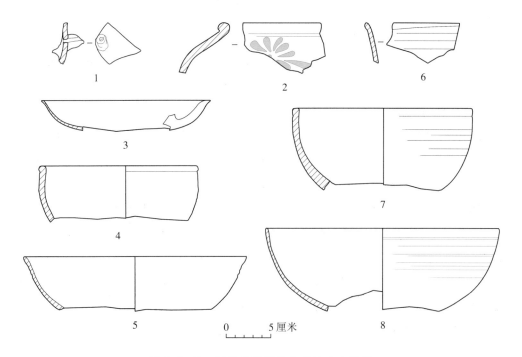

图3-2-48 甲组建筑基址北基址出土瓷器

1. 壶嘴（08JJ2②：59） 2. 口沿（08JJ2①：139） 3. 口沿（08JJ2①：140） 4. 口沿（08JJ2①：141）
5. 口沿（08JJ2①：142） 6. 口沿（08JJ2①：150） 7. 口沿（08JJ2①：149） 8. 口沿（08JJ2①：159）

16.5、残高8.9、复原径26厘米（图3-2-48，8；图版三四七，5）。

器底　8件。

08JJ2①：137，圈足。内底略凹，外底略凸。米白色胎，施釉后色白。外壁无釉，内底有八枚位置对称但大小不一的支烧痕。腹壁厚0.5、残高2.4、残宽11.2厘米，圈足外径8.4、内径7.2厘米（图3-2-49，1；图版三四八，1、2）。

08JJ2①：138，弧腹，内底略凹，圈足，外底略鼓。白胎，施化妆土，釉色乳黄。外底无釉，有一墨书"千"字。内底有五枚支烧痕。腹壁厚0.6~0.7、圈足底径7、残高2.2、残宽9.5厘米（图3-2-49，2；图版三四八，3、4）。

08JJ2①：143，弧腹近平底，圈足。灰白胎，施化妆土，釉色呈黄白。外壁近底无釉，内底有四枚支烧痕。腹壁厚0.4~0.5、底厚0.6~0.8、残宽10.7、残高3.8厘米（图3-2-49，3；图版三四八，5、6）。

08JJ2①：144，圈足。褐色砂胎。外部无釉，内壁施化妆土后色呈乳白。釉面见火刺。腹壁厚0.8~1.2、圈足径9.5、圈足内径6.8、残高3.9、残宽13.8厘米（图3-2-49，4；图版三四七，6）。

08JJ2①：146，圈足。砂质灰胎。施化妆土，釉色灰白。外壁无釉，内底施釉。内底有四枚支烧痕。圈足径7.4、腹壁厚0.7~1、残高3.6厘米（图3-2-49，5；图版

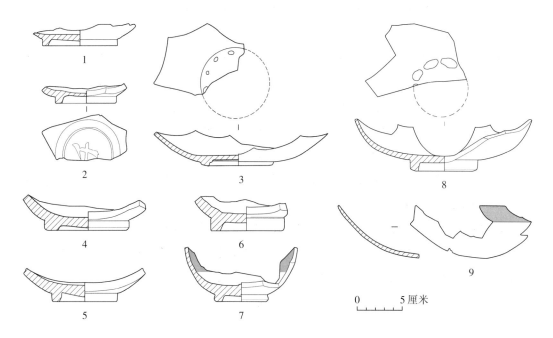

图3-2-49　甲组建筑基址北基址出土瓷器

1. 器底（08JJ2①：137）　2. 器底（08JJ2①：138）　3. 器底（08JJ2①：143）　4. 器底（08JJ2①：144）
5. 器底（08JJ2①：146）　6. 器底（08JJ2①：147）　7. 器底（08JJ2①：148）　8. 器底（08JJ2①：151）
9. 残片（08JJ2①：145）

三四九，1）。

08JJ2①：147，内底略凹，圈足。米白色粗胎。外壁无釉，内壁施酱黑釉，残高3.7、残宽10.1、圈足径8.1厘米（图3-2-49，6；图版三四九，2）。

08JJ2①：148，矮圈足。茶褐色釉，外壁近底无釉，内底有"鸡心"凸。圈足径6、残高5.9厘米（图3-2-49，7；图版三四九，3）。

08JJ2①：151，弧腹，近底渐厚，圈足。白胎，釉色白。外壁近底无釉，内底有四枚大小不一的支烧痕。腹壁厚0.4~0.8、残高5.5厘米（图3-2-49，8；图版三四九，4）。

残片　1件。

08JJ2①：145，尖唇，弧腹。灰胎。施化妆土，釉显灰白。外壁紧靠口沿处有釉，下部无釉。残高5.8、腹壁厚0.4~0.5、残宽13.7厘米（图3-2-49，9；图版三四九，5）。

4）陶器

共16件。

瓮　4件。

08JJ2E1F1：20，泥质灰陶，表面呈黑色。卷沿，溜肩，上腹鼓，下腹斜收，平底略内凹。沿下饰两道附加堆纹，肩部和上腹部饰三道附加堆纹。附加堆纹上滚印篦点纹。口径43.5、腹径62、底径35.5、高75厘米（图3-2-50，1；图版三五〇，1）。

08JJ2E1F1：21，泥质灰褐陶，表面局部呈黑色。口残，上腹鼓，下腹斜收，平底略内凹。上腹饰附加堆纹，存三周。上腹还存有一处铁锈痕，可能与锔补有关。腹径54.3、底径30.5、高55.2厘米（图3-2-50，2；图版三五〇，2）。

08JJ2E1F1：22，泥质灰褐陶，表面呈黑色。卷沿，溜肩，上腹鼓，下腹斜收，平底略内凹。沿下饰二道附加堆纹，肩部和上腹部饰三道附加堆纹。附加堆纹上滚印篦点纹。腹部有三个钻孔，应与锔补有关。口径43.2、腹径61.8、底径35.6、高73.2厘米（图3-2-50，3；图版三五〇，3）。

08JJ2E1F1：23，泥质灰陶，表面局部呈黑色。卷沿，溜肩，上腹鼓，下腹斜收，平底略内凹。沿下饰一道附加堆纹，肩部和上腹部饰三道附加堆纹。附加堆纹上滚印篦点纹。附加堆纹间距自上而下依次为9.85、9.4、8.25厘米。口径41.5、腹径59、底径35、高65厘米（图3-2-50，4；图版三五〇，4）。

罐　4件。

08JJ2E1F1：16，泥质灰陶。侈口，卷沿，直领，鼓腹，平底微内凹。口颈部与腹部拼接而成。口径10.9、腹径19.5、底径11.3、壁厚0.8、高21.7厘米（图3-2-51，1；图版三五一，1）。

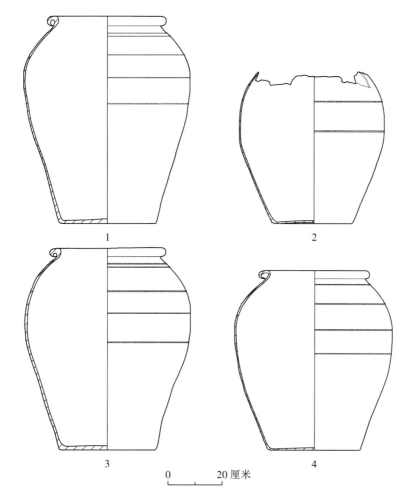

图 3-2-50　甲组建筑基址北基址出土陶瓷
1. 08JJ2E1F1：20　2. 08JJ2E1F1：21　3. 08JJ2E1F1：22　4. 08JJ2E1F1：23

08JJ2①：19，泥质灰陶。圆唇，斜平沿，鼓肩，斜弧腹，平底。素面，有轮修痕。口径 21.4、复原腹径 26.4、底径 17.3、高 16.6、厚 0.6 厘米（图 3-2-51，2；图版三五一，2）。

08JJ2①：127，泥质灰陶。卷沿，溜肩，鼓腹。内底中部略凸，外平底。素面。肩部有三个焗孔。复原口径 15、腹径 22、底径 12.3~12.6、高 22.3 厘米（图 3-2-51，3；图版三五一，3）。

08JJ2①：155，肩上部残。鼓肩，斜弧腹，平底。器身泥质灰陶，器底为夹砂灰陶。壁厚 0.6、底厚 0.8、残高 32.5、宽 33.4 厘米（图 3-2-51，4；图版三五一，4）。

盆　1 件。

08JJ2E1F1：27，泥质灰陶。卷沿，斜腹。外表有轮修痕。残长 36.8、腹壁厚 0.7、

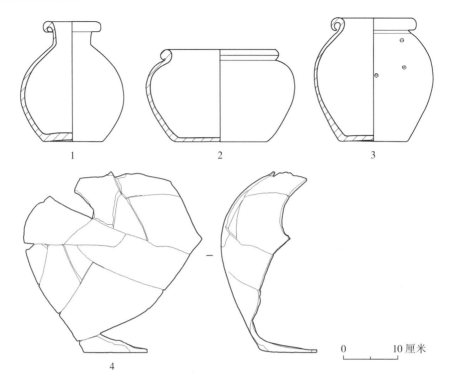

图 3-2-51　甲组建筑基址北基址出土陶罐
1.08JJ2E1F1：16　2.08JJ2 ①：19　3.08JJ2 ①：127　4.08JJ2 ①：155

残高 19.8 厘米（图 3-2-52，1；图版三四九，6）。

器盖　3 件。

08JJ2 ①：7，夹砂灰陶。卷唇。素面。复原口径 31、残高 3.3 厘米（图 3-2-52，4；图版三五二，1、2）。

08JJ2 ①：128，残甚。泥质灰陶。卷沿，斜壁，平底。口径 28.9、底径 19.8~20、通高 3.2 厘米（图 3-2-52，2；图版三五二，3）。

08JJ2 ②：49，泥质灰陶。卷沿，斜腹，平底，捉纽残缺。素面。口径约 28.8、腹厚 0.8、高 3.4 厘米（图 3-2-52，3；图版三五二，4）。

围棋子　2 件。手制，制作粗糙，呈灰褐色。圆饼形。

08JJ2 ①：72，径 1.4、厚 0.7 厘米（图 3-2-53，1；图版三五二，5）。

08JJ2 ①：80，径 1.6~1.7、厚 0.3~0.4 厘米（图 3-2-53，2；图版三五二，6）。

纺轮　1 件。

08JJ2 ①：68，浅黄褐陶。系用板瓦改制。平面近圆形，中间穿孔。边缘残破。正面素面，背面布纹。直径 3.2~3.5、厚 1.8、孔径 0.8 厘米（图 3-2-53，3；图版三五二，7）。

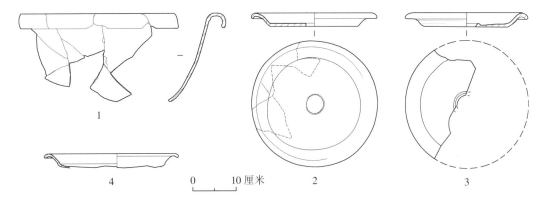

图 3-2-52　甲组建筑基址北基址出土陶器

1. 盆（08JJ2E1F1：27）　2. 器盖（08JJ2①：128）　3. 器盖（08JJ2②：49）　4. 器盖（08JJ2①：7）

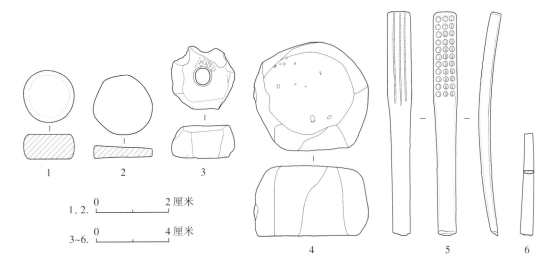

图 3-2-53　甲组建筑基址北基址出土陶器、骨器

1. 陶围棋子（08JJ2①：72）　2. 陶围棋子（08JJ2①：80）　3. 陶纺轮（08JJ2①：68）　4. 陶圆器（08JJ2E1F1：28）
5. 骨刷（08JJ2①：11）　6. 骨器（08JJ2①：21）

圆器　1件。

08JJ2E1F1：28，泥质灰陶。扁圆柱形，系用砖块磨成。直径5.8~6.3、厚3.8厘米（图3-2-53，4；图版三五二，8）。

5）骨器

共2件。

刷　1件。

08JJ2①：11，残。黄褐色。器身向后略弯，呈弧形。正面有三排共33个钻孔。背面有三条切割痕，柄部残缺。长12、宽1.4、厚0.6厘米（图3-2-53，5；图版三五三，1、2）。

骨器　1件。

08JJ2①：21，两端已残。一面平，一面弧，通体打磨光滑。残长5.5、宽0.7厘米（图3-2-53，6；图版三五三，3）。

6）石器

共6件。

杵　1件。

08JJ2①：121，残。花岗岩。侧视呈椭圆形，顶面平，中有榫眼。长21.8、宽19.2、顶面宽18.5、厚13.6、榫眼深5.5厘米（图3-2-54，1；图版三五三，4、5）。

臼　1件。

08JJ2①：106，顶视近圆形，斜弧壁，圜底。外壁雕八瓣莲，每瓣设壶门，壶门饰花。臼内底正中微残，有圆形榫口。底部有凿痕。内口径53.5、腹径66.2、通高34.8厘米（图3-2-54，2；图版三五三，6）。

磨石　1件。

08JJ2②：41，残。青石质。平面近长方形，正面中部下凹，背面与侧面均被不同程度打磨。残长11、宽5、厚1~1.4厘米（图3-2-54，3；图版三五四，1）。

围棋子　1件。

08JJ2①：91，青石质。圆形。径1.6、厚0.3~0.4厘米（图3-2-54，4；图版三五四，2）。

饰件　2件。

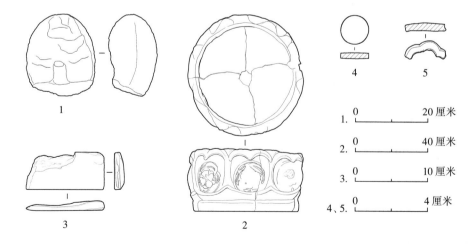

图 3-2-54　甲组建筑基址北基址出土石器

1.杵（08JJ2①：121）　2.臼（08JJ2①：106）　3.磨石（08JJ2②：41）　4.围棋子（08JJ2①：91）
5.饰件（08JJ2①：16）

08JJ2①：16，残。磨制。乳白色。平面呈"3"形，截面方形。残长2.3、残宽0.4、厚0.5厘米（图3-2-54，5；图版三五四，3）。

08JJ2①：135，残。磨制。白色。平面呈柱形。残长1.2、直径0.1厘米（图版三五四，4）。

7）玛瑙

共1件。

桶珠　1件。

08JJ2①：81，残。棕红色。圆柱形，中间粗，两端细。通体打磨光亮，中部有穿孔。长2.2、直径0.7厘米（图3-2-55，1；图版三五四，5）。

8）琉璃器

共2件。

环　1件。

08JJ2②：58，残甚。白色。器表存气泡及沿环拉纹，截面呈半圆形。残长2.4、残宽1、厚0.6厘米（图3-2-55，2；图版三五四，6）。

桶珠　1件。

08JJ2②：7，残。淡蓝色。圆柱形，中有穿孔。长1.6、宽0.8厘米（图3-2-55，3；图版三五四，7）。

9）铜钱

共66枚。

五铢　1枚。

08JJ2①：4，光背。钱径2.6、穿宽1厘米（图3-2-56，1；图版三五五，1）。

开元通宝　4枚。钱文对读，光背。

08JJ2①：41-1，基本完整。钱径2.4、穿宽0.8厘米（图3-2-56，2；图版三五五，2）。

08JJ2①：58，钱径2.5、穿宽0.7厘米（图3-2-56，3；图版三五五，3）。

08JJ2②：20，钱径2.4、穿宽0.7厘米（图3-2-56，4；图版三五五，4）。

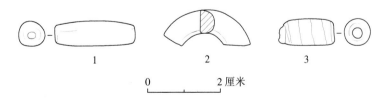

图3-2-55　甲组建筑基址北基址出土玛瑙器、琉璃器

1.玛瑙桶珠（08JJ2①：81）　2.琉璃环（08JJ2②：58）　3.琉璃桶珠（08JJ2②：7）

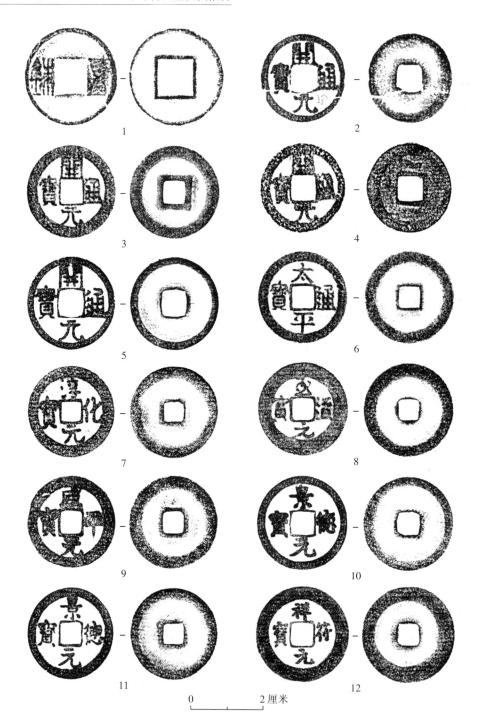

0   2厘米

图 3-2-56　甲组建筑基址北基址出土铜钱

1. 五铢（08JJ2①：4）　　2. 开元通宝（08JJ2①：41-1）　　3. 开元通宝（08JJ2①：58）　　4. 开元通宝（08JJ2②：20）
5. 开元通宝（08JJ2②：39）　　6. 太平通宝（08JJ2①：56）　　7. 淳化元宝（08JJ2②：14）　　8. 至道元宝
（08JJ2①：37-2）　9. 咸平元宝（08JJ2①：84）　10. 景德元宝（08JJ2①：79）　11. 景德元宝（08JJ2②：54）
12. 祥符元宝（08JJ2①：9）

08JJ2 ②：39，钱径 2.5、穿宽 0.7 厘米（图 3-2-56，5；图版三五五，5）。

太平通宝　1 枚。

08JJ2 ①：56，钱文对读，光背。钱径 2.5、穿宽 0.6 厘米（图 3-2-56，6；图版三五五，6）。

淳化元宝　1 枚。

08JJ2 ②：14，钱文右旋读，光背。钱径 2.5、穿宽 0.6 厘米（图 3-2-56，7；图版三五五，7）。

至道元宝　1 枚。

08JJ2 ①：37-2，钱文右旋读，光背。钱径 2.5、穿宽 0.6 厘米（图 3-2-56，8；图版三五五，8）。

咸平元宝　1 枚。

08JJ2 ①：84，钱文右旋读，光背。钱径 2.5、穿宽 0.6 厘米（图 3-2-56，9；图版三五五，9）。

景德元宝　2 枚。钱文右旋读，光背。

08JJ2 ①：79，钱径 2.5、穿宽 0.7 厘米（图 3-2-56，10；图版三五六，1）。

08JJ2 ②：54，钱径 2.5、穿宽 0.6 厘米（图 3-2-56，11；图版三五六，2）。

祥符元宝　3 枚。钱文右旋读，光背。

08JJ2 ①：9，钱径 2.6、穿宽 0.6 厘米（图 3-2-56，12；图版三五六，3）。

08JJ2 ①：103，钱径 2.5、穿宽 0.6 厘米（图 3-2-57，1；图版三五六，4）。

08JJ2 ②：57，钱径 2.6、穿宽 0.7 厘米（图 3-2-57，2；图版三五六，5）。

天禧通宝　2 枚。钱文右旋读，光背。

08JJ2 ①：77，略残。"天""禧"间有一略呈椭圆形孔；"宝""通"间也有一近椭圆形孔。钱径 2.5、穿宽 0.7 厘米（图 3-2-57，3；图版三五六，6）。

08JJ2 ②：55，钱面有两个锈蚀的小孔。钱径 2.6、穿宽 0.6 厘米（图 3-2-57，4；图版三五六，7）。

天圣元宝　4 枚。钱文右旋读，光背。

08JJ2 ①：34，钱径 2.5、穿宽 0.7 厘米（图 3-2-57，5；图版三五六，8）。

08JJ2 ①：44，钱径 2.5、穿宽 0.7 厘米（图 3-2-57，6；图版三五六，9）。

08JJ2 ①：55，穿边各有一细沟槽。钱径 2.5、穿宽 0.8 厘米（图 3-2-57，7；图版三五七，1）。

08JJ2 ①：62-1，钱径 2.5、穿宽 0.6 厘米（图 3-2-57，8；图版三五七，2）。

景祐元宝　2 枚。钱文右旋读，光背。

08JJ2 ①：22，穿边各有一浅沟槽。钱径 2.5、穿宽 0.6 厘米（图 3-2-57，9；图

图 3-2-57　甲组建筑基址北基址出土铜钱

1. 祥符元宝（08JJ2①：103）　2. 祥符元宝（08JJ2②：57）　3. 天禧通宝（08JJ2①：77）　4. 天禧通宝（08JJ2②：55）
5. 天圣元宝（08JJ2①：34）　6. 天圣元宝（08JJ2①：44）　7. 天圣元宝（08JJ2①：55）　8. 天圣元宝
（08JJ2①：62-1）　9. 景祐元宝（08JJ2①：22）　10. 景祐元宝（08JJ2②：2）　11. 皇宋通宝（08JJ2①：33）
12. 皇宋通宝（08JJ2①：54-1）

版三五七，3）。

08JJ2②：2，穿孔与穿边相错，背面边廓不规则。钱径2.6、穿宽0.6厘米（图3-2-57，10；图版三五七，4）。

皇宋通宝　3枚。钱文对读，光背。

08JJ2①：33，钱径2.5、穿宽0.6厘米（图3-2-57，11；图版三五七，5）。

08JJ2①：54-1，钱径2.5、穿宽0.7厘米（图3-2-57，12；图版三五七，6）。

08JJ2②：56-1，钱径2.5、穿宽0.8厘米（图3-2-58，1；图版三五七，7）。

至和元宝　1枚。

08JJ2②：40-1，钱文右旋读，光背。钱径2.5、穿宽0.8厘米（图3-2-58，2；图版三五七，8）。

治平元宝　1枚。

08JJ2①：30，钱文右旋读，光背。钱径2.5、穿宽0.7厘米（图3-2-58，3；图版三五七，9）。

熙宁元宝　7枚。钱文右旋读，光背。

08JJ2①：5，边廓稍残。钱径2.5、穿宽0.7厘米（图3-2-58，4；图版三五八，1）。

08JJ2①：27，钱径2.5、穿宽0.8厘米（图3-2-58，5；图版三五八，2）。

08JJ2①：35，钱径2.4、穿宽0.7厘米（图3-2-58，6；图版三五八，3）。

08JJ2①：104，钱径2.4、穿宽0.7厘米（图3-2-58，7；图版三五八，4）。

08JJ2②：1，钱径2.5、穿宽0.7厘米（图3-2-58，8；图版三五八，5）。

08JJ2②：8，深灰色，背面边廓不规则且不清晰。钱径2.5、穿宽0.7厘米（图3-2-58，9；图版三五八，6）。

08JJ2②：56-2，钱径2.5、穿宽0.7厘米（图3-2-58，10；图版三五八，7）。

元丰通宝　10枚。钱文右旋读，光背。

08JJ2E1F1：15，直径2.5、穿宽0.7厘米（图3-2-58，11；图版三五八，8）。

08JJ2①：28，稍残。钱径2.6、穿宽0.7厘米（图3-2-58，12；图版三五八，9）。

08JJ2①：36，钱径2.4、穿宽0.7厘米（图3-2-59，1；图版三五九，1）。

08JJ2①：45，钱径2.4、穿宽0.7厘米（图3-2-59，2；图版三五九，2）。

08JJ2①：62-2，钱径2.4、穿宽0.7厘米（图3-2-59，3；图版三五九，3）。

08JJ2①：78，钱径2.4、穿宽0.7厘米（图3-2-59，4；图版三五九，4）。

08JJ2①：99，边廓略残缺。钱径2.6、穿宽0.7厘米（图3-2-59，5；图版三五九，5）。

08JJ2②：12，钱径2.4、穿宽0.7厘米（图3-2-59，6；图版三五九，6）。

08JJ2②：13，钱径2.6、穿宽0.7厘米（图3-2-59，7；图版三五九，7）。

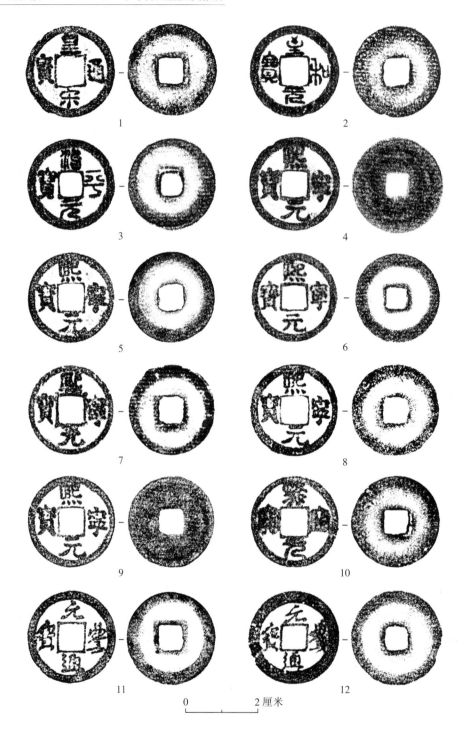

0   2 厘米

图 3-2-58　甲组建筑基址北基址出土铜钱

1. 皇宋通宝（08JJ2②：56-1）　2. 至和元宝（08JJ2②：40-1）　3. 治平元宝（08JJ2①：30）　4. 熙宁元宝（08JJ2①：5）　5. 熙宁元宝（08JJ2①：27）　6. 熙宁元宝（08JJ2①：35）　7. 熙宁元宝（08JJ2①：104）　8. 熙宁元宝（08JJ2②：1）　9. 熙宁元宝（08JJ2②：8）　10. 熙宁元宝（08JJ2②：56-2）　11. 元丰通宝（08JJ2E1F1：15）　12. 元丰通宝（08JJ2①：28）

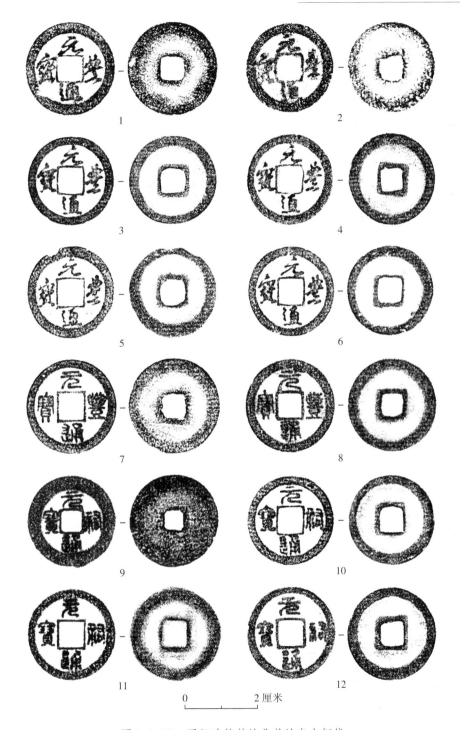

0　　　　2 厘米

图 3-2-59　甲组建筑基址北基址出土铜钱

1. 元丰通宝（08JJ2①：36）　2. 元丰通宝（08JJ2①：45）　3. 元丰通宝（08JJ2①：62-2）　4. 元丰通宝（08JJ2①：78）
5. 元丰通宝（08JJ2①：99）　6. 元丰通宝（08JJ2②：12）　7. 元丰通宝（08JJ2②：13）　8. 元丰通宝（08JJ2②：16）
9. 元祐通宝（08JJ2E1F1：14）　10. 元祐通宝（08JJ2①：采1）　11. 元祐通宝（08JJ2①：18）　12. 元祐通宝
（08JJ2①：62-3）

08JJ2②：16，钱径 2.5、穿宽 0.7 厘米（图 3-2-59，8；图版三五九，8）。

元祐通宝　4 枚。钱文右旋读，光背。

08JJ2E1F1：14，边廓较宽，字体较少。直径 2.5、穿宽 0.5、边廓宽 0.4 厘米（图 3-2-59，9；图版三五九，9）。

08JJ2①：采 1，直径 2.4、穿宽 0.7 厘米（图 3-2-59，10；图版三六〇，1）。

08JJ2①：18，钱径 2.5、穿宽 0.7 厘米（图 3-2-59，11；图版三六〇，2）。

08JJ2①：62-3，钱径 2.5、穿宽 0.7 厘米（图 3-2-59，12；图版三六〇，3）。

绍圣元宝　3 枚。钱文右旋读，光背。

08JJ2①：51，钱径 2.4、穿宽 0.7 厘米（图 3-2-60，1；图版三六〇，4）。

08JJ2②：3，钱径 3.1、穿宽 0.7 厘米（图 3-2-60，2；图版三六〇，5）。

08JJ2②：17，钱径 2.4、穿宽 0.7 厘米（图 3-2-60，3；图版三六〇，6）。

圣宋元宝　1 枚。

08JJ2②：23，钱文右旋读，光背。钱径 2.5、穿宽 0.7 厘米（图 3-2-60，4；图版三六〇，7）。

崇宁通宝　1 枚。

08JJ2②：6，面、背周廓规整。钱文右旋读，光背。钱径 3.5、穿宽 0.9 厘米（图 3-2-60，9；图版三六〇，8）。

大观通宝　1 枚。

08JJ2①：37-1，钱文对读，光背。钱径 2.5、穿宽 0.7 厘米（图 3-2-60，5；图版三六〇，9）。

大定通宝　1 枚。

08JJ2①：10，钱文对读，光背。钱径 2.6、穿宽 0.6 厘米（图 3-2-60，6；图版三六一，1）。

正隆元宝　1 枚。

08JJ2②：5，边廓规整，钱文右旋读，光背。钱径 2.5、穿宽 0.7 厘米（图 3-2-60，7；图版三六一，2）。

残钱　10 枚。

08JJ2E1F1：12，钱文存"皇宋通"三字，对读。直径 2.6、穿宽 0.7 厘米（图 3-2-60，8；图版三六一，3）。

08JJ2①：6，边廓残缺。钱文"祥符元宝"。钱径 2.6、穿宽 0.6 厘米（图 3-2-61，1；图版三六一，4）。

08JJ2①：37-3，钱文仅存一"通"字。残高 2、残宽 1 厘米（图 3-2-61，2；图版三六一，5）。

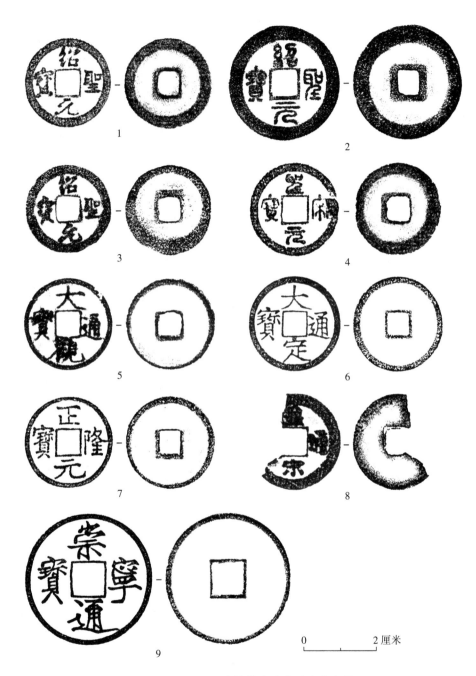

图 3-2-60 甲组建筑基址北基址出土铜钱

1. 绍圣元宝（08JJ2①：51） 2. 绍圣元宝（08JJ2②：3） 3. 绍圣元宝（08JJ2②：17） 4. 圣宋元宝
（08JJ2②：23） 5. 大观通宝（08JJ2①：37-1） 6. 大定通宝（08JJ2①：10） 7. 正隆元宝（08JJ2②：5）
8. 残钱（08JJ2E1F1：12） 9. 崇宁通宝（08JJ2②：6）

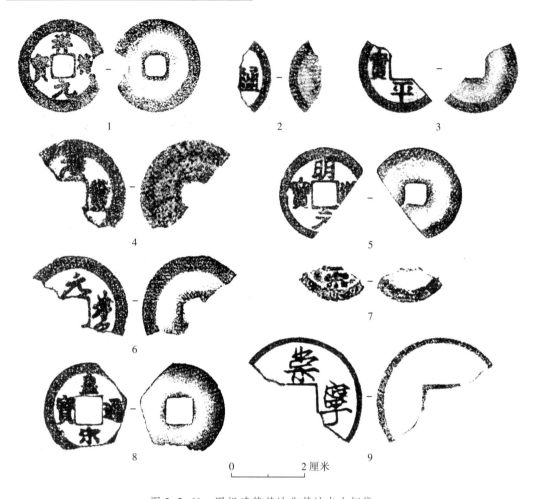

图 3-2-61　甲组建筑基址北基址出土铜钱

1.祥符元宝（08JJ2①：6）　2.08JJ2①：37-3　3.08JJ2①：41-2　4.08JJ2②：40-2　5.08JJ2①：43-2
6.08JJ2①：54-2　7.08JJ2①：54-3　8.08JJ2①：69　9.08JJ2①：43-1

08JJ2①：41-2，钱文仅存"平""宝"二字，余残缺。残高 2、残宽 2.2（图 3-2-61，3；图版三六一，6）。

08JJ2①：43-1，残缺二分之一，存"崇宁"二字。残高 2.9、残宽 3.1（图 3-2-61，9；图版三六一，7）。

08JJ2①：43-2，残缺三分之一。钱文右旋读，为"明□元宝"。残高 2.5、残宽 2.4、直径 2.6 厘米（图 3-2-61，5；图版三六一，8）。

08JJ2①：54-2，残存约二分之一。存"元丰"二字。残高 2.2、残宽 2.7 厘米（图 3-2-61，6；图版三六一，9）。

08JJ2①：54-3，仅存"宋"字。残高 1、残宽 1.8 厘米（图 3-2-61，7；图版三六一，10）。

08JJ2 ①：69，边廓残缺。钱文对读，"皇宋通宝"。径残，穿宽 0.7、残高 2.4、残宽 2.4 厘米（图 3-2-61，8；图版三六一，11）。

08JJ2 ②：40-2，残缺二分之一。钱文残存"元丰"。残宽 2.5、穿宽 0.8 厘米（图 3-2-61，4；图版三六一，12）。

（2）建筑材料

1）板瓦

共 11 件。均为陶质，灰胎。凸面整体呈素面，凹面保留布纹。

文字板瓦　1 件。

08JJ2 ①：24，系在板瓦凸面刻字，可辨一"田"字。侧缘存有内侧切割痕迹。残长 12.8、残宽 13.7、厚 2~2.2 厘米（图 3-2-62，1；图 3-2-63，1；图版三六二，1）。

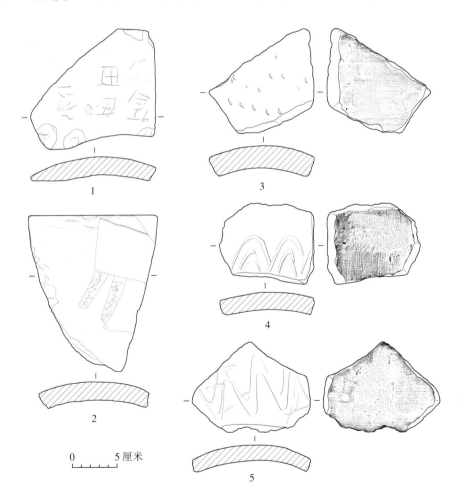

图 3-2-62　甲组建筑基址北基址出土板瓦

1. 文字板瓦（08JJ2 ①：24）　2. 刻划纹板瓦（08JJ2 ①：23）　3. 指甲纹板瓦（08JJ2 ①：152）

4. 波曲纹板瓦（08JJ2 ①：153）　5. 波曲纹板瓦（08JJ2 ①：154）

图 3-2-63　甲组建筑基址北基址出土板瓦拓片

1. 文字板瓦（08JJ2①：24）　 2. 刻划纹板瓦（08JJ2①：23）　 3. 指甲纹板瓦（08JJ2①：152）　 4. 波曲纹板瓦
（08JJ2①：153）　 5. 波曲纹板瓦（08JJ2①：154）

刻划纹板瓦　1件。

08JJ2①：23，系在板瓦凸面一侧边缘阴刻图案。侧缘存有内侧切割痕迹。残长16.6、残宽14.2、厚2.1~2.4厘米（图 3-2-62，2；图 3-2-63，2；图版三六二，2）。

指甲纹板瓦　1件。

08JJ2①：152，板瓦凸面饰不规则指甲纹。侧缘存有内侧切割痕迹。残长11.2、残宽11.5、厚2.2~2.5厘米（图 3-2-62，3；图 3-2-63，3；图版三六二，3）。

波曲纹板瓦　2件。板瓦凸面存有双层波曲纹。

08JJ2①：153，残长8.2、残宽10.8、厚1.5~2厘米（图 3-2-62，4；图 3-2-63，4；图版三六二，4）。

08JJ2①：154，侧缘存有内侧切割痕迹。残长9.8、残宽13、厚1.5~1.7厘米（图3-2-62，5；图 3-2-63，5；图版三六二，5）。

普通板瓦　6件。侧缘均存有内侧切割痕迹。

08JJ2①：114，长38、残宽25.2、窄端宽20.3、厚1.7~2.3厘米（图 3-2-64，1；图版三六三，1、2）。

08JJ2①：115，长37.6、残宽25.8、窄端宽21、厚1.9~2.8厘米（图 3-2-64，2；

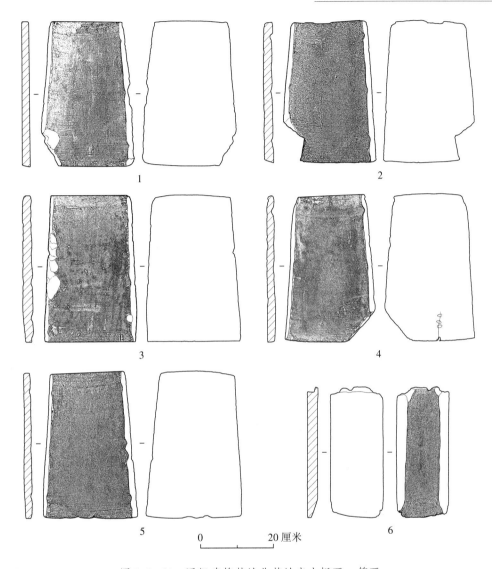

0　　　　　　　20厘米

图 3-2-64　甲组建筑基址北基址出土板瓦、筒瓦

1. 板瓦（08JJ2①：114）　2. 板瓦（08JJ2①：115）　3. 板瓦（08JJ2①：118）　4. 板瓦（08JJ2①：119）
5. 板瓦（08JJ2①：120）　6. 筒瓦（08JJ2①：117）

图版三六三，3、4）。

08JJ2①：116，长 37.1、宽 26.3、窄端残宽 19.1、厚 1.7~2.3 厘米（图版三六三，5、6）。

08JJ2①：118，长 38.4、宽 25.4、窄端宽 21.9、厚 1.7~2.7 厘米（图 3-2-64，3；图版三六四，1、2）。

08JJ2①：119，凸面近宽端有三个竖向排列的指窝痕，凹面对应位置亦存一个指窝痕。长 38.7、残宽 25、窄端残宽 19.6、厚 1.8~2.3 厘米（图 3-2-64，4；图版三六四，3、4）。

08JJ2①：120，长38.5、宽25.7、窄端宽21、厚1.7~2.2厘米（图3-2-64，5；图版三六四，5、6）。

2）筒瓦

共2件。均为陶质，灰胎。凸面素面，凹面保留布纹。凹面近下缘一端经过刮削，呈斜面状。侧缘均保留内侧切割痕迹。

08JJ2①：113，长34.1、宽13.9~14.1、厚2.4~2.7、瓦舌长2厘米（图版三六五，1、2）。

08JJ2①：117，长34.6、宽13.9~14.2、厚2.2~2.9、瓦舌长1.7厘米（图3-2-64，6；图版三六五，3、4）。

3）瓦当

共6件。均为兽面瓦当。陶质，灰胎。标本上多可见白灰痕。可分两类。

第一类，5件。当面饰一高浮雕狮面形象。额头正中饰一圆形乳丁纹，两侧为卷曲的毛发；眉脊略弯，眼窝深陷，眼作圆形，周边有眼睑，眼角外侧饰叶形双耳；鼻呈高挺的"蒜头"形；嘴咧成"元宝"形，起伏较大，嘴内有不明显的齿；两颊与下颌共饰四绺对称的卷曲状鬃毛。边轮和当面间没有明确界隔。当背对接筒瓦处多有印痕，抹泥多不加修整。

08JJ2①：1，完整。瓦当背面凹凸不平，抹泥有一定修整。瓦当直径13.6、边轮宽1.8~2.2、边轮厚1.3~1.6厘米。瓦当背面保存有一段对接筒瓦。筒瓦凸面为素面，凹面保留布纹。左、右侧缘均为内切，近凸面一侧保留有断裂面，右侧缘近凹面一侧局部保留有切割面。侧缘被二次加工的斜向刮削面打破，由下缘到上缘逐渐收窄。筒瓦残长18、宽13.6~14.1、厚1.8~2.4厘米（图3-2-65，1；图版三六五，5、6）。

08JJ2①：2，较完整。瓦当直径13.3、边轮宽2.1~2.5、边轮厚1.1~1.6厘米（图3-2-65，2；图版三六六，1）。

08JJ2①：20，完整。瓦当直径13.5、边轮宽1.8~2.2、边轮厚1.4厘米。瓦当背面保存有一段对接筒瓦，凸面素面，凹面保留布纹。两侧缘均为内切，近凸面一侧保留有断裂面，近凹面一侧切割面基本不存。侧缘被二次加工的斜向刮削面打破，由下缘到上缘逐渐收窄。筒瓦残长13.6、宽13.7、厚1.8~2.4厘米（图3-2-65，3；图版三六六，2）。

08JJ2①：65，较完整。当面上端有一道凹线。瓦当背面中部有两条记号线，与兽面方向不平行。瓦当直径13、边轮宽1.7~2.1、边轮厚1.2~1.6厘米（图3-2-66，2；图版三六六，3）。

08JJ2①：93，完整。瓦当背面中部有一道记号线，与兽面方向平行。瓦当直径

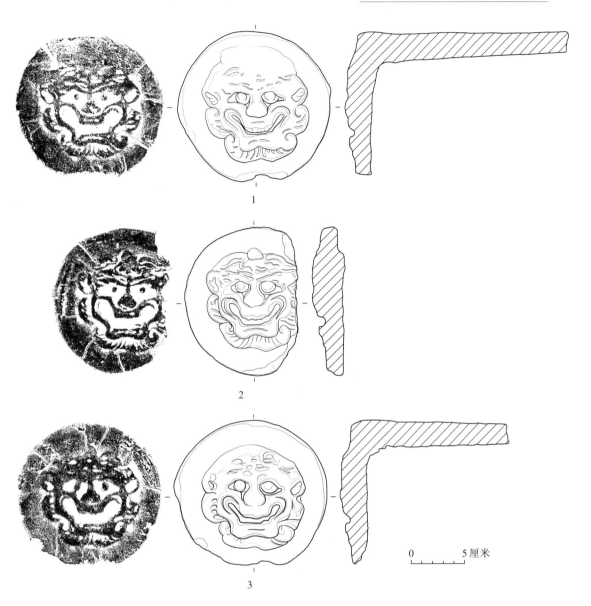

图 3-2-65 甲组建筑基址北基址出土兽面瓦当

1.08JJ2①：1 2.08JJ2①：2 3.08JJ2①：20

13.2、边轮宽 1.8~2.3、厚 1.2~1.4 厘米（图 3-2-66，3；图版三六六，4、5）。

第二类，1 件。

08JJ2②：60，大部分残缺。面像顶部犄角处有一凸棱装饰，眉脊平而略弯。眼作圆形，外侧饰耳。嘴由内、外两条凸弦纹构成，微咧，嘴角呈圆弧状向上凸起，嘴外侧有卷曲的鬃毛。边轮与兽面间饰一周凸弦纹，边轮略微突起。瓦当残径 7.4 厘米（图 3-2-66，1；图版三六六，6）。

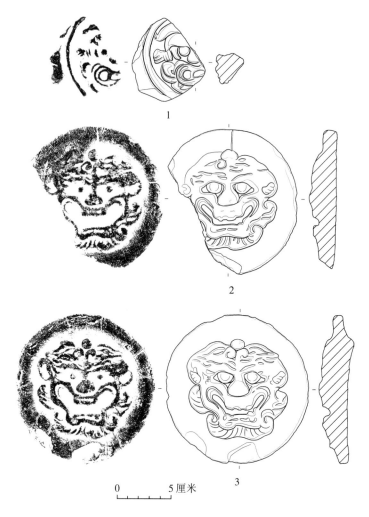

图 3-2-66 甲组建筑基址北基址出土兽面瓦当

1.08JJ2 ②：60 2.08JJ2 ①：65 3.08JJ2 ①：93

4）滴水

共 6 件。均为陶质，灰胎。分层式布局，端面底部呈波浪状，饰有绳纹。

08JJ2 ①：129，滴水端面与瓦身呈钝角相接，分四层，纹饰位于第二层，第四层呈波浪状。侧缘保存有内侧切割痕迹。残长 24.1、残宽 25、瓦身厚 2~2.8、滴水端面宽 4.3 厘米（图 3-2-67，1；图版三六七，1）。

08JJ2 ①：130，滴水端面与瓦身呈钝角相接，分五层，纹饰位于第一、三层，第五层呈波浪状。侧缘保存有内侧切割痕迹，有线切痕。残长 9.7、残宽 12.1、瓦身厚 2~2.7、滴水端面宽 5.4 厘米（图 3-2-67，2；图版三六七，2）。

08JJ2 ①：131，滴水端面与瓦身呈直角相接，分四层，纹饰位于第二层，第四层呈波浪状。长 9、残宽 17.4、瓦身厚 2.7~3.5、滴水端面宽 4.8 厘米（图 3-2-67，3；

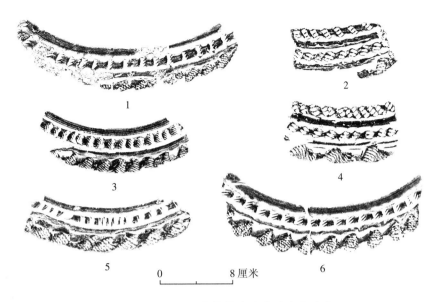

图 3-2-67　甲组建筑基址北基址出土滴水

1. 08JJ2①：129　2. 08JJ2①：130　3. 08JJ2①：131　4. 08JJ2①：132　5. 08JJ2①：133　6. 08JJ2①：134

图版三六七，3）。

08JJ2①：132，滴水端面与瓦身呈直角相接，分五层，纹饰位于第一、三层，第五层呈波浪状。侧缘保存有内侧切割痕迹，有线切痕。残长 6.5、残宽 13.2、瓦身厚 2.3~2.7、滴水端面宽 5.5 厘米（图 3-2-67，4；图版三六七，4）。

08JJ2①：133，滴水端面与瓦身呈直角相接，分四层，纹饰位于第二层，第四层呈波浪状。侧缘保存有内侧切割痕迹。残长 14.3、残宽 18.2、瓦身厚 2.3~2.9、滴水端面宽 4.3 厘米（图 3-2-67，5；图版三六七，5）。

08JJ2①：134，滴水端面与瓦身呈钝角相接，分四层，纹饰位于第二层，第四层呈波浪状。侧缘保存有内侧切割痕迹。残长 16.9、残宽 22.8、瓦身厚 2~2.9、滴水端面宽 4.5 厘米（图 3-2-67，6；图版三六七，6）。

5）砖

共 6 件。均为灰胎。一面饰沟纹，另一面素面。

长方形沟纹砖　5 件。

08JJ2①：109，沟纹接近纵向，略弧。长 36、宽 18.5~19.2、厚 5.5 厘米（图 3-2-68，3；图版三六八，1、2）。

08JJ2①：110，沟纹接近纵向，略弧。长 37.5、宽 18.5~19.4、厚 5.2~5.5 厘米（图 3-2-68，4；图版三六八，3、4）。

08JJ2①：112，沟纹接近纵向，略弧。沟纹上存有白灰。长 37.8、宽 18.5、厚 6.4~6.7

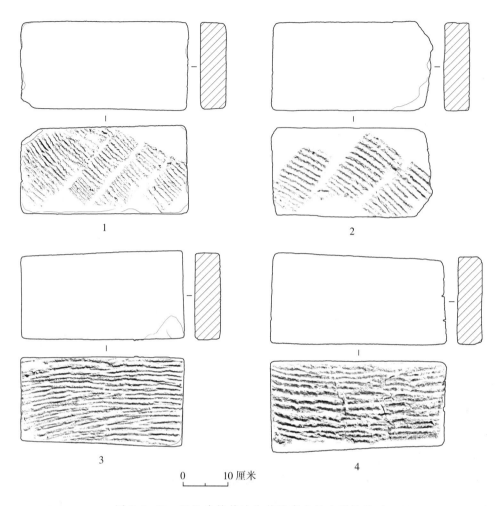

图 3-2-68　甲组建筑基址北基址出土长方形沟纹砖
1.08JJ2①：108　2.08JJ2①：111　3.08JJ2①：109　4.08JJ2①：110

厘米（图 3-2-69，1；图版三六八，5、6）。

08JJ2①：108，饰斜向沟纹，沿对角线方向分六组。长 37.5、宽 19~19.3、厚 5.4 厘米（图 3-2-68，1；图版三六九，1、2）。

08JJ2①：111，饰斜向沟纹，沿对角线方向分三组。长 35、宽 18.8、厚 5.4 厘米（图 3-2-68，2；图版三六九，3、4）。

方形沟纹砖　1件。

08JJ2①：107，一面饰纵向沟纹，分五组。其余面素面。长 34.5、宽 30.5、厚 6.6~6.8 厘米（图 3-2-69，2；图版三六九，5、6）。

6）石柱础残块

共 4 件。均残。灰褐色。系凿后打磨而成，底部磨平，边缘有凿痕。

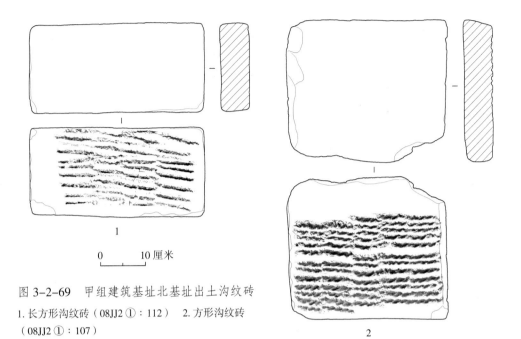

图 3-2-69 甲组建筑基址北基址出土沟纹砖

1. 长方形沟纹砖（08JJ2①：112） 2. 方形沟纹砖
（08JJ2①：107）

08JJ2①：156，柱础石侧立面残片，存两瓣莲瓣。残长 18、残高 16.4 厘米（图
3-2-70，1；图版三七〇，1）。

08JJ2①：158-1，残长 14.8 厘米（图 3-2-70，2；图版三七〇，2）。

08JJ2①：158-2，残长 16.5 厘米（图 3-2-70，3；图版三七〇，3）。

08JJ2①：158-3，残长 10.8 厘米（图 3-2-70，4；图版三七〇，4）。

2. J2 表土层及基址外遗物

J2 表土层及基址外遗物，均按探方编号。

（1）日常生活遗物

1）铁器

共 29 件。均锈蚀。

锅　1 件。

08T42②：19，残。平口，内折沿，口沿较厚。下部残。残长 11.2、残高 6.4、
口沿厚 1.3 厘米（图 3-2-71，1；图版三七一，1）。

匕　1 件。

08T45④：1，身残。呈长方形，已弯曲。背厚刃薄，刃有一豁口。尖部残缺，
尾部有柄，柄呈四棱锥形。残长 8.4、宽 1.9、厚 0.5~1 厘米（图 3-2-71，2；图版
三七一，2）。

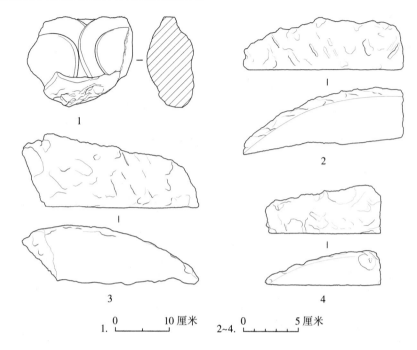

图 3-2-70　甲组建筑基址北基址出土石柱础残块
1.08JJ2 ① : 156　2.08JJ2 ① : 158-1　3.08JJ2 ① : 158-2　4.08JJ2 ① : 158-3

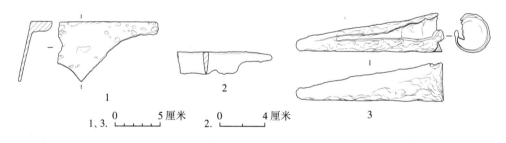

图 3-2-71　甲组建筑基址北基址表土层及基址外出土铁器
1.锅（08T42 ② : 19）　2.匕（08T45 ④ : 1）　3.矛（08T45 ① : 23）

矛　1 件。

08T45 ① : 23，圆锥形，中空銎。边有竖缝，竖缝较宽。銎口边缘系二层铁片打制而成，銎口尖端内有一棱形铁棍。长 16.1、銎口径 4.2 厘米（图 3-2-71，3；图版三七一，3）。

镞　14 件。依据形制的不同，可分为四棱镞、亚腰镞两类。

四棱镞　1 件。

08T45 ① : 11，长锋，长身，长铤，横截面为棱形。圆箍形关，铤为圆锥形。长 9.1、刃宽 1、铤长 4.5 厘米（图 3-2-72，2；图版三七一，4）。

亚腰镞　13件。

08T35①：1，铲形锋，平刃，长身，亚腰，锥形短铤。通长10.4、刃宽0.9、铤长3.6厘米（图3-2-72，4；图版三七一，5）。

08T42②：5，正锋，平刃，长身，亚腰，短铤。通长15、镞身长9.8、刃宽1、铤长5.2厘米（图3-2-72，6；图版三七一，6）。

08T42②：7，正锋，平刃，长身，亚腰，短铤。残长9.6、镞身长9.1、刃宽0.9厘米（图3-2-72，7；图版三七一，7）。

08T42②：8，正锋，平刃，短身，亚腰，短铤。通长8.8、镞身长5、刃宽0.8、铤长3.8厘米（图3-2-72，1；图版三七一，8）。

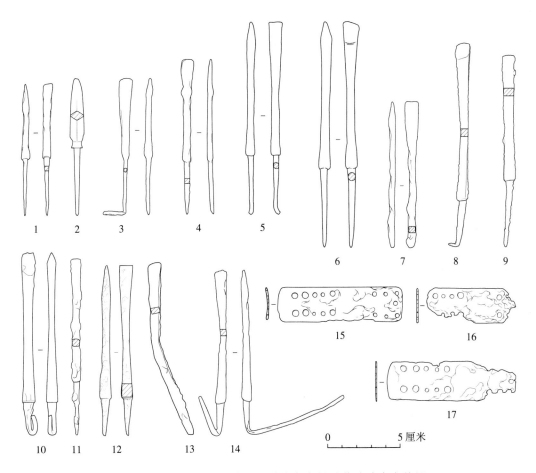

图3-2-72　甲组建筑基址北基址表土层及基址外出土铁器

1. 亚腰镞（08T42②：8）　2. 四棱镞（08T45①：11）　3. 亚腰镞（08T42②：9）　4. 亚腰镞（08T35①：1）
5. 亚腰镞（08T42②：10）　6. 亚腰镞（08T42②：5）　7. 亚腰镞（08T42②：7）　8. 亚腰镞（08T45①：9）
9. 亚腰镞（08T45①：8）　10. 亚腰镞（08T45①：7）　11. 亚腰镞（08T45①：1）　12. 亚腰镞（08T44①：4）
13. 亚腰镞（08T45①：20）　14. 亚腰镞（08T45①：12）　15. 甲片（08T42②：2）　16. 甲片（08T42②：12）
17. 甲片（08T42②：16）

08T42②：9，铲形锋，亚腰，锥形长铤。残长 9.1、镞身长 5.3、刃宽 1、铤展开长 5.1 厘米（图 3-2-72，3；图版三七二，1）。

08T42②：10，正锋，平刃，长身，亚腰，短铤。残长 12.8、箭身长 8.8、刃宽 0.9、铤长 4 厘米（图 3-2-72，5；图版三七二，2）。

08T44①：4，铲形锋略宽，长身，亚腰，短铤。长 11.3、刃宽 0.9、铤长 2.4 厘米（图 3-2-72，12；图版三七二，3）。

08T45①：1，正锋，平刃，长身，亚腰，短铤。锋侧视呈三角形，镞身中段细，两端渐宽，为四棱状体。铤为四棱锥形。长 11.7、刃宽 0.7、厚 0.5 厘米（图 3-2-72，11；图版三七二，4）。

08T45①：7，正锋，平刃，镞锋侧视呈三角形。镞身为四棱状，中段细，两端渐宽。方锥状铤，铤现呈“q”状。通长 12、刃宽 1 厘米（图 3-2-72，10；图版三七二，5）。

08T45①：8，正锋，平刃，镞身呈四棱柱状，中部略窄。铤四棱锥状。长 12.7、镞身长 8.3、刃宽 0.9 厘米（图 3-2-72，9；图版三七二，6）。

08T45①：9，正锋，弧刃，长身，短铤。锋侧视呈三角形，镞身中段细，至两端渐宽，为四棱柱状。铤为四棱锥形。铤端折弯。通长 13.5、刃宽 1、铤展开长 3.7 厘米（图 3-2-72，8；图版三七二，7）。

08T45①：12，长身，长铤。镞锋略残，侧视呈三角形。镞身两端宽，中间窄，上端呈圆柱状，下端至刃部呈四棱柱状。方锥状铤，现呈折弯状。长 11、展开长 18.1、刃宽 0.9 厘米（图 3-2-72，14；图版三七二，8）。

08T45①：20，正锋，刃略弧，锋侧视呈三角形。镞身为四棱柱状，至刃端渐宽。长 11.6、刃宽 0.9 厘米（图 3-2-72，13；图版三七二，9）。

甲片　3 件。

08T42②：2，平面为长方形，其上对称分布 17 个孔。长 8.3、宽 2.2 厘米（图 3-2-72，15；图版三七三，1）。

08T42②：12，残。平面近长方形，一侧近边缘处有两排孔。残长 6.1、宽 2.4、厚 0.1~0.2 厘米（图 3-2-72，16；图版三七三，2）。

08T42②：16，残。平面呈不规则长方形，一侧对称分布 10 个圆孔，另一侧残。长 9.1、宽 2.5~2.7 厘米（图 3-2-72，17；图版三七三，3）。

挂钩　1 件。

08T45①：10，系用一根四棱柱体铁条打制而成。一端制成弯钩，另一端打制成“S”状。长 11.2、总宽 3 厘米（图 3-2-73，1；图版三七三，4）。

带环　1 件。

08T44①：7，主体呈“凸”形，上部连接耳麦形套环。长 6.1 厘米，带环穿孔径 3、

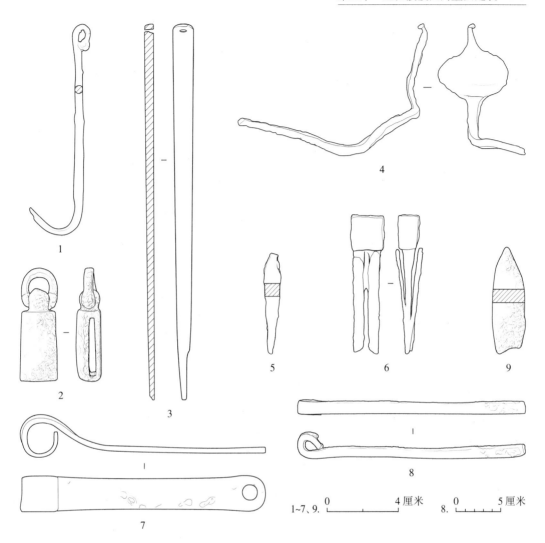

图 3-2-73　甲组建筑基址北基址表土层及基址外出土铁器

1. 挂钩（08T45①∶10）　2. 带环（08T44①∶7）　3. 针（08T45①∶5）　4. 钉（08T42②∶1）　5. 钉（08T42②∶6）
6. 钉（08T43①∶3）　7. 片状带孔构件（08T45①∶17）　8. 条状带孔构件（08T45①∶27）　9. 铁器（08T43①∶7）

宽 2.1 厘米，套环长 2、宽 2 厘米（图 3-2-73，2；图版三七三，5）。

针　1 件。

08T45①∶5，一侧较平，另一侧略弧，横截面略呈半圆形。针顶端圆弧，孔呈椭圆形，系从一侧打制而成。通长 19.9、宽 1 厘米（图 3-2-73，3；图版三七三，6）。

钉　3 件。

08T42②∶1，帽钉。系用钉身打制成桃形钉帽，钉身四棱锥体，已弯曲。长 7、帽宽 4.2 厘米（图 3-2-73，4；图版三七四，1）。

08T42②∶6，残。钉身作四棱锥状。残长 5.4、直径 1 厘米（图 3-2-73，5；图版三七四，2）。

08T43①：3，膨胀钉。方头，栓体胀裂作"Y"形。通长7.4、头长1.8、头宽1.1、身宽1.4厘米（图3-2-73，6；图版三七四，3、4）。

片状带孔构件　1件。

08T45①：17，扁平铁片打制而成。横截面呈窄长方形，一端弯曲成环状，一端呈圆弧状。近顶端有一椭圆形孔。长13.6、宽1.7~1.9、孔径0.9、环径1.5厘米（图3-2-73，7；图版三七四，5）。

条状带孔构件　1件。

08T45①：27，条棍形，一端制成穿孔。长25.2、直径1.5、宽3厘米（图3-2-73，8；图版三七四，6）。

其他铁器　1件。

08T43①：7，残。平面近柳叶形，一端残，一端尖。残长5.6、宽1.9、厚0.7厘米（图3-2-73，9；图版三七四，7）。

2）铜器

共2件。

环　1件。

08T55②A：1，残。截面近椭圆形，断茬处有铸造小孔。残长8.6、截面长径1.3厘米（图3-2-74，2；图版三七五，1）。

构件　1件。

08T44①：13，残。侧面呈弧形，截面为"V"形。一端残，饰勾卷纹。长7.5、宽4.4厘米（图3-2-74，1；图版三七五，2）。

3）瓷器

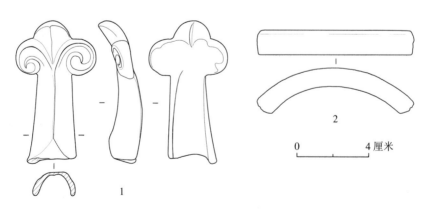

图3-2-74　甲组建筑基址北基址表土层及基址外出土铜器

1. 构件（08T44①：13）　2. 环（08T55②A：1）

共 6 件。

罐　2 件。均残。

08T35①：2，夹砂灰白胎，质略粗。器外壁施化妆土后敷白釉，内壁不施化妆土。外壁黑釉作地，衬托三叶茎蔓缠枝。缠枝纹下饰两周凹弦纹，弦纹下另饰缠枝花。残宽 13.1、残高 8.5、壁厚 0.9 厘米（图 3-2-75，1；图版三七五，3）。

08T45①：25，夹砂灰胎，质粗糙。圆唇，直领，鼓腹，底残。领、肩处有一竖桥耳。外壁敷化妆土后釉色显乳黄。近口沿处施一周弦纹，肩部存两组黑花。残高 9.7、腹壁厚 0.6~0.7 厘米（图 3-2-75，3；图版三七五，4）。

碗　1 件。

08T43①：8，灰胎，质粗糙。敞口，圆唇，斜弧腹，外圈足，内圜底，内底有涩圈。施化妆土后釉色显乳黄。釉色不匀，釉不及底。复原口径 24.1、底径 7.8、通

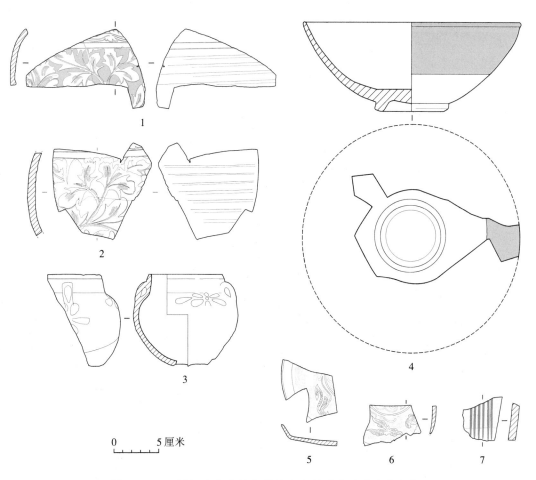

0　　5 厘米

图 3-2-75　甲组建筑基址北基址表土层及基址外出土瓷器

1. 罐（08T35①：2）　2. 残片（08T45①：24）　3. 罐（08T45①：25）　4. 碗（08T43①：8）　5. 盘（08T45①：26-1）　6. 盘（08T45①：26-2）　7. 残片（08T34①：3）

高 9.5 厘米（图 3-2-75，4；图版三七五，5、6）。

盘　1 件。

08T45 ①：26-1~08T45 ①：26-2，1 组 2 片。圆唇，敞口，直壁，近平底。细灰胎，施青釉。近口沿处釉色泛黄。外底无釉，内底满覆"半刀泥"刻花。釉内见明显气泡。

08T45 ①：26-1，长 2.3、残径 6.2 厘米（图 3-2-75，5；图版三七六，1）。

08T45 ①：26-2，长 6.4、宽 4.4 厘米（图 3-2-75，6；图版三七六，2）。

残片　2 件。

08T34 ①：3，夹砂灰胎，质粗糙。外壁敷化妆土，施釉后呈米黄色。上饰六道竖向黑釉条纹。局部无釉。残高 4.7、残宽 4.5、壁厚 0.8 厘米（图 3-2-75，7；图版三七六，3）。

08T45 ①：24，夹砂灰白胎，质稍粗。敷化妆土后施釉。外壁黑釉作地，衬托三叶茎蔓缠枝。缠枝纹下饰两周凹弦纹。残高 10.3、残宽 10.9、壁厚 0.7 厘米（图 3-2-75，2；图版三七六，4）。

4）陶器

共 2 件。

口沿　1 件。

08T42 ②：15，泥质灰陶。卷沿，侈口，弧颈。口径 14.3、厚 0.5、残高 5.8 厘米（图 3-2-76，8；图版三七六，5）。

纺轮　1 件。

08T43 ①：2，残。夹砂灰陶。圆柱形，中间有一钻孔。长径 4.2、短径 4、厚 2.1、孔径 0.8 厘米（图 3-2-76，9；图版三七六，6）。

5）石制品

共 6 件。

棋子　5 件。均呈扁圆柱形。

08T42 ②：4，白色，正面略凸。直径 1.7、厚 0.4 厘米（图 3-2-76，3；图版三七七，1）。

08T42 ②：11，白色，中部略凸起。直径 1.8、厚 0.4 厘米（图 3-2-76，2；图版三七七，2）。

08T42 ②：17，黄白色，正面中部凸起。直径 1.7、厚 0.6 厘米（图 3-2-76，4；图版三七七，3）。

08T43 ①：6，黄白色。直径 1.9、厚 0.5 厘米（图 3-2-76，1；图版三七七，4）。

08T45 ①：6，黄白色，呈扁圆柱形，中部略凸起。径 1.5、厚 0.5 厘米（图 3-2-

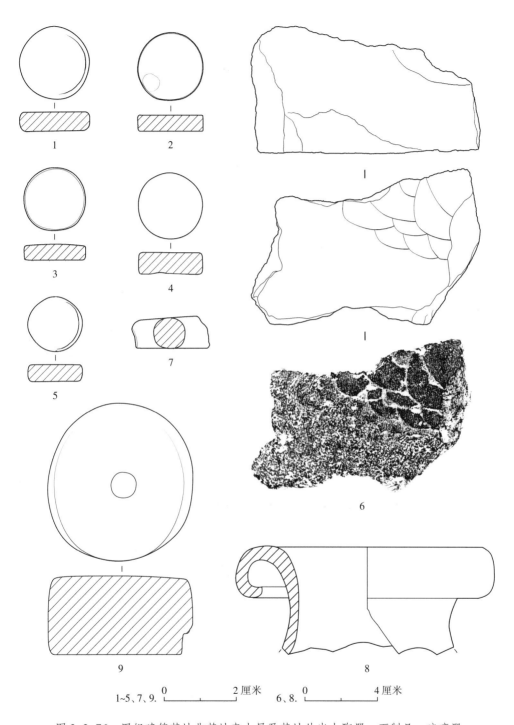

图 3-2-76　甲组建筑基址北基址表土层及基址外出土陶器、石制品、琉璃器

1. 石棋子（08T43①：6）　2. 石棋子（08T42②：11）　3. 石棋子（08T42②：4）　4. 石棋子（08T42②：17）
5. 石棋子（08T45①：6）　6. 石雕残块（08T42②：18）　7. 琉璃器（08T45①：18）　8. 陶器口沿（08T42②：15）
9. 陶纺轮（08T43①：2）

76，5；图版三七七，5）。

石雕残块 1件。

08T42②：18，深灰色。一面磨平，并阴刻纹饰。残长12.6、宽8.4厘米（图3-2-76，6；图版三七七，7）。

6）琉璃器

共1件。

琉璃器 1件。

08T45①：18，残。色微泛青。呈一端略粗的圆柱形。长2.1、径0.9厘米（图3-2-76，7；图版三七七，6）。

7）铜钱

共41枚。

货泉 1枚。

08T44①：18，直径2.3、穿宽0.6厘米（图3-2-77，1；图版三七八，1）。

开元通宝 3枚。对读。

08T34①：1，背面下方有月牙纹。直径2.4、穿宽0.7厘米（图3-2-77，2；图版三七八，2）。

08T44①：11，背面边廓不清。直径2.3、穿宽0.7厘米（图3-2-77，3；图版三七八，3）。

08T45①：3，光背。直径2.4、穿宽0.7厘米（图3-2-77，4；图版三七八，4）。

乾元重宝 1枚。

08T42②：3，对读，光背。直径2.6、穿宽0.8厘米（图3-2-77，5；图版三七八，5）。

咸平元宝 2枚。旋读，光背。

08T43②：2，直径2.5、穿宽0.6厘米（图3-2-77，6；图版三七八，6）。

08T44①：15，直径2.5、穿宽0.6厘米（图3-2-77，7；图版三七八，7）。

景德元宝 1枚。

08T45①：13，旋读，光背。直径2.5、穿宽0.6厘米（图3-2-77，8；图版三七八，8）。

祥符元宝 1枚。

08T43①：4，旋读，光背。直径2.5、穿宽0.6厘米（图3-2-77，9；图版三七八，9）。

天圣元宝 3枚。旋读，光背。

08T44①：3-1，直径2.5、穿宽0.7厘米（图3-2-77，10；图版三七九，1）。

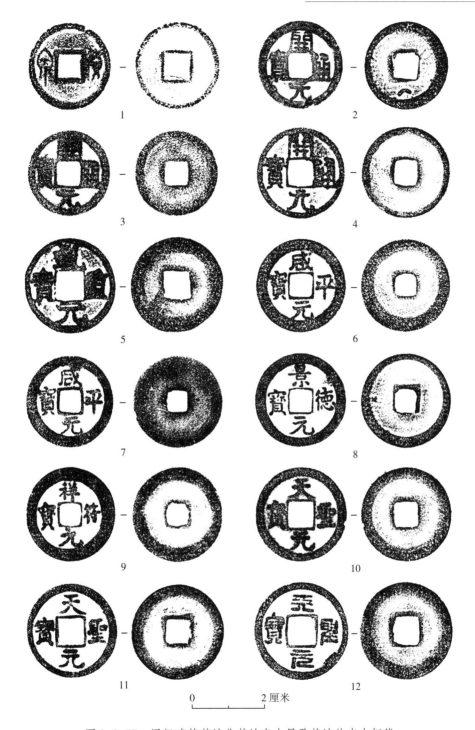

图 3-2-77　甲组建筑基址北基址表土层及基址外出土铜钱

1. 货泉（08T44①：18）　2. 开元通宝（08T34①：1）　3. 开元通宝（08T44①：11）　4. 开元通宝（08T45①：3）
5. 乾元重宝（08T42②：3）　6. 咸平元宝（08T43②：2）　7. 咸平元宝（08T44①：15）　8. 景德元宝（08T45①：13）
9. 祥符元宝（08T43①：4）　10. 天圣元宝（08T44①：3-1）　11. 天圣元宝（08T44①：6）　12. 天圣元宝
（08T44①：12）

08T44①：6，面背有周廓。直径2.5、穿宽0.7厘米（图3-2-77，11；图版三七九，2）。

08T44①：12，背面边廓不清。直径2.6、穿宽0.8厘米（图3-2-77，12；图版三七九，3）。

明道元宝　1枚。

08T45①：21，旋读，光背。直径2.6、穿宽0.6厘米（图3-2-78，1；图版三七九，4）。

景祐元宝　1枚。

08T44①：9，旋读，面背有周廓，光背。直径2.5、穿宽0.8厘米（图3-2-78，2；图版三七九，5）。

皇宋通宝　3枚。对读，光背。

08T44①：5，直径2.5、穿宽0.7厘米（图3-2-78，3；图版三七九，6）。

08T44①：14，穿边正、背面交错。直径2.5、穿宽0.8厘米（图3-2-78，4；图版三七九，7）。

08T45①：2，直径2.5、穿宽0.7厘米（图3-2-78，5；图版三七九，8）。

至和元宝　1枚。

08T55①：1，旋读，光背。直径2.4、穿宽0.7厘米（图3-2-78，6；图版三七九，9）。

嘉祐通宝　2枚。

08T44①：10-1，对读。背面边廓不规则且不清晰。直径2.5、穿宽0.7厘米（图3-2-78，7；图版三八〇，1）。

08T45①：16，对读，光背。直径2.6、穿宽0.7厘米（图3-2-78，9；图版三八〇，2）。

嘉祐元宝　2枚。

08T45①：4，旋读，光背。直径2.4、穿宽0.6厘米（图3-2-78，8；图版三八〇，3）。

08T45①：19，旋读，光背。直径2.4、穿宽0.6厘米（图3-2-78，10；图版三八〇，4）。

熙宁元宝　5枚。旋读，光背。

08T42②：14，保存较差。直径2.5、穿宽0.7厘米（图3-2-78，11；图版三八〇，5）。

08T43①：1，直径2.6、穿宽0.7厘米（图3-2-78，12；图版三八〇，6）。

08T44①：17，背面边廓不规整，宽于钱文正面。直径2.4、穿宽0.7厘米（图

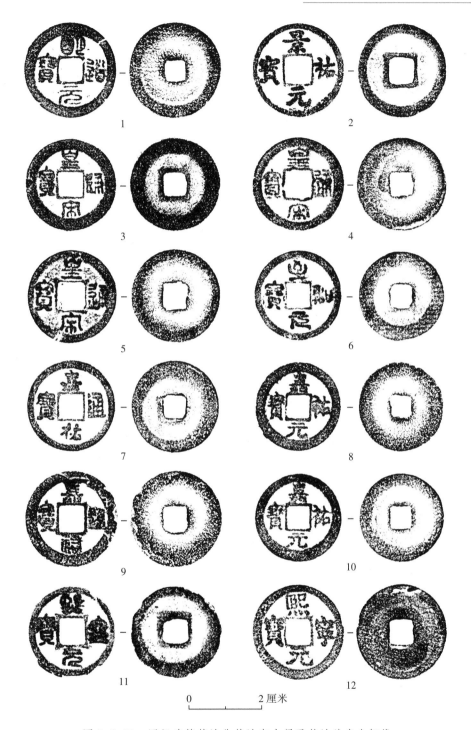

0   2厘米

图 3-2-78　甲组建筑基址北基址表土层及基址外出土铜钱

1. 明道元宝（08T45①：21）　2. 景祐元宝（08T44①：9）　3. 皇宋通宝（08T44①：5）　4. 皇宋通宝（08T44①：14）
5. 皇宋通宝（08T45①：2）　6. 至和元宝（08T55①：1）　7. 嘉祐通宝（08T44①：10-1）　8. 嘉祐元宝（08T45①：4）
9. 嘉祐通宝（08T45①：16）　10. 嘉祐元宝（08T45①：19）　11. 熙宁元宝（08T42②：14）　12. 熙宁元宝
（08T43①：1）

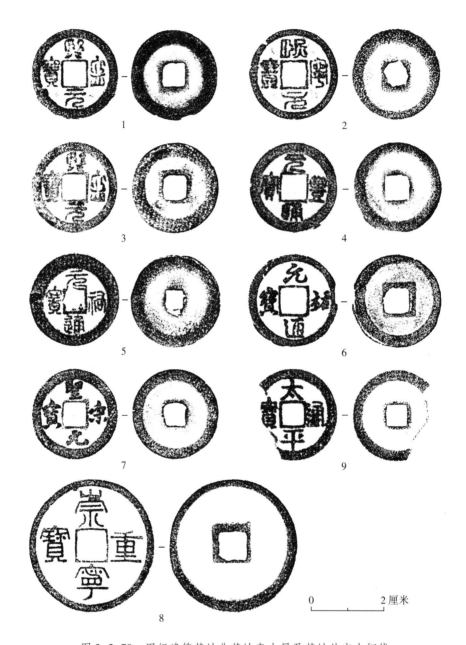

图 3-2-79　甲组建筑基址北基址表土层及基址外出土铜钱

1. 熙宁元宝（08T44①：17）　2. 熙宁元宝（08T45①：14-1）　3. 熙宁元宝（08T53①：1）　4. 元丰通宝（08T44①：1）
5. 元祐通宝（08T44①：2）　6. 元祐通宝（08T44①：16）　7. 圣宋元宝（08T43①：5）　8. 崇宁重宝（08T34①：2）
9. 太平通宝（08T43②：1）

3-2-79，1；图版三八〇，7）。

　　08T45①：14-1，直径 2.5、穿宽 0.7 厘米（图 3-2-79，2；图版三八〇，8）。

　　08T53①：1，直径 2.5、穿宽 0.7 厘米（图 3-2-79，3；图版三八〇，9）。

元丰通宝　1枚。

08T44①：1，旋读，面背有周郭，光背。直径2.5、穿宽0.7厘米（图3-2-79，4；图版三八一，1）。

元祐通宝　2枚。

08T44①：2，右旋读，光背。穿孔变形，其中一穿边有浅沟槽。钱径2.5、穿宽0.5厘米（图3-2-79，5；图版三八一，2）。

08T44①：16，旋读。背面边廓不规整。直径2.5、穿宽0.7厘米（图3-2-79，6；图版三八一，3）。

圣宋元宝　1枚。

08T43①：5，旋读，光背。直径2.4、穿宽0.7厘米（图3-2-79，7；图版三八一，4）。

崇宁重宝　1枚。

08T34①：2，对读，光背。直径3.6、穿宽0.8、厚0.2厘米（图3-2-79，8；图版三八一，5）。

残钱　9枚。

08T43②：1，钱文"太平通宝"，对读，光背。直径2.5、穿宽0.6厘米（图3-2-79，9；图版三八一，6）。

08T43②：3，钱文"□祐元□"，旋读，光背。残高2.4、残宽1.9厘米（图3-2-80，1；图版三八一，7）。

08T44①：3-2，钱文仅存"□元通□"。直径2.4、穿宽0.7厘米（图3-2-80，2；图版三八一，8）。

08T44①：8-1，钱文"天□□宝"。直径2.4、穿宽0.7厘米（图3-2-80，3；图版三八一，9）。

08T44①：8-2，残缺三分之一，钱文"圣□元宝"，铜质较差，钱面局部锈蚀呈孔状，光背。直径2.4、穿宽0.7厘米（图3-2-80，4；图版三八二，1）。

08T44①：10-2，钱文残缺，仅存"太"字。残径0.9、残长2.1厘米（图3-2-80，5；图版三八二，2）。

08T45①：14-2，钱文"□宋通□"，对读，光背。直径2.5、残高1.7厘米（图3-2-80，6；图版三八二，3）。

08T45①：14-3，钱文"□□□宝"，光背。残长2厘米（图3-2-80，7；图版三八二，4）。

08T45①：15，钱文"开□通□"，对读，光背。直径2.5、穿宽0.7厘米（图3-2-80，8；图版三八二，5）。

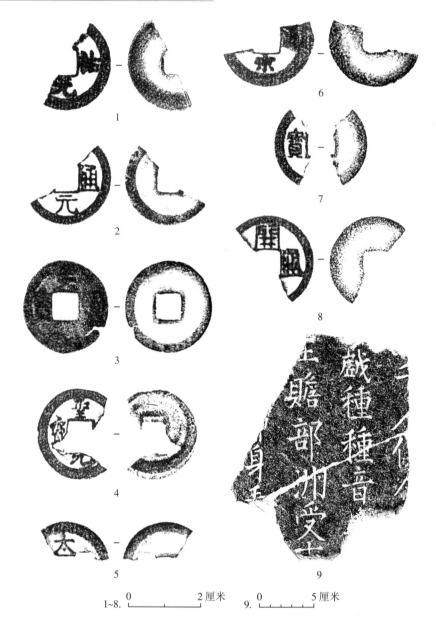

图 3-2-80　甲组建筑基址北基址表土层及基址外出土残铜钱、石碑残块

1. 残钱（08T43②：3）　2. 残钱（08T44①：3-2）　3. 残钱（08T44①：8-1）　4. 残钱（08T44①：8-2）
5. 残钱（08T44①：10-2）　6. 残钱（08T45①：14-2）　7. 残钱（08T45①：14-3）　8. 残钱（08T45①：15）
9. 石碑残块（08T45①：22）

（2）石碑残块

共 1 件。

08T45①：22，残。青色砂岩。汉字楷书，现存 4 行 6 列 17 字（图 3-2-80，9；
图版三八二，6）。

（三）东基址（J3）

J3 遗物主要出自两条探沟内。探沟分别编号为 2008G1、2008G2。

1. 日常生活遗物

（1）铁器

共9件。均已锈蚀。

烙铁　1件。

08G1①：2，锻制。头部为"成"字，字外用铁圈圈围。铁圈已变形。尾部为銎柄，銎柄上有一道裂缝。头部与尾部用九根铁条连接。长39.9、銎口径3.3、头宽11.6厘米（图3-2-81，1；图版三八三，1、2）。

镰刀　2件。锻制。内侧为刃，外侧为背。

08G1②：1，平面呈弯月形，一端较细，推测为安装手柄处。长21.8、刃宽6.3、厚0.6厘米（图3-2-81，2；图版三八三，3）。

08G1②：3，平面呈半圆形，刀身横折。长19.1、展开长33、宽5.3厘米（图3-2-81，3；图版三八三，4）。

镞　3件。均为亚腰镞。

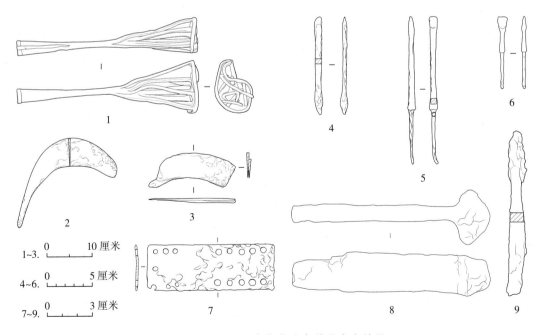

图 3-2-81　甲组建筑基址东基址出土铁器

1.烙铁（08G1①：2）　2.镰刀（08G1②：1）　3.镰刀（08G1②：3）　4.镞（08G1①：1）　5.镞（08G2①：1）
6.镞（08G2②：2）　7.甲片（08G2②：4）　8.铁器（08G1②：2）　9.铁器（08G2②：1）

08G1①：1，头部略宽，呈铲形锋，亚腰，铤残。长10.4、刃宽0.8、最宽0.9厘米（图3-2-81，4；图版三八三，5）。

08G2①：1，铲形锋，亚腰，长身。长铤，近圆锥形。长15.8、刃宽0.9、铤长5.7厘米（图3-2-81，5；图版三八三，6）。

08G2②：2，铲形锋，亚腰，短身。长铤，近圆锥形。长7.8、刃宽1.2、铤长4厘米（图3-2-81，6；图版三八三，7）。

甲片　1件。

08G2②：4，平面呈长方形。两长边一侧近边沿处对称分布10个圆孔，另一侧为6个圆孔。窄边有一圆孔。长8.4、宽3、孔径0.3~0.4厘米（图3-2-81，7；图版三八四，1）。

铁器　2件。

08G1②：2，平面近长方形，侧视呈钉形。长13.1、宽2.5、厚1~3.5厘米（图3-2-81，8；图版三八四，3、4）。

08G2②：1，四棱体，两端残。长10.5、宽1.2厘米（图3-2-81，9；图版三八四，2）。

（2）骨器

共1件。

骨器　1件。

08G1②：4，残。用羊肩胛骨制成，肩胛冈中部穿一孔。残长10.2、宽6.1厘米（图3-2-82，1；图版三八四，5、6）。

（3）石器

共1件。

臼　1件。

08G1①：3，粗砂岩。平口，口略内敛，直壁略斜，内圜底。底大于口。外底磨光，器内壁有凿痕。高9.2、残长17、残宽12.2厘米（图3-2-82，2；图版三八五，1、2）。

2. 建筑材料

砖

共2件。均为灰胎。

文字砖　1件。

08G1①：4，长方形砖，一面较光滑，刻划一"九"字；另一面粗糙。残长14.8、宽15.5、厚5.2厘米（图3-2-82，4；图版三八五，3、4）。

棋盘砖　1件。

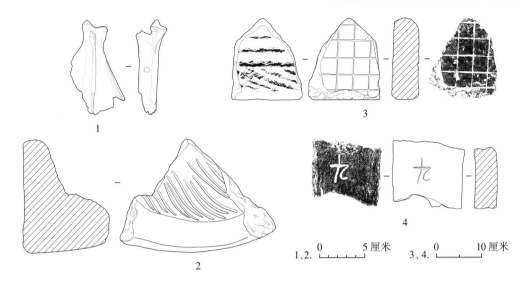

图 3-2-82 甲组建筑基址东基址出土骨器、石器、砖

1.骨器（08G1②：4） 2.石臼（08G1①：3） 3.棋盘砖（08G2②：3） 4.文字砖（08G1①：4）

08G2②：3，大部残缺。一面刻划较规整的棋盘状方格纹，一面有沟槽。残长17.6、残宽15.9、厚5.9厘米（图3-2-82，3；图版三八五，5）。

五 初步认识

甲组建筑基址有西、北、东三个单体建筑基址。从考古测绘图可以清楚看到，西基址（J1）与北基址（J2）的建筑方向并不垂直，与东基址（J3）的建筑方向似乎也不平行，建筑规模明显大于东基址（J3）（图3-2-1）。这些现象，或许暗示西基址（J1）和北基址（J2）、东基址（J3）可能不是同时规划营建的；或者某些建筑基址存在后期改建的情况。下面对三个建筑基址的年代和性质进行研讨。

（一）西基址的性质和年代

西基址（J1）是甲组建筑基址中最重要的建筑单体，建筑坐北朝南。根据西基址J1墙体、柱础的形制做法有以下几点认识。

第一，建筑台基前设大月台，从月台两侧踏道登临。

第二，殿身面阔三间，进深四间。殿内减柱，仅置两根殿内金柱。当心间柱心距4.8米。

第三，根据柱础S12的做法可知，台基上发现的不规则平石础，均为墙内暗柱础。

第四，由预留通气孔的砌砖方式可知，墙内暗柱与砖墙的营建同期。

第五，宝相莲花覆盆柱础应为露明柱础。值得注意的是，覆盆柱础的分布位置并不对称。覆盆柱础的所在位置分别为，殿身南墙、东墙和殿内金柱。西基址（J1）南向，因此殿身南墙和殿内金柱柱础露明是合理的。但是殿身东墙的两个覆盆柱础（S5、S9）较为特殊。其中，S9 可确认为原位的覆盆柱础，而与其对称的西墙柱网位置 S12，可确认为不露明的暗础。不对称的原因可能有二，一是由于东墙的功能较为特殊；二是由于覆盆柱础和平石柱础存在时代差异。但以上两点均未找到明确的考古学证据。

1. 性质

如前所述，此建筑为面阔三间，进深四间，当心间面阔约 4.8 米，与辽上京宫城正门东华门开间面阔相仿。从平面布局看，殿内中部设有佛坛，前部减柱，以留出宽敞的活动空间。从建筑用材看，柱础使用宝装莲瓣柱础。柱础边长近 1 米，与唐长安城皇家建筑柱础石[1]的体量相仿，可见建筑等级之高。遗址出土诸多与佛教相关的遗物，包括石僧人像（图版三〇三）、残佛像、刻佛字板瓦、刻罗汉像板瓦等。综上所述，初步判断西基址是辽祖陵陵园内的"佛殿"建筑，是与祭祀祖陵有关的重要陵寝建筑。

山西大同方山永固陵是北魏文明皇后冯氏陵寝[2]。永固陵前西侧建有思远佛寺，平面布局为长方形，坐北朝南。佛寺包括两层平台、踏道、山门、实心体回廊式塔基址、佛殿基址和僧房基址[3]。出土大量北魏佛教题材的高浮雕泥塑残件。这种在陵园内设置佛寺的布局形式，是鲜卑族冯氏的首创。契丹人是鲜卑人后裔的一支。辽祖陵陵园内的佛殿建筑或许借鉴了祖先鲜卑族的文化传统。

2. 年代

西基址殿身未见大规模改建的考古迹象。其宝相莲花覆盆石柱础的纹样形制与辽宁义县奉国寺[4]的柱础风格相近，推测两者年代相仿。义县奉国寺创建于辽圣宗开泰九年（1020 年），是在萧太后（萧绰）故里营建的皇家寺院。推测西基址始建年代大体在辽圣宗时期。

月台南部夯土较为脏乱，其内夹杂大量石块，与月台北部明显不同。结合辽上京西山坡遗址 JZ2、JZ3 均为辽代始建较窄月台，而在金代改建为宽敞大月台的遗迹

---

[1] 中国社会科学院考古研究所：《隋仁寿宫·唐九成宫：考古发掘报告》，科学出版社，2008 年。

[2] 大同市博物馆、山西省文物工作委员会：《大同方山北魏永固陵》，《文物》1978 年 7 期。

[3] 大同市博物馆：《大同北魏方山思远佛寺遗址发掘报告》，《文物》2007 年 4 期。

[4] 建筑文献考察组：《义县奉国寺》，天津大学出版社，2008 年。辽宁省文物保护中心、义县文物保管所：《义县奉国寺》，文物出版社，2011 年。

现象，月台南部或是金代扩建的遗迹。

西基址建筑主要使用带联珠纹的兽面瓦当和狮面瓦当。带联珠纹兽面瓦当（J1①：13）和狮面瓦当（J1①：8）在辽祖陵陵园中仅见于甲组建筑基址中，不见于辽祖陵其他建筑。其形制与辽上京遗址 2017 年二号建筑基址和一号建筑基址出土的金代同类瓦当相似[1]；残瓦当（J1②：20）也与辽上京金代地层出土同类器[2]形制一致。其刻"罗汉像"板瓦亦应属于同时期。因此西基址至少一直到金代还仍作为佛殿使用，可能有屋顶和月台等局部修葺，但建筑性质没有变化。

（二）北基址的性质和年代

北基址建筑较为简陋，墙体用单砖，且多用断砖。考古发现了改建迹象。东偏间的半地穴厨房曾被废弃填平；西正间西侧和南侧的炕面，都发现了在原来两条烟道（灰土面上）外，增补一条烟道的现象（压于地面砖之上）；而且西正间室内新增 3 个明灶坑。可见北基址应该至少有一次大规模重建。

北基址的南排石柱础为莲花覆盆柱础。考古发掘中发现三个原位莲花覆盆石柱础及二个取础坑。但是，在附近地表和垫土中，还另外发现三个同样的莲花覆盆石柱础。这六个同款莲花覆盆石柱础，与现在面阔四间的建筑不相符。因此，根据考古发现的遗迹现象推测，西正间的面阔三间使用的四个莲花覆盆石柱础，应该重建时沿用西正间的柱网和地面、火炕等；而东偏间的位置，是改变了原来的格局。根据莲花覆盆柱础的数量推测，第一次规划时，北基址应该是面阔五间、进深三间的长方形房屋建筑。第二次改建时，破坏了东侧的两间建筑，改成一间。

1. 性质

北基址始建为面阔五间、进深四间的长方形建筑，南部正中有三瓣蝉翅慢道。改建后为曲尺形建筑，西正间面阔三间、进深四间，东偏间面阔一间、进深五间。西正间内的三面火炕和东偏间的半地穴厨房，均显示出浓郁的生活气息。出土遗物也以日常生活用器为主。因此，根据建筑的形制结构和内部设施，以及出土遗物情况推定，此建筑可能是皇亲国戚、达官显贵拜祭辽太祖玄宫时的临时下榻休息之所。

2. 年代

北基址发现改建的遗迹现象。其莲花覆盆石柱础的形制与四号建筑基址的同类

［1］辽上京考古队 2017 年考古发掘资料。未发表。
［2］中国社会科学院考古研究所、内蒙古文物考古研究所：《辽上京西山坡遗址 2020 年度考古新成果》，《中国文物报》2021 年 2 月 19 日第 8 版。

器[1]十分相似，是辽代较为典型的柱础形制。北基址始建于辽代是没有问题的。

建筑主要使用的狮面瓦当（08JJ2①：93）与西基址出土者（08JJ1①：8）形制一致，是目前仅见于甲组建筑基址的金代遗物。而且北基址废弃堆积中曾出土正隆元宝（08JJ2②：5）、大定通宝（08JJ2①：10）等金代铜钱，以及白地黑花瓷器（08JJ2①：139）等。因此推测北基址第二次改建或许在金代早期，而废弃于金大定年间（1161~1189年）以后。

（三）东基址的性质和年代

东基址和北基址的建筑方向垂直，形制结构较为相似。因此推测东基址的性质和年代与北基址相似。是日常祭祀人员的居所。

第三节　二号建筑基址

二号建筑基址位于辽祖陵陵园西侧从南向北数的第二道山岭（L2）上。具体而言，第二道山岭（L2）位于辽太祖陵玄宫南侧，山岭从陵园西侧山峰向东延伸而下，西高东低，呈东西向分布。山岭西段有石墙遗迹。石墙由石块堆砌而成，从西峰立壁起向东延伸，绵延200余米。东段山岭顶部相对平缓，于此发现一组建筑基址以及登山路等建筑遗迹，编号为二号建筑基址（图版一九）。

一　发掘工作概况

2003年中国社会科学院考古研究所内蒙古第二工作队对辽祖陵陵园进行考古调查，发现第二道山岭的东段地表有较多的砖瓦残块。根据砖瓦堆积情况，初步确认其为三座单体建筑基址（编号为L2J1、L2J2、L2J3，图版三八六、三八七）。通过考古调查，确认其南侧有登山路遗迹（编号为DSL）和相关建筑基址一座（编号为L2J4）[2]。以上遗迹统称为二号建筑基址。根据所处地理位置，推测其可能与《辽史》记载的"南岭"有关。

为了解二号建筑基址的规模和保存状况，2009年辽祖陵考古队对二号建筑基址的四座单体建筑基址和登山路遗迹进行试掘（图3-3-1）。

---

[1] 参见本章第五节。
[2] 中国社会科学院考古研究所内蒙古第二工作队、内蒙古文物考古研究所：《内蒙古巴林左旗辽代祖陵陵园遗址》，《考古》2009年7期。

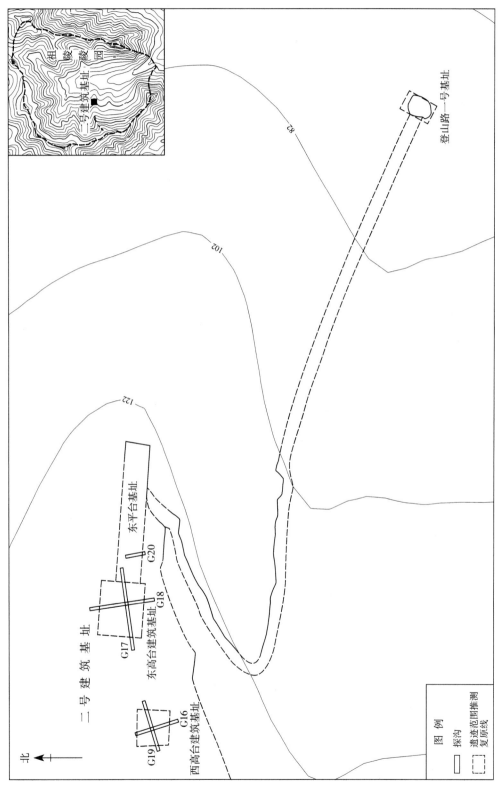

图 3-3-1　二号建筑基址探沟和遗迹分布示意图

其中，西高台建筑基址（L2J1）现地貌为小树、灌木和杂草。以基址顶部平台为中心，布设南北向探沟 G16 和东西向探沟 G19，二者呈十字形交叉状。G16 方向 163°。探沟南北长 15、东西宽 1 米。G19 方向 73°。探沟东西长 17、南北宽 1 米。

东高台建筑基址（L2J2）现地貌为小榆树、灌木和杂草。以基址顶部平台为中心，布设东西向探沟 G17 和南北向探沟 G18，二者呈十字形交叉状。G17 方向为 82°。探沟东西长 27、南北宽 1 米（图版三八八，1）。G18 方向为 172°。南北长 22、东西宽 1 米（图版三八八，2）。此外，在 G17 东侧开设 G20，南北向，南北长 6.6、东西宽 1 米，以了解建筑分布范围。

二 地层堆积

根据探沟剖面，分别介绍单体建筑基址的典型地层堆积。

（一）西高台建筑基址（L2J1）

1. G16 东壁地层堆积（图 3-3-2，1）

第①层：地表土。黑灰色腐殖土，土质疏松。厚 0.07~0.2 米。内含少量石雕残块、沟纹砖残块、碎石块等。

第②层：灰黄土。土质疏松。见于探沟南段包边砖墙以南部分。厚 0~0.55 米。内含较多沟纹砖、白灰碎块、碎石块，以及少量带字砖块、石雕残块、铁制品残块、菱形纹方砖残块等。为遗址废弃后形成的堆积。

该层下为 L2J1。

该层下即为自然山岩石。

2. G19 北壁地层堆积（图 3-3-2，2）

第①层：地表土。黑灰色腐殖土，土质疏松。厚 0.08~0.34 米。内含少量乱砖块、碎石块等。

第②层：灰黄土。质较疏松，较脏。见于探沟东段。厚 0~0.4 米。内含少量沟纹残砖、碎石块等遗物。

第③层：黄褐土。含沙性，质较疏松，较纯净。仅见于探沟东段。厚约 0~0.65 米。内含少量沟纹乱砖、碎石块（片）等遗物。

第④层：灰白土。质极疏松，脏。仅见于探沟东段。厚 0~0.33 米。内含较多沟纹乱砖、白灰碎块及少量碎石块，并在该层清理出 2 块素面瓦片。

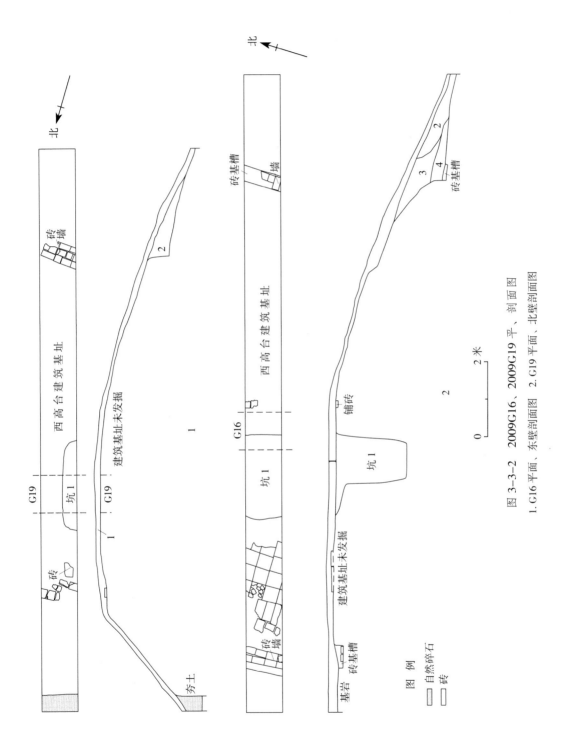

图 3-3-2 2009G16、2009G19 平、剖面图

1. G16 平面、东壁剖面图 2. G19 平面、北壁剖面图

该层下为 L2J1。

探沟东段该层以下为黑褐色生土。

（二）东高台建筑基址（L2J2）

1. J2G17 北壁地层堆积（图 3-3-3，1）

第①层：表土层。黑褐色腐蚀土，质略松。厚 0.05~0.28 米。两端低中间高，东侧最低。东西高低差为 1.07 米。包含有砖瓦片、兽骨、陶片等遗物。

第②层：黑灰土，土质疏松。厚 0~0.54 米。仅见于东侧，西侧不见此层。包含有陶瓷片、瓦当、板瓦、筒瓦、鸱吻残片、兽骨、铁构件、铜鎏金构件、石雕残片等遗物。

第③层：浅灰土，土质疏松。厚 0~0.22 米。分布于探沟中部。含木炭、白灰块、烧土颗粒。

此层下为 L2J2。

以下为生土。

2. J2G18 西壁地层堆积（图 3-3-3，2）

第①层：地表层。黑褐色植物腐蚀土，土质疏松。厚 0.04~0.13 米。

第②层：灰褐土，土质较硬。厚 0.08~0.33 米。包含有砖瓦块、白灰块、兽面瓦当残块、莲花瓦当残块、滴水残块等遗物。

第③层：黄褐土。质略紧略硬。厚 0.28 米。含较多白灰块、墙皮（白灰）。此层不连贯，只发现在平台顶部，南、北两斜坡面没有第③层。包含有瓦片、滴水残块等遗物。

此层下为 L2J2。

三 主要遗迹

二号建筑基址位于太祖陵玄宫封土丘南侧。由西高台建筑基址（L2J1）、东高台建筑基址（L2J2）和东平台基址（L2J3），以及南侧登山路（DSL）和登山路一号基址（L2J4）组成。L2J1 和 L2J2 有明显的界分，两者中间较低平。L2J2 和 L2J3 连为一体。南侧登山路的起点处为 L2L4，终点处与 L2J3 相接。

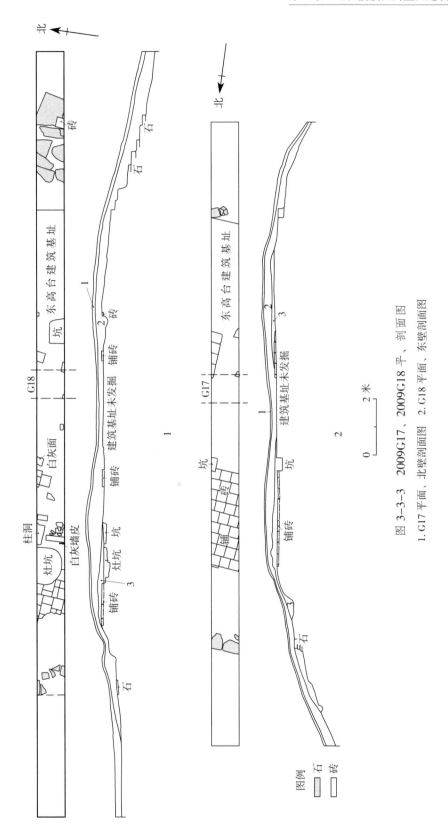

图 3-3-3 2009G17、2009G18 平、剖面图
1. G17平面、北壁剖面图 2. G18平面、东壁剖面图

（一）西高台建筑基址（L2J1）

L2J1 位于遗址群西侧。根据考古调查的地貌情况可知，此建筑基址为高台建筑，顶部现存一个小平台。东、南、北三面为斜坡，西面接自然山岩。东侧台面与地面的高差约 3.2 米，南侧台面与地面的高差约 2.45 米，北侧台面与地面的高差约 2.75 米。西侧与自然山岩相连。山岩地势高于建筑平台。

根据 G16 和 G19 试掘情况可知 L2J1 台基的大致四至范围（图 3-3-4）。

台基平面为近方形。东西约 13.1、南北残宽 11.84（北边被破坏）、高约 3 米。由夯土和包砖边壁构成。夯土台基直接建在自然基岩上，基岩西高东低，夯土西薄东厚。

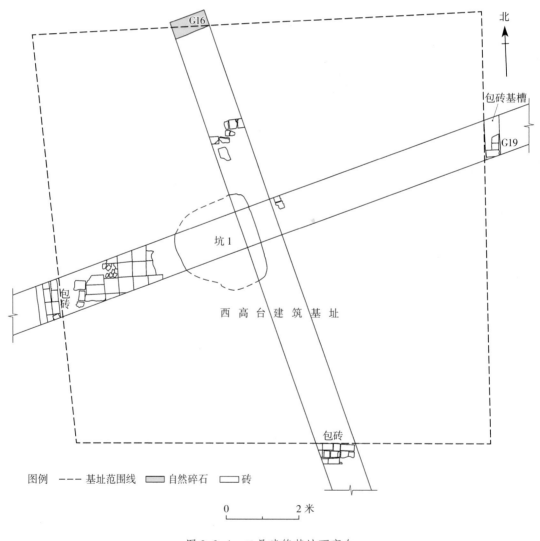

图 3-3-4 二号建筑基址西高台

台基夯土范围南北宽11.32（北部被破坏）、东西宽12.38、厚约2~3米。夯土呈黄褐色（含沙性），或为黄土与黑灰土相掺。质坚硬，较纯净。夯层厚0.1~0.14米，夯窝不清楚。夯土中含有少量碎石块等。

南侧包砖内侧（北）与夯土边相齐（图版三八九）。略呈西北东南向，残长1米（西边出探沟不到边，东边被破坏掉），厚0.52米，残存高度0.06~0.32米。包砖共砌6层砖。

台基夯土南侧边壁包砖的砌法为：一层顺砖平砌，为并排3块砖；上一层一顺一丁砖平砌；再上一层顺砖平砌，如此交替砌筑。砖缝与砖层之间夹垫白灰与黄土掺和的土。包砖底部直接坐在自然山岩石上。

台基东、西两侧都发现有包砖边壁，包砖下的自然基岩面上开有基槽。西侧包砖宽约0.36、残高0.12米。共发现2层砖（图版三九〇，1）。为顺砖平砌，并排2块。基槽宽约0.53、深0.1~0.15米。填灰黄土，未作清理。开口地面与现存二层砖上面相平。东侧包砖残长0.58、宽0.36、残高0.12米。共发现二层砖（图版三九〇，2）。基槽宽约0.4、深约0.06米。最底层单排顺砌砖即位于基槽之内。开口地面基本与最底层砖面相平。包砖均为长方形沟纹砖。大部分为沟纹面朝上，少量素面朝上。砖缝与两层之间夹垫白灰与黄土掺和土。整砖尺寸多为长0.36或0.38、宽0.18、厚0.55米。

台基顶面原有砖铺地面，用方形或长方形沟纹砖铺设。在探沟G19内清理出二处。一处距G19西壁约8.14米，铺砖范围东西0.2、南北约0.3米（北边压于探沟外），为素面朝上的方沟纹砖铺筑。另一处位于上述铺砖地面的西边约3.6米处，距西侧包砖边壁约0.4米（图版三九一，1）。铺砖范围东西约2.4、南北约1米（西边出探沟）。铺地砖有方砖与长方砖两种，大部分为方砖。皆为对缝平铺，缝之间夹白灰，素面朝上，全部已碎烂。所用方砖边长0.39、厚0.06米；长方砖长0.49、宽0.24、厚0.06米。此外，在距G16北壁约3米处，于夯土面上清理出零散的平铺砖。均为残长方形沟纹砖，无规律可循。有的沟纹面朝上，有的素面朝上。有待发掘资料补证。

此外，在L2J1南侧山谷内，于地面发现一个较大的石建筑构件。石构件平面为长方形，截面为阶梯形，被打凿成二阶石踏步。其最高处两侧端各有一个凹窝（图版二四，2、3）。初步判断此石构件应是L2J1的建筑材料之一，应是从山顶滚落到谷底的。

需要指出的是，在台基中部（距G16南壁约7.78米，距G19西壁约5.18米）清理出一个灰坑（坑1，编号L2J1K1）。此坑开口在第①层下，打破夯土。坑呈不规则长方形，略呈南北向（图版三九一，2）。上口较大，南北约2.36、东西约2.2米。底略为斜坡状，呈不规整东西向长方形，东西1.8、南北约1.7、深约2米。底部仍是夯土。坑内填灰黄色杂土，土质疏松。坑内有较多的铁镞、铁制品残块、沟纹砖残块、石块、白灰碎块，以及带字石块、石雕残块、石人像残块和石构件残块（图版三九一，3）等遗物。

（二）东高台建筑基址（L2J2）

L2J2 位于遗址东侧。根据考古调查的地貌情况可知，L2J2 为高台建筑，顶部现存一个小平台。南、西、北三面为斜坡状，东面与石砌包边的 L2J3 相连。

根据 G17（图版三八八，1）和 G18（图版三八八，2）试掘情况可知，L2J2 台基由夯土和包石或包砖边壁等组成。夯土台基直接建在自然基岩上，局部低洼处用夯土找平，并形成台基（图 3-3-5）。

L2J2 台基平面呈长方形。东西长 17.7、南北宽 14.8、高 2 米。台基主体为夯土，黑褐色夯土中夹有石块。夯土呈斜坡状，西厚东薄。

台基夯土南、西、北三壁都用石块包砌。南壁包石现残存 2 块石头，直接压在

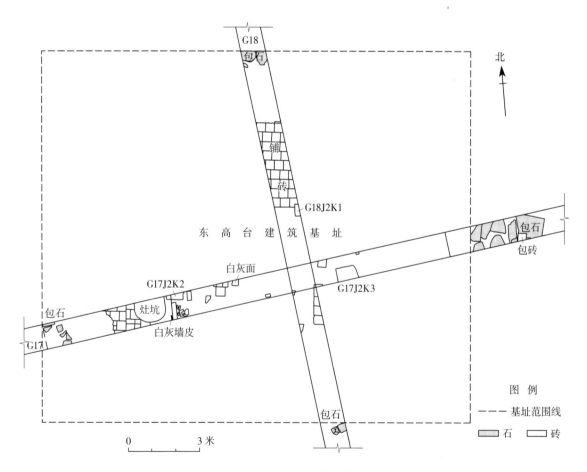

图 3-3-5　二号建筑基址东高台

砂岩层上（图版三九二，1）。西壁包石仅存底部（距G17西壁4.3米）的几块石块，残宽约1米。北壁包石残存三层，为顺石错缝平砌，每层叠涩内收（图版三九二，2；三九三，1）。包石底部挖有基槽。北侧包石基槽宽约0.1米。局部边壁有用长方形沟纹砖的现象。台基东壁没有发现包石。台基地面铺砖下灰土面的范围，应是台基的东界。

以主体台基东界为限，台基地势转而渐低，呈台阶状向东侧延伸，与东平台基址相连。台基外由西向东地势渐低的中部，发现有较多石块，似有意而为，形成石阶。最下面为一块平铺的大石板，其石料和形制与甲组建筑基址北基址西正间（J2W1）东门口的踏石相同，疑似与门道有关（图版三九三，2）。大石板东西宽1~1.18米，南北长不详（两侧未清理）。大石板西似有一道南北向砖墙。砖墙宽0.51、残高0.13米，用三层顺砖错缝平砌，砖层间抹有白灰。

台基顶面残存有砖铺地面、方形坑、灶坑和砖墙等建筑遗痕。

台基顶面原有砖铺地面。G17内铺砖地面仅在东部，余处局部可见铺砖下面白灰上的砖印痕，范围在G17距西壁6.74~21.4米处，东西宽约14.66米。G18内铺砖地面残存于北部，范围从距南壁包边石墙3.68米处向北，探沟内中部及南部零星残存3块，北部残存9行铺地方砖（图版三九四，1）。中部及南部虽然铺地砖残存少，但在地面依然可见铺砖下面白灰上的砖印痕。铺砖地面系用方形沟纹砖和长方形沟纹砖错缝平铺，缝内填白灰。砖与地面间抹有白灰。铺砖下垫有含沙性灰土。方砖规格为边长0.36、厚0.06米；长方形砖长0.36、宽0.16米、厚0.05米。

在砖铺地面清理出3个方形坑。方坑一（G18J2K1）位于G18内铺地砖北往南第9行的东南角，边长约0.44、深0.18米。方形坑打破铺地砖的一方角，可能是有意为之（图版三九四，2）。方坑二（G17J2K2）位于G17距西壁9.6米处，大部分压在北壁下，边长0.7、深0.14米。在此方坑南侧发现一道砖墙。方坑三（G17J2K3）位于G17距西壁16.7米处，大部分压在南壁下，边长0.9、深0.27米。根据方坑的位置推测，这三个方形坑可能是取础坑，是该建筑被破坏后石柱础被取走留下的遗迹。

在砖铺地面清理出一个灶坑。灶坑位于G17距西壁8.18米处，平面呈半圆形，部分压在北壁下（图版三九五，1）。灶的剖面略呈锅底状（图3-3-6），东西径1.17、深0.08~0.16米，周壁未见明显的烧烤痕迹。灶西侧和南侧上部边缘用砖筑一层，下为黑沙土。灶底为山体基岩。灶面低于铺砖地面约0.05米。灶内有草木灰，以及碎瓦片、陶片、兽骨等。

在砖铺地面清理出一道砖墙。砖墙在G17距西壁10.02米，距灶东边0.28米处。砖墙伸入探沟内0.66米，南北向，宽0.18、残高0.25米（图版三九五，2）。

砖墙系用单顺砖错缝垒砌，在西侧墙面上抹泥，在泥面上再抹白灰。白灰厚约
0.02 米。

此外，在 L2J2 所在平台东侧还发现有东南—西北向砖墙，位于 G20 内（图 3-
3-7）。墙仅残存两层砖，残长 0.75 米，铺筑在黄褐色沙土层上（图版三九六，1），
为单块长方形砖顺砖错缝平砌，大部分压在东壁下。这似乎暗示 L2J2 东部台面上还
有附属建筑。

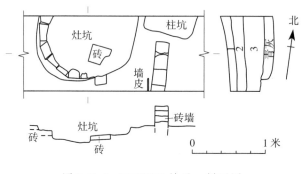

图 3-3-6　2009G17 灶平、剖面图

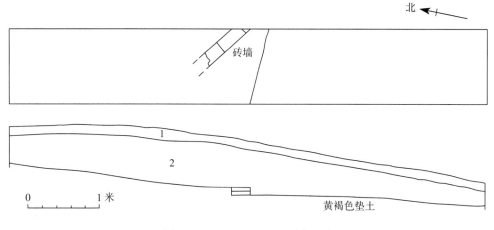

图 3-3-7　2009G20 平、剖面图

（三）东平台基址（L2J3）

L2J3 西临 L2J2，位于第二道岭最东端的小平台上。东平台基址地势西高东低。
东、南、北三面为陡坡。

东平台基址平面呈长方形，基址范围东西长约 45、南北宽约 8~10 米。

根据钻探可知，台基内的褐色土为垫土，非夯土，厚约 0.3~0.5 米。其东面、南
面和北面有保存较好的包石边壁，西面与 L2J2 相连（图版三九六，2）。东平台基
址东壁包石残长约 8 米，南壁包石残长约 17 米，北壁包石残长约 10 米。现暴露有 3 米。

（四）南侧登山路（DSL）

登山路位于第二道山岭的南侧阳坡，地处东高台建筑基址和东平台基址南侧。

登山路始于第二道山岭东南山脚下的平地上，现存一处登山路一号基址；终点在第二道山岭最东侧的东平台基址。这条登山路保存较好，呈曲尺形折角状。下段路从下（东）而上（西），到折角平台处长约210米；上段路从折角平台（西）到顶端（东）约76.3米。路面为基岩或石块垒砌，较为平整，宽约5~6米。登山路利用山岭的坡面，北侧开凿岩体，南侧用石块垒砌抬高，从而形成平整的路面。南侧路护坡保存较好（图版三九七，1）。

考古调查时，对登山路的五个关键点进行了定位。以登山路一号基址为起点。最东点D1坐标43°53′13N，119°06′31E。海拔946米。D2坐标43°53′13N，119°06′30E。海拔950米。有上、下两层护墙（图版三九七，2）。路宽5.2米。D3坐标43°53′14N，119°06′26E。海拔972米。路宽5.6米。D4为西侧转角点。坐标43°53′14N，119°06′24E。海拔985米。路东北侧发现有残门墩，长30、宽18、高18~25厘米。D5为东侧转角点（图版三九八，1），接近山顶入口。距山顶东平台基址约9米。上、下二层石护墙保存较好。路宽5.4米。坐标43°53′15N，119°06′26E。海拔990米[1]。

（五）登山路一号基址（L2J4）

L2J4位于第二道山岭东南山脚下的平地上（坐标43°53′13N，119°06′32E。海拔946米）。

此基址为高台建筑。从地表考古调查推测，基址范围南北长约10.4、东西宽约6.6米。根据盗坑的剖面可知，建筑倒塌堆积里有较多砖瓦（图版三九八，2），厚0.13米。建筑使用面为黄夯土，夯土厚0.13米。

四　出土遗物

二号建筑基址的出土遗物，主要出土于西高台建筑基址和东高台建筑基址。

（一）西高台建筑基址（L2J1）

西高台建筑基址出土遗物不太多。主要有三类。第一类是铁镞和石人像；第二

---

[1] 2003年用手持GPS测量数据，精度不足。仅供参考。

类是瓦当、滴水、砖等建筑构件；第三类是石碑片残块。

1. 日常生活遗物

（1）铁器

共3件。

镞 1件。

09（二）G19坑1：1，四棱镞。锋呈三角形，横截面菱形。圆柱形短身，末端略粗。铤略弯。残长7.3、身长4、铤长1.2厘米（图3-3-8，1；图版三九九，1）。

铁块 2件。均铸造，断茬处可见气孔。

09（二）G16②：7，平面近长方形。残长8、宽3.7、厚1.1厘米（图3-3-8，2；图版三九九，2）。

09（二）G19坑1：5，平面近梯形。残长5、宽3.6、厚1.1~1.3厘米（图3-3-8，3；图版三九九，3）。

（2）石制品

共58件。砂岩。

石像残块 15件。

09（二）G16②：1，立像左下肢部分。残高38.7、长14.2、宽21.2厘米（图3-3-9，1；图版三九九，4）。

09（二）G16②：4，立像左侧胸部及手臂残块。手臂大部分残缺，前、后及侧面均雕刻有纹饰，推测为带甲武士像。石雕肩部有带状装饰，胸前边缘有近"7"字形纹饰和花状图案。残高18.1、宽12、厚14.1厘米（图3-3-9，2；图版三九九，5、6）。

09（二）G19坑1：2，立像头部缺失，围绕颈部饰一圈凹弦纹。凹弦纹下饰一

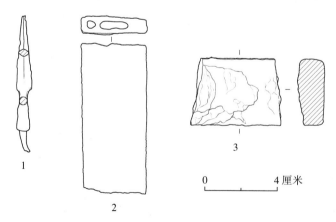

图 3-3-8　二号建筑基址西高台出土铁器

1.铁镞〔09（二）G19坑1：1〕　2.铁块〔09（二）G16②：7〕　3.铁块〔09（二）G19坑1：5〕

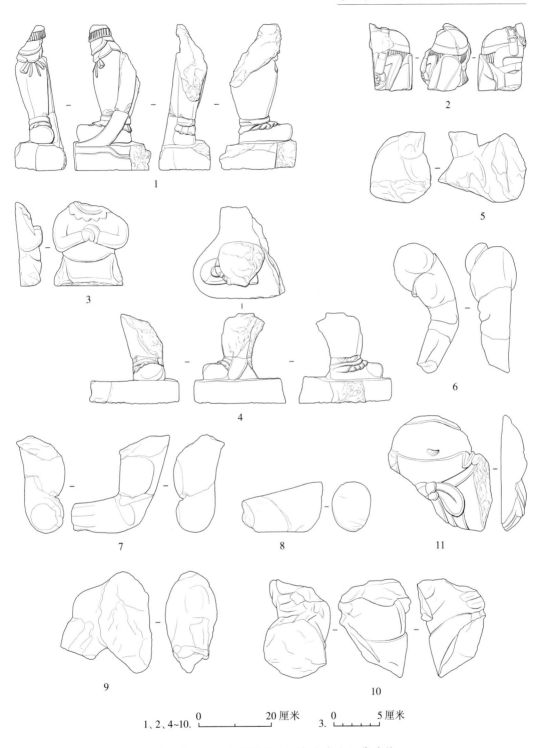

图 3-3-9　二号建筑基址西高台出土石像残块

1.09（二）G16②：1　2.09（二）G16②：4　3.09（二）G19坑1：2　4.09（二）G19坑1：7　5.09（二）G19坑1：8　6.09（二）G19坑1：9　7.09（二）G19坑1：10　8.09（二）G19坑1：11　9.09（二）G19坑1：12　10.09（二）G19坑1：14　11.09（二）G19坑1：15

圈齿轮状纹饰。双手拱于胸前，左手压右手作揖。腹中部饰一道凹弦纹，下腹部以下缺失。背面较平。残高 9、宽 8.3 厘米（图 3-3-9，3；图版四〇〇，1）。

09（二）G19 坑 1：7，立像左下肢部分。脚踝处刻一弧状凸棱。裤脚上方扎紧，呈花瓣状覆至鞋面。脚部穿鞋。像座正面呈弧形，有凿痕。残高 24、脚长 14.6、像座厚 5.5、座宽 24.2、长 25.2 厘米（图 3-3-9，4；图版四〇〇，3、4）。

09（二）G19 坑 1：8，腰、腿间局部残块。尚存一手，仅见大拇指第二节和局部手臂。手臂青筋凸起。残长 22.1、宽 17.4、腿径 16.8、手臂径 6.1~7.3、手掌宽 7.3 厘米（图 3-3-9，5；图版四〇〇，2）。

09（二）G19 坑 1：9，残存肩、肘部。肩膀宽厚，臂弯曲。小臂正面有纹饰，手掌缺失。总残长 34.6、总厚 15、肩部残宽 7、臂粗约 6.3~11.6 厘米（图 3-3-9，6；图版四〇〇，5）。

09（二）G19 坑 1：10，残存肘部及腕部。手部缺失，肘部弯曲。正面饰凹弦纹，背面素面。残长约 26、总宽 25、臂粗约 6.7~12.6 厘米（图 3-3-9，7；图版四〇〇，6）。

09（二）G19 坑 1：11，整体似柱形，上粗下细，略扁。通体雕凿并磨光，素面。残长 23.8、直径 11.4~14.7 厘米（图 3-3-9，8；图版四〇一，1）。

09（二）G19 坑 1：12，不规则形，人像右肩和右臂上部。袒肩。残高 27、残宽 25 厘米（图 3-3-9，9；图版四〇一，3、4）。

09（二）G19 坑 1：14，不规则形，属人像腹部。雕有一手，尚存三根手指，已破坏剥落。残长 26.2、宽 20.6、厚 18.5 厘米（图 3-3-9，10；图版四〇一，5、6）。

09（二）G19 坑 1：15，不规则多边形，属人像腹部。裸腹，有月牙形肚脐。下身着裤，雕有带结及衣褶痕。残长 30.8、宽 28.9、厚 7.2 厘米（图 3-3-9，11；图 3-3-10，1；图版四〇一，2）。

09（二）G19 坑 1：19，残存部分近圆柱体。残高 21.9、残长 21.5 厘米（图 3-3-11，1；图版四〇二，1）。

09（二）G19 坑 1：20-1，人像手臂局部，两端略窄。在竖向雕出的两道凸棱下雕凿一道较宽的横向凸棱。残长 12.5、宽 5.5 厘米（图 3-3-11，2；图版四〇二，2）。

09（二）G19 坑 1：20-2，人像手臂局部。残长 16.9、残宽 9.2 厘米（图 3-3-11，3；图版四〇二，3）。

09（二）G19 坑 1：20-3，人像手臂局部。残长 10.5、宽 7.2 厘米（图 3-3-11，4；图版四〇二，4）。

石雕残块 43 件。

03（二）L2J1：采 7，构件残缺，存两个面。一面磨光，另一面雕刻龙纹图案。原有界格，距边缘 0.9 厘米。界格内有鱼鳞及鱼鳍状纹饰。残长 16.2、残宽 13.6、残

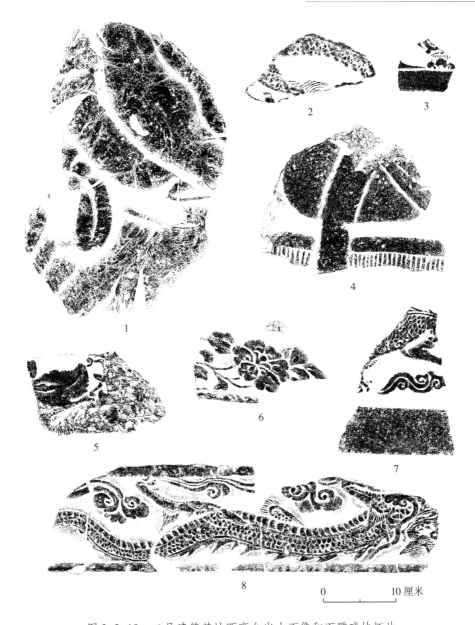

图 3-3-10　二号建筑基址西高台出土石像和石雕残块拓片

1. 石像残块［09（二）G19坑1∶15］　2. 石雕残块［03（二）L2J1∶采7］　3. 石雕残块［09（二）G16②∶2］
4. 石雕残块［09（二）G16②∶3］　5. 石雕残块［09（二）G19坑1∶17］　6. 石雕残块［09（二）G19坑1∶18］
7. 石雕残块［09（二）G19坑1∶16］　8. 石雕残块［09（二）G19坑1∶13］

厚10.8厘米（图3-3-10，2；图版四〇二，5）。

　　09（二）G16①∶1，纵向有几道裂痕，残损严重。残长40、宽11.7、厚10.4厘米（图3-3-11，5；图版四〇二，6）。

　　09（二）G16①∶2，现存平面为不规则长方形，正面有八道弧形凸弦纹。残长

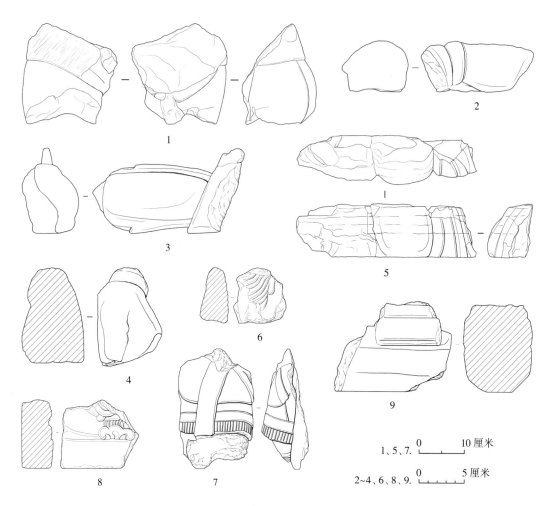

图 3-3-11　二号建筑基址西高台出土石像和石雕残块

1. 石像残块［09（二）G19 坑 1：19］　　2. 石像残块［09（二）G19 坑 1：20-1］　　3. 石像残块［09（二）G19 坑 1：20-2］　　4. 石像残块［09（二）G19 坑 1：20-3］　　5. 石雕残块［09（二）G16①：1］　　6. 石雕残块［09（二）G16①：2］　　7. 石雕残块［09（二）G16②：3］　　8. 石雕残块［09（二）G16②：2］　　9. 石雕残块［09（二）G19④：1］

5.8、宽 5.9、残厚 3.2 厘米（图 3-3-11，6；图版四〇三，1）。

　　09（二）G16②：2，边框高于雕刻区。雕刻内容残缺严重，边缘及背部磨平。残长 8.7、宽 7.3、厚 3.5 厘米（图 3-3-10，3；图 3-3-11，8；图版四〇三，2）。

　　09（二）G16②：3，上、下部分及背面残缺。正面饰凸起带状图案，高出平面约 0.4~0.8 厘米。带状纹下部左、右两侧饰横向微凸带纹，宽 1.1~12.2 厘米。纹饰延伸至构件左、右两侧。带状纹下饰竖线纹，同样延伸至构件左、右两侧，但已残缺。残长 25.5、宽 16.7、厚约 9.1 厘米（图 3-3-10，4；图 3-3-11，7；图版四〇三，3）。

　　09（二）G19④：1，上、下及其中一个侧面残缺，前、后两面所刻图案单一。

构件左侧整体雕刻成一个八面体。残长 12.8、残宽 9.6、厚 7.6 厘米（图 3-3-11，9；图版四〇三，4）。

09（二）G19 坑 1：13，上、下两面被凿刻并磨光。正面雕有图案。图案被雕刻在一个宽 11.2 厘米的框中。龙纹，纹饰清晰，线条流畅，尚存头、身部，尾部残缺。龙身可见两腿、龙鳞、背鳍，龙身下方有云纹。残长 57、宽 14.8、厚 12.9 厘米（图 3-3-10，8；图 3-3-12，1；图版四〇三，5）。

09（二）G19 坑 1：16，正面雕刻图案，一侧边框宽约 6.1 厘米并磨光，另一侧低于边框 1.5 厘米。背面一侧边框宽 6.1 厘米，另一侧低于边框 1.3 厘米。侧面可见凿痕。残长 16.6、残宽 20.6、厚 4.0~7.3 厘米（图 3-3-10，7；图 3-3-12，2；图版四〇

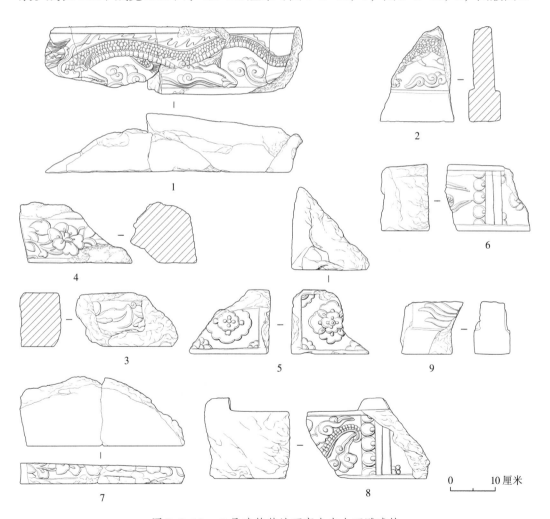

图 3-3-12　二号建筑基址西高台出土石雕残块

1.09（二）G19 坑 1：13　2.09（二）G19 坑 1：16　3.09（二）G19 坑 1：17　4.09（二）G19 坑 1：18　5.09（二）G19 坑 1：21　6.09（二）G19 坑 1：22　7.09（二）G19 坑 1：23　8.09（二）G19 坑 1：24　9.09（二）G19 坑 1：25

四，1、2）。

09（二）G19坑1：17，正面雕刻卷草纹，侧面雕凿并磨光，其他面残缺。残长22.9、宽11.7、残厚9.3厘米（图3-3-10，5；图3-3-12，3；图版四〇三，6）。

09（二）G19坑1：18，一面在一个宽约8.6厘米的残长方形框内雕牡丹纹，另一面为磨光平面。正面残长25、厚14.8、宽13.3厘米（图3-3-10，6；图3-3-12，4；图版四〇四，3）。

09（二）G19坑1：21，石构件角部。上、下两面为平面并磨光。下面残有一深6.8厘米的凹槽，凹槽内壁可见清晰的凿痕。两侧面均雕刻图案，其中一面图案雕刻在一个残长12.6厘米的长方形框内，似牡丹。方框两角部刻有花瓣状图案，另两角残缺。另一面形制相同，也雕刻有似牡丹花图案。残长17.7、残宽13.9、厚17.4厘米（图3-3-12，5；图3-3-13，1；图版四〇四，4~6）。

09（二）G19坑1：22，上、下两面均磨光，素面。侧面雕刻图案，两个框内用一条长11.6厘米的凹弦纹隔开。一端纹饰残缺，另一端残有局部纹饰。残长约19.3、厚11.3、宽14.4厘米（图3-3-12，6；图3-3-13，2；图版四〇五，1）。

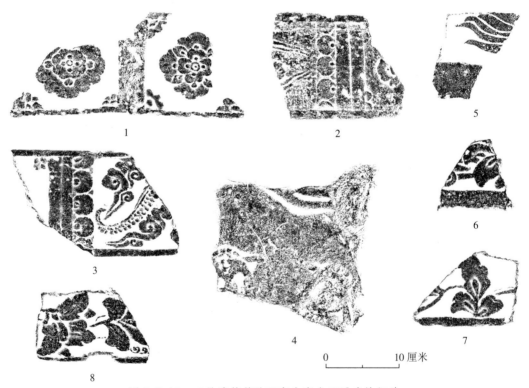

图 3-3-13 二号建筑基址西高台出土石雕残块拓片

1.09（二）G19坑1：21 2.09（二）G19坑1：22 3.09（二）G19坑1：24 4.09（二）G19坑1：27 5.09（二）G19坑1：25 6.09（二）G19坑1：28 7.09（二）G19坑1：29 8.09（二）G19坑1：30

09（二）G19坑1：23，上面雕磨成平面，下面残缺。侧面的一面雕有花纹。残缺严重，难以辨认。残长36.6、宽4.6、厚15.4厘米（图3-3-12，7；图版四〇五，2）。

09（二）G19坑1：24，上面雕磨成平面，边缘凸起。下面也雕磨成平面，并有一条残缺的凹槽，槽内可见凿痕。正面雕刻图案，图案位于两个方框之中，两方框用凹弦纹隔开。右侧图案残缺严重，左侧图案为动物尾部，尾部下方饰云纹；图案右侧有一排竖向圆圈纹，中间三个完整圆圈，上、下两个半圆；圆圈一侧有乳丁纹。残长约27.6、厚17、宽17.5厘米（图3-3-12，8；图3-3-13，3；图版四〇五，3、4）。

09（二）G19坑1：25，正面饰纹饰，边框高出纹饰1.3厘米。背面左侧低于右侧1.1厘米，并低于上端0.4厘米。侧面一面为平面，有凿痕。另一面残缺。残长13.5、宽11.3、厚8.3厘米（图3-3-12，9；图3-3-13，5；图版四〇五，5、6）。

09（二）G19坑1：26，正面雕刻缠枝牡丹。侧面雕磨成平面。残长21.3、宽约18.6、高14.6厘米（图3-3-14，1；图版四〇六，1）。

09（二）G19坑1：27，正面雕刻动物图案。残缺严重，无法辨认。残长22.9、宽25.9、厚7.8~8.6厘米（图3-3-13，4；图3-3-14，2；图版四〇六，2）。

09（二）G19坑1：28，近三角形，残存石面饰浅浮雕图案，图案四周应有一方框。残存的另一平面有凿刻痕。残高13.5、宽11.5、厚7.7厘米（图3-3-13，6；图3-3-14，3；图版四〇六，3）。

09（二）G19坑1：29，正面磨光，两侧面中的一平面可见清晰凿痕，另一面雕有卷草。此件表面粘有白灰痕。残长约16.6、宽约16.1、高约13.9厘米（图3-3-13，7；图3-3-14，4；图版四〇六，4）。

09（二）G19坑1：30，不规则梯形，存两个面。一面雕刻花卉，另一面素面光滑。残长16.2、宽11.8、厚1.8~6.2厘米（图3-3-13，8；图3-3-14，5；图版四〇六，5）。

09（二）G19坑1：31，正面雕刻有图案，图案不详。残长16.2、宽6.2、厚5.6厘米（图3-3-14，6；图版四〇六，6）。

09（二）G19坑1：32，略呈长方体，残存两个雕刻面。较宽面侧视呈弧形，存有一段凸弧线和其内所饰花瓣。另一雕刻面边缘与主图案间刻有一条深沟槽，主图案残缺不详。残长12.1、残宽11.4、厚5.8厘米（图3-3-14，7；图3-3-15，1；图版四〇七，1）。

09（二）G19坑1：33，正面残缺，背面雕磨成光面。残缺边缘处高出磨光平面。两侧面均雕刻有图案。残长22.7、残宽21、残厚12.1厘米（图3-3-14，8；图3-3-15，2；图版四〇七，2~4）。

09（二）G19坑1：34，正面雕刻面低于边框0.7~0.8厘米，图案残缺严重，为动物头部；同时可见一条腿。背面同样有一边框，高于平面0.5厘米左右，素面无纹。

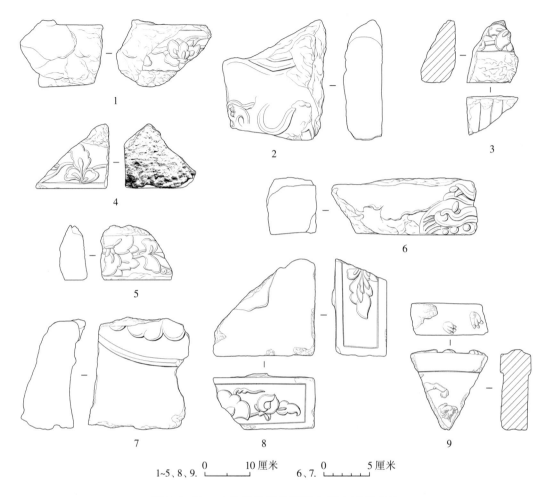

图 3-3-14　二号建筑基址西高台出土石雕残块

1.09（二）G19 坑 1：26　2.09（二）G19 坑 1：27　3.09（二）G19 坑 1：28　4.09（二）G19 坑 1：29　5.09（二）G19 坑 1：30　6.09（二）G19 坑 1：31　7.09（二）G19 坑 1：32　8.09（二）G19 坑 1：33　9.09（二）G19 坑 1：34

侧面残存两足，三爪，腿部缺失。残长 17.3、残宽 17.4、厚 7 厘米（图 3-3-14，9；图 3-3-15，3；图版四〇七，5、6）。

09（二）G19 坑 1：35，略呈长方形，宽面有花纹图案，花纹周边有一方框。另一面磨光。其余各面为残断面。残长 24.5、残宽 7.3~8.2、厚 0.6~4.1 厘米（图 3-3-15，4；图 3-3-16，1；图版四〇八，1）。

09（二）G19 坑 1：36，正面雕刻卷草纹，卷草位于一宽 9.1 厘米的方框内。另一面为磨光平面，其他面残缺。残长 20.8、宽 11.7、厚 4.3 厘米（图 3-3-15，5；图 3-3-16，2；图版四〇八，2）。

09（二）G19 坑 1：37，不规则长方体，残存石面雕刻花纹。周边原本应有方框。

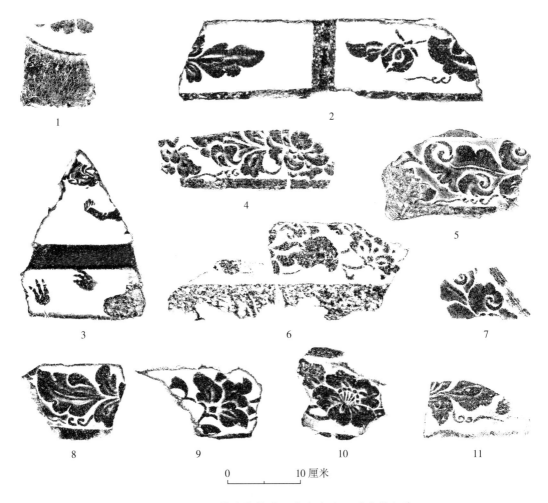

图 3-3-15　二号建筑基址西高台出土石雕残块拓片

1.09（二）G19 坑 1：32　2.09（二）G19 坑 1：33　3.09（二）G19 坑 1：34　4.09（二）G19 坑 1：35　5.09（二）G19 坑 1：36　6.09（二）G19 坑 1：39　7.09（二）G19 坑 1：43　8.09（二）G19 坑 1：47　9.09（二）G19 坑 1：48　10.09（二）G19 坑 1：49　11.09（二）G19 坑 1：50

另一侧面磨光，其余面均为残破面。残长 10.3、宽 10.6、厚 9.3 厘米（图 3-3-16，3；图版四〇八，3）。

09（二）G19 坑 1：38，正视呈圆柱形，饰两圈乳丁纹，内圈有 4 个乳丁，外圈有 10 个乳丁。径 3.1~3.8、厚 3.6 厘米（图 3-3-16，4；图版四〇八，4）。

09（二）G19 坑 1：39，正面一侧雕刻卷草纹，另一侧为边框。两侧面中的一面为平面，可见雕凿痕迹；另一面也为平面，素面。残长 33.6、宽 13.3、厚 8.7 厘米（图 3-3-15，6；图 3-3-16，5；图版四〇八，5）。

09（二）G19 坑 1：40，正面饰涡纹，直径约 10.8 厘米。其他面残缺，残长 14.9、宽 13.8、厚 14.3 厘米（图 3-3-16，6；图版四〇八，6）。

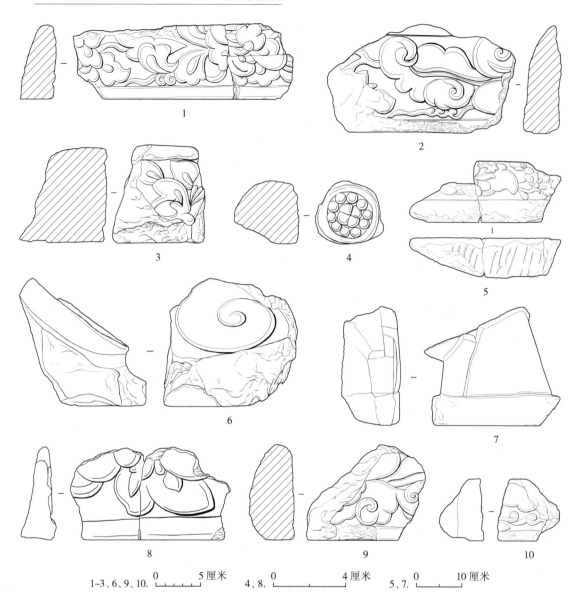

图 3-3-16　二号建筑基址西高台出土石雕残块

1.09（二）G19坑1：35　2.09（二）G19坑1：36　3.09（二）G19坑1：37　4.09（二）G19坑1：38　5.09（二）
G19坑1：39　6.09（二）G19坑1：40　7.09（二）G19坑1：41　8.09（二）G19坑1：42　9.09（二）G19坑
1：43　10.09（二）G19坑1：44

　　09（二）G19坑1：41，正面用沟槽形成纹饰。一侧残有一方形豁口，宽约7厘
米。另一侧边缘磨平。底部为平面，有凿痕。侧面除断茬处均有凿痕。残长30.3、
宽25.6、厚13厘米（图3-3-16，7；图版四〇九，1）。

　　09（二）G19坑1：42，不规则长方形，存两个面。一面雕刻花纹，花纹周边有
边框。另一面磨光。残长9、宽5、厚0.4~2厘米（图3-3-16，8；图版四〇九，2）。

09（二）G19 坑 1：43，不规则四方体。宽面饰花纹，花纹周边有方框。其余各面为残破面。残长 13.4、残宽 10.3、厚 5.1 厘米（图 3-3-15，7；图 3-3-16，9；图版四〇九，3）。

09（二）G19 坑 1：44，正面雕刻图案，具体题材不详。侧面尚存一个面，其余面残缺。残长 7、残宽 6.7、厚 5 厘米（图 3-3-16，10；图版四〇九，4）。

09（二）G19 坑 1：45，石雕的转角部分，尚存四个面，其中两相邻面饰花纹，花纹周围刻有边框。另两面打磨光滑，其中一面残存小部分凿刻的圆孔。残长 8.6、宽 13.9、厚 7.8 厘米（图 3-3-17，1；图版四〇九，5）。

09（二）G19 坑 1：46，不规则长方形，残存石面饰有花纹，花纹周边刻有边框。一侧面打磨光滑，其余面为残面。残长 11、残宽 6.9、厚 9.9 厘米（图 3-3-17，2；图版四〇九，6）。

09（二）G19 坑 1：47，不规则长方体，宽面饰有花纹，周边刻有方框。残存侧立面磨光，其余均为残面。残长 18.3、残宽 10.3、厚 5.2 厘米（图 3-3-15，8；图 3-3-17，3；图版四一〇，1）。

09（二）G19 坑 1：48，不规则四边形，尚存两面。一面饰花纹，周边有边框。另一面打磨光滑。其余面均为残面。残长 24.6、残宽 13.7、厚 5.2 厘米（图 3-3-15，9；图 3-3-17，4；图版四一〇，2）。

09（二）G19 坑 1：49，不规则长方形，残存石面饰有一朵莲花，周边有边框。另一侧立面磨光，其余面皆为残面。残长 17.6、残宽 11.9、残厚 4.9 厘米（图 3-3-15，10；图 3-3-17，5；图版四一〇，3）。

09（二）G19 坑 1：50，略呈不规则的长方体，残存宽面饰花草，周边有方框。侧面磨光，其余面均为残破面。残长 14.8、残宽 7.8、厚 4.5 厘米（图 3-3-15，11；图 3-3-17，6；图版四一〇，4）。

09（二）G19 坑 1：51，不规则长方体，残存宽面饰有花纹，另一残侧面磨光。其余面均为残面。残长 11.6、残宽 8.3、厚 4.5 厘米（图 3-3-18，1；图版四一〇，5）。

09（二）G19 坑 1：52，略呈不规则梯形，一面雕刻花纹，另一面磨光。其余面均为残破面。残长 8.9、残宽 8.3、厚 3.7 厘米（图 3-3-18，2；图版四一〇，6）。

09（二）G19 坑 1：53，正面中间有一长 14.6、宽 10~10.6 厘米的宽棱。棱上、下可见阴刻线。宽棱将构件分成左、右两框，框长不详。边框宽约 5.8 厘米，平面磨光。右侧框宽 14.6、深 1.5 厘米。框内纹饰不详。左侧框宽 14.4~14.7、深 1.5 厘米。框内雕刻云纹，已残缺。构件背面中间同样被一长 16、宽 11.3 厘米的宽棱分为左、右两框。框长度不详。边框宽 4.6~5.1 厘米。两侧框宽 15.5~16、深 0.7~0.8 厘米，均素面磨光。侧面一面可见清晰凿痕，另一面磨光且局部突出。残长 29.6、宽 27.4、厚 7.8 厘米（图

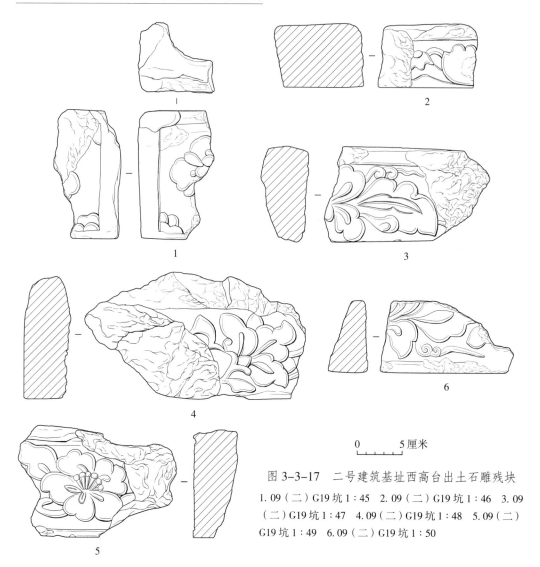

图 3-3-17 二号建筑基址西高台出土石雕残块
1.09（二）G19 坑 1：45 2.09（二）G19 坑 1：46 3.09
（二）G19 坑 1：47 4.09（二）G19 坑 1：48 5.09（二）
G19 坑 1：49 6.09（二）G19 坑 1：50

3-3-18，3；图版四一一，1、2）。

2. 建筑材料

共 3 件。包括瓦当、滴水、砖。

（1）瓦当

1 件。几何纹瓦当。

03（二）L2J1：采 2，陶质，灰胎。大部分残缺。当面尚存两个大乳丁，大乳
丁之间饰五个小乳丁，呈上下各两个、中间一个排列。边轮与图案之间饰一周凸弦
纹。边轮较低平。当背对接筒瓦处抹泥经过修整。瓦当残径 14.6、边轮宽 1.6~2、边
轮厚 1.3 厘米。瓦当背面保存一段对接筒瓦。筒瓦凸面素面，凹面保留布纹。右侧缘

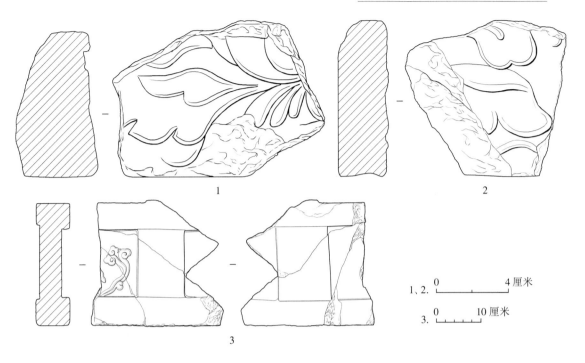

1

2

3

图 3-3-18 二号建筑基址西高台出土石雕残块

1.09（二）G19 坑 1∶51 2.09（二）G19 坑 1∶52 3.09（二）G19 坑 1∶53

残缺，左侧缘内切，呈全切状，近凹面一侧有切割面，近凸面一侧断裂面基本不存，被二次加工的斜向刮削面打破。筒瓦残长 16、厚 2.5~2.7 厘米（图 3-3-19，1；图版四一一，3）。

（2）滴水

1 件。

03（二）L2J1∶采 3，陶质，灰胎。分层式布局，滴水端面底部为素面。滴水端面与瓦身呈直角相接，分六层，纹饰位于第二、四层，第六层呈波浪状。残长 8.9、残宽 8、瓦身厚 2~2.3、滴水端面宽 5 厘米（图 3-3-19，2；图版四一一，4、5）。

（3）砖

1 件。菱纹砖。

03（二）L2J1∶采 4，灰胎。一面饰菱形纹，另一面为素面。长 20.2~22.6、厚 5~5.4 厘米（图 3-3-19，3；图版四一一，6、7）。

3. 经幢及刻文残块

共 24 件。均残。为青砂岩质。

03（二）L2J1∶采 1-1，正面磨光。存 2 行 10 字。阴刻楷书，第 1 行"……□□

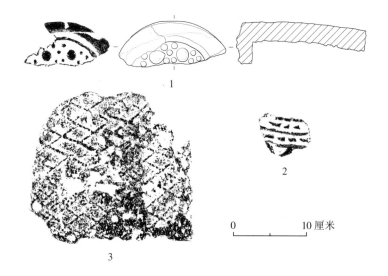

图 3-3-19　二号建筑基址西高台出土建筑构件

1.几何纹瓦当［03（二）L2J1：采 2］　　2.滴水［03（二）L2J1：采 3］　　3.菱纹砖［03（二）L2J1：采 4］

如是□……"；第 2 行 "……□恶道皆□……"（图 3-3-20，1）。

　　03（二）L2J1：采 1-2，绿色细砂岩。正面磨光。存 3 行 9 字。阴刻楷书，第 1 行字迹残；第 2 行 "……之所观……"；第 3 行 "……有一切□……"（图 3-3-20，2）。

　　03（二）L2J1：采 1-3，正面磨光。阴刻楷书，存 3 行 8 字，完整 1 字。第 1 行 "……畜生□……"；第 2 行 "……□随所……"。第 3 行漫漶不清（图 3-3-20，3）。

　　03（二）L2J1：采 1-4，正面磨光。阴刻楷书，存 1 行 3 字，均不完整（图 3-3-20，4）。

　　03（二）L2J1：采 1-5，正面磨光。碑文阴刻，存 2 行 7 字，均不完整（图 3-3-20，5）。

　　03（二）L2J1：采 1-6，正面磨光。碑文阴刻，存 2 行 3 字，均不完整（图 3-3-20，6）。

　　03（二）L2J1：采 1-7，碑文阴刻，存 2 行 2 字，均不完整（图 3-3-20，7）。

　　03（二）L2J1：采 1-8，小残块。阴刻楷书，1 行 1 字，字不完整（图 3-3-20，9）。

　　03（二）L2J1：采 1-9，多边形，存两面。阴刻楷书，其中一面残存 2 行 5 字。第 1 行 "……□莲华□……"；第 2 行字迹残。余面破损（图 3-3-20，8）。

　　03（二）L2J1：采 1-10，正面磨光。碑文阴刻，存 2 行 4 字，字迹漫漶不清（图 3-3-20，10）。

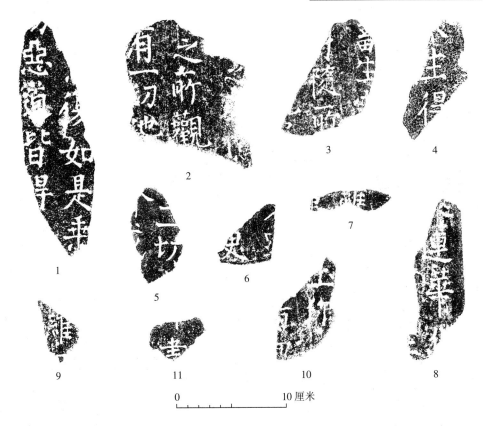

图3-3-20　二号建筑基址西高台出土经幢及刻文残块拓片

1.03（二）L2J1：采1-1　2.03（二）L2J1：采1-2　3.03（二）L2J1：采1-3　4.03（二）L2J1：采1-4　5.03（二）L2J1：采1-5　6.03（二）L2J1：采1-6　7.03（二）L2J1：采1-7　8.03（二）L2J1：采1-9　9.03（二）L2J1：采1-8　10.03（二）L2J1：采1-10　11.03（二）L2J1：采1-11

　　03（二）L2J1：采1-11，正面磨光。碑文阴刻，存1行2字，字均残（图3-3-20，11）。

　　03（二）L2J1：采1-12，经幢身底部。多边形，存两面，有不完整字体，漫漶难辨。边缘印刻三道曲尺纹，底部有凿刻痕，余为破损面（图3-3-21，1）。

　　03（二）L2J1：采1-13，阴刻楷书，存1行2字，为"……识□……"（图3-3-21，2）。

　　03（二）L2J1：采1-14，残存1字，不完整（图3-3-21，3）。

　　03（二）L2J1：采1-15，残存1行2字，漫漶模糊（图3-3-21，4）。

　　03（二）L2J1：采5，长方体。正面纹饰分为上、下两层，以一横向长条棱为界。上层纵向雕刻两个相距约4厘米的柱状体，其中一个残。下层与柱状体对称位置纵向雕刻两条长棱，长棱一端叠压边缘棱格。一侧面尚存两个凸圆柱，施乳丁纹。两圆柱间雕成拱桥形，上沿饰波浪纹，下为乳丁纹。另一面残存一垄雕刻成半圆的

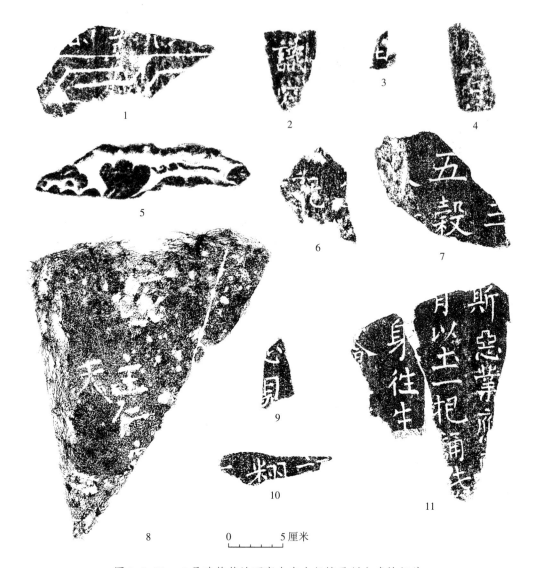

图 3-3-21　二号建筑基址西高台出土经幢及刻文残块拓片

1. 03（二）L2J1：采1-12　2. 03（二）L2J1：采1-13　3. 03（二）L2J1：采1-14　4. 03（二）L2J1：采1-15　5. 03（二）L2J1：采6　6. 09（二）G16②：5　7. 09（二）G16②：6　8. 09（二）G16②：8　9. 09（二）G19坑1：3　10. 09（二）G19坑1：4　11. 09（二）G19坑1：6

筒状纹饰，其上有二道横向凹弦纹。余面为破损面。残长 17.8、残宽 14.7 厘米（图 3-3-22，1）。

03（二）L2J1：采6，存两个面，一面磨光，一侧面雕刻花卉图案。边缘原可能有界格。余为破损面（图 3-3-21，5）。

03（二）L2J1：采9，一面存一垄，雕刻成半圆筒状装饰，其上有两道横向凹弦纹。余为破损面。残长 15.2、残宽 11.5 厘米（图 3-3-22，2）。

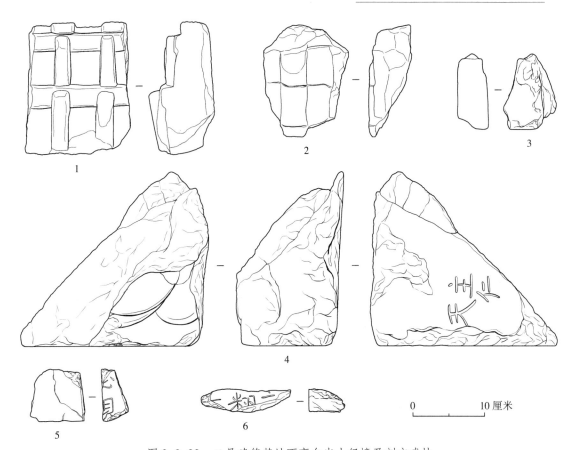

图 3-3-22 二号建筑基址西高台出土经幢及刻文残块

1. 03（二）L2J1：采5 2. 03（二）L2J1：采9 3. 09（二）G16②：5 4. 09（二）G16②：8 5. 09（二）G19
坑1：3 6. 09（二）G19坑1：4

09（二）G16②：5，存1行1列，文字不详。残长7.5、残宽10.2厘米（图3-3-
21，6；图3-3-22，3；图版四一二，1）。

09（二）G16②：6，现存2行2列。完整2字"五谷"（图3-3-21，7；图版
四一二，2）。

09（二）G16②：8，一面刻文字，现存2行2列。第1行存"……主仁
……"；第2行为"……天……"。另一面雕刻图案，形制不详。残长22.4、残宽
26.1、厚14.5厘米（图3-3-21，8；图3-3-22，4；图版四一二，3）。

09（二）G19坑1：3，现存1行2列，文字不详。残长7.1、厚7.7厘米（图3-3-21，
9；图3-3-22，5；图版四一二，4）。

09（二）G19坑1：4，现存3行1列，文字不详。残宽12.5、厚5.6厘米（图3-3-21，
10；图3-3-22，6；图版四一二，5）。

09（二）G19坑1：6，经幢残块。现存4行16字，完整文字10个。第1行存

"……斯恶业应□……"；第2行为"……□以土一把□□……"；第3行为"……身往生……"；第4行字迹残损（图3-3-21，11；图版四一二，6）。

（二）东高台建筑基址（L2J2）

东高台建筑基址出土遗物不太多。主要有二类。第一类是铁器、铜器和石器等日常生活遗物；第二类是砖瓦等建筑材料，有板瓦、筒瓦、瓦当、滴水、鸱兽残块。

1. 日常生活遗物

（1）铁器

共5件。均锈蚀。

构件　3件。

09（二）G17②：7，圆柱形铁棍两端各有一铁垫片，中间套接一较厚的圆形铁片。长2.7、圆铁片径4.1~4.3、厚0.4厘米（图3-3-23，1；图版四一三，1）。

09（二）G17②：17，系用一长方形铁条打制而成。铁条两端窄，中间宽。两端向一侧弯曲。长20.4、宽1~1.6、厚0.3~0.4厘米（图3-3-23，4；图版四一三，2）。

09（二）G17②：18，局部残缺。长方形薄铁片，附存两枚铁钉，钉身四棱锥状。长21.6、宽6.6、厚0.2、钉长2.9厘米（图3-3-23，3；图版四一三，3）。

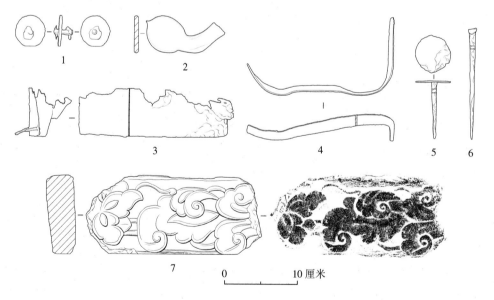

图3-3-23　二号建筑基址东高台出土铁器、铜器、石构件

1. 铁构件［09（二）G17②：7］　2. 铜鎏金构件［09（二）G17②：8］　3. 铁构件［09（二）G17②：18］
4. 铁构件［09（二）G17②：17］　5. 铁圆帽钉［09（二）G17②：16］　6. 铁扁帽钉［09（二）G17②：19］
7. 石构件［09（二）G17②：13］

钉　2件。依据形制不同，可分为圆帽钉、扁帽钉两类。

圆帽钉　1件。

09（二）G17②：16，圆形钉帽，钉身呈四棱锥状。长7.8、钉帽径4.9~5.1厘米（图3-3-23，5；图版四一三，4）。

扁帽钉　1件。

09（二）G17②：19，扁折帽，系用钉身打制扁平并折弯而成。钉身为四棱锥状。长15、宽1.3、钉帽长1.8厘米（图3-3-23，6；图版四一三，5）。

（2）铜器

共1件。

鎏金构件　1件。

09（二）G17②：8，残缺。一端平面呈桃形，一端呈长条形折弯。长10.9、宽2.1~5、厚0.6厘米（图3-3-23，2；图版四一三，6）。

（3）石制品

共1件。

构件　1件。

09（二）G17②：13，青砂石质。现存平面近长方形，正面刻云纹。残长23.9~24.5、残宽10.6、厚0.7~3.9厘米（图3-3-23，7；图版四一三，7）。

2.建筑材料

（1）板瓦

共1件。

09（二）G17②：3，灰胎。凸面素面，凹面保留布纹。侧缘保存有内侧切割痕。长37.6、残宽26.5、厚2.1~2.5厘米（图3-3-24，1；图版四一四，1、2）。

（2）筒瓦

共2件。凸面素面，凹面保留布纹。凹面近下缘一侧经过刮削，呈斜面状。侧缘保存有内侧切割痕，侧缘近凹面一侧被一条粗糙的断裂面打破。局部存有白灰。

09（二）G17②：5-1，长36.2、宽16~16.5、厚2.2~2.5、瓦舌长1.7厘米（图3-3-24，2；图版四一四，3、4）。

09（二）G17②：5-2，长37.6、宽14.8~16、厚2.2~2.6、瓦舌长2厘米（图3-3-24，3；图版四一四，5、6）。

（3）瓦当

共12件。均为陶质，灰胎。包括兽面、人面、莲花纹、几何纹四大类。瓦当背面多可见细线刻划，抹泥多经过修整。部分标本上有白灰。

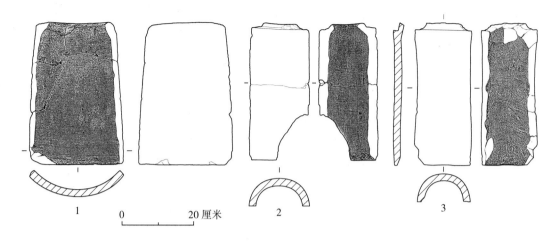

图 3-3-24　二号建筑基址东高台出土板瓦、筒瓦
1. 板瓦［09（二）G17②：3］　2. 筒瓦［09（二）G17②：5-1］　3. 筒瓦［09（二）G17②：5-2］

兽面瓦当　1件。

09（二）G17②：9，大部分残缺。当面饰一狮面造型。顶部饰一对叶形小耳，额头有圆形饰，眉脊细长而弯曲，眼为圆形，饰有眼睑。平椭圆形鼻。嘴微咧而平弧。下颌处饰一缕须。兽面四周用短线纹饰鬃、髯、须。边轮与兽面之间饰两圈凸弦纹夹一圈联珠纹。瓦当残径10.5、边轮宽1.5~1.6、边轮厚1.7~1.8厘米（图3-3-25，1；图版四一五，1）。

人面瓦当　2件，包括两种不同纹样。

09（二）G18②：1，残。当面饰一人面。额头饰"一"字型装饰。眉脊粗短，呈倒"八"字形。眼为椭圆形，外饰一周眼睑。鼻呈矮三角形。左右脸颊各饰一乳丁。嘴部及以下残缺。边轮和兽面之间自外而内依次饰有两圈凸弦纹和一圈联珠纹，其中最外圈凸弦纹较宽平。边轮较低平。瓦当残径13.5、边轮宽1.3~2.1、边轮厚1.2厘米。瓦当背面保存一小段对接筒瓦，筒瓦宽2~2.2厘米（图3-3-25，2；图版四一五，2）。

09（二）G18②：2，较完整。当面饰一人面图案。眉脊下弯，眼为较大的椭圆形，周围饰一周眼睑。鼻呈矮三角形。左右脸颊各饰一枚乳丁。嘴微咧，较平弧，略呈椭圆形。露双排齿，其中上排齿磨损严重，内饰小舌尖。边轮与兽面间自外而内依次饰有两圈凸弦纹和一圈联珠纹，其中最外侧凸弦纹略高。边轮较低平。瓦当直径14.8~15、边轮宽1.6~2.3、边轮厚1.1~1.6厘米（图3-3-25，3；图版四一五，3、4）。

莲花纹瓦当　2件。

当面饰一朵莲花图案。当心饰一稍大的乳丁，周边环绕四个小乳丁和一圈凸弦纹，共同构成莲心。四周莲瓣由凸弦纹勾勒出长椭圆形外廓，其内有突出的花肉，

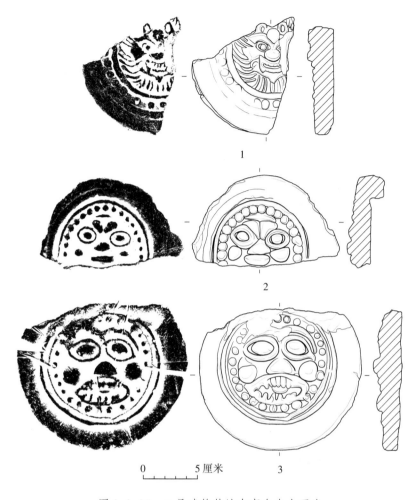

0 ├──┼──┼──┼──┤ 5厘米

图 3-3-25　二号建筑基址东高台出土瓦当

1.兽面瓦当［09（二）G17②：9］　2.人面瓦当［09（二）G18②：1］　3.人面瓦当［09（二）G18②：2］

共十二瓣。各莲瓣之间饰一小乳丁。边轮与当面之间饰一周凸弦纹。边轮较低平。

09（二）G17②：6，较完整，共十二瓣。瓦当残径 15.1、边轮宽 1.9~2.3、边轮厚 1.4~1.5 厘米（图 3-3-26，3；图版四一五，5）。

09（二）G18②：5，残，花瓣仅存五瓣。瓦当残径 12.5、边轮宽 2.3~2.6、边轮厚 1.3 厘米（图 3-3-26，2；图版四一五，6）。

几何纹瓦当，7 件。可分三类。

第一类，3 件。饰多角形图案。当面饰两周凸弦纹，其间有短直线构成的近三角形和梯形装饰，短线之间有小乳丁间隔。当心饰一乳丁，内圈凸弦纹和当心之间有短直线和小乳丁构成的一周装饰。边轮较低平。

09（二）G17②：10，残。瓦当残径 10.7、边轮宽 2.3~2.5、边轮厚 1.5~1.7 厘米

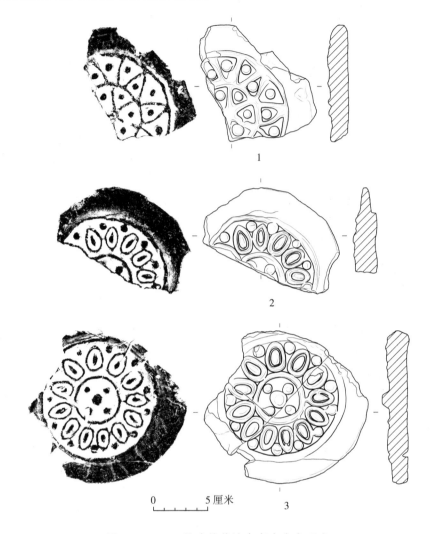

1

2

0   5厘米
3

图 3-3-26   二号建筑基址东高台出土瓦当

1. 几何纹瓦当［09（二）G17②∶10］   2. 莲花纹瓦当［09（二）G18②∶5］   3. 莲花纹瓦当［09（二）
G17②∶6］

（图3-3-26，1；图版四一六，1）。

　　09（二）G18②∶4，残。瓦当背面近中部有一道记号线。瓦当残径12.4、边轮
宽2.1~2.7、边轮厚1.5~1.6厘米（图3-3-27，1；图版四一六，2）。

　　09（二）G18②∶6，残。瓦当残径9.7、边轮宽2.2~2.6、边轮厚1.2~1.5厘米（图
3-3-27，2；图版四一六，3）。

　　第二类，3件。饰较大的圆形乳丁图案。分两种。

　　第一种，1件。

　　09（二）G18②∶7，大部分残缺。当面主题纹饰为一圈大乳丁，残存三个，对

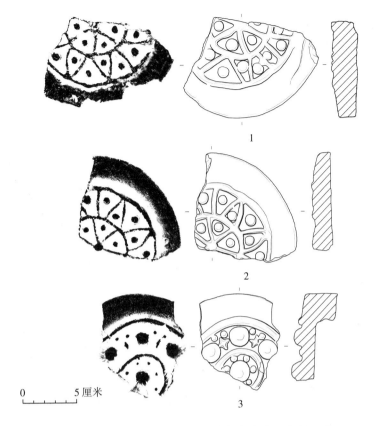

0　　　5厘米

图 3-3-27　二号建筑基址东高台出土几何纹瓦当

1.09（二）G18②：4　2.09（二）G18②：6　3.09（二）G18②：7

称复原后应为七个。乳丁之间由十字形饰和两个小乳丁共同组成间饰。当心饰一较大乳突，其外依次环绕一圈小乳丁和一圈凸弦纹，小乳丁残存五个。边轮与主题纹饰之间饰一圈凸弦纹。边轮较低平。瓦当残径 8.7、边轮宽 1.9~2.3、边轮厚 1.1 厘米。当背保存一小段对接筒瓦，筒瓦宽 2.3 厘米（图 3-3-27，3；图版四一六，4）。

第二种，2 件。当面主题纹饰为一圈大乳丁，多残缺，对称复原后为八个。大乳丁之间饰五个小乳丁组成的间饰，中心一个、上下各两个。当心部分残损严重。边轮与主题纹饰之间饰一圈凸弦纹。边轮较低平。

09（二）G17②：2，残，主题纹饰存三个大乳丁。当心纹饰仅存外围一周凸弦纹，其上有小乳丁。瓦当残径 12.5、边轮宽 1.8~2、边轮厚 1 厘米。当背保存一段对接筒瓦，筒瓦凸面素面，凹面保留布纹。筒瓦残长 9.8、厚 2.2~2.6 厘米（图 3-3-28，1；图版四一六，5）。

09（二）G17②：15，残，主题纹饰存两个大乳丁。瓦当残径 13.8、边轮宽 1.7~2、边轮厚 1.4~1.6 厘米。当背保存有一小段对接筒瓦（图 3-3-28，2；图版

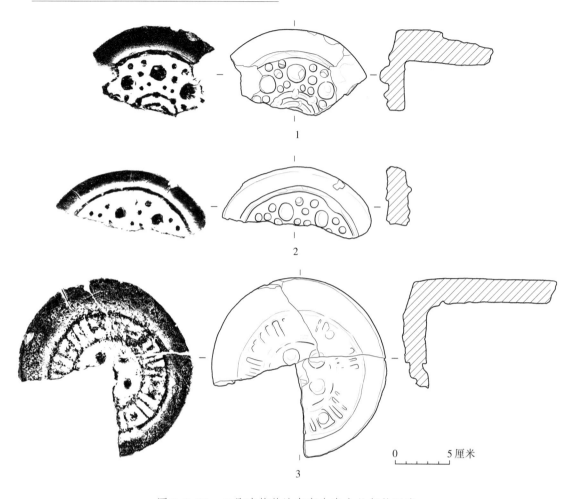

图 3-3-28　二号建筑基址东高台出土几何纹瓦当

1. 09（二）G17②：2　2. 09（二）G17②：15　3. 09（二）G18②：15

四一六，6）。

第三类，1 件。饰放射线图案。

09（二）G18②：15，较完整。当面主题纹饰由细密的短线纹构成，各组短线纹之间有乳丁间隔。短线纹和边轮、当心之间均有一圈凸弦纹间隔。当心为一个乳丁外环绕一周乳丁。边轮较低平。瓦当直径 16、边轮宽 1.7~2.7、边轮厚 1.2~1.5 厘米。瓦当背面保存一段对接筒瓦。筒瓦凸面素面，凹面保留布纹，凹面近下缘处有一道凹槽。两侧缘均为内切，呈全切状，近凹面一侧有切割面，近凸面一侧断裂面基本不存。两侧缘均被二次加工的斜向刮削面打破。筒瓦残长 14.5、宽 16.2、厚 1.8~2.3厘米（图 3-3-28，3；图版四一六，7）。

（4）滴水

共 16 件。均为陶质，灰胎。滴水端面均为分层式布局。部分标本上存有白灰。

第一类，8件。滴水端面底部素面。

09（二）G17②：4，滴水端面完整。滴水端面与瓦身呈直角相接，分六层，纹饰位于第二、四层，第六层呈波浪状。残长12.8、宽26.4、瓦身厚2.2~2.9、滴水端面宽4.4厘米（图3-3-29，1；图版四一七，1、2）。

09（二）G18②：8，滴水端面与瓦身呈直角相接，分六层，纹饰位于第二、四层，第六层呈波浪状。侧缘保存有内侧切割痕迹。残长10.8、残宽25.6、瓦身厚1.6~2.7、滴水端面宽4.5厘米（图3-3-29，2；图版四一七，3）。

09（二）G18②：9-1，滴水端面与瓦身呈直角相接，分六层，纹饰位于第二、四层，第六层呈波浪状。残长8.6、残宽10.7、瓦身厚2.6~2.8、滴水端面宽4.5厘米（图3-3-29，3；图版四一七，4）。

09（二）G18②：10-1，滴水端面与瓦身呈直角相接，分六层，纹饰位于第二、四层，第五、六层呈波浪状。侧缘保存有内侧切割痕迹。残长14.5、残宽25.2、瓦身厚2.1~2.6、滴水端面宽5.6厘米（图3-3-29，4；图版四一七，5）。

09（二）G18②：10-3，滴水端面与瓦身呈钝角相接，分五层，第一层基本不存，纹饰残存于第三层，第五层呈波浪状。残长6.4、残宽7.9、瓦身厚1.8、滴水端面宽4.5厘米（图3-3-29，5；图版四一七，6）。

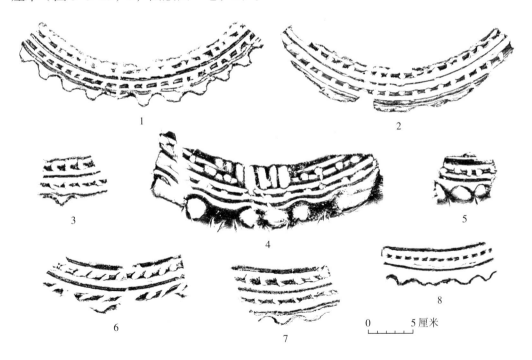

图3-3-29　二号建筑基址东高台出土滴水

1.09（二）G17②：4　2.09（二）G18②：8　3.09（二）G18②：9-1　4.09（二）G18②：10-1　5.09（二）G18②：10-3　6.09（二）G18②：11　7.09（二）G18②：12　8.09（二）G18②：14

09（二）G18②：11，滴水端面与瓦身呈直角相接，分五层，纹饰位于第二、四层，第五层呈波浪状。侧缘保存有内侧切割痕迹。残长 10、残宽 17.2、瓦身厚 2.1~2.9、滴水端面宽 5 厘米（图 3-3-29，6；图版四一八，1）。

09（二）G18②：12，滴水端面与瓦身呈直角相接，分六层，纹饰位于第二、四层，第六层呈波浪状。侧缘保存有内侧切割痕迹。残长 7.4、残宽 14、瓦身厚 2.5~2.8、滴水端面宽 5.5 厘米（图 3-3-29，7；图版四一八，2）。

09（二）G18②：14，滴水端面与瓦身呈直角相接，分五层，纹饰位于第二、四层，第五层呈波浪状。残长 4.9、残宽 13.7、瓦身厚 1.8、滴水端面宽 3.5 厘米（图 3-3-29，8；图版四一八，3）。

第二类，5 件。滴水端面底部饰绳纹。

09（二）G17②：11，滴水端面与瓦身呈钝角相接，分五层，纹饰位于第二、四层，第五层呈波浪状。残长 10、残宽 13.6、瓦身厚 2.5、滴水端面宽 4.4 厘米（图 3-3-30，1；图版四一八，4）。

09（二）G17②：12，滴水端面底部绳纹磨损较严重，端面与瓦身呈钝角相接，分五层，纹饰位于第二、四层，第五层呈波浪状。残长 5.8、残宽 14、瓦身厚 2.5~2.7、滴水端面宽 4.6 厘米（图 3-3-30，2；图版四一八，5）。

09（二）G18②：3，滴水端面与瓦身呈直角相接，分五层，纹饰位于第二、四层，第五层呈波浪状。残长 5.7、残宽 10、瓦身厚 2.2、滴水端面宽 3.8 厘米（图 3-3-30，3；图版四一八，6）。

09（二）G18②：9-2，滴水端面与瓦身呈钝角相接，分五层，纹饰位于第二、四

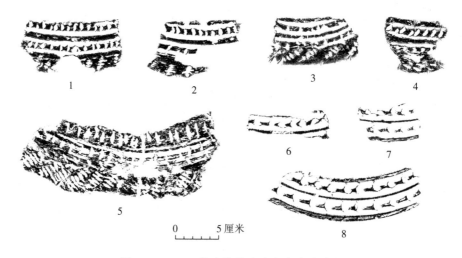

图 3-3-30　二号建筑基址东高台出土滴水

1.09（二）G17②：11　2.09（二）G17②：12　3.09（二）G18②：3　4.09（二）G18②：9-2
5.09（二）G18②：16　6.09（二）G18②：10-2　7.09（二）G18②：10-4　8.09（二）G18②：13

层，第五层呈波浪状。侧缘保存有内侧切割痕迹。残长 8.1、残宽 14.3、瓦身厚 2.5~3.2、滴水端面宽 4.6 厘米（图 3-3-30，4；图版四一九，1）。

09（二）G18②：16，滴水端面与瓦身呈直角相接，分五层，纹饰位于第一、三、四层，第五层呈波浪状。瓦身凸面距折沿 5 厘米处有一道红彩。侧缘保存有内侧切割痕迹。残长 12.2、残宽 23.2、瓦身厚 1.9~2.7、滴水端面宽 4.3 厘米（图 3-3-30，5；图版四一九，3、4）。

第三类，3 件。滴水端面底部残缺。

09（二）G18②：10-2，滴水端面与瓦身呈直角相接，残存四层，纹饰位于第二、四层。侧缘保存有内侧切割痕迹。残长 10、残宽 11.3、瓦身厚 2.1~2.4、滴水端面残宽 4 厘米（图 3-3-30，6；图版四一九，2）。

09（二）G18②：10-4，滴水端面与瓦身呈直角相接，残存五层，纹饰位于第二、四层。残长 5.9、残宽 7.5、瓦身厚 2.3~2.6、滴水端面残宽 4.2 厘米（图 3-3-30，7；图版四一九，5）。

09（二）G18②：13，滴水端面与瓦身呈直角相接，残存五层，纹饰位于第二、四层。侧缘保存有内侧切割痕迹。残长 7、残宽 20.2、瓦身厚 2.4~2.8、滴水端面残宽 4.5 厘米（图 3-3-30，8；图版四一九，6）。

（5）鸱兽

共 3 件。均为陶质，灰胎。

鸱吻　2 件。

09（二）G17②：1，残存平面近梯形。为鸱吻头部。眼呈圆形凸起状，用两道凹弦纹组成双层眼睑，眼皮饰一排戳刻纹。眼外围由凸棱带构成眼眶和眉脊，凸棱带上饰戳刻纹，且与身躯相接。嘴部存一突出的獠牙，饰凹弦纹。其后存两颗白齿，臼齿外侧缘饰戳刻纹。獠牙前端有戳刻痕迹。背面较平整。长 27.4、宽 24.2、厚 8.2 厘米（图 3-3-31，1；图版四二〇，1）。

09（二）G17②：14-2，正面残存五条凸棱带构成的鳍状纹，每条凸棱带两侧

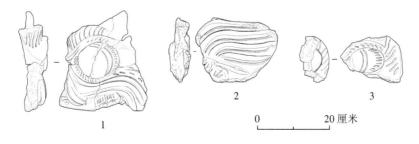

图 3-3-31　二号建筑基址东高台出土鸱兽

1. 鸱吻［09（二）G17②：1］　2. 鸱吻［09（二）G17②：14-2］　3. 兽头［09（二）G17②：14-1］

均饰凹弦纹。一端边缘残存有刻划的草叶纹。背面凹凸不平。长22.5、宽17.2、厚6厘米（图3-3-31，2；图版四二〇，2）。

兽头　1件。

09（二）G17②：14-1，后部为一弧形陶板，前部存兽首一侧的上部。眼呈椭圆形凸起状，后有两道凹弦纹组成眼睑，眼皮饰一周戳刻纹，外部环绕一周凸棱带构成的眼眶和眉脊，眉脊近眼部一侧饰戳刻纹。眼后方有弧向凹弦纹组成的鬃毛状装饰。背面凹凸不平。长17.5、宽8.3、高12.6厘米（图3-3-31，3；图版四二〇，3）。

五　初步认识

二号建筑基址是由多个单体建筑构成的一组建筑群。从时代看，应该都是辽代建筑。但各个单体建筑的性质有所不同。

（一）西高台建筑基址的性质

根据试掘资料可知，西高台建筑基址（L2J1）大体呈方形，台基四壁包砖，顶面有方砖铺地，是较为规整的建筑。但是在西高台建筑基址没有发现筒瓦、板瓦、瓦当等瓦类建筑构件，而是发现有石雕像、碑刻等，较为特殊。因此，推测西高台建筑基址可能是辽祖陵陵园内露台一类的祭祀建筑，曾摆放有石像生和石碑等。这些认识有待进一步的考古发掘工作验证。

（二）东高台建筑基址的性质

东高台建筑基址（L2J2）位于陵园内第二道山岭之上，西北正对辽太祖耶律阿保机的玄宫。基址台基平面呈长方形。东西长17.7、南北宽14.8、高2米。台基南、西、北三面边壁用石或砖包砌。台基上地面铺砖，局部发现灶坑和砖墙等现象。出土有铁、铜制品等日常生活用器。推测主体建筑应是能取暖的长方形祭祀建筑。

《辽史》记载："太祖陵凿山为殿，曰明殿。殿南岭有膳堂，以备时祭。"天显三年（928年）"五月丙午，建天膳堂。"[1]

根据考古调查和试掘资料并与《辽史》记载相互印证可知，辽祖陵陵园内第二道山岭应该就是《辽史》之"南岭"；东高台建筑基址就是《辽史》之"膳堂"。膳堂是辽祖陵十分重要的日常祭祀的献殿。

---

［1］［元］脱脱等撰：《辽史》卷三《太宗本纪》，中华书局，1974年，第29页。

（三）东平台基址和登山路一号基址的性质

东平台基址（L2J3）西接东高台建筑基址，南侧与登山路相连。应是二号建筑基址中重要的附属建筑。

根据考古勘查可知，此平台台基内为灰褐土垫土，台基上面不见有建筑痕迹；而且此平台基址南侧与曲尺形登山路入口相连。所以推测此处为临时停放轿舆或搭建毡帐的地方。

从考古调查情况看，登山路一号基址（L2J4）应与登山路的入口有关。推测其为牌坊式建筑或门房类建筑。

第四节　三号建筑基址

辽祖陵陵园的北山峰中部有一道向南延伸的山岭。山岭的南端地势较为平缓，三号建筑基址就坐落在南端平缓的坡地上。其东、南和西面为陡坡，北侧为自然高地，约高出三号建筑基址达 3 米多。三号建筑基址地表有树林和杂草（图版四二一）。

一　发掘工作概述

2003 年考古调查时，在基址南部发现一个盗坑，坑东西长约 2 米，南北宽约 1 米。台地东边缘暴露有一块方形素平柱础石（图版四二二，1）；台地西面坡地半腰的地表也发现有一块方形覆盆柱础石（图版四二二，2）。为了解三号建筑基址的范围和堆积情况，2009 年 8 月，辽祖陵考古队在三号建筑基址中部布设十字探沟（图 3-4-1）。探沟 G22 方向 161°。南北长 32、东西宽 1 米（图版四二二，3）；探沟 G23 方向 71°。东西长 30、后扩方 2.2 米，南北宽 1 米（图版四二二，4）。

二　地层堆积

选择两条探沟的壁面作为地层堆积剖面介绍如下。

（一）G22 西壁地层堆积（图 3-4-2，1）

第①层：表土层。黑褐土，质松散。厚 0.1~0.4 米。含少量砖瓦、石块。

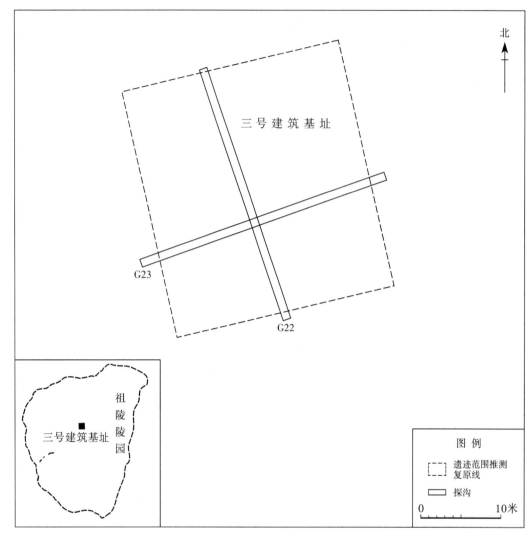

图 3-4-1　三号建筑基址探沟分布图

　　台基上第②层、第③层和台基外南部第②层、第③层的土质、土色有所区别，地层也不相连接，故分别叙述。

　　台基上第②层：黄褐土夹灰褐土，质略紧。厚约 0~0.9 米。含砖瓦块、莲花瓦当残块、滴水残块、青瓷片 2 块、烧土块、土坯块和白灰块。

　　台基上第③层：灰褐土，质松散。厚约 0~0.75 米。含较多砖块、瓦片、白灰块、鸱吻残块、"五铢"铜钱等。

　　此层下为台基。

　　台基外南部第②层：浅灰褐土，质松。厚 0~1.3 米。含白灰点，瓦片及少量砖块。

　　台基外南部第③层：黄褐土。厚约 0~0.69 米。含较多白灰块，少量砖瓦块、残

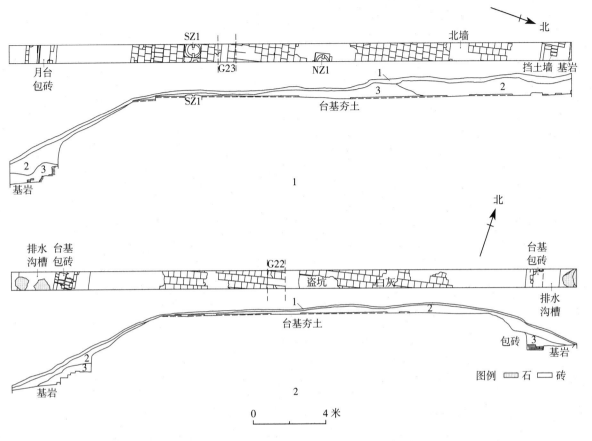

图 3-4-2　2009G22、2009G23 平、剖面图
1. G22 平面、西壁剖面图　2. G23 平面、北壁剖面图

陶纺轮等。

此层下为自然基岩。

（二）G23 北壁地层堆积（图 3-4-2，2）

第①层：表土层，灰黑土，土质疏松。厚约 0.03~0.24 米。包含少量砖瓦残片及铜钱一枚。分布于整条探沟。

第②层：浅灰褐土，土质疏松。厚 0~0.74 米。包含少量砖瓦残片，较多白灰颗粒。分布于整条探沟。

第③层：灰白土，土质疏松。为倒塌堆积层。厚约 0~0.62 米。包含大量砖瓦残片，白灰渣等。分布于基址高台下的西部和东部。

第③层下为台基。

台基之下为自然基岩。

三 建筑基址形制

根据探沟 G22 和 G23 试掘情况可知，三号建筑基址由台基和殿身两部分组成（图 3-4-3）。

（一）台基

台基是利用山岩北高南低的自然地势建成的，东、南、西三面较为陡峭，北侧倚靠山体基岩。台基南部用灰褐色夯土修筑，逐渐增厚。台基平面长方形，东西面阔 27.8 米，南北进深 23.5 米。南侧月台面阔不详，南北进深 7.1 米。台基东、西两壁和月台南壁都用长方形沟纹砖包砌。台基东侧与地面垂直高差 1.8 米，西侧与地面高差 3.1 米，南侧与地面高差 4.6 米。

台基东壁包砖呈东西向，现存 4 层长方形砖，高约 0.3、宽约 1 米，为并列 5 行砖（图版四二三，1）。包砖外侧有排水沟槽，宽 0.94、深 0.22 米。台基西壁包砖现存 13 层长方形砖，高 0.9、宽约 1 米（图版四二三，2）。最外侧为南北向顺砌，中间为东、西两行衬砖，靠近夯土的包砖已遭破坏。包砖外侧有排水沟槽，槽宽 2.02 米。月台低于台基，高差为二层砖厚，月台南壁包砖残存高 0.6~0.8、宽 1.2 米。砌法为四纵四横为一层，叠涩内收砌筑（图版四二四，1）。三面包砖的砖缝均用白灰勾砌。长方形砖规格有四种：长 0.38、宽 0.18、厚 0.05~0.06 米；或长 0.37、宽 0.18、厚 0.06 米；或长 0.38~0.39、宽 0.16、厚 0.06~0.07 米；或长 0.33、宽 0.16~0.17、厚 0.06 米。

台基北侧倚靠基岩建有砖砌挡土墙。挡土墙位于 G22 北部，距 G22 北壁约 0.3 米，现残存二层长方形砖，高约 0.14 米，墙体残宽 1.6 米。做法是在沙石基岩层上铺垫一层厚约 0.1 米的黄土后，再开始砌筑砖墙。

（二）殿身

根据试掘资料可知，台基顶面残存有殿身的石柱础、砖砌墙体和砖铺地面等建筑遗痕。

在台基上发现两个覆盆石柱础，均位于 G22 内。北侧石柱础（编号为 NZ1）位于探沟 G22 偏北部，距北壁约 13.8 米，在探沟内仅露出一半，另一半被压在东壁下。石柱础为覆盆式方形底座。覆盆西侧壁开一凹槽口。槽口长 0.2、宽 0.12 米，槽口壁上有工具凿痕。柱础石方座边长 0.8 米，厚度不详。南侧石柱础（编号为 SZ1）位于石柱础（NZ1）南约 6.3 米处，大部分暴露在探沟内，西边一小部分被压在探沟西壁

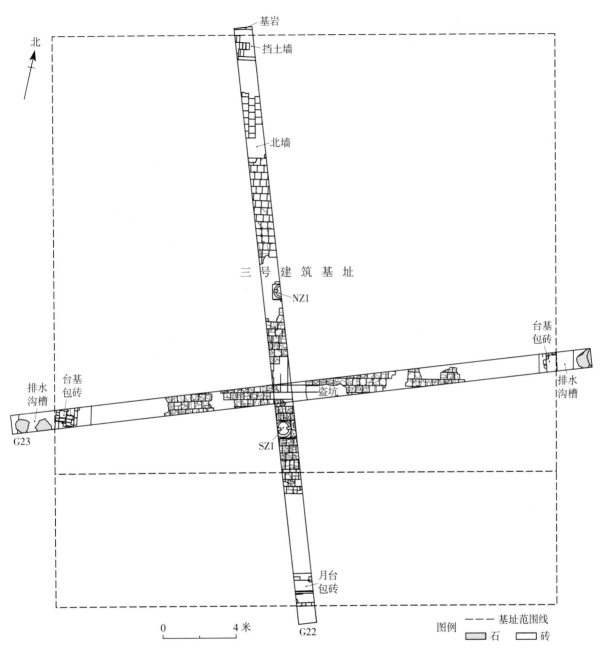

图 3-4-3 三号建筑基址平面示意图

下（图版四二四，2）。石柱础为覆盆式方形底座。覆盆的东西两侧都开有凹槽。凹槽长 0.2、宽 0.12 米。石柱础方座边长 0.94 米，厚度不详。

殿身尚存北墙痕迹。北墙位于 G22 北半部，距 G22 北壁约 6.8 米。残存墙砖一半压在探沟东壁下，露出半块墙砖。此墙为顺砖平砌。根据残存的遗迹现象推测北墙宽度约为 1 米。

台基顶面为砖铺地面。主要用方形沟纹砖铺设（图版四二五，1）。方形砖边长0.38、厚0.05米。根据探沟G22试掘资料可知，从北至南有五段铺砖地面。第一段在挡土墙至殿身北墙之间，间距约4.1米。铺地砖为南北向竖排错缝铺筑，残存约1.4~2.4米宽。第二段砖面位于北墙至北侧石柱础（NZ1）之间，间距约7.4米。铺地砖基本完整，只是石柱础往北约1米处无铺地砖。砖面保存好，仅个别砖面上有裂纹痕。铺法为东西向横排单行错缝铺筑。第三段砖面位于北柱础（NZ1）与南柱础（SZ1）之间，间距约7.4米。铺地砖中间部分残缺，北柱础（NZ1）南侧残缺一小角。铺法也为东西向横排单行。铺地砖表面破损较为严重，都有裂纹痕。铺砖地面下垫一层灰褐土。第二、三段砖面为建筑室内铺砖。第四段砖面位于南柱础（SZ1）和台基南壁之间，间距约2.4米。铺法也为东西向横排单行。台基南缘处由条砖砌边。第四段砖面是台基的前台明部分。砖铺地面垫有白灰泥，缝内填白灰。铺砖均为沟纹朝下，素面朝上。第五段砖面位于台基南壁和月台南壁之间，间距5.4米，为月台顶面铺砖。铺砖做法和台面相同。

此外，在G23中部也发现建筑室内铺砖地面。东西长约16米。均用边长0.36米的沟纹方砖错缝垒砌。有三块铺地砖上刻棋盘状方格纹（图版四二五，2）。铺地砖东、西两端及中部都有部分被破坏。

四　出土遗物

三号建筑基址出土遗物不太多。主要有二类。第一类是陶纺轮和铜钱等日常生活遗物；第二类是砖瓦等建筑材料，有瓦当、滴水。

（一）日常生活遗物

1.陶器

共2件。

纺轮　1件。

09（三）G23③：1，残，仅存半圆，中间有一个钻孔。泥质灰陶。磨制。直径6.6、孔径1、厚1.9、残宽3.6厘米（图3-4-4，1；图版四二六，1）。

器底　1件。

03（三）J3：采4，泥质灰陶。斜壁，外平底，内圜底。残高5.6厘米（图版四二六，2）。

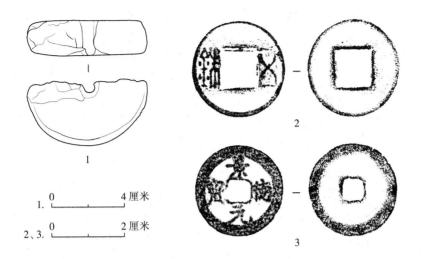

1.　0　　　　　4 厘米

2、3.　0　　　　2 厘米

图 3-4-4　三号建筑基址出土陶器、铜钱

1.陶纺轮［09（三）G23③∶1］　2.五铢［09（三）G22③∶1］　3.景德元宝［09（三）G23①∶1］

2. 瓷器

1件。瓷片。

03（三）J3∶采2，夹砂灰褐陶，质粗糙。为瓷器的颈、肩部。内、外壁施茶褐釉。残高1.6、厚0.3~0.4厘米（图版四二六，3、4）。

3. 蚌器

1件。蚌片。

03（三）J3∶采3，乳白色，片状。残长2.7、残宽1.8、厚0.2厘米（图版四二六，5）。

4. 铜钱

共2枚。

五铢　1件。

09（三）G22③∶1，光背。直径2.6、穿宽1厘米（图3-4-4，2；图版四二六，6）。

景德元宝　1件。

09（三）G23①∶1，钱文右旋读，光背。直径2.5、穿宽0.7厘米（图3-4-4，3；图版四二六，7）。

（二）建筑材料

1. 瓦当

2件。均为陶质，灰胎。存有白灰痕。包括人面瓦当和几何纹瓦当两大类。

人面瓦当　1件。

09（三）G22③：2，残，纹饰部分保存较好，边轮保存较差。当面饰一人面造型，头顶饰一伞状冠饰，下为细弯眉。眼细长，其外侧为小圆形耳。鼻呈蒜头形。左、右脸颊各饰一大乳丁。嘴部上平下弧，露单排齿。边轮与人面之间饰两周凸弦纹夹一周联珠纹。边轮较低平。瓦当残径10.2厘米（图3-4-5，1；图版四二七，1）。

几何纹瓦当　1件。

09（三）G22②：1，残。当面纹饰由三角形装饰带和五角形图案共同组成。当面饰两周凸弦纹，其间有折线构成的三角形装饰及小乳丁间饰。当心饰一五角形图案，由外廓、凸棱带和高起的当心乳丁构成，五角之间均有小乳丁间饰。边轮较低平。瓦当背面有较深的刻划细线，其中一道较长，对接筒瓦处抹泥经过修整。瓦当残径12.8、边轮宽2~2.4、厚1.4厘米。瓦当背面保存一小段对接筒瓦，凸面素面，凹面保留布纹，筒瓦残长3.8、厚1.5~1.7厘米（图3-4-5，2；图版四二七，2）。

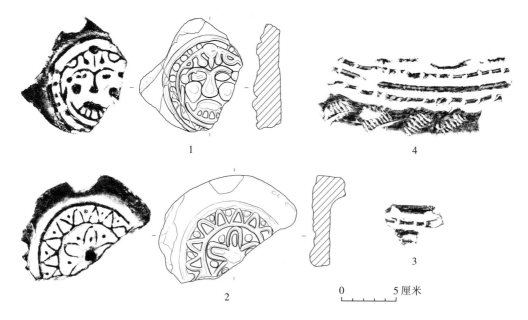

图 3-4-5　三号建筑基址出土瓦当、滴水

1. 人面瓦当［09（三）G22③：2］　2. 几何纹瓦当［09（三）G22②：1］　3. 滴水［03（三）J3：采1］　4. 滴水［09（三）G23②：1］

2. 滴水

共 2 件。均为陶质，灰胎，分层式布局。

03（三）J3：采 1，仅残存一小块。滴水端面底部残缺，仅残存三层，纹饰位于第二层。残长 4.4、残宽 5.7、瓦身厚 2.5、滴水面残宽 3.9 厘米（图 3-4-5，3；图版四二七，3）。

09（三）G23②：1，滴水端面底部饰细绳纹。滴水端面与瓦身呈直角相接，分五层，纹饰位于第二、四层，第五层呈波浪状。侧缘保存有内侧切割痕迹，有线切痕。残长 5.5、残宽 18、瓦身厚 2.6~2.8、滴水端面宽 4.9 厘米（图 3-4-5，4；图版四二七，4）。

五　初步认识

三号建筑基址体量较大，覆盆方座柱础的底座边长 0.8 米，而且主墙体宽约 1.2 米，内有隔墙。其建筑形制应与四号建筑基址近似。推测三号建筑基址是陵园内重要的献殿。献殿所对应的大型墓葬应在其东北位。

第五节　四号建筑基址

辽祖陵陵园西侧山脊有三条大体平行的小山岭伸向东部。四号建筑基址位于最南侧第一道山岭（L1）东部较为平缓的山丘上，大体位于一号陪葬墓的东南位（图版一九），现地貌有灌木和杂草（图版四二八）。

一　发掘工作概况

2003 年考古调查时，发现地表有砖瓦残块，还有覆盆方座石柱础（图版四二九，2）。初步确定这是一处重要的建筑基址，编号为四号建筑基址。伴随辽祖陵陵园遗址考古发掘的开展，我们意识到四号建筑基址很可能与一号陪葬墓的献殿有关，对于认识辽祖陵陵园布局有着重要的学术意义。2009 年，布设十字探沟试掘（图3-5-1），2010 年 8 月 14 日，辽祖陵考古队开始对四号建筑基址进行全面的考古发掘（图版四二九，1）。首先，布设 4 个 10 米见方的探方，涵盖了基址范围（图 3-5-2）。其次，清理建筑基址的四至和台基顶面。第三，打隔梁后，清理基址台面遗迹，

图 3-5-1　四号建筑基址 2009 年探沟分布图

同时确定四至的废弃面。第四，清理基址台面遗迹，并确认柱网结构和分区等。第五，用氢气球照全景像，同时寻找东侧踏道外的遗迹现象。至同年 9 月 27 日发掘结束。在绘图、照相和文字描述等工作完成后，对基址进行了保护性回填。

二　地层堆积

现选择三个典型地层堆积介绍。

（一）2009G24 东壁地层堆积（图 3-5-3）

第①层：表土层。深灰色，腐蚀土，质略松。厚 0.03~0.21 米。其两端低中间高。

第②层：黑灰土，质松。厚 0~0.4 米。包含瓷片、铁构件、铁钉、瓦当、筒瓦、

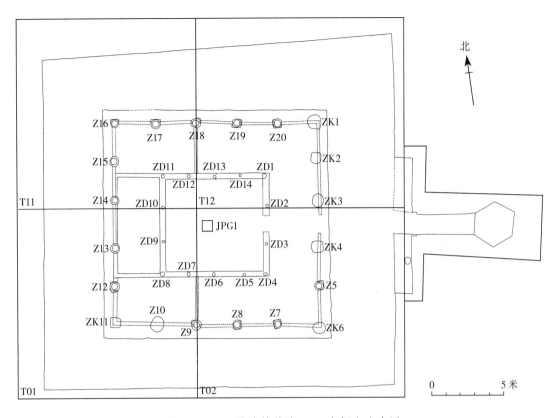

图 3-5-2　四号建筑基址 2010 年探方分布图

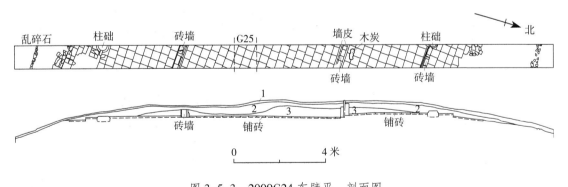

图 3-5-3　2009G24 东壁平、剖面图

板瓦和残砖块。

第③层：灰褐土，含烧土颗粒、草拌泥土坯，质松。厚 0~0.44 米。主要分布于探沟中部。此层下叠压台基。

台基下为基岩。

（二）2010T11 南壁地层堆积（图 3-5-4）

第①层：表土层。深灰土，质疏松。厚 0.05~0.25 米。表面有层腐殖物，树根较

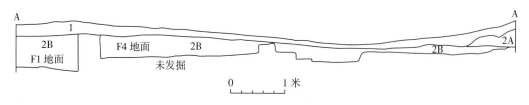

图 3-5-4　2010T11 南壁局部剖面图

多，夹杂有白灰墙皮碎块、烧土颗粒。分布于整个探方。包含陶瓷片、铜钱、铁钉、铁构件和兽骨，以及沟纹砖、瓦当、筒瓦、板瓦等建筑材料。

第②A 层：黄褐色砂石土。厚 0~0.32 米。仅分布于探方西侧。包含有少许陶片和砖、瓦当、鸱吻残片等。

第②B 层：灰褐土，质疏松。厚 0~0.66 米。夹杂有烧土颗粒、白灰墙皮、木炭碎块、草拌泥烧土块等。除探方西侧和北侧外余皆有分布。包含陶瓷片、铁钉、铁构件、铜构件，以及沟纹砖、滴水、瓦当、筒瓦、板瓦、鸱吻等残块。该层为房址废弃后的倒塌堆积。

此层下为台基。

台基下为基岩生土。

（三）2010JPG1 地层堆积（图 3-5-5）

解剖沟 JPG1 是为对四号建筑基址中间房间（编号为 F1）地面铺砖下的遗迹进行解剖而做。其层位堆积均为垫土。

第①层：黄土，质略紧密。厚约 0.12 米。

第②层：黄褐色砂石土，质略松。厚约 0.21 米。

第③层：深灰色细砂岩土，质密。厚约 0.46 米。

第③层以下为山体基岩。

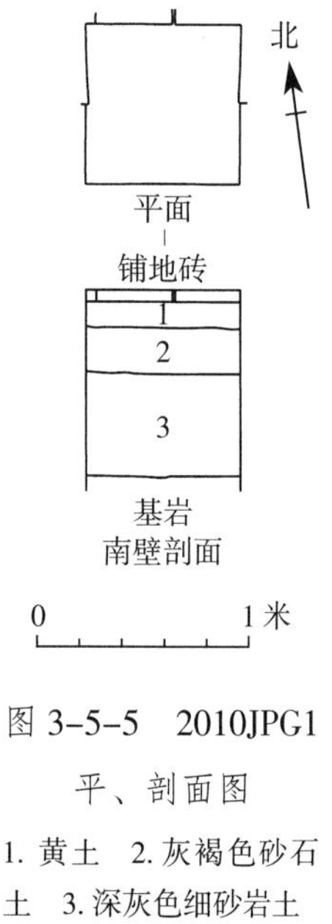

三　建筑基址形制

四号建筑基址坐西朝东，方向 98°，是一座平面近方形的木构建筑（图版四三〇）。基址包括台基和殿身两部分（图 3-5-6）。

（一）台基

台基平面呈近方形，东侧有踏道。台基是利用平缓的自

图 3-5-5　2010JPG1
平、剖面图
1. 黄土　2. 灰褐色砂石土　3. 深灰色细砂岩土

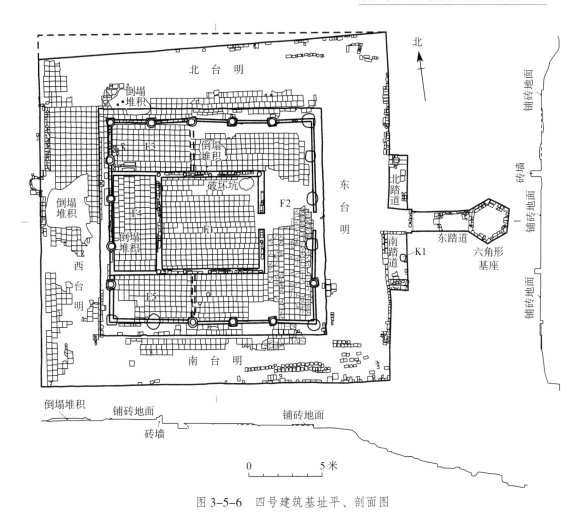

图 3-5-6 四号建筑基址平、剖面图

然山脊而筑。台基东西进深 24、南北面阔 23.5、东部高约 2.42 米。山脊基岩西高东低，南、北两侧较陡。台基主体系在山体基岩上用黄褐色砂石土和深灰色砂岩土铺垫而成。西部和中部垫土薄，东部垫土厚。根据残破的断面考察，台基的东南部和东北部是用砂石垫土与青砖分层铺筑的。砖层间局部垫有瓦片，上部还有铺垫石块现象，顶部铺垫黄褐色砂石土。

台基的东、南、北三面作包砖边壁，毁坏较严重。台基东北角和东南角已坍塌，东壁包砖残长 20.8、残高约 0.4、厚约 0.4 米（图版四三一，1）。南壁包砖依山势至西段与西台明铺砖面相平（图版四三一，2；四三二，1）；东段保存略好，往西断续保存部分包砖。残长约 11.4、残高约 0.7、厚约 0.6 米。北壁包砖断续保存（图版四三二，2）。残长 8.9、残宽 0.36 米。台基西台明边缘砌有一道南北向砖墙，具有挡土墙的功能（图版四三三，1）。部分墙体残长 9.7、残高 0.47、厚约 0.6 米。挡土墙中段偏北外侧砌筑一龛洞，编号为 D1（图版四三三，2）。砌筑方式为一层卧砖接一层甃砖错缝垒砌。主要是用长方形沟纹砖砌筑，局部用方砖，砖与砖之间抹有浅灰泥。

踏道位于台基东壁正中。由东踏道、六边形基座和南北踏道组成，东西总长8.8米（图版四三四）。

东踏道位于台基东壁正中，为东西向铺砖踏道，可以登临台基，残宽1.34米。踏道西高东低，呈三层台阶状，每层台阶东西进深1.8~1.9米。踏道中间为黄褐色砂石垫土，地面铺长方形砖。踏道南北边壁有砖包砌，即残存长方形砖单层顺筑。踏道东端连接一个六边形基座。

六边形基座东西对角长2.66、边长1.54、残高约0.4米（图版四三五）。六面边壁用双层顺砖错缝围砌，包砖宽约0.3米。包砖内为黄褐色砂石垫土。顶部情况不详。疑似经幢基座。

连通台基的东踏道最西段（即与台基相连的第三层台阶）的南、北两侧，各有一长方形台面，略低于台基面。其南、北两端各为南踏道和北踏道。南侧台面总长3.75、残宽1.3、残高0.4~0.5米。顶面北部铺有断瓦片。南端两阶踏步。北侧台面总长3.74、残宽1.3、残高0.54米。顶面北侧残存铺砖面。北端两阶踏步厚度分别为三层砖和五层砖。两台面边壁用长方形砖和方砖垒砌，内填灰黄色垫土。值得注意的是，在南侧台面北部东侧，打破台面残边处发现一个小器物坑，编号为K1。坑呈不规则形，长0.56、宽0.35、深0.42米。出土一组保存完好的器物（瓷器2件、铜制品2件、铁制品3件）（图版四三六）。

（二）殿身

建筑殿身现存有柱础、墙体、白灰墙皮、地面铺砖等遗迹。

殿身由外圈覆盆方座柱础和墙体围合而成，平面近方形（图版四三〇）。坐西朝东，面阔五间，进深五间。地面铺方砖，用柱二周。共发现外圈柱网有20个覆盆方座石柱础或取础坑，每面6个。外圈南柱础至北柱础面阔13.6米（柱心距），东柱础至西柱础进深14米（柱心距）。内圈柱网形成内室，在砖墙内发现14个暗柱洞，东墙中部开门。这两圈柱网及墙体，由内到外将殿内空间分为内主室（F1）和外次室（F2、F3、F4、F5）两部分。

1. 内主室

内主室（F1）位于主体建筑殿身内的正中央（图版四三七）。F1平面呈长方形，南北面阔6.6（柱心距）、东西进深7.1米。原有建筑为砖木结构。四面有单砖隔墙，隔墙内外均抹有白灰面。东墙正中设门。在隔墙内共发现14个柱洞，底置不露明的暗石柱础。南、北隔墙各 5 个柱洞，东、西隔墙各 4 个柱洞。通过解剖隔墙残存断面可知，墙体挖有浅基槽，基槽深约 0.05 米。

内主室的四面隔墙保存情况各异。西墙底部保存最好。残高（以 F1 铺砖地面为底）0.66、宽约 0.36 米。砌法为平卧砖错缝垒砌，外贴一块立砖。第 9 个柱洞南段砖墙的立砖贴于外侧；柱洞北段砖墙的立砖贴于内侧，砖外侧抹厚约 4.5 厘米的草拌泥。草拌泥外为厚约 0.5 厘米的白灰墙皮（图版四三八，1）。砖墙用断砖和整砖垒砌。高约 0.5 米以上的砖墙，一侧为断砖平置，相对应的一侧为立砖，墙体呈空槽状。另在倒塌堆积内的白灰墙皮碎块上还发现有红褐色彩绘。

东墙残高 0.35、宽约 0.38 米。砌法与西墙相同。中部缺口为门的位置。

南墙残高 0.24~0.54、宽约 0.32 米。南侧砖墙立砖贴于内侧。西段砖墙下部为 5 层卧砖内侧贴一块立砖；上部仅存一层卧砖，即长方形立砖贴于外侧。与其对应的为断砖。墙体为空槽状。在此处清理出一段烧过的木块。据此推测空槽部分为矮墙，其内镶有木板。

北墙残高 0.15~0.76、宽约 0.36 米。砌法与西墙相同。残存砖墙立砖贴于内侧，系用长方形砖和方砖垒砌。局部发现两层白灰墙皮。

内主室四壁砖墙内的柱洞自东北角编起，由东向西依次排列编为 ZD1~ZD14。柱洞均为不规则圆形（图 3-5-7）。介绍如下。

ZD1，直径 0.22~0.3、残深 0.42 米。底为平石块（图版四三八，2）。

ZD2，直径 0.14~0.24、残深 0.26 米。底为平石块。

ZD3，直径 0.2 米。内有烧焦的木柱，因要原位保留，故未清理到底（图版四三八，3）。

ZD4，直径 0.18~0.3、残深 0.8 米。底为平石块。

ZD5，直径 0.13~0.2、残深 0.74 米。底为平石块。

ZD6，直径 0.26、残深 0.84 米。底为平石块。

ZD7，直径 0.18~0.3、残深 0.6 米。底为平石块。

ZD8，直径 0.3~0.33、残深 0.94 米。底为平石块。

ZD9，直径 0.14~0.23、残深 0.56 米。底为平石块。

ZD10，直径 0.14~0.26、残深 0.76 米。底为平石块。

ZD11，残深 0.28 米。底为平石块。

ZD12，直径 0.16~0.24、残深 0.86 米。底为平石块。

ZD13，残深 0.43 米。底为平石块（图版四三九，2）。

ZD14，直径 0.14~0.2、残深 0.82 米。底为平石块（图版四三九，1、3）。

内主室室内面积约 44.2 平方米。地面铺方砖，错缝铺砌，保存较好。但地面不水平。

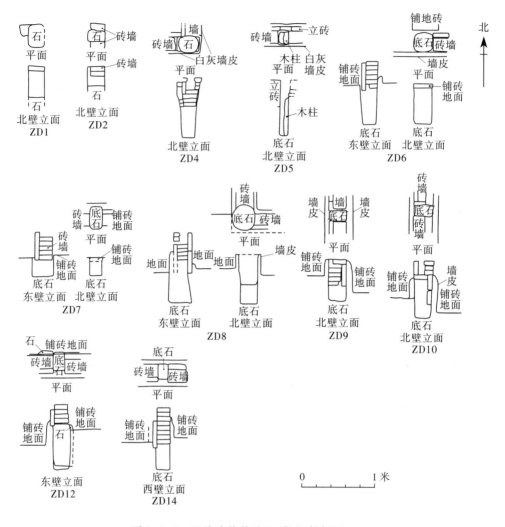

图 3-5-7 四号建筑基址 F1 柱洞解析图

东南高，西北略低，高差约 0.24 米。室内铺砖面现存较为清晰的席纹（图版四四〇，1），似乎表明地面砖被人为踩踏较少。室内东北角地面铺砖被破坏，并有一破坏坑。中部地面铺砖中的一块砖面上画有"围棋盘"图案（图版四四〇，2）。

2. 外次室

在内、外两圈柱础和墙体之间为外次室，隔墙将外次室分割成四个小空间。内主室（F1）西侧（即后面）有一个四面有墙闭合的小室（编号 F4）；外圈南、北两侧西数第三个覆盆石柱础与内主室（F1）南墙、北墙间，各有一道南北向隔墙，各自形成一个进深二间的独立空间（编号 F3、F5）。余下空间呈倒凹字形，属于建筑的前堂部分（编号 F2）。其中内主室（F1）室内地面低于北侧的 F4 地面 0.24 米，同时略低于西北部 F3 和西南部 F5 的室内地面，略高于东侧 F2 的地面 0.08 米。下面由东向西依次介绍 F2、F3、F5、F4。

F2 位于 F1 与 F3、F5 的东部，平面呈凹字形。F2 总面阔 13.6（东北角和东南角石柱础的柱心距）、总进深约 8.8 米，凹字形三面进深均约 3.3 米。其东墙即殿身东墙，原有 6 个覆盆石柱础，现仅存 1 个（即 Z5）；其他仅存取础坑（石柱础不存），由北向南依次编号为 ZK1~ZK4、ZK6；南墙现存东南墙角的取础坑（编号为 ZK6）和 3 个覆盆石柱础（由东向西依次编号为 Z7~Z9）；北墙现存东北角取础坑（编号为 ZK1）和 3 个覆盆石柱础（由东至西编号为 Z20、Z19、Z18）。其西墙界限分三段，中段为内主室 F1 东墙和南、北墙东段。南段是在殿身柱础 Z9 和 F1 南墙的垂线上。砖铺地面残存南北向的两行白灰线痕，其间为一块长方形顺砖的宽度（编号南GQ1）。此段墙也是 F5 的东墙，或许有门相通。北段在殿身柱础 Z18 和 F1 北墙的垂线上，砖铺地面残存有南北向的两行白灰线痕，其间为一块长方形顺砖的宽度（编号北GQ2）。此段墙也是 F3 的东墙，或许有门相通。F2 室内面积为 74 平方米。其东墙破坏严重。与东侧踏道正对的 ZK3 和 ZK4 之间，铺地砖碎裂较严重，当与经常踩踏有关。此处与 F1 门道相对。所以推测 ZK3 和 ZK4 之间，应是主体建筑殿身东墙的门道所在。门道结构不详。根据现存覆盆石柱础顺墙两侧均有长方形凹槽的情况，特别是在殿身 Z8 和 Z9 之间发现残存木构残迹等现象推测，F2 的东、南、北墙石柱础间可能有镶嵌木板的现象。F2 地面用方形砖错缝铺砌，保存基本完好。因为经常被踩踏的原因，故方砖多有碎裂，与 F1 地面形成较大反差（图版四三七）。F2 东侧中部偏北处、南侧殿身 Z7~Z8 之间、北侧临近柱础石处等局部地面铺砖已被破坏不存。

F3 位于建筑西北部，东邻 F2，南墙即 F1 和 F4 的北墙（共用一墙）。平面呈长方形。东西长 5.2、南北宽 3.5 米，面积为 18.2 平方米。其东墙即北 GQ2，南墙为 F1 北墙局部和 F4 北墙，西墙为殿身西墙北段，即二个覆盆石柱础（编号 Z15、Z16）及其墙体（至 Z15 南侧约 0.8 米处）。柱础间有单顺砖错缝垒砌的砖墙，残高约 0.1~0.16、宽约 0.19 米。墙体外侧墙面局部还残存白灰墙皮。北墙为殿身北墙南段，即三个覆盆石柱础（由西向东依次编号 Z16、Z17、Z18）及其墙体。此段柱础间砌砖墙，为单顺砖错缝垒砌。残高 0.1~0.15、宽约 0.19 米。墙体内侧墙面局部残存有白灰墙皮。F3 地面用方形砖错缝平铺。在 F3 西南部发现 5 块打磨规整的凹字形石构件和 2 块方木（图版四四一，1）。凹字形石构件编号 S1~S5。S1 位于房间西南角，长 0.44、宽 0.16 米，槽宽 0.16、深 0.06 米。S2 位于 S1 东侧，长 0.35、宽 0.19 米，槽宽 0.19、深 0.05 米。S3 位于 S1 北侧，长 0.44、宽 0.18 米，槽宽 0.16、深 0.07 米。S4 位于 S3 东侧，长 0.39、宽 0.17 米，槽宽 0.19、深 0.03 米。S5 位于

S4 东侧，长 0.48、宽 0.24 米，槽宽 0.17、深 0.09 米。其中 S1 ［10（四）③：11］和 S3 ［10（四）③：12］提取做标本，其他三件原位保存。二块烧过的方木位于 F3 西南角，邻近 F4 北墙处。南侧木块残长 0.9、宽 0.2、厚 0.08 米。北侧方木残长 0.77、宽 0.21、厚 0.08 米。

F5 位于建筑西南部，东邻 F2，北墙即为 F1 和 F4 南墙。平面呈长方形，东西长 5.2、南北宽约 3.4 米，面积 17.68 平方米。形制结构和规模与 F3 基本相同。其东墙即为南 GQ1。南墙为殿身南墙西段，即三个覆盆石柱础或础坑（Z9、Z10 和 ZK11）及其墙体。根据地面铺砖情况，参考殿身北墙西段墙体情况推测，此柱础间可能有砖墙，现已不存。西墙为殿身西墙南段，即二个石柱础或础坑（西南角 Z11 和 Z12）及其墙体（至 Z12 北侧约 0.3 米处）。北墙为 F1 南墙局部和 F4 南墙。F5 地面用方形砖错缝平铺，仅西南角铺砖有所破坏，其余地面保存较好。

F4 位于 F1 正西侧，南邻 F5，北邻 F3。平面呈长方形，南北长 6.7、东西宽 3.3 米，面积为 22.11 平方米。F4 东墙即 F1 的西墙；南隔墙和北隔墙，是沿着 F1 南墙和北墙分别向西单独砌筑土墙，抵到殿身西侧墙体上。其中南隔墙为二层土坯墙。第 1 层（内层）墙体宽 0.14 米。内、外壁面抹有白灰皮，墙皮厚约 0.01 米。第二次增补加厚时在土坯墙内放置残瓦片，外侧墙面再抹白灰墙皮。土坯墙宽 0.26、残高约 0.3 米。北隔墙的土坯墙残长 2.7、残高 0.15~0.25、底部宽约 0.26 米，残存上部宽约 0.18 米。西隔墙为殿身西墙，起于覆盆石柱础 Z12 北约 0.3 米处，至覆盆石柱础 Z14 北约 1.4 米处止。此段柱础间的墙体为单顺砖错缝垒砌，残高约 0.18、宽约 0.2 米。内、外侧墙面局部残存白灰皮。F4 地面也是用方砖错缝平铺，砖面上未发现有明显的磨损痕。F4 四面都有墙体，没有确认门道位置。推测其出入通道应在南、北两侧。

外圈柱洞现存 13 个覆盆方座石柱础和 7 个取础坑。石柱础上面打磨成素面圆形覆盆状，下面的方座制作较粗糙。

外圈西侧石柱础间残存有 1~3 层砖墙，北侧西段柱础石间也残存 3 层砖墙。特别是在西墙外，即外圈石柱础 Z14 西侧，清理出砖墙局部整体倒塌的现象，至少有 7 层。在北侧西段砖墙外，即外圈石柱础 Z16 和 Z17 之间的北侧，也发现了倒塌的砖墙遗迹。因此，初步推测 F3、F4、F5 部分殿身石柱础间的墙体可能都是砖墙。

外圈的覆盆方座石柱础都是明础。有三种形制：一是覆盆无槽；二是覆盆一侧凿有长方形凹槽；三是覆盆两侧对称凿有长方形凹槽。第一种和第二种覆盆石柱础分布在主体建筑西部，即前文所述有砖墙的部分。第三种覆盆石柱础位于主体建筑东部，即 F2 部分。这部分没有发现明确的墙体。但是，与石柱础长方形凹槽相对应，多残存一道长条形砖缝。特别是在石柱础 Z8 和 Z9 之间，残存烧毁的长条形木构件。因此，推测 F2 界墙部分殿身覆盆柱础间的墙体，可能是镶嵌木质板墙，形成隔扇板门或窗。

覆盆方座石柱础现存 13 个。即东墙南段存 1 个，南墙存 3 个，西墙存 5 个，北墙存 4 个。为了表述方便，现以殿身东北角做起点，由北向南，再向西，环绕依次编号。其中石柱础编号代码为 Z，取础坑编号代码为 ZK。

ZK1 位于东北角。底部并未发现有加工痕迹。础坑径 0.95 米。

ZK2 为东侧第 2 个覆盆石柱础坑。础石破坏不存。础坑径 0.74 米。

ZK3 为东侧第 3 个覆盆石柱础坑。础石破坏不存。础坑径 0.88 米。

ZK4 为东侧第 4 个覆盆石柱础坑。础石破坏不存。础坑径 0.76 米。

Z5 为东侧第 5 个覆盆石柱础坑。覆盆石柱础方座边长 0.6 米。素面覆盆上径 0.38、底径 0.6、高 0.05 米。覆盆础石对称的两端各有一凹槽，南北向，长 0.1、宽 0.1、深约 0.04 米。

ZK6 位于东南角。础石破坏不存，础坑径 0.86 米。

Z7 为南侧（东向西）第 2 个覆盆石柱础。其方座不规则，底部直径 0.6 米。覆盆直径 0.4~0.41 米。覆盆础石两端各有一凹槽，东西向，长 0.08、宽 0.1~0.12、深 0.05 米。

Z8 为南侧（东向西）第 3 个覆盆石柱础，与 Z7 柱心距 2.8 米。覆盆石柱础被底面铺砖包围，仅暴露出覆盆部分。覆盆顶部直径 0.4、底部直径 0.58 米。覆盆础石两端各有一凹槽，东西向，长 0.08~0.1、宽 0.1~0.12、深 0.05 米。础石两侧凹槽中均残存木构残迹（图版四四一，2）。

Z9 为南侧（东向西）第 4 个覆盆石柱础。被底面铺砖包围，仅暴露出覆盆部分。覆盆顶部直径 0.4、底部直径 0.6 米。覆盆础石两端各有一凹槽，东西向，长 0.08~0.1、宽 0.09~0.12、深 0.05 米。

Z10 为南侧（东向西）第 5 个覆盆石柱础，仅残存覆盆石柱础方座一角，余被破坏不存。

ZK11 位于西南角，石柱础被破坏不存，下存垫土，础坑不详，推测原来础石直接置于垫土之上。

Z12 为西侧（南向北）第 2 个覆盆石柱础，与 Z13 柱心距为 2.6 米。其方座不规则，边长约 0.72 米。覆盆顶部直径 0.48、底部直径 0.64 米。础石南侧一端有一凹槽，长 0.12、宽 0.12~0.14、深 0.05 米。

Z13 为西侧（南向北）第 3 个覆盆石柱础，与 Z14 柱心距为 3.2 米。石柱础的覆盆顶部直径 0.4、底部直径 0.6 米。础石南侧一端有一凹槽，长 0.12、宽 0.16、深 0.05 米。

Z14 为西侧（南向北）第 4 个覆盆石柱础，与 Z15 柱心距为 2.6 米。石柱础的覆盆顶部直径 0.4、底部直径 0.58 米。

Z15 为西侧（南向北）第 5 个覆盆石柱础，与 Z16 柱心距为 2.6 米。石柱础的覆盆顶部直径 0.42、底部直径 0.6 米（图版四四一，3）。

Z16 位于西北角。石柱础的覆盆顶部直径 0.44、底部直径 0.64 米。

Z17 为北侧（西向东）第 2 个覆盆石柱础，与 Z18 柱心距为 2.8 米。石柱础的覆盆顶部直径 0.4、底部直径 0.6 米。

Z18 为北侧（西向东）第 3 个覆盆石柱础，与 Z19 柱心距为 2.8 米。石柱础方座边长 0.62 米。覆盆顶部直径 0.42、底部直径 0.62 米。础石两端各有一凹槽，东西向，长 0.08~0.1、宽 0.1~0.12、深 0.05 米。

Z19 为北侧（西向东）第 4 个覆盆石柱础，与 Z20 柱心距为 2.8 米。石柱础方座边长 0.66 米。覆盆顶部直径 0.42、底部直径 0.62 米。础石两端各有一凹槽，东西向，长 0.08~0.1、宽 0.1~0.12、深 0.05 米。

Z20 为北侧（西向东）第 5 个覆盆石柱础。石柱础的覆盆顶部直径 0.4、底部直径 0.62 米。础石两端各有一凹槽，东西向，长 0.1、宽 0.08~0.13、深 0.05 米。

台基之上，主体建筑殿身之外到台基边壁之间的部分为台明。东台明宽约 4.5、南台明宽约 3.25、北台明宽约 5、西台明宽约 4 米。台明部分的铺砖大多被破坏殆尽。东台明铺砖面已毁坏无存，残存的台基垫土呈坡状。南台明仅存北侧铺砖面，余处暴露为台基垫土。北台明北部毁坏无存。西台明是与西侧的自然山体相连，台明部分为人工开凿修平，北界和南界边缘处不详，南半部铺砖面破坏较多，残存地面铺砖大部分都已碎裂，东南部砖面上有刻字（图版四四二，1）或符号现象（图版四四二，2）。

在台基西台明最西端，即台基西侧包边砖墙中段偏北处，清理出一个小洞龛（编号为 D1）。此洞开口于①层下，直接挖建在山体基岩上。洞口朝东，平面呈近方形（图版四四二，3）。洞边长 0.78 米。南、北两壁为砖石混筑墙体，顶部坍塌，结构不详。底部为山体基岩。南壁残高 0.58 米，底部砌有砖墙，高 0.42 米；上部砌有石墙，残高 0.16 米。北壁残高 0.85 米，上部墙内局部见有石块和残瓦片垒砌。洞内填灰褐色砂石土，内夹杂有残沟纹砖、残瓦片，以及兽骨等遗物。

四　出土遗物

四号建筑基址出土遗物主要有二类。第一类是铁器、铜器、瓷器、陶器和铜钱等日常生活遗物；第二类是砖瓦等建筑材料，有板瓦、筒瓦、瓦当、滴水、垒脊瓦、鸱兽残块、砖、石构件等。

（一）日常生活遗物

1. 铁器

共 28 件。

铲 1 件。

10（四）K1：6，锈蚀，呈棕褐色。铲身平面呈梯形，刃较平，弧形肩，肩中部接一喇叭状銎柄。长 12.8、刃宽 8、銎柄长 5.8 厘米（图 3-5-8，1；图版四四三，1）。

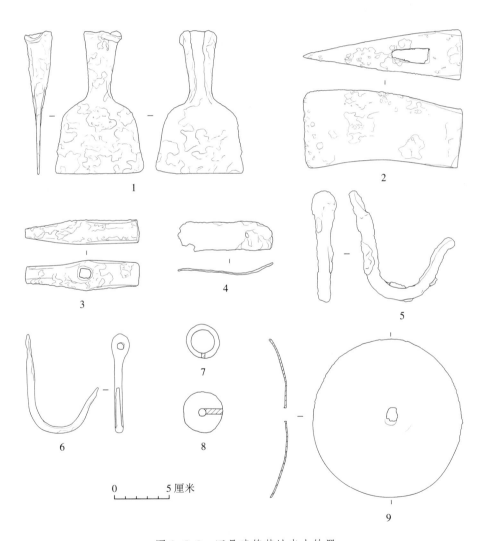

图 3-5-8 四号建筑基址出土铁器

1. 铲［10（四）K1：6］ 2. 斧［10（四）K1：4］ 3. 锤［10（四）K1：5］ 4. 甲片［10（四）②B：3］ 5. 钩［09（四）G25③：4］ 6. 钩［10（四）②B：15］ 7. 环［10（四）②B：84］ 8. 圆形带孔构件［10（四）②B：85］ 9. 圆形带孔构件［09（四）G24②：1］

斧　1件。

10（四）K1：4，锈蚀，夹白色斑点。前锤后斧，斧刃至锤头渐厚。顶视呈三角形，侧视斧身有弧度，横截面呈长方形。中部有一上下穿透的长方形孔。长14.7、宽7、厚4.5厘米（图3-5-8，2；图版四四三，2）。

锤　1件。

10（四）K1：5，锈蚀，呈棕褐色。正面中部呈略鼓的长方体，侧视呈菱形，截面为长方形，顶面较平。近中部有一长方形孔。长10.4、宽2.7、厚2.1厘米（图3-5-8，3；图版四四三，3）。

甲片　1件。

10（四）②B：3，长方形。残长8.7、宽2.5、厚0.2厘米（图3-5-8，4；图版四四三，4）。

钩　2件。

09（四）G25③：4，锻制。锈蚀。器表粘有木炭粒。系用一根一端略粗的圆柱形铁条弯成钩状，较粗一端锤扁并有穿孔，较细一端头部略膨大。长9.7厘米（图3-5-8，5；图版四四三，5）。

10（四）②B：15，残。"U"形，一端打制成圆环形。圆环端至钩尖端渐细。长8.8、宽6.7、径0.7厘米（图3-5-8，6；图版四四三，6）。

环　1件。

10（四）②B：84，圆环形，横截面略呈圆角方形。外径3.1、内径2、厚0.4厘米（图3-5-8，7；图版四四四，1）。

圆形带孔构件　2件。

09（四）G24②：1，锈蚀。锻制。平面圆形，内凹，中间有孔。直径13.6~13.9、孔径0.9~1.2、厚0.2厘米（图3-5-8，9；图版四四四，2）。

10（四）②B：85，圆形，中间有一孔。直径3.6~3.7、孔径0.6~0.7、厚0.6厘米（图3-5-8，8；图版四四四，3）。

钉　12件。依据形制的不同可分为圆帽钉、扁帽钉、工形钉、鼻钉四类。

圆帽钉　4件。钉帽呈圆形隆起。

10（四）①：85，钉身为四棱锥状，弯曲成"S"形。残长19.6、钉帽直径3.6厘米（图3-5-9，1；图版四四四，4）。

10（四）②B：92，钉身为四棱锥体，近末端向一侧弯曲。整体长21.8、帽径3.5厘米（图3-5-9，2；图版四四四，5）。

10（四）②B：95，钉身渐细，横截面呈方形。整体长22、帽径3.9厘米（图3-5-9，3；图版四四四，6）。

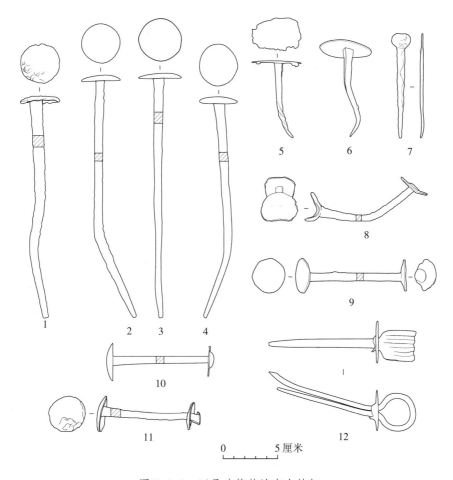

图 3-5-9　四号建筑基址出土铁钉

1. 圆帽钉［10（四）①∶85］　2. 圆帽钉［10（四）②B∶92］　3. 圆帽钉［10（四）②B∶95］　4. 圆帽钉［10（四）②B∶111］　5. 扁帽钉［10（四）①∶67］　6. 扁帽钉［10（四）②B∶68］　7. 扁帽钉［10（四）②B∶119］　8. 工形钉［10（四）②B∶12］　9. 工形钉［10（四）②B∶13］　10. 工形钉［10（四）②B∶51］　11. 工形钉［10（四）②B∶52］　12. 鼻钉［10（四）②B∶118］

　　10（四）②B∶111，钉身横截面呈长方形，尾端略向一侧弯曲。整体长 20、帽径 3.7 厘米（图 3-5-9，4；图版四四四，7）。

　　扁帽钉　3 件。钉帽由铁片打制成扁平状。

　　10（四）①∶67，钉尖部分分叉并拧成螺旋状，向一侧弯曲。整体长 6.9、钉帽径 3.1~4.6、钉身宽 0.8 厘米（图 3-5-9，5；图版四四五，1）。

　　10（四）②B∶68，钉身为四棱锥体，变形为"S"形。整体长 8.7、帽径 4.7~4.8 厘米（图 3-5-9，6；图版四四五，2）。

　　10（四）②B∶119，钉身渐细，截面呈长方形。钉尖缺失。残长 9.3、帽宽 1.8 厘米（图 3-5-9，7；图版四四五，3）。

工形钉　4件。呈工字形，两端各有一圆形铁片，一端为可活动垫片，末端打制成帽状，以防止垫片脱落。

10（四）②B：12，钉身四棱形，中部向一侧弯曲，另一端与器身一体的圆形铁片折弯成"U"形。整体长11.4、帽径3.3、垫片直径2.9厘米（图3-5-9，8；图版四四五，4）。

10（四）②B：13，钉身四棱形，一端为圆形帽，稍隆起；另一端有圆形铁垫片。器身向一侧弯曲。整体长10.2、帽径3、垫片直径2.7厘米（图3-5-9，9；图版四四五，5）。

10（四）②B：51，钉身四棱形，一端为圆形帽，稍隆起；另一端有圆形铁垫片。整体长9.7、帽径3.4、垫片直径2.5~2.6厘米（图3-5-9，10；图版四四五，6）。

10（四）②B：52，钉身四棱形，一端为圆形帽，稍隆起；另一端有圆形方孔铁垫片，末端打制出沿。整体长9.4、帽径3.1~3.4、垫片直径2.5厘米（图3-5-9，11；图版四四五，7）。

鼻钉　1件。

10（四）②B：118，系用一根铁条中间打制成扁平状，后弯曲成圆穿鼻。钉身渐细，横截面为长方体。鼻穿下有一圆形铁片，穿鼻面上刻三周凹弦纹。整体长13.5、钉长10、垫片直径3.7、顶部圆孔径3.5、顶面宽2.7厘米（图3-5-9，12；图版四四五，8）。

片　2件。

10（四）②B：46，不规则形。残长4.8、残宽2.4、厚0.1~0.3厘米（图3-5-10，1；图版四四六，1）。

10（四）②B：53，梯形，中部有一穿孔。长5.8、宽3厘米（图3-5-10，2；图版四四六，2）。

其他铁器　5件。

10（四）①：96，锈蚀。系在一块近长方形的铁片两端各穿一个铁钉而成。其中一个铁钉仅剩钉帽，另一个钉尖部尚存一圆形垫片。长4.8、宽2.5、钉长2.7、垫片直径1.7厘米（图3-5-10，3；图版四四六，3）。

10（四）②B：54，平面呈"7"字形，为四棱体，一端折弯成90°，另一端打制成锥状。整体长16.1、宽约7厘米（图3-5-10，4；图版四四六，4）。

10（四）②B：79，系用一扁片打制而成，一端卷曲成环状，另一端打成锥状后折弯成环形，内套一鼻形钉。整体长11、宽4厘米（图3-5-10，5；图版四四六，5）。

10（四）③：9，已残。对折状。两端呈锥形，并分布三个孔，孔呈三角形排列，孔内有小帽钉。铁片上分布有间距不等的七组钉孔，每组两孔，孔内有小帽钉。展

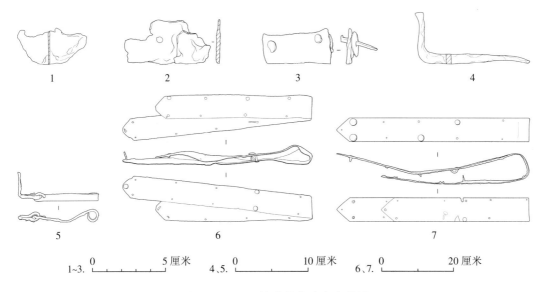

图 3-5-10　四号建筑基址出土铁器

1. 铁片［10（四）②B：46］　2. 铁片［10（四）②B：53］　3. 铁器［10（四）①：96］　4. 铁器［10（四）
②B：54］　5. 铁器［10（四）②B：79］　6. 铁器［10（四）③：9］　7. 铁器［10（四）③：10］

开长 98.5、宽 6.1~6.3、帽钉长 4.4、帽径 1.1~1.7 厘米，现状长 52.2、宽 6.4 厘米（图
3-5-10，6；图版四四六，6）。

10（四）③：10，已残。呈对折状。两端呈锥形，并分布三个孔，孔呈三角形
排列，其中两孔内存有小帽钉。铁片上分布有间距不等的八组钉孔，每组两孔，孔
内有小帽钉。展开长 95、宽 6.1~6.4、厚 0.1、帽钉长 3.3~3.9、帽径 1~1.2 厘米，现
状长 53.7、宽 7 厘米（图 3-5-10，7；图版四四六，7）。

2. 铜器

共 16 件。

钵　1 件。

10（四）K1：1，铸造，主体暗黄色，局部有绿色铜锈，口沿处有灰白色附着物。
近圆锥体。向内折沿，斜弧腹，尖底。口径 24.7、最大腹径 28、高 13、厚 0.2 厘米（图
3-5-11，1；图版四四七，1、2）。

带孔钵形器　1 件。

10（四）K1：2，铸造，通体呈黄铜色。平沿，直口，直腹，圜底。底部有密集
的打击痕迹，中心有一圆孔，圆孔处有磨光痕。口径 15.9、高 6.9 厘米（图 3-5-11，
2；图版四四七，4~6）。

铺首　1 件。

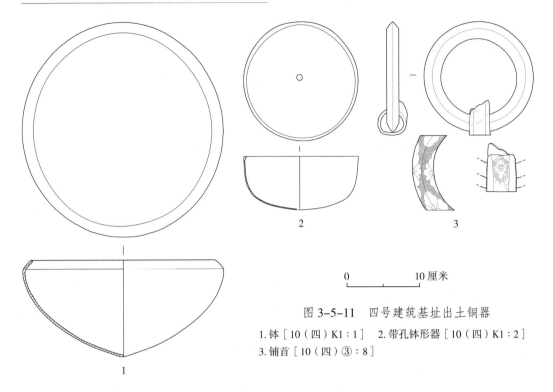

图 3-5-11 四号建筑基址出土铜器

1.钵［10（四）K1：1］ 2.带孔钵形器［10（四）K1：2］

3.铺首［10（四）③：8］

10（四）③：8，仅存衔环、衔钩部分。衔环平面呈圆环形，截面呈菱形。衔钩呈环状套接于衔环上，两端残缺，系用一长方形铜片折弯而成。衔环、衔钩表面均饰刻花，为珍珠地。径14.9、宽2.3、厚1.8厘米（图3-5-11，3；图版四四七，3）。

鎏金铜钉 1件。钉帽鎏金。

10（四）②B：121-3，钉帽圆形隆起，钉身四棱锥体。残长1.2、帽径0.8厘米（图3-5-12，1；图版四四八，1）。

钉 6件。均为圆帽钉。

10（四）②B：58，钉帽圆形隆起，钉身残缺。钉长0.7、帽径2.8厘米（图3-5-12，3；图版四四八，2）。

10（四）②B：117，钉帽呈柳叶形，中间起脊，钉身为四棱锥体。钉长1.7、钉帽长3.3、宽1.5厘米（图3-5-12，4；图版四四八，3）。

10（四）②B：120，钉帽呈柳叶形，中间起脊，钉身为四棱锥体。钉长1.9、钉帽长3.4、宽1.6厘米（图3-5-12，5；图版四四八，4）。

10（四）②B：121-1，钉帽圆形稍隆起，钉身四棱锥体，末端弯曲成钩状。残长1.4、帽径1.7厘米（图3-5-12，6；图版四四八，5）。

10（四）②B：121-2，钉帽圆形隆起，钉身极短，为四棱锥体，且偏于一侧。钉长0.8、帽径2厘米（图3-5-12，7；图版四四八，6）。

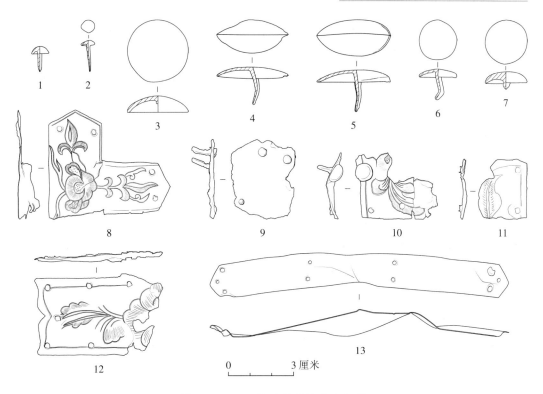

图 3-5-12　四号建筑基址出土铜器

1. 鎏金铜钉［10（四）②B：121-3］　2. 钉［10（四）②B：124］　3. 钉［10（四）②B：58］　4. 钉［10
（四）②B：117］　5. 钉［10（四）②B：120］　6. 钉［10（四）②B：121-1］　7. 钉［10（四）②B：121-
2］　8. 片状构件［10（四）②B：55］　9. 片状构件［10（四）②B：64-2］　10. 片状构件［10（四）
②B：73］　11. 片状构件［10（四）②B：64-1］　12. 片状构件［10（四）②B：75］　13. 片状构件［10（四）
②B：76］

　　10（四）②B：124，钉帽圆形隆起，钉身四棱锥体。钉长 1.4、帽径 0.7 厘米（图
3-5-12，2；图版四四九，1）。

　　片状构件　6 件。

　　10（四）②B：55，平面呈曲尺形，两端制成三角形，各有两个对称的钉孔。
正面阴刻花草。残长 5.6、残宽 4.9 厘米（图 3-5-12，8；图版四四九，2）。

　　10（四）②B：64-1，近方形，上有阴刻线纹，边缘存 3 个方形钉孔，其中一个残
缺。残长 2.7、残宽 2.3 厘米（图 3-5-12，11；图版四四九，3）。

　　10（四）②B：64-2，残存 3 个铁钉。残长 3.6、残宽 3、钉长 1 厘米（图 3-5-12，
9；图版四四九，3）。

　　10（四）②B：73，构件已残。一面阴刻花纹，周边存三个方形钉孔并一小圆
帽钉。帽钉头部圆形隆起，钉身为四棱锥体。残长 3.8、残宽 2.8~3、钉长 1.2 厘米（图
3-5-12，10；图版四四九，4）。

10（四）②B：75，残存 6 个孔、4 个铜钉，构件上有纹饰。整体残长 5.9、宽 3.7、钉长 1.2、帽径 0.8 厘米（图 3-5-12，12；图版四四九，5）。

10（四）②B：76，两端各有 3 孔，构件上有纹饰。整体长 13.7、宽 1.5 厘米（图 3-5-12，13；图版四四九，6）。

3. 瓷器

共 15 件。

罐　1 件。

10（四）K1：7，圆唇，侈口，矮领，斜肩，鼓腹，圈足。灰褐胎，夹少量石英细砂。外壁黑釉不及底，内壁、唇部无釉。腹部有利坯痕。口径 11.2、底径 8.9、壁厚 0.5、通高 19 厘米（图 3-5-13，1；图版四五〇，1）。

白瓷小瓶　1 件。

10（四）K1：3，微变形。卷沿，直颈，斜平肩，斜直腹，平底。灰胎，釉色白中微发青，腹部近底无釉，器表有螺旋纹。腹径 3.1、高 7.1 厘米（图 3-5-13，2；图版四五〇，2）。

牛腿瓶　1 件。

10（四）②B：135，圆唇，平沿，溜肩，上腹斜弧，下腹斜直，近底部内收，平底。外壁肩部刻两个契丹文，疑为大字。夹砂灰褐胎，褐绿釉。釉色不均。内、外壁均施釉，釉不及底，局部流釉明显。外壁局部无釉。口径 9.4、底径 12.6、高 69.8 厘米（图 3-5-13，5；图版四五〇，3、4）。

青釉碗　2 件。

10（四）②B：125，圆唇，敞口，弧腹，圈足。五瓣花口较浅，器腹内压出筋作五瓣。细灰胎，青釉。裹足刮釉。复原口径 21、底径 8.8、通高 9.9 厘米（图 3-5-13，3；图版四五一，1）。

10（四）②B：130，圆唇，敞口，沿略宽平。斜弧腹，圈足。器腹内压出筋作五瓣。灰胎近黑，较细腻。敷化妆土近底。青釉，裹足满釉。釉色均匀，通体有开片现象。口径 20.8、底径 7.6、通高 8.6 厘米（图 3-5-13，4；图版四五一，2）。

白瓷莲瓣纹碗　5 件。均残。圆唇，敞口，弧腹，圈足。白胎，较细腻。外腹部饰三层错缝莲瓣。大小、形制相若，属同一套组。

10（四）②B：126，内底中部略凸，外底划刻两残字。釉色微泛青灰。足圈刮釉，底足未满釉。底径 9.5、通高 8.5 厘米（图 3-5-14，1；图版四五一，3、4）。

10（四）②B：127，内平底。裹足刮釉，釉色微泛青。圈足底有明显刮削痕。复原口径 17.1、底径 9.2~9.3、通高 7.5 厘米（图 3-5-14，2；图版四五一，5）。

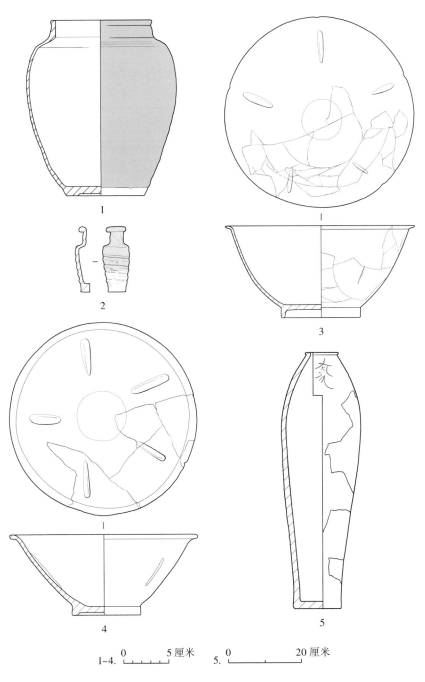

1~4. 0 ⎯⎯⎯ 5厘米   5. 0 ⎯⎯⎯ 20厘米

图 3-5-13 四号建筑基址出土瓷器

1. 罐 [10（四）K1：7]   2. 白瓷小瓶 [10（四）K1：3]   3. 青釉碗 [10（四）②B：125]   4. 青釉碗 [10（四）②B：130]   5. 牛腿瓶 [10（四）②B：135]

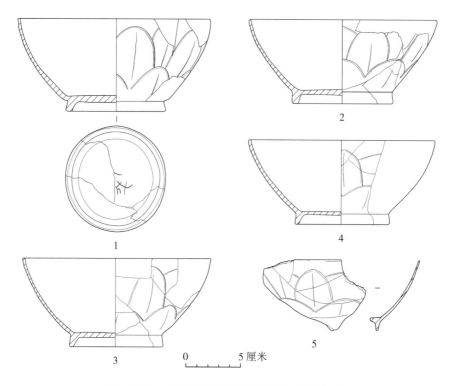

图 3-5-14　四号建筑基址出土白瓷莲瓣纹碗

1. 10（四）②B：126　2. 10（四）②B：127　3. 10（四）②B：128　4. 10（四）②B：129
5. 10（四）②B：137

　　10（四）②B：128，内平底。裹足刮釉，釉色均匀，较光亮。内底有小火刺，圈足底有明显的刮削痕。复原口径17.1、底径8.7、通高7.9厘米（图3-5-14，3；图版四五一，6）。

　　10（四）②B：129，内平底。裹足刮釉，釉色微泛青。圈足底有明显刮削痕。复原口径17、底径8.7、高7.4厘米（图3-5-14，4；图版四五二，1）。

　　10（四）②B：137，内平底。釉色微泛青，内壁见有明显使用痕迹。残宽9.5、残高6.3厘米（图3-5-14，5；图版四五二，2）。

　　白瓷盘　4件。均残。形制、大小相同，属同一套组。波浪形花式口，五分十瓣。斜腹，内平底，矮圈足。细白胎。裹足刮釉，釉色均匀，较光亮。

　　10（四）②B：132，底心缺失，大部分残缺。口径21.7~22.3、底径9.3、高4.7厘米（图3-5-15，1；图版四五二，3）。

　　10（四）②B：133，残缺。外底刻有"官"字。底径8.3、高4.7厘米（图3-5-15，2；图版四五二，4~6）。

　　10（四）②B：134，残缺。外底中部刻"官"字。底径8.2、高5.2厘米（图3-5-15，

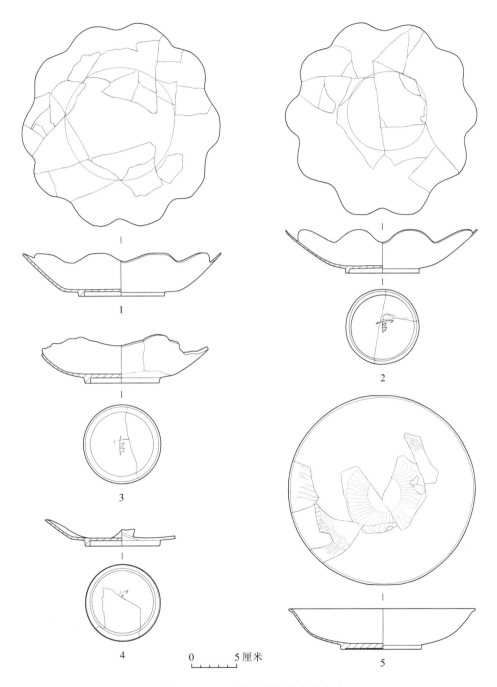

0　　　　5厘米

图 3-5-15　四号建筑基址出土瓷盘

1.白瓷盘［10（四）②B：132］　2.白瓷盘［10（四）②B：133］　3.白瓷盘［10（四）②B：134］　4.白瓷盘［10（四）②B：136］　5.印花盘［10（四）②B：131］

3；图版四五三，1、2）。

10（四）②B：136，口沿缺失，大部分残缺。外底中部刻"官"字，字残缺。底径 8.3、残高 3 厘米（图 3-5-15，4；图版四五三，3、4）。

印花盘　1 件。

10（四）②B：131，圆唇，侈口，斜弧腹，矮圈足。灰胎，施化妆土。釉色黄白，积釉处泛青。外壁下部及外底无釉，内底有支烧痕。内壁纹饰分内、外两区，外区划刻，内区印花。印花浅，较繁缛。底径 9.1、通高 4.4 厘米（图 3-5-15，5；图版四五三，5、6）。

4. 陶器

共 2 件。

口沿　1 件。

10（四）②B：169，泥质灰陶，手制。敞口，卷沿，斜腹。外壁口沿下饰附加堆纹，内壁近口沿处有一凸棱。残高 24.5、厚 0.6 厘米（图 3-5-16，1；图版四五四，1）。

器底　1 件。

10（四）②B：5，残，仅存器底。夹砂黄褐陶，局部呈灰色，轮制。小平底，内壁有明显拉坯痕。底径 5~5.3、残高 3.2 厘米（图 3-5-16，2；图版四五四，2、3）。

5. 铜钱

共 3 枚。

开元通宝　2 枚。

10（四）①：99，钱文对读，光背。直径 2.4、穿宽 0.8 厘米（图 3-5-16，3；图版四五四，4）。

10（四）②B：116，正面钱文"开□□宝"，推测为"开元通宝"。残径 2.4、穿宽 0.7 厘米（图 3-5-16，4；图版四五四，5）。

至道元宝　1 枚。

10（四）②B：21，钱文右旋读，光背。直径 2.5、穿宽 0.6 厘米（图 3-5-16，5；图版四五四，6）。

（二）建筑材料

1. 板瓦

共 9 件。均为陶质，灰胎。凸面素面，凹面保留布纹。侧缘均存有内侧切割痕迹。

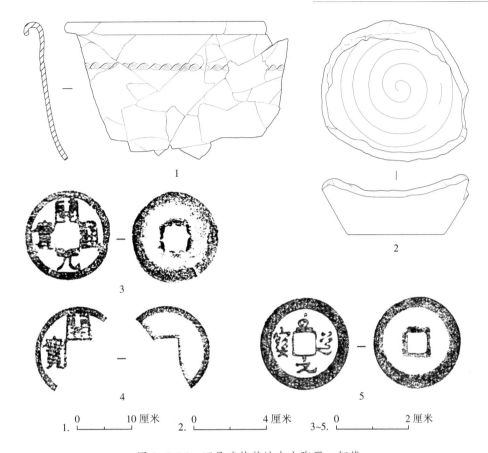

图 3-5-16　四号建筑基址出土陶器、铜钱

1. 陶器口沿［10（四）②B：169］　2. 陶器底［10（四）②B：5］　3. 开元通宝［10（四）①：99］　4. 开元
通宝［10（四）②B：116］　5. 至道元宝［10（四）②B：21］

部分标本上存有白灰。

大字纹板瓦　6件。凸面存有拍印的大字形痕迹。

10（四）①：24，窄端瓦缘与凹面之间形成一内收斜面。长 38.5、残宽 25.7、厚
1.7~2.7 厘米（图 3-5-17，1；图版四五五，1、2）。

10（四）①：110，凸面大字形拍印纹近宽端一侧有一道横向刻划痕。长 37.9、
残宽 24.5、厚 1.5~2.5 厘米（图 3-5-17，2；图版四五六，1~3）。

10（四）①：111，长 38、残宽 23.5、厚 1.3~2.4 厘米（图 3-5-17，3；图版
四五五，3、4）。

10（四）②B：50，残长 26、残宽 24.6、厚 2.2~2.5 厘米（图 3-5-17，4；图版
四五五，5、6）。

10（四）②B：83，长 38.1、残宽 23、厚 1.7~2.3 厘米（图 3-5-17，5；图版
四五六，4~6）。

图 3-5-17 四号建筑基址出土板瓦

1. 10（四）①：24 2. 10（四）①：110 3. 10（四）①：111 4. 10（四）②B：50 5. 10（四）②B：83 6. 10（四）②B：155 7. 10（四）②B：22 8. 10（四）②B：23 9. 10（四）②B：24

10（四）②B：155，长 38.3、残宽 23、厚 1.7~2.4 厘米（图 3-5-17，6；图版四五七，1~3）。

普通板瓦 3 件。

10（四）②B：22，长 37.4、残宽 25、厚 1.7~2.7 厘米（图 3-5-17，7；图版四五八，1、2）。

10（四）②B：23，长 35.2、残宽 23.9、厚 1.4~2.1 厘米（图 3-5-17，8；图版四五八，3、4）。

10（四）②B：24，长 44、宽 29.5、厚 2.2~3.1 厘米（图 3-5-17，9；图版

四五七，4~6）。

2. 筒瓦

共 34 件。均为陶质，灰胎。凸面整体呈素面，凹面保留布纹。凹面近下缘一侧保存完好者多经过刮削，呈斜面状。部分标本上存有白灰。

大字纹筒瓦　10 件。凸面存有形似大字的拍印痕迹。侧缘近凹面一侧均被一条粗糙的断裂面打破。部分标本上仍存有内侧切割痕迹。

09（四）G24②：2，胎心局部呈青黑色。残长 32.4、宽 15.8~16、厚 2.1~2.4、瓦舌残长 1.2 厘米（图 3-5-18，1；图版四五八，5、6）。

10（四）①：51，长 34.5、宽 15.5~15.8、厚 2.3~2.5、瓦舌长 2.1 厘米（图 3-5-18，5；图版四五九，1、2）。

10（四）①：89，残长 16.2、残宽 12.9、厚 2~2.4 厘米（图 3-5-18，9；图版四五九，3）。

10（四）①：109，长 33.9、宽 15.5~16、厚 2.4~2.6、瓦舌长 2.2 厘米（图 3-5-18，4；图版四五九，5、6）。

10（四）①：134，残长 33.6、宽 16、厚 2~2.8、瓦舌残长 1 厘米（图 3-5-18，2；图版四六〇，1、2）。

10（四）②B：4，残长 26、残宽 13.5、厚 2.1~2.9、瓦舌长 3.4 厘米（图 3-5-18，3；图版四六〇，3、4）。

10（四）②B：7，残长 32、宽 15.4~16.1、厚 2~2.6、瓦舌长 2.8 厘米（图 3-5-18，7；图版四六〇，5、6）。

10（四）②B：11，残长 34.2、宽 15.6~16、厚 2.3~2.5、瓦舌长 2.5 厘米（图 3-5-18，6；图版四六一，1、2）。

10（四）②B：56，残长 16、残宽 15.4、厚 2.3~2.5 厘米（图 3-5-18，10；图版四五九，4）。

10（四）②B：80，长 34、宽 15.5~16、厚 2.2~2.7、瓦舌长 3 厘米（图 3-5-18，8；图版四六一，3、4）。

普通筒瓦　20 件。

03（四）：采 2，侧缘保存有内侧切割痕迹。残长 26.8、宽 16.7~17、厚 1.8~2.7 厘米（图版四六一，5、6）。

09（四）G24③：5，侧缘被一条粗糙的断裂面打破。长 38、宽 14.7~15.2、厚 1.9~2.5、瓦舌长 2.2 厘米（图 3-5-19，1；图版四六二，1、2）。

09（四）G24③：7，侧缘保存有内侧切割痕迹。长 35、宽 16.4~17.7、厚 2.3~

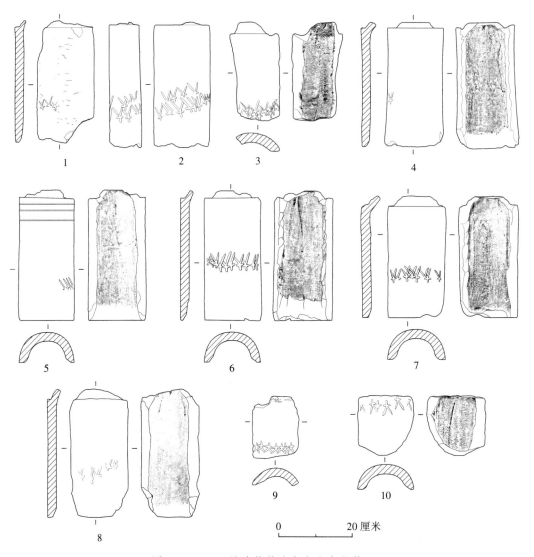

图 3-5-18　四号建筑基址出土大字纹筒瓦

1.09（四）G24②：2　2.10（四）①：134　3.10（四）②B：4　4.10（四）①：109　5.10（四）①：51　6.10（四）②B：11　7.10（四）②B：7　8.10（四）②B：80　9.10（四）①：89　10.10（四）②B：56

3.3、瓦舌长 1.6 厘米（图 3-5-19，2；图版四六二，3、4）。

09（四）G24③：8，凸面局部存有拍印纹痕迹，已不清晰。侧缘被一条粗糙的断裂面打破。残长 33.5、宽 16.2~16.6、厚 2.1~2.4、瓦舌长 3.6 厘米（图 3-5-19，3；图版四六二，5、6）。

10（四）①：2，侧缘近凹面一侧被一条粗糙的断裂面打破。残长 34.5、宽 15.4~16、厚 2.2~2.4、瓦舌长 2.7 厘米（图 3-5-19，4；图版四六三，1、2）。

10（四）①：55，侧缘保存有内侧切割痕迹。长 42、宽 17~17.4、厚 2.2~2.8、

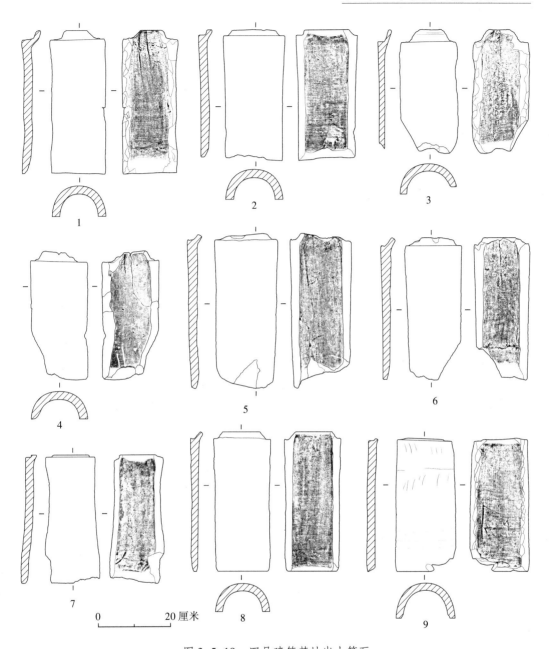

图 3-5-19　四号建筑基址出土筒瓦

1.09（四）G24③：5　2.09（四）G24③：7　3.09（四）G24③：8　4.10（四）①：2　5.10（四）①：55　6.
10（四）①：107　7.10（四）①：108　8.10（四）②B：42　9.10（四）②B：43

瓦舌长 1.8 厘米（图 3-5-19，5；图版四六三，3、4）。

　　10（四）①：107，侧缘保存有内侧切割痕迹，呈全切状，近凸面一侧断裂面基本不存，侧缘近凹面一侧被二次加工的斜向刮削面打破。长 38.1、宽 15.1~15.8、厚 2.2~2.5、瓦舌长 2.1 厘米（图 3-5-19，6；图版四六三，5、6）。

10（四）①：108，侧缘保存有内侧切割痕迹。长 34.4、残宽 15.1、厚 1.9~2.5、瓦舌长 1.2 厘米（图 3-5-19，7；图版四六四，1、2）。

10（四）②B：42，侧缘保存有内侧切割痕迹。残长 37.5、宽 14.5~15.5、厚 1.8~2.6、瓦舌长 2 厘米（图 3-5-19，8；图版四六四，3、4）。

10（四）②B：43，侧缘保存有内侧切割痕迹，侧缘近凹面一侧被一条粗糙的断裂面打破。长 36、宽 15.5~16.8、厚 1.9~2.1、瓦舌长 0.7 厘米（图 3-5-19，9；图版四六四，5、6）。

10（四）②B：78，侧缘保存有内侧切割痕迹，侧缘近凹面一侧被一条粗糙的断裂面打破。长 40.5、宽 15.2~15.4、厚 2~2.8、瓦舌长 4.3 厘米（图 3-5-20，1；图版四六五，1、2）。

10（四）②B：145，侧缘保存有内侧切割痕迹。长 33.7、宽 16.8~17.6、厚 2.1~3.2、瓦舌长 2.4 厘米（图 3-5-20，2；图版四六五，3、4）。

10（四）②B：146，侧缘保存有内侧切割痕迹，侧缘近凹面一侧被二次加工的斜向刮削面打破。长 42、宽 16.8~17.5、厚 2.4~2.7、瓦舌长 2.4 厘米（图 3-5-20，3；图版四六五，5、6）。

10（四）②B：147，侧缘保存有内侧切割痕迹。长 40.1、宽 17~17.3、厚 2.2~2.7、瓦舌长 2.1 厘米（图 3-5-20，4；图版四六六，1、2）。

10（四）②B：148，侧缘保存有内侧切割痕迹。残长 24、宽 17.2~18、厚 2.2~3.2、瓦舌长 2.2 厘米（图 3-5-20，9；四六六，3、4）。

10（四）②B：150，凸面局部有纵向拍印痕，侧缘保存有内侧切割痕迹。残长 33.6、宽 15.5~15.7、厚 1.6~1.8、瓦舌残长 1.5 厘米（图 3-5-20，6；图版四六六，5、6）。

10（四）②B：151，侧缘近凹面一侧被一条粗糙的断裂面打破。残长 27.5、宽 16.1~16.5、厚 2.5~2.9、瓦舌长 3.6 厘米（图 3-5-20，7；图版四六七，1、2）。

10（四）②B：152，侧缘近凹面一侧被一条粗糙的断裂面打破。残长 28.5、宽 15.3~15.8、厚 1.7~1.9、瓦舌长 0.7 厘米（图 3-5-20，8；图版四六七，3、4）。

10（四）②B：154，侧缘保存有内侧切割痕迹，侧缘近凹面一侧被一条粗糙的断裂面打破。残长 40.4、宽 16.8~17.2、厚 2.3~2.8、瓦舌长 2.3 厘米（图 3-5-20，5；图版四六七，5、6）。

10（四）②B：170，侧缘近凹面一侧被一条粗糙的断裂面打破。残长 41、宽 16.8~17.1、厚 2.3~2.7、瓦舌长 2.1 厘米（图 3-5-21，1；图版四六八，1、2）。

筒瓦残块　4 件。

10（四）①：106，侧缘近凹面一侧被一条粗糙的断裂面打破。残长 18、宽

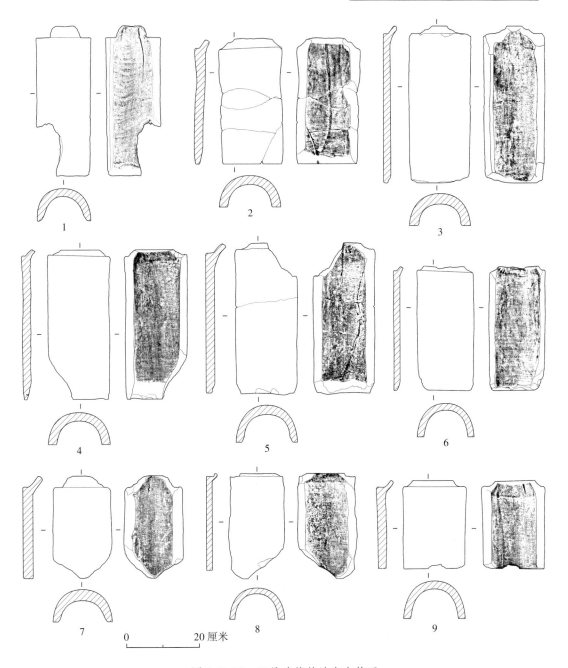

图 3-5-20　四号建筑基址出土筒瓦

1. 10（四）②B：78　2. 10（四）②B：145　3. 10（四）②B：146　4. 10（四）②B：147　5. 10（四）
②B：154　6. 10（四）②B：150　7. 10（四）②B：151　8. 10（四）②B：152　9. 10（四）②B：148

16.7~17、厚 2~3、瓦舌长 1.1 厘米（图 3-5-21，2；图版四六八，3、4）。

　　10（四）②B：112，残长 12、残宽 6.5、厚 1.6~1.8 厘米（图 3-5-21，3；图版
四六八，5）。

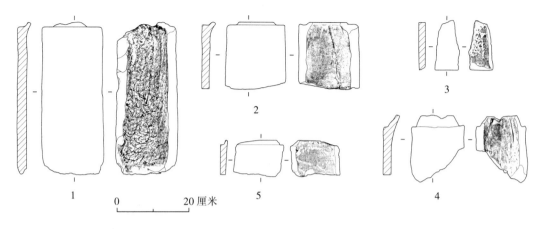

图 3-5-21　四号建筑基址出土筒瓦

1. 10（四）②B：170　2. 10（四）①：106　3. 10（四）②B：112　4. 10（四）②B：149　5. 10（四）②B：153

10（四）②B：149，侧缘保存有内侧切割痕迹。残长 18、残宽 14.5、厚 2.2~2.6、瓦舌长 3.7 厘米（图 3-5-21，4；图版四六八，6）。

10（四）②B：153，残长 9.7、残宽 13.8、厚 1.5~2.1、瓦舌残长 1.2 厘米（图 3-5-21，5；图版四六八，7）。

3. 瓦当

共 175 件。包括兽面、人面、莲花纹、几何纹四大类，以及个别残块。均为陶质，以灰胎为主。瓦当背面多存有细线刻划，抹泥多数经过修整。部分标本存有白灰。

兽面瓦当　共 18 件。可分为三类。

第一类，12 件。兽口下有衔环。分为两种。

第一种，1 件。

10（四）②B：77，残。当面饰一衔环的兽面形象。头顶饰"一"字形犄角；眼较大，圆形，眼上有细密短线连缀而成的眉毛，眼下饰双层眼睑，眼角外侧饰叶形双耳；鼻较小，蒜头形；嘴部较平而微咧，露单排齿，嘴角两边各有一颗獠牙，其下衔环；面像的顶部、两侧和衔环内部都有短线装饰的鬃毛。边轮与兽面之间饰有一圈凸弦纹，边轮较低平。瓦当残径 12 厘米（图 3-5-22，1；图版四六九，1、2）。

第二种，11 件。当面饰一衔环的兽面。头顶饰中间略下垂的"一"字形角。眉脊下弯。眼呈圆形，其下饰双层眼睑。鼻呈蒜头形。嘴平弧而微咧，嘴角两侧饰有不明显的两颗獠牙。口衔一环。兽面的顶部、两侧以及衔环内部用短线饰鬃、鬣、须。边轮与当面之间饰一圈凸弦纹，其上缀有小联珠。边轮较低平。

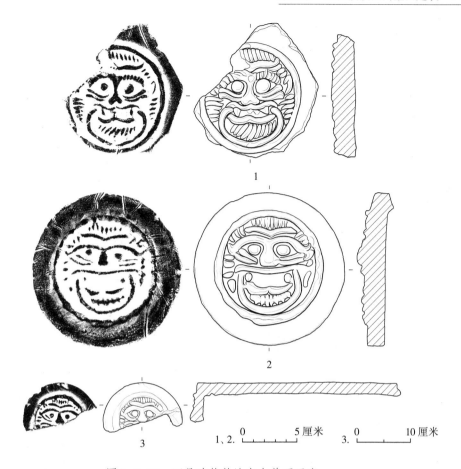

图 3-5-22　四号建筑基址出土兽面瓦当

1.10（四）②B：77　2.09（四）G25③：3　3.09（四）G25③：7

09（四）G25③：3，完整。瓦当直径 13.6~13.8、边轮宽 1.6~2、边轮厚 1.2~1.7
厘米（图 3-5-22，2；图版四六九，3、4）。

09（四）G25③：7，残。瓦当残径 14.5、边轮宽 1.7~2.1、边轮厚 1.5 厘米。瓦
当背面对接筒瓦保存较好。筒瓦凸面素面，凹面保留布纹，凹面近下缘处有一道凹槽。
两侧缘均为内切，呈全切状，近凹面一侧保留切割面，近凸面一侧断裂面基本不存。
两侧缘均被二次加工的斜向刮削面打破。筒瓦残长 36、宽 14.5、厚 1.8~2.1 厘米，瓦
舌残缺（图 3-5-22，3；图版四六九，5、6）。

10（四）①：41，残。瓦当残径 11.6、边轮宽 1.6~2、边轮厚 1.6~1.7 厘米（图
3-5-23，1；图版四七〇，1）。

10（四）①：52，残。瓦当背面刻划有较密集的细线，其对应范围已达兽面的
衔环底部。瓦当残径 11.7 厘米（图 3-5-23，2；图版四七〇，3、4）。

10（四）①：71，残。瓦当残径 11、边轮宽 1.6~1.8、边轮厚 1.3~1.5 厘米。瓦

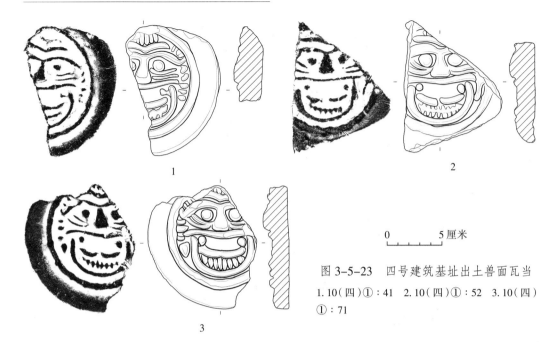

图 3-5-23　四号建筑基址出土兽面瓦当
1.10（四）①：41　2.10（四）①：52　3.10（四）
①：71

当背面保存一小段对接筒瓦，筒瓦厚1.8厘米（图3-5-23，3；图版四七〇，2）。

10（四）①：74，残。瓦当直径14.4、边轮宽1.9~2.5厘米（图3-5-24，1；图版四七〇，5、6）。

10（四）①：75，较完整。瓦当背面接近中部的位置有一道记号线，与对接筒瓦范围基本一致。瓦当直径13.7~14、边轮宽1.9~2.4、边轮厚1.4~1.5厘米（图3-5-24，2；图版四七一，1、2）。

10（四）②B：1，较完整。瓦当直径13.5、边轮宽1.6~2、边轮厚1.4~1.7厘米（图3-5-24，3；图版四七一，3、4）。

10（四）②B：66，完整。瓦当直径13.6~14、边轮宽1.6~2、边轮厚1.4~1.6厘米。瓦当背面保存一小段对接筒瓦，筒瓦厚2厘米（图3-5-25，1；图版四七一，5、6）。

10（四）②B：82，较完整。瓦当直径14.1、边轮宽1.6~2.1、边轮厚1.3~1.7厘米。瓦当背面保存一小段对接筒瓦，筒瓦宽14、厚1.8~2厘米（图3-5-25，2；图版四七二，1、2）。

10（四）②B：123，较完整。瓦当残径13.8、边轮宽1.8~2.3、边轮厚1.4~1.6厘米（图3-5-25，3；图版四七二，3、4）。

第二类，1件。

09（四）G24②：4，较完整。当面饰一兽面，整体磨损严重。头顶有倒八字形角，额头有一较大圆形饰，圆形饰两侧有眉、耳，其下眼部磨损较严重。鼻呈矮三角形，嘴角两端起翘，露单排齿。边轮与当面之间从外而内饰凸弦纹、联珠纹和密集短竖

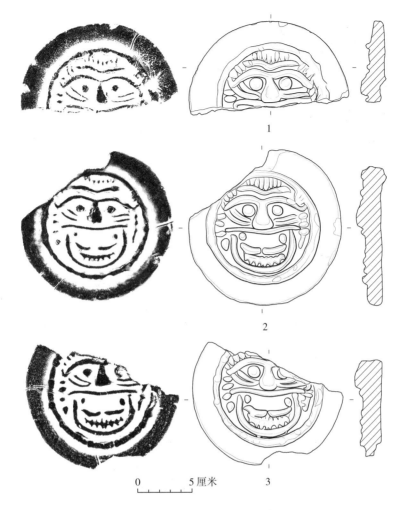

0   5厘米

图 3-5-24　四号建筑基址出土兽面瓦当
1. 10（四）①：74　2. 10（四）①：75　3. 10（四）②B：1

线构成的纹饰带各一圈。边轮较低平。瓦当直径 14.2、边轮宽 2~3、边轮厚 1.2~1.7
厘米（图 3-5-26，1；图版四七二，5、6）。

第三类，5 件。当面饰一狮面形象。顶部饰一对叶形小耳，额头饰一圆形纹，眉
脊细长，略呈倒"八"字形。眼为圆形，有眼睑。平椭圆形鼻。嘴微咧而平，两端
略上扬。无排齿。下颌有一缕须，四周用短线纹饰鬃、鬣、须等。边轮与兽面之间
饰两圈凸弦纹夹一圈联珠纹。边轮较低平。

09（四）G25①：1，较完整。瓦当直径 15.1、边轮宽 1.5~2.1、边轮厚 1.4~1.7 厘米
（图 3-5-26，2；图版四七三，1、2）。

10（四）②B：8，较完整。瓦当背面对接筒瓦处局部有印痕。瓦当直径 14.9~
15.4、边轮宽 1.7~2.3、边轮厚 1.5~1.8 厘米（图 3-5-26，3；图版四七三，3）。

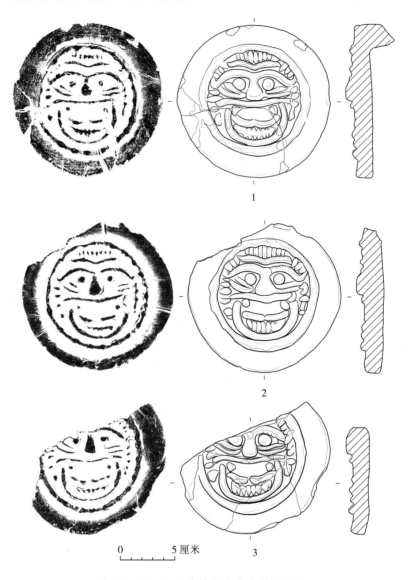

0   5厘米

图 3-5-25　四号建筑基址出土兽面瓦当

1. 10（四）②B：66　2. 10（四）②B：82　3. 10（四）②B：123

　　10（四）②B：20，残。瓦当残径 12.3、边轮宽 1.4~1.7、边轮厚 1.1~1.6 厘米（图 3-5-27，1；图版四七三，4）。

　　10（四）②B：59，残。边轮保存较好，兽面大多不存。瓦当直径 14.2、边轮宽 1.2~1.7、边轮厚 1.6~1.7 厘米。瓦当背面保存一小段对接筒瓦。筒瓦厚 2.5~2.7 厘米（图 3-5-27，2；图版四七三，5）。

　　10（四）②B：89，残。瓦当残径 12.5、边轮宽 1.6~1.8、边轮厚 1.5~1.7 厘米（图 3-5-27，3；图版四七三，6）。

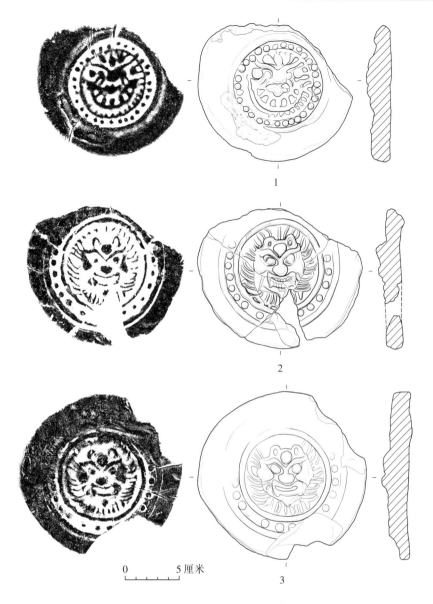

0　　　　5厘米

图 3-5-26　四号建筑基址出土兽面瓦当

1. 09（四）G24②：4　2. 09（四）G25①：1　3. 10（四）②B：8

人面瓦当　共 4 件。分两种。

第一种，1 件。

10（四）①：103，较完整。当面饰一人面图案。眉脊下弯，眼为较大的椭圆形，周围有一周眼睑。鼻呈矮三角形。左、右脸颊各饰一枚乳丁。嘴微咧，较平弧，略呈椭圆形。露双排齿，其中上排齿磨损严重，内饰小舌尖。边轮与人面间自外而内依次饰两圈凸弦纹和一圈联珠纹，最外侧凸弦纹略高。边轮较低平。瓦当直径

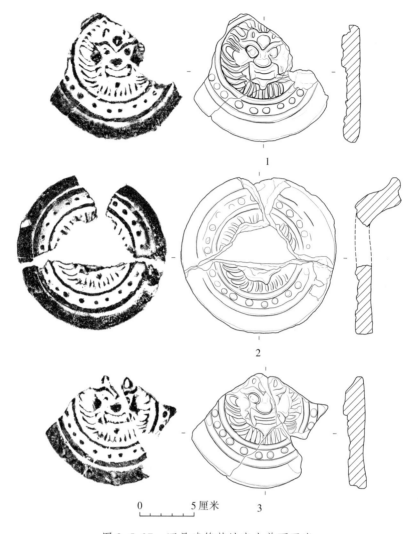

图 3-5-27　四号建筑基址出土兽面瓦当

1. 10（四）②B：20　2. 10（四）②B：59　3. 10（四）②B：89

14.8、边轮宽 1.8~2.1、边轮厚 1.3~1.5 厘米（图 3-5-28，1；图版四七四，1）。

　　第二种，3 件。当面饰一人面。额头饰"一"字形装饰。眉脊粗短，呈倒"八"字形。眼为椭圆形，外饰一周眼睑。鼻呈矮三角形。左、右脸颊各饰一乳丁。嘴部上平下弧。边轮和人面之间自外而内依次饰两圈凸弦纹和一圈联珠纹。边轮较低平。

　　10（四）①：95，残，面像嘴部以下不存。瓦当残径 9.4 厘米（图 3-5-28，2；图版四七四，2）。

　　10（四）①：97，较完整。瓦当残径 12.2、边轮宽 2.2~2.5、边轮厚 1 厘米（图 3-5-28，3；图版四七四，3）。

　　10（四）①：98，较完整。瓦当背面中部偏下有一道记号线。瓦当残径 13、边

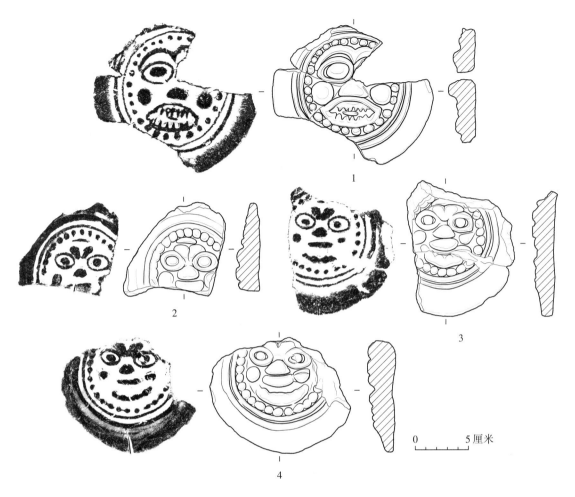

图 3-5-28　四号建筑基址出土人面瓦当

1. 10（四）①：103　2. 10（四）①：95　3. 10（四）①：97　4. 10（四）①：98

轮宽 1.6~2.1、边轮厚 0.8~1.1 厘米（图 3-5-28，4；图版四七四，5、6）。

莲花纹瓦当　60 件，可分三类。

第一类，7 件。饰倒心形花瓣及其变体，可分两种。

第一种，1 件。

09（四）G25②：5，大部分残缺。当面饰倒心形莲瓣，仅残存一瓣。花瓣尖头向外，由凸弦纹构成外廓，内含两片花肉，花肉之间有凸弦纹间隔。花瓣旁边有间饰。边轮突出。瓦当残径 6.7、边轮宽 1.7、边轮厚 1.4~1.5 厘米（图 3-5-29，1；图版四七四，4）。

第二种，6 件。当面饰一朵莲花图案。花瓣呈倒心形，共六瓣，朝外一侧较圆润，朝当心一侧略尖。花瓣内两片花肉相连，呈"U"形。花瓣之间有四个小乳丁和凸弦

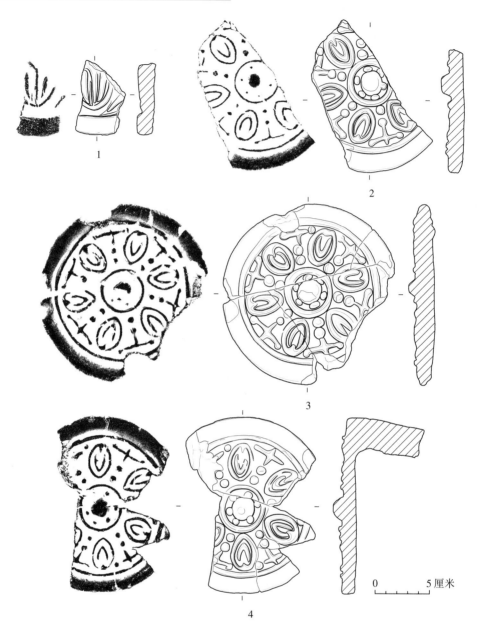

图 3-5-29 四号建筑基址出土莲花纹瓦当

1.09（四）G25②：5 2.09（四）G25②：3 3.10（四）①：34 4.10（四）②B：2

纹构成的十字形间饰。当心饰一较大乳突，其外依次环绕一周小乳丁和一周凸弦纹。边轮与当面之间饰一周凸弦纹。边轮较低平。

09（四）G25②：3，残，花瓣存四瓣。瓦当残径 13.6、边轮宽 1.5~1.6、边轮厚 1.3 厘米（图 3-5-29，2；图版四七五，1）。

10（四）①：34，较完整。瓦当直径 16.1~16.3、边轮宽 1.5~2、边轮厚 1.4 厘米（图

3-5-29，3；图版四七五，3、4）。

10（四）②B：2，残，花瓣存四瓣。瓦当直径15.8、边轮宽1.4~1.7、边轮厚1~1.4厘米。瓦当背面保存一段对接筒瓦，筒瓦凸面素面，凹面保留布纹。筒瓦残长7.2、厚2.5~2.8厘米（图3-5-29，4；图版四七五，2）。

10（四）②B：6，较完整。瓦当直径16.2、边轮宽1.5~1.8、边轮厚1~1.5厘米（图3-5-30，3；图版四七五，5）。

10（四）②B：9，较完整。瓦当直径15.8~16.2、边轮宽1.4~1.8、边轮厚1.5~1.7厘米。瓦当背面保存一小段对接筒瓦，筒瓦厚2.4厘米（图3-5-30，2；图版四七五，6）。

10（四）②B：94，残。瓦当直径16.2、边轮宽1.4~1.8、边轮厚1.6厘米（图3-5-30，1；图版四七六，1）。

第二类，45件。饰较大的椭圆形花瓣。分两种。

第一种，41件。当面饰一朵莲花图案。花瓣为突出的大椭圆形，朝向当心一侧略尖，其外有凸弦纹构成的弧状外廓，共六瓣。外廓之间有小乳丁构成的间饰。当心有一大乳突作为莲心。边轮与莲花间饰一周凸弦纹，其上缀有联珠。边轮较低平。

09（四）G24③：2，完整。瓦当直径14.1~14.8、边轮宽1.7~2、边轮厚1.4~1.5厘米。瓦当背面保存一小段对接筒瓦，筒瓦凸面素面。凹面保留布纹，近下缘处有一道凹槽。筒瓦残长5.6、宽14.9、厚2.2~2.5厘米（图3-5-31，1；图版四七六，2）。

09（四）G24③：3，较完整。瓦当残径12.3、边轮宽1.8~2、边轮厚1.4厘米。当背保存一小段对接筒瓦，筒瓦宽2厘米（图3-5-31，2；图版四七六，3）。

09（四）G25②：1，较完整。瓦当直径14.4、边轮宽1.8~2、边轮厚0.9~1.5厘米（图3-5-31，3；图版四七六，4）。

09（四）G25③：5，残。瓦当残径12、边轮宽2、边轮厚1.5厘米（图3-5-32，1；图版四七六，5）。

10（四）①：12，较完整。瓦当直径14.7、边轮宽1.8~2.1、边轮厚1.4~1.7厘米。瓦当背面保存一小段对接筒瓦。筒瓦凸面素面。筒瓦凹面残存部分为抹泥覆盖，筒瓦厚2~2.1厘米（图3-5-32，2；图版四七六，6）。

10（四）①：16，较完整。瓦当残径13.8、边轮宽1.9~2.2、边轮厚1.4~1.5厘米（图3-5-32，3；图版四七七，1）。

10（四）①：29，较完整。瓦当直径14.8、边轮宽1.8~2.4、边轮厚1.2~1.5厘米（图3-5-33，1；图版四七七，3、4）。

10（四）①：35，残。瓦当残径11.6、边轮宽1.8、边轮厚1.3厘米（图3-5-33，2；

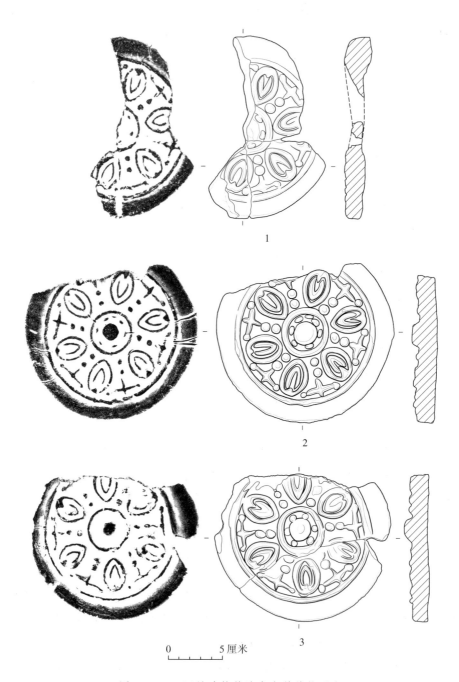

0 —— 5厘米

图 3-5-30 四号建筑基址出土莲花纹瓦当

1. 10（四）②B：94 2. 10（四）②B：9 3. 10（四）②B：6

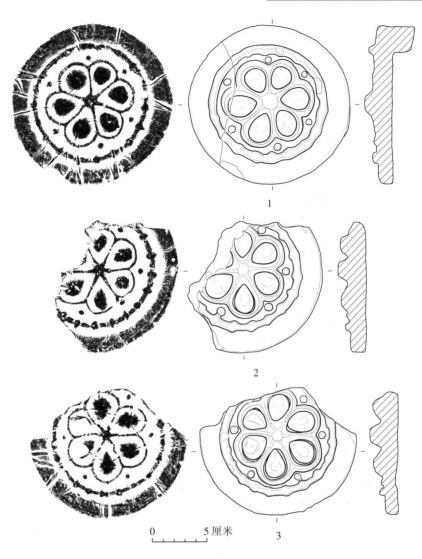

图 3-5-31　四号建筑基址出土莲花纹瓦当
1. 09（四）G24③：2　2. 09（四）G24③：3　3. 09（四）G25②：1

图版四七七，2）。

　　10（四）①：38，完整。瓦当直径 14.1~14.5、边轮宽 1.8~2、边轮厚 1.7~1.8 厘米。当背保存一小段对接筒瓦，筒瓦凸面素面，凹面残存部分有抹泥痕，不见布纹。筒瓦厚 2.5~2.8 厘米（图 3-5-33，3；图版四七七，5）。

　　10（四）①：40，较完整。瓦当直径 14.2~14.5、边轮宽 1.7~2.1、边轮厚 1.4~1.7厘米。瓦当背面保存一段对接筒瓦，筒瓦凸面素面，凹面保留布纹。筒瓦残长 9.1、厚 2.2~2.3 厘米（图 3-5-34，1；图版四七七，6）。

　　10（四）①：42，较完整。瓦当直径 14.3~14.5、边轮宽 1.9~2.1、边轮厚 1.5~1.7

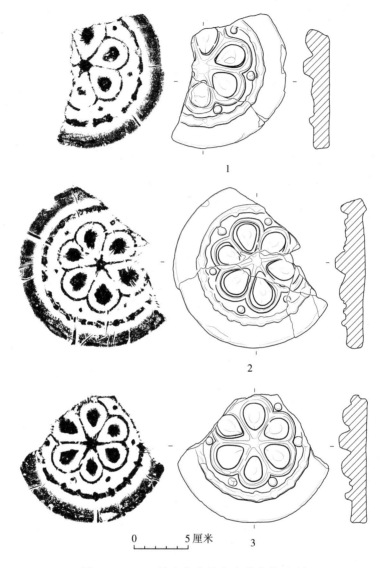

图 3-5-32 四号建筑基址出土莲花纹瓦当

1.09（四）G25③:5 2.10（四）①:12 3.10（四）①:16

厘米。瓦当背面残存一段对接筒瓦。筒瓦凸面素面，凹面保留布纹，凹面近下缘处有两道凹槽。筒瓦残长 8、厚 2.2~2.4 厘米（图 3-5-34，2；图版四七八，1）。

10（四）①:43，较完整。瓦当直径 14.4、边轮宽 1.7~2.1、边轮厚 1.2~1.4 厘米。当背保存一段对接筒瓦，筒瓦凸面素面，凹面保留布纹。筒瓦残长 7.2、厚 2.3 厘米（图 3-5-34，3；图版四七八，2）。

10（四）①:44，较完整。瓦当残径 13.4、边轮宽 2~2.2、边轮厚 1.4~1.5 厘米（图 3-5-35，1；图版四七八，3）。

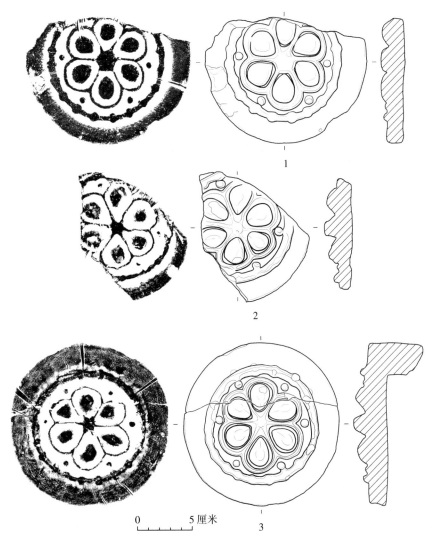

0   5厘米

图3-5-33　四号建筑基址出土莲花纹瓦当

1.10（四）①：29　2.10（四）①：35　3.10（四）①：38

　　10（四）①：45，较完整。瓦当残径 12.2、边轮宽 1.7~2、边轮厚 1.4~1.6 厘米（图 3-5-35，2；图版四七八，4）。

　　10（四）①：46，较完整。瓦当残径 14.2、边轮宽 1.6~1.8、边轮厚 1.5 厘米（图 3-5-35，3；图版四七八，5）。

　　10（四）①：47，较完整。瓦当直径 14.3、边轮宽 1.8~2.1、边轮厚 1.4~1.6 厘米。瓦当背面残存一段对接筒瓦，筒瓦凸面素面，凹面残存部分为抹泥覆盖，基本不见布纹。筒瓦残长 5、厚 2.8 厘米（图 3-5-36，3；图版四七八，6）。

　　10（四）①：48，较完整。瓦当残径 11.2、边轮宽 1.7~2.2、边轮厚 1.5~1.8 厘米

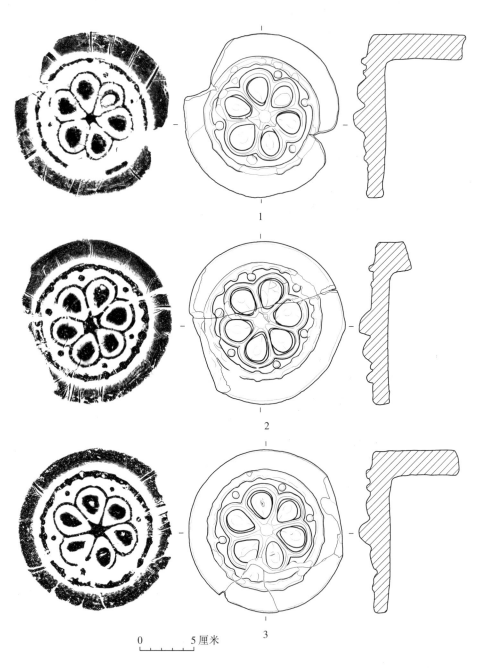

0   5厘米

图 3-5-34 四号建筑基址出土莲花纹瓦当

1. 10（四）①：40   2. 10（四）①：42   3. 10（四）①：43

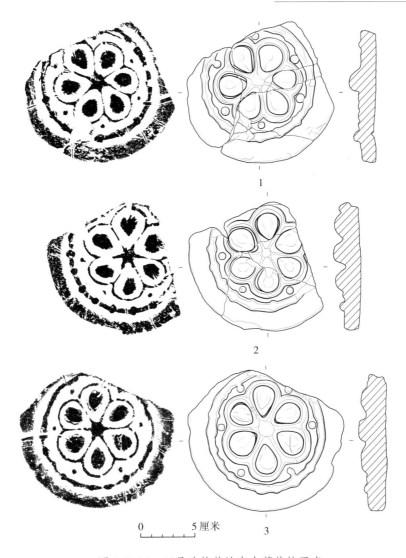

图 3-5-35　四号建筑基址出土莲花纹瓦当

1.10（四）①：44　2.10（四）①：45　3.10（四）①：46

（图 3-5-36，2；图版四七九，1）。

10（四）①：64，大部分残缺。瓦当残径 11.4、边轮宽 2、边轮厚 1.5 厘米（图 3-5-36，1；图版四七九，2）。

10（四）①：65，较完整。瓦当直径 14.1~14.7、边轮宽 1.7~2.2、边轮厚 1.5~1.6 厘米。瓦当背面保存一段对接筒瓦，筒瓦凸面素面，凹面保留布纹。两侧缘均为内切，呈全切状，近凹面一侧保留切割面，近凸面一侧断裂面基本不存。两侧缘均被二次加工的斜向刮削面打破，刮削面较窄。筒瓦残长 11.4、宽 15.1、厚 2.1~2.3 厘米（图 3-5-37，1；图版四七九，3、4）。

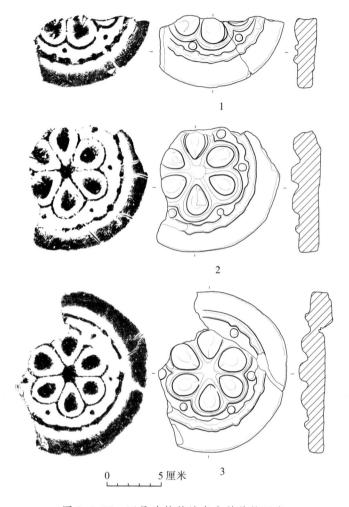

图 3-5-36　四号建筑基址出土莲花纹瓦当

1.10（四）①：64　2.10（四）①：48　3.10（四）①：47

　　10（四）①：68，较完整。瓦当直径 14.3~15、边轮宽 1.9~2.2、边轮厚 1.5~1.6 厘米。瓦当背面保存一段对接筒瓦。筒瓦凸面素面；凹面保留布纹，凹面近下缘处有两道凹痕。筒瓦残长 9、宽 14.9、厚 2~2.2 厘米（图 3-5-37，2；图版四七九，5）。

　　10（四）①：77，较完整。瓦当直径 14.2~15、边轮宽 1.7~2.1、边轮厚 1.3~1.6 厘米。瓦当背面保存一段对接筒瓦，筒瓦凸面素面，凹面保留布纹，两侧缘均为内切，呈全切状，近凹面一侧保留切割面，近凸面一侧断裂面基本不存。两侧缘均被二次加工的斜向刮削面打破。筒瓦残长 21.7、宽 15.3~16.2、厚 2.5~2.7 厘米（图 3-5-37，3；图版四八〇，1、2）。

　　10（四）①：87，较完整。瓦当直径 14~14.2、边轮宽 2、边轮厚 1.5 厘米（图 3-5-38，1；图版四八〇，3、4）。

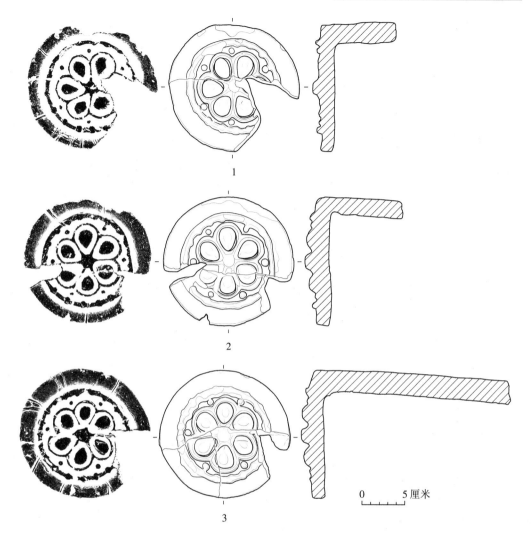

图 3-5-37 四号建筑基址出土莲花纹瓦当

1. 10（四）①：65 2. 10（四）①：68 3. 10（四）①：77

10（四）①：91，完整。瓦当直径 14~14.3、边轮宽 1.7~2、边轮厚 1.4~1.7 厘米。当背保存一段对接筒瓦，筒瓦凸面素面，凹面保留布纹。筒瓦残长 6.7、厚 2.3~2.5 厘米（图 3-5-38，2；图版四七九，6）。

10（四）②B：14，较完整。瓦当直径 14~14.2、边轮宽 1.8~2、边轮厚 1.3~1.6 厘米。瓦当背面保存一段对接筒瓦。筒瓦凸面素面，凹面保留布纹。筒瓦残长 6.2、厚 2~2.2 厘米（图 3-5-38，3；图版四八〇，5）。

10（四）②B：25，完整。瓦当直径 14.4~14.6、边轮宽 1.8~2、边轮厚 1.5~1.7 厘米。瓦当背面保存一小段对接筒瓦，筒瓦厚 2.3~2.5 厘米（图 3-5-39，3；图版四八一，1、2）。

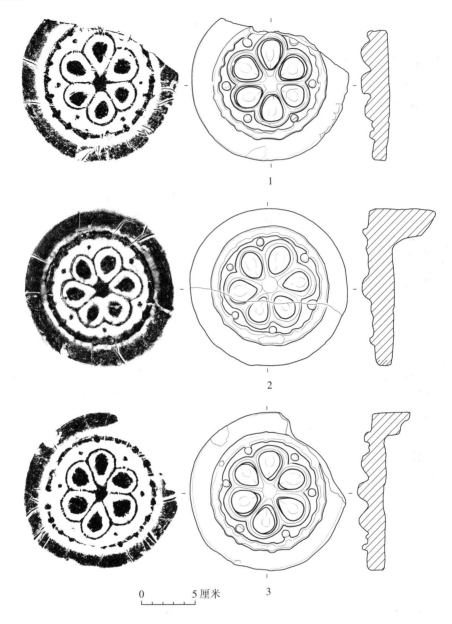

图 3-5-38   四号建筑基址出土莲花纹瓦当

1.10（四）①：87   2.10（四）①：91   3.10（四）②B：14

10（四）②B：32，残。瓦当残径 12.9、边轮宽 1.8、边轮厚 1.5 厘米（图 3-5-39，2；图版四八一，3、4）。

10（四）②B：34，残。瓦当残径 11.4、边轮宽 2~2.2、边轮厚 1.4 厘米。瓦当背面保存一段对接筒瓦，筒瓦厚 2.6 厘米（图 3-5-39，1；图版四八〇，6）。

10（四）②B：37，完整。瓦当直径 14.2~14.4、边轮宽 1.8~2.2、边轮厚 1.4 厘米。

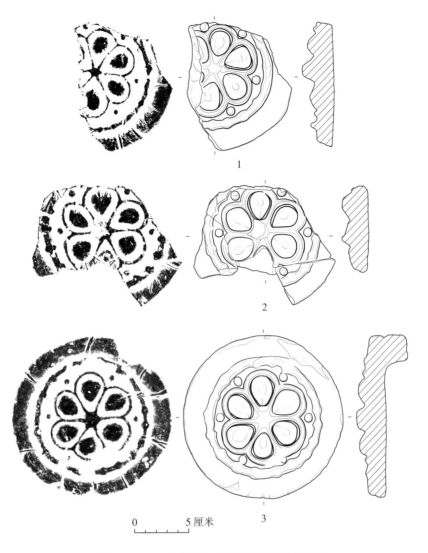

图 3-5-39　四号建筑基址出土莲花纹瓦当

1. 10（四）②B：34　2. 10（四）②B：32　3. 10（四）②B：25

瓦当背面保存一段对接筒瓦，筒瓦凸面素面，凹面保留布纹。筒瓦两侧缘均为内切，近凹面一侧保留切割面。右侧缘呈全切状，基本不见断裂面，左侧缘近凸面一侧断裂面保留相对较多。两侧缘均被二次加工的斜向刮削面打破。筒瓦残长 28.1、宽 14.5~15.4、厚 2.1~2.4 厘米（图 3-5-40，1；图版四八一，5、6）。

10（四）②B：40，残。瓦当残径 13.7、边轮宽 1.8、边轮厚 1.3~1.4 厘米（图 3-5-40，2；图版四八二，1）。

10（四）②B：70，完整。瓦当直径 14.2~14.5、边轮宽 1.7~2.1、边轮厚 1.4~1.6 厘米。瓦当背面保存一小段对接筒瓦，筒瓦厚 2.5~2.7 厘米（图 3-5-40，3；图版

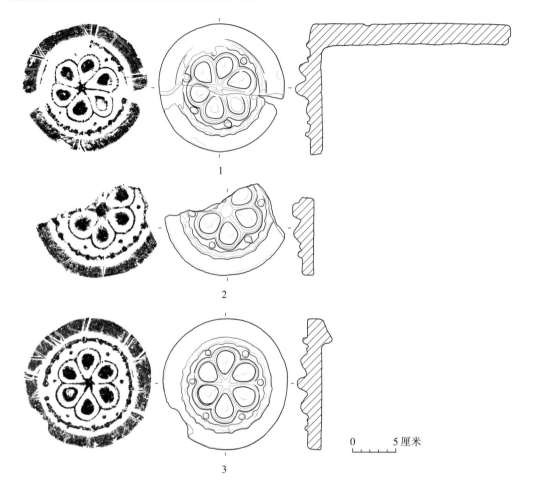

图3-5-40   四号建筑基址出土莲花纹瓦当

1. 10（四）②B：37   2. 10（四）②B：40   3. 10（四）②B：70

四八二，3、4）。

10（四）②B：72，较完整。瓦当直径13.8、边轮宽1.4~1.7、边轮厚1.4~1.6厘米。瓦当背面保存一段对接筒瓦，筒瓦凸面素面，凹面有布纹和两道凹槽。筒瓦残长6.4、厚2~2.3厘米（图3-5-41，1；图版四八二，2）。

10（四）②B：74，大部分残缺。瓦当残径12、边轮宽1.7~2、边轮厚1.6~1.8厘米（图3-5-41，2；图版四八二，5）。

10（四）②B：81，较完整。瓦当直径14.4、边轮宽1.8~2.1、边轮厚1.4~1.5厘米。瓦当背面保存一段对接筒瓦，凸面素面，凹面残存部分为抹泥覆盖，不见布纹。筒瓦厚2.2厘米（图3-5-41，3；图版四八二，6）。

10（四）②B：90，完整。瓦当直径14~14.4、边轮宽1.6~1.8、边轮厚1.5~1.6厘米。瓦当背面保存一段对接筒瓦。筒瓦凸面素面，局部有拍印纹；凹面保留布纹。

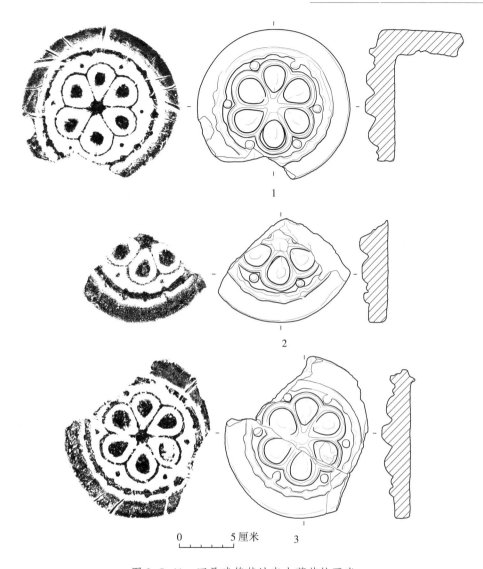

0 _____ 5厘米

图3-5-41　四号建筑基址出土莲花纹瓦当

1.10（四）②B：72　2.10（四）②B：74　3.10（四）②B：81

两侧缘均为内切，呈全切状，近凹面一侧保留切割面，近凸面一侧断裂面基本不存。
两侧缘均被二次加工的斜向刮削面打破。筒瓦残长15、宽14.7、厚2.2~2.6厘米（图
3-5-42，3；图版四八三，1~3）。

　　10（四）②B：91，较完整。瓦当直径14~14.5、边轮宽1.8~2.1、边轮厚1.5~1.7
厘米（图3-5-42，2；图版四八三，4）。

　　10（四）②B：99，残。瓦当残径11.3、边轮宽1.8~2、边轮厚1.5厘米（图3-5-42，
1；图版四八三，5）。

　　10（四）②B：100，较完整。瓦当残径12.5、边轮宽1.8~2、边轮厚1.2~1.4厘米

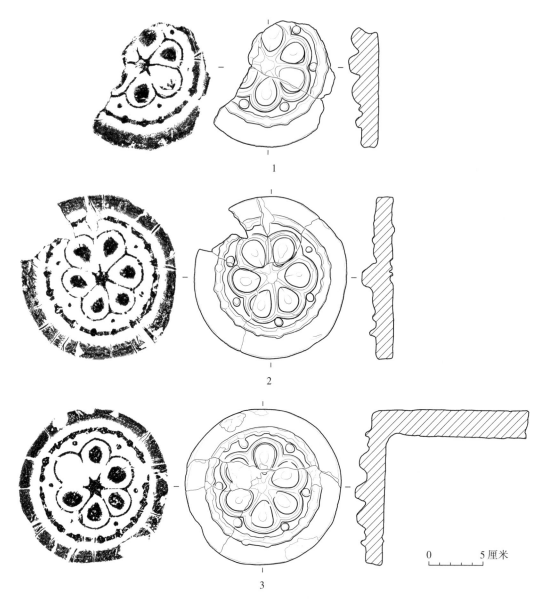

图 3-5-42 四号建筑基址出土莲花纹瓦当

1.10（四）②B：99 2.10（四）②B：91 3.10（四）②B：90

（图 3-5-43，1；图版四八三，6）。

10（四）②B：101，较完整。瓦当残径 14.3、边轮宽 1.8~2.1、边轮厚 1.5~1.7 厘米（图 3-5-43，2；图版四八四，1）。

10（四）②B：106，残。瓦当残径 14.4、边轮宽 1.8~2、边轮厚 1.5 厘米（图 3-5-43，3；图版四八四，2）。

10（四）②B：113，较完整。瓦当直径 14.5、边轮宽 1.4~2、边轮厚 1.4~1.6 厘米

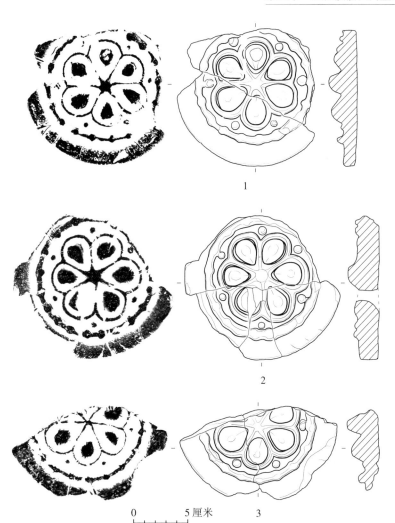

图 3-5-43 四号建筑基址出土莲花纹瓦当

1. 10（四）②B∶100 2. 10（四）②B∶101 3. 10（四）②B∶106

（图 3-5-44，1；图版四八四，3）。

10（四）②B∶122，较完整。瓦当残径 14.1、边轮宽 1.6~2、边轮厚 1.4~1.8 厘米（图 3-5-44，2；图版四八四，4）。

第二种，4件。当面饰一朵莲花图案，花瓣呈椭圆形，其外为凸弦纹构成的外廓，内部有突出的椭圆形花肉。各花瓣之间有小乳丁间饰。当心有一稍大的乳丁，其外环绕一周小乳丁和一周凸弦纹，共同构成莲心。边轮与当面之间饰一周凸弦纹。边轮较低平。

10（四）①∶86，残。瓦当残径 13.1、边轮宽 1.7、边轮厚 1.2~1.4 厘米（图 3-5-44，3；图版四八四，5）。

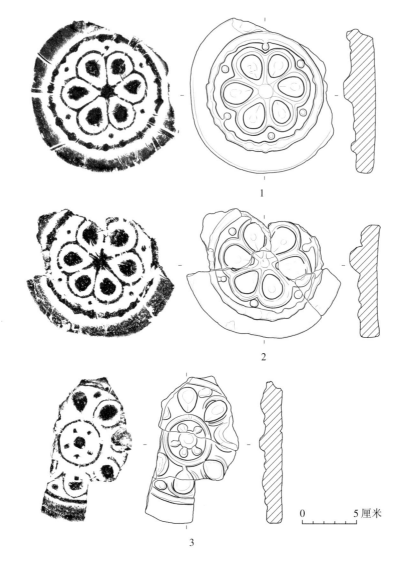

图 3-5-44　四号建筑基址出土莲花纹瓦当

1. 10（四）②B：113　2. 10（四）②B：122　3. 10（四）①：86

　　10（四）①：101，较完整。瓦当直径 15~15.3、边轮宽 1.3~1.9、边轮厚 1.4~1.5 厘米。当背对接的筒瓦保存较好，包括瓦身和瓦舌两部分。瓦身、瓦舌凸面均为素面，凹面保留布纹。瓦身两侧缘均为内切，呈全切状，近凹面一侧保留切割面，近凸面一侧断裂面基本不存。两侧缘均被斜向的二次加工面打破。瓦身上缘与瓦舌相接处略呈弧状。筒瓦长 37.3、宽 15.3~16、厚 2.4、瓦舌长 1.2 厘米（图 3-5-45，1；图版四八五，1、2）。

　　10（四）②B：27，残。瓦当残径 12、边轮宽 1.3~1.9、边轮厚 1.1~1.6 厘米（图 3-5-45，2；图版四八四，6）。

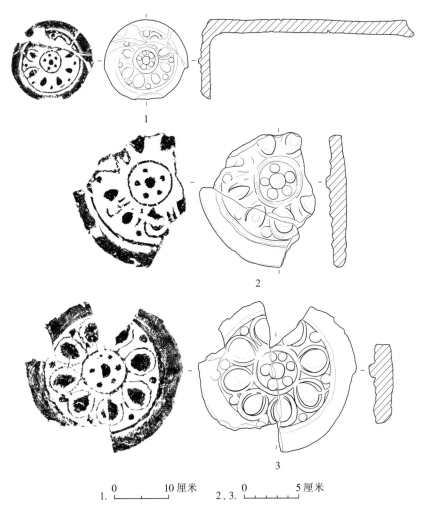

1. 0 ____ 10厘米   2、3. 0 ____ 5厘米

图 3-5-45　四号建筑基址出土莲花纹瓦当

1. 10（四）①：101　2. 10（四）②B：27　3. 10（四）②B：57

　　10（四）②B：57，较完整。瓦当直径14.4、边轮宽1.6~2、边轮厚1.2厘米（图3-5-45，3；图版四八五，3、4）。

　　第三类，8件。饰密集的小椭圆形花瓣。分三种。

　　第一种，3件。当面饰一朵莲花图案。当心饰一稍大的乳丁，周边环绕四个小乳丁和一圈凸弦纹，共同构成莲心。四周莲瓣由凸弦纹勾勒出长椭圆形外廓，其内有突出的花肉，共十二瓣。各莲瓣之间饰一小乳丁。边轮与当面之间饰一周凸弦纹。边轮较低平。

　　10（四）①：3，完整。瓦当直径15.7~16、边轮宽2~2.4、边轮厚1~1.8厘米。当背保存一段对接筒瓦，凸面素面，凹面保留布纹。筒瓦左侧缘残缺，右侧缘为内切，近凹面一侧保留切割面，近凸面一侧保留断裂面。右侧缘被二次加工的斜向刮削面打破。筒瓦残长7.5、厚2厘米（图3-5-46，2；图版四八五，5、6）。

10（四）①：82，较完整。瓦当直径15.5、边轮宽2~2.2、边轮厚1.2~1.5厘米（图3-5-46，3；图版四八六，1）。

10（四）②B：26，较完整。瓦当直径15.8、边轮宽1.8~2.5、边轮厚1.2~1.8厘米（图3-5-46，4；图版四八六，2）。

第二种，1件。

10（四）②B：47，大部分残缺。当面饰一朵莲花图案。当心饰一稍大的乳丁，周边环绕一周小乳丁和一圈凸弦纹，共同构成莲心。小乳丁残存两个。四周莲瓣由凸弦纹勾勒出长椭圆形外廓，其内有稍突出的花肉，残存三瓣。瓦当残径8.4、边轮宽2、边轮厚1.8厘米（图3-5-46，1；图版四八六，3）。

第三种，4件。当面饰一变体莲花纹，花瓣多数由小椭圆形凸弦纹勾勒而成，其中两瓣呈突出的实心椭圆状。共十五瓣。花瓣之间有两个小乳丁构成的间饰。当心有一较突出的乳丁，其外依次环绕一周凸弦纹、一周小乳丁纹、一周凸弦纹，小乳丁纹之间有更细小的乳丁间饰，第二周凸弦纹上缀有小联珠。边轮和花瓣之间饰一圈凸弦纹，其上缀小联珠。边轮较低平。

10（四）①：18，较完整。瓦当直径15.7、边轮宽1.9~2.5、边轮厚1~1.2厘米。瓦当背面保存一小段对接筒瓦，筒瓦宽1.8厘米（图3-5-47，2；图版四八六，4）。

10（四）②B：10，较完整。瓦当直径15.3~15.5、边轮宽1.9~2.8、边轮厚0.9~1.5厘米（图3-5-47，3；图版四八六，5）。

10（四）②B：48，较完整。瓦当直径15.8、边轮宽1.7~2.7、边轮厚1.2~1.4厘米（图3-5-47，4；图版四八六，6）。

10（四）②B：109，大部分残缺。瓦当残径10.5、边轮宽2.5厘米（图3-5-47，1；图版四八七，1）。

几何纹瓦当　92件。分三类。

第一类，56件。饰多角形图案。分六种。

第一种，4件。当面饰一五角形外廓，每一角内均有细长凸棱带组成的内饰。当心有一高起的乳丁。外廓各角之间有单个乳丁构成的间饰。星形图案和边轮间有一周凸弦纹。边轮较低平。瓦当直径较大。瓦当边轮局部接出一段伸长部分，有较深的刻槽纹。

10（四）①：7，较完整，但瓦当边轮所接伸出的刻槽部分大多残缺。瓦当背面对接筒瓦处抹泥较粗糙。瓦当直径17.5~18、边轮宽3~3.5厘米。瓦当背面保存有对接的圆形筒瓦。筒瓦保存较好，与瓦当上部对接部分呈一定弧度。筒瓦凸面素面，

0　　　　5厘米

图 3-5-46　四号建筑基址出土莲花纹瓦当

1. 10（四）②B：47　2. 10（四）①：3　3. 10（四）①：82　4. 10（四）②B：26

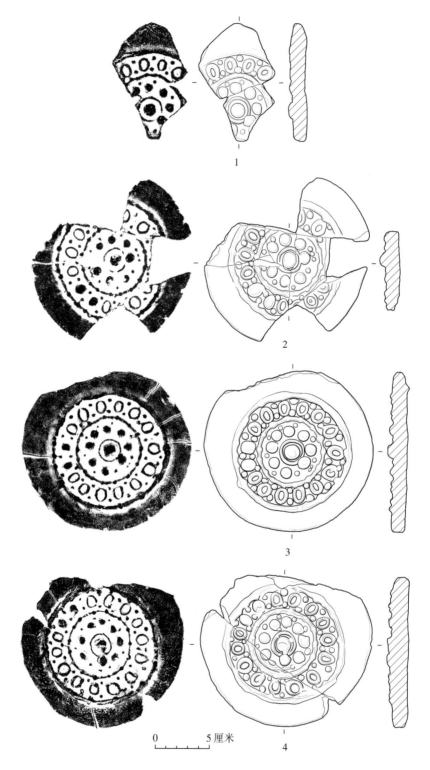

图 3-5-47　四号建筑基址出土莲花纹瓦当

1. 10（四）②B：109　2. 10（四）①：18　3. 10（四）②B：10　4. 10（四）②B：48

凹面保留布纹。筒瓦长 25.6、厚 3.6 厘米（图 3-5-48，1；图版四八七，2~4）。

　　10（四）①：56，较完整。瓦当背面对接筒瓦处抹泥较粗糙。瓦当直径 17.7~
17.9、边轮宽 2.8~3.6、边轮厚 1.4 厘米，饰刻槽纹的突出部分宽约 3 厘米。瓦当背面
保存一段对接筒瓦，与瓦当上部对接部分呈一定弧度，从残存部分判断应为圆形筒
瓦。筒瓦凸面素面，凹面保留布纹。筒瓦残长 7.8、厚 1.7~2.1 厘米（图 3-5-48，2；

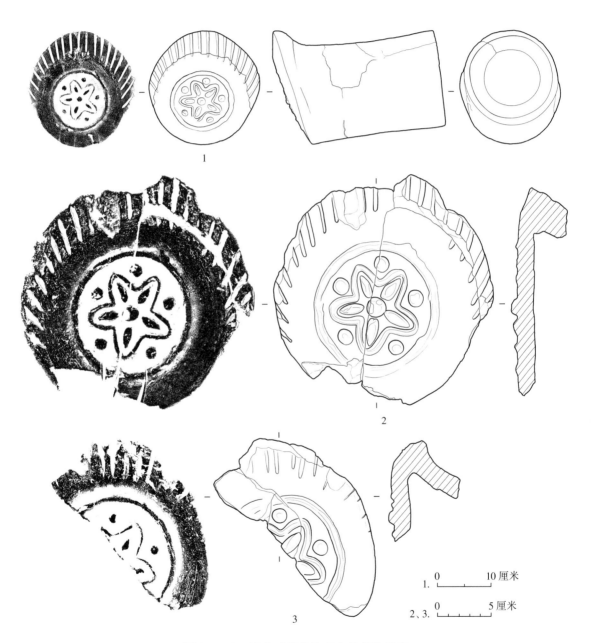

图 3-5-48　四号建筑基址出土几何纹瓦当

1. 10（四）①：7　2. 10（四）①：56　3. 10（四）①：62

图版四八七，5、6）。

10（四）①：62，残。瓦当直径17.6、边轮宽2.1~3.3厘米，饰刻槽纹的突出部分残宽约3厘米。瓦当背面残存一段对接筒瓦，呈一定弧度与瓦当相接。筒瓦凸面素面，凹面保留布纹。筒瓦残长8.5、厚1.8~2厘米（图3-5-48，3；图版四八八，1~3）。

10（四）②B：87，较完整，瓦当边轮一端残存刻槽纹。瓦当直径17.6、边轮宽2.9~3.4、边轮厚1.2~1.5厘米（图3-5-49，1；图版四八八，4、5）。

第二种，14件。当面饰一五角形外廓，每一角内均有细长的凸棱带组成内饰。当心有一高起的乳丁。外廓各角之间有单个乳丁构成的间饰。图案和边轮间有一周凸弦纹。边轮较低平。瓦当直径较大。

09（四）G24②：5，残。瓦当残径11.5、边轮宽3.2、边轮厚1.3厘米（图3-5-49，2；图版四八八，6）。

10（四）①：17，较完整。瓦当直径17.2~17.5、边轮宽2.9~3.4、边轮厚1.4厘米（图3-5-49，3；图版四八九，1）。

10（四）①：19，残。瓦当直径17.2、边轮宽2.7~3.2、边轮厚1.4厘米。瓦当背面保存一段对接筒瓦，凸面素面，凹面保留布纹。筒瓦残长8.2、厚1.7~2.1厘米（图3-5-50，1；图版四八九，2）。

10（四）①：53，较完整。瓦当残径16.9、边轮宽3.2、边轮厚1.5厘米。瓦当背面保存一小段对接筒瓦，筒瓦凸面素面，凹面保留布纹。厚1.9厘米（图3-5-50，2；图版四八九，3）。

10（四）①：83，完整。瓦当直径17.5~17.9、边轮宽2.7~3.4、边轮厚1.2~1.4厘米（图3-5-50，3；图版四八九，5、6）。

10（四）②B：31，较完整。瓦当背面刻划交错较深的细线，分布范围较广。瓦当残径16、边轮宽3~3.4、边轮厚1.2厘米（图3-5-51，1；图版四九〇，1、2）。

10（四）②B：33，较完整。瓦当背面刻划环绕一周且较深的细线。瓦当残径17.9、边轮宽3.3~3.7、边轮厚1~1.3厘米（图3-5-51，2；图版四九〇，3、4）。

10（四）②B：35，较完整。瓦当直径17.3、边轮宽2.8~3.1、边轮厚1.2~1.5厘米（图3-5-51，3；图版四八九，4）。

10（四）②B：60，残，边轮基本不存。瓦当残径11.7厘米（图3-5-52，1；图版四九〇，5）。

10（四）②B：63，较完整。瓦当残径17.1、边轮宽2.9~3.3、边轮厚1.6厘米（图3-5-52，2；图版四九〇，6）。

10（四）②B：67，较完整。瓦当直径17.6、边轮宽2.7~3、边轮厚1.3~1.5厘米（图

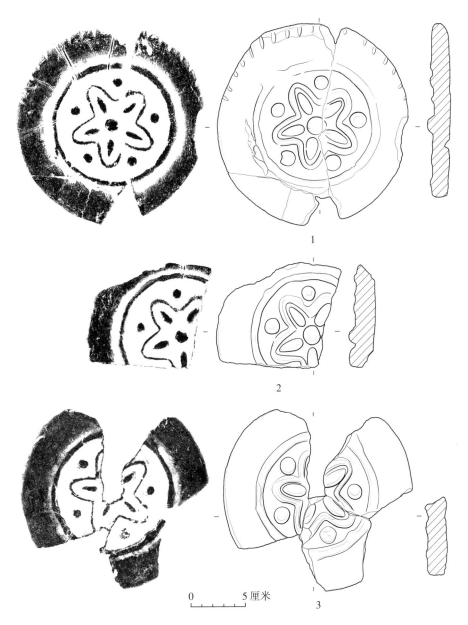

图 3-5-49　四号建筑基址出土几何纹瓦当

1. 10（四）②B：87　2.09（四）G24②：5　3.10（四）①：17

3-5-52，3；图版四九一，1）。

　　10（四）②B：98，较完整。瓦当直径 18~18.2、边轮宽 3~3.5、边轮厚 1.1~1.4
厘米（图 3-5-53，1；图版四九一，3、4）。

　　10（四）②B：104，残。瓦当残径 13.7、边轮宽 2.6~3.1、边轮厚 1.1~1.5 厘米
（图 3-5-53，2；图版四九一，2）。

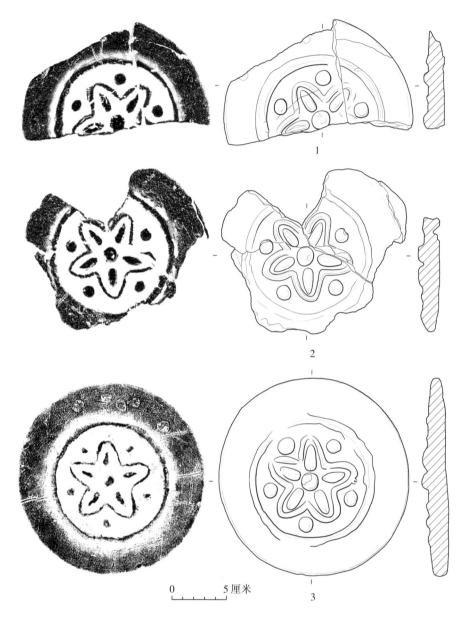

图 3-5-50　四号建筑基址出土几何纹瓦当

1. 10（四）①：19　2. 10（四）①：53　3. 10（四）①：83

　　10（四）②B：105，较完整。瓦当直径 17.3、边轮宽 2.6~3.2、边轮厚 1.5~1.8 厘米（图 3-5-53，3；图版四九一，5）。

　　第三种，7 件。当面饰一五角形外廓，每一角内均有细长的凸棱带组成内饰。当心有一乳丁。凸棱和乳丁突出的程度相对较低。外廓各角之间有单个乳丁构成的间饰。图案和边轮间有一周凸弦纹。边轮较低平。瓦当直径较小。

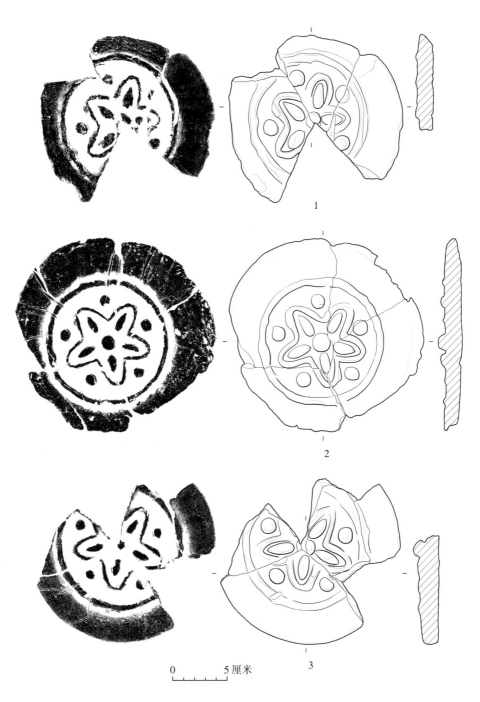

图 3-5-51 四号建筑基址出土几何纹瓦当
1. 10（四）②B：31 2. 10（四）②B：33 3. 10（四）②B：35

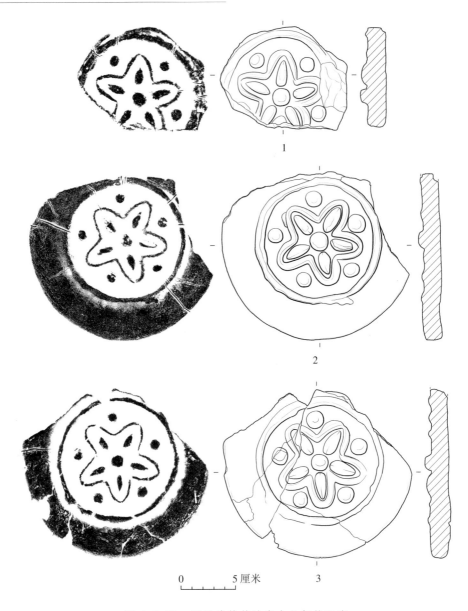

0　　　　　5厘米

图 3-5-52　四号建筑基址出土几何纹瓦当
1.10（四）②B：60　2.10（四）②B：63　3.10（四）②B：67

10（四）①：6，较完整。瓦当直径 14.5~14.8、边轮宽 2~2.4、边轮厚 1.5~1.7 厘米（图 3-5-54，1；图版四九一，6）。

10（四）①：80，较完整。瓦当残径 12、边轮宽 2.1~2.4、边轮厚 1.7 厘米（图 3-5-54，2；图版四九二，1、2）。

10（四）②B：39，较完整。瓦当直径 14.4、边轮宽 2.1~2.6、边轮厚 1.3~1.6 厘米（图 3-5-54，3；图版四九二，3）。

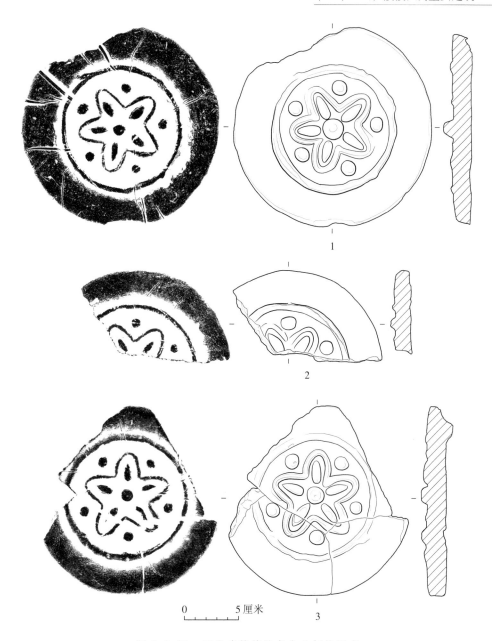

0 ⊢⊢⊢⊢⊢ 5 厘米

图 3-5-53　四号建筑基址出土几何纹瓦当

1.10（四）②B：98　2.10（四）②B：104　3.10（四）②B：105

　　10（四）②B：45，较完整。瓦当直径 14.4~14.6、边轮宽 2~2.5、边轮厚 1.4~1.6 厘米。瓦当背面保存一段对接筒瓦，筒瓦凸面素面，凹面保留布纹，左侧缘被二次加工的斜向刮削面打破。筒瓦残长 10.9、厚 2.5~2.8 厘米（图 3-5-55，1；图版四九二，5、6）。

　　10（四）②B：65，较完整。瓦当直径 14.4、边轮宽 2.1~2.4、边轮厚 1.2~1.8 厘

图 3-5-54 四号建筑基址出土几何纹瓦当

1.10（四）①∶6 2.10（四）①∶80 3.10（四）②B∶39

米（图 3-5-55，2；图版四九二，4）。

10（四）②B∶88，较完整。瓦当直径 14.6、边轮宽 2.1~2.7、边轮厚 1.6 厘米。瓦当背面保存一段对接筒瓦。筒瓦凸面素面，凹面保留布纹。两侧缘均为内切，近凹面一侧保留切割面，近凸面一侧保留断裂面。两侧缘均被二次加工的斜向刮削面打破。筒瓦残长 14.3、厚 2.3~2.5 厘米（图 3-5-55，3；图版四九三，1、2）。

10（四）②B∶114，较完整。瓦当直径 14.9、边轮宽 2.4~2.8、边轮厚 1.5~1.7 厘米（图 3-5-56，1；图版四九三，3）。

0　　　　5厘米

图 3-5-55　四号建筑基址出土几何纹瓦当

1. 10（四）②B：45　2. 10（四）②B：65　3. 10（四）②B：88

第四种，3件。当面饰一五角形图案，由外向内依次为五角折线纹、一周低矮的弦纹和一个较扁平的当心乳丁。各角之间有小乳丁和弧线构成的间饰。五角形和边轮之间饰两周凸弦纹夹一周短线纹，构成一圈方格纹饰带。边轮宽而低平。

10（四）②B：97，较完整。瓦当背面中部偏下的位置有一道记号线。瓦当直径 15.6~15.8、边轮宽 2.5~3、边轮厚 1.3~1.4 厘米（图 3-5-56，2；图版四九三，5、6）。

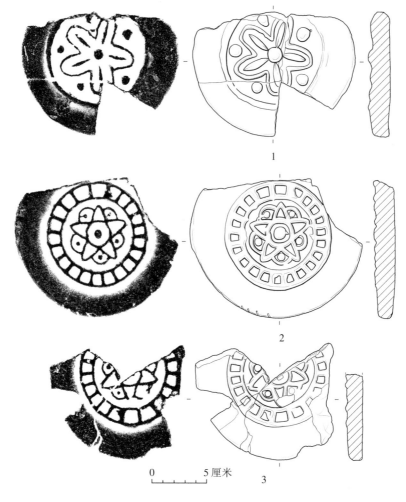

图 3-5-56 四号建筑基址出土几何纹瓦当

1.10（四）②B：114 2.10（四）②B：97 3.10（四）②B：102

10（四）②B：102，残。瓦当背面偏离中部的位置有一道记号线。瓦当残径12.7、边轮宽 2.7~3、边轮厚 1.2~1.3 厘米（图 3-5-56，3；图版四九四，1、2）。

10（四）②B：110，残。瓦当背面中部略偏下的位置有一道记号线。瓦当残径12.7、边轮宽 2.6~2.9、边轮厚 1.2~1.6 厘米（图 3-5-57，1；图版四九三，4）。

第五种，27 件。当面饰两周凸弦纹，其间有短直线构成的近三角形和梯形装饰，短线之间均有小乳丁间隔。当心饰一乳丁，内圈凸弦纹和当心之间有短直线和一周小乳丁构成的装饰。边轮较低平。

09（四）G25③：1，较完整。瓦当残径 13.1、边轮宽 2.1~2.6、边轮厚 1.7~1.8 厘米（图 3-5-57，2；图版四九四，3）。

09（四）G25③：2，残。瓦当残径 13、边轮宽 2.4~2.6、边轮厚 1.6~1.9 厘米（图

图 3-5-57 四号建筑基址出土几何纹瓦当

1. 10（四）②B：110 2. 09（四）G25③：1 3. 09（四）G25③：2

3-5-57，3；图版四九四，5、6）。

09（四）G25③：6，残。瓦当残径 11.6、边轮宽 2.1~2.6、边轮厚 1.7~1.9 厘米（图 3-5-58，1；图版四九四，4）。

10（四）①：5，较完整。瓦当直径 15.7、边轮宽 1.8~3.1、边轮厚 1.2~1.7 厘米。瓦当背面保存一小段对接筒瓦，凸面素面，凹面保留布纹。筒瓦厚 2.2 厘米（图 3-5-58，2；图版四九五，1、2）。

10（四）①：13，较完整。瓦当直径 16.3、边轮宽 2.3~3、边轮厚 1.5~1.7 厘米（图 3-5-58，3；图版四九五，3）。

10（四）①：14，较完整。瓦当残径 14.2、边轮宽 2.2~2.7、边轮厚 1.5~1.7 厘米（图 3-5-59，1；图版四九五，4）。

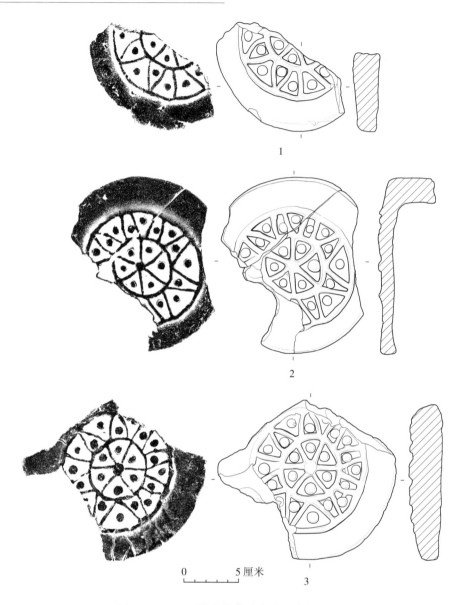

图 3-5-58　四号建筑基址出土几何纹瓦当

1.09（四）G25③：6　2.10（四）①：5　3.10（四）①：13

　　10（四）①：22，较完整。瓦当直径 15.4~16.1、边轮宽 2.5~2.9、边轮厚 1.7~2.2 厘米（图 3-5-59，2；图版四九五，5、6）。

　　10（四）①：23，残。瓦当残径 10.6、边轮宽 2.7~2.8、边轮厚 1.6 厘米。瓦当背面保存一段对接筒瓦，凸面素面，凹面保留布纹。筒瓦残长 11.6、厚 1.8~2 厘米（图 3-5-59，3；图版四九六，1）。

　　10（四）①：25，较完整。瓦当直径 15.6、边轮宽 2~2.6、边轮厚 1.4~1.6 厘米。

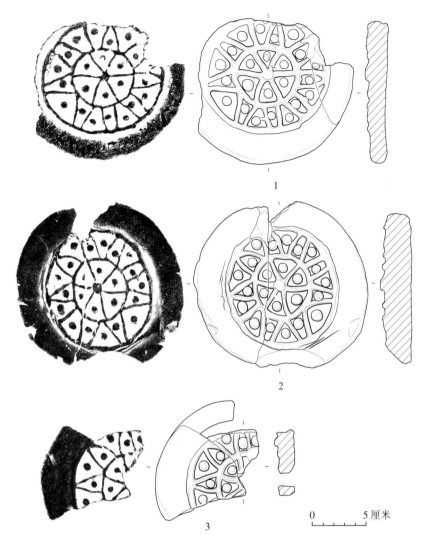

图 3-5-59　四号建筑基址出土几何纹瓦当

1. 10（四）①：14　2. 10（四）①：22　3. 10（四）①：23

瓦当背面保存一段对接筒瓦，筒瓦凸面素面，凹面保留布纹。筒瓦残长 10.3、厚 2.2~2.4 厘米（图 3-5-60，1；图版四九六，2）。

10（四）①：26，残。瓦当残径 14.8、边轮宽 2.1~2.6、边轮厚 1.5~1.7 厘米。瓦当背面保存一小段对接筒瓦，筒瓦宽 2.2 厘米（图 3-5-60，2；图版四九六，3）。

10（四）①：27，较完整。瓦当直径 16、边轮宽 2~2.6、边轮厚 1.6~1.9 厘米（图 3-5-60，3；图版四九六，5、6）。

10（四）①：28，较完整。瓦当直径 16.5、边轮宽 2.2~2.8、边轮厚 1.6~1.8 厘米。瓦当背面存有一小段对接筒瓦。筒瓦凸面素面，凹面保留少量布纹。筒瓦厚 2.2~2.4

图 3-5-60　四号建筑基址出土几何纹瓦当

1. 10（四）①：25　2. 10（四）①：26　3. 10（四）①：27

厘米（图 3-5-61，1；图版四九七，1、2）。

10（四）①：30，完整。瓦当直径 15.3~16.5、边轮宽 2.1~2.6、边轮厚 1.7~1.9 厘米。瓦当背面保存一段对接筒瓦，筒瓦凸面素面，凹面保留布纹。筒瓦残长 8.7、厚 2~2.3 厘米（图 3-5-61，2；图版四九七，3、4）。

10（四）①：31，较完整。瓦当直径 15.8~16.4、边轮宽 2.2~3、边轮厚 1.5~1.8 厘米。瓦当背面保存一段对接筒瓦，筒瓦凸面素面，凹面保留布纹。筒瓦两侧缘均为内切，局部呈全切状，近凹面一侧保留切割面，近凸面一侧保留断裂面。两侧缘均被斜向的二次刮削面打破，由下缘至上缘呈内收趋势。筒瓦残长 21.5、宽 16.6、厚 1.8~2.2

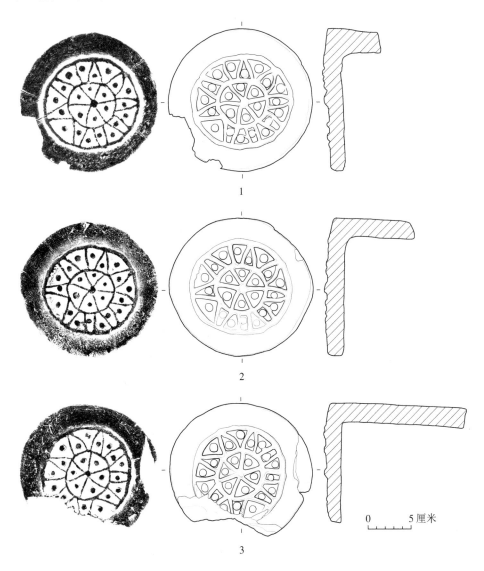

图 3-5-61　四号建筑基址出土几何纹瓦当

1. 10（四）①：28　2. 10（四）①：30　3. 10（四）①：31

厘米（图3-5-61，3；图版四九七，5、6）。

10（四）①：36，较完整。瓦当残径13.6、边轮宽2~2.5、边轮厚1.3~1.6厘米（图3-5-62，3；图版四九六，4）。

10（四）①：37，较完整。瓦当直径16、边轮宽2.2~3、边轮厚1.6~1.8厘米。瓦当背面保存一段对接筒瓦。筒瓦宽15.8、厚2.2厘米（图3-5-62，4；图版四九八，1、2）。

10（四）①：58，残。瓦当残径10.3、边轮宽2.5~2.9厘米。瓦当背面保存一小段对接筒瓦，筒瓦宽2.6厘米（图3-5-62，1；图版四九八，3）。

10（四）①：70，残。瓦当残径12、边轮宽2.3~2.6、边轮厚1.8~2厘米（图3-5-62，2；图版四九八，4）。

10（四）①：81，残。瓦当背面中部有一道记号线。瓦当残径14.2、边轮宽2~2.6、边轮厚1.4~1.8厘米。瓦当背面保存一小段对接筒瓦，筒瓦厚2.5厘米（图3-5-63，1；图版四九八，5、6）。

10（四）①：90，残。瓦当背面略偏离中部的位置有一道记号线。瓦当残径13.9、边轮宽2.2~2.6、边轮厚1.6~1.8厘米（图3-5-63，2；图版四九九，1）。

10（四）①：92，残。当背接近中部有一道记号线。瓦当残径13.9、边轮宽2~2.5、边轮厚1.5~1.7厘米（图3-5-63，3；图版四九九，3、4）。

10（四）②A：1，较完整。当面两周凸弦纹之间由短直线构成近梯形装饰。瓦当直径16.4~16.6、边轮宽1.7~2.5、边轮厚1.7~1.9厘米。瓦当背面保存一段对接筒瓦，筒瓦凸面素面，凹面保留布纹。筒瓦残长9.9、厚1.5~2.3厘米（图3-5-64，1；图版四九九，2）。

10（四）②B：19，完整。瓦当背面对接筒瓦处抹泥修整较粗糙。瓦当直径14.8~15、边轮宽2~2.7、边轮厚1.4~1.7厘米。瓦当背面保存一段对接筒瓦，筒瓦凸面素面，凹面保留布纹。右侧缘残缺，左侧缘内切，呈全切状，近凹面一侧保留切割面，近凸面一侧断裂面基本不存。左侧缘被二次加工的斜向刮削面打破。筒瓦残长19.9、宽15、厚1.5~1.7厘米（图3-5-64，2；图版四九九，5、6）。

10（四）②B：28，较完整。当面纹饰部分有一道细线，与对接筒瓦一端的范围相一致。瓦当直径15.5~16.1、边轮宽2.1~3、边轮厚1.5~1.8厘米。瓦当背面保存一小段对接筒瓦。筒瓦凸面素面，凹面残存部分为抹泥覆盖，不见布纹。筒瓦厚1.8~2.2厘米（图3-5-64，3；图版五○○，1）。

10（四）②B：49，较完整。瓦当直径15.6~15.9、边轮宽2.1~2.8、边轮厚1.1~1.5厘米。瓦当背面保存一小段对接筒瓦，筒瓦凸面素面，凹面为白灰覆盖。筒瓦厚2厘米（图3-5-65，1；图版五○○，2）。

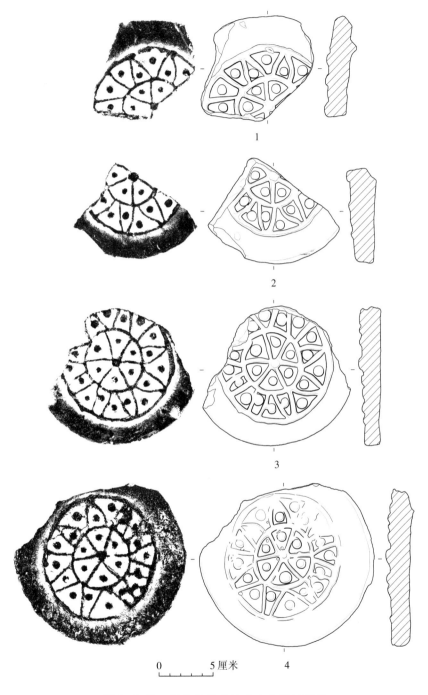

0   5厘米

图 3-5-62 四号建筑基址出土几何纹瓦当

1. 10（四）①：58 2. 10（四）①：70 3. 10（四）①：36 4. 10（四）①：37

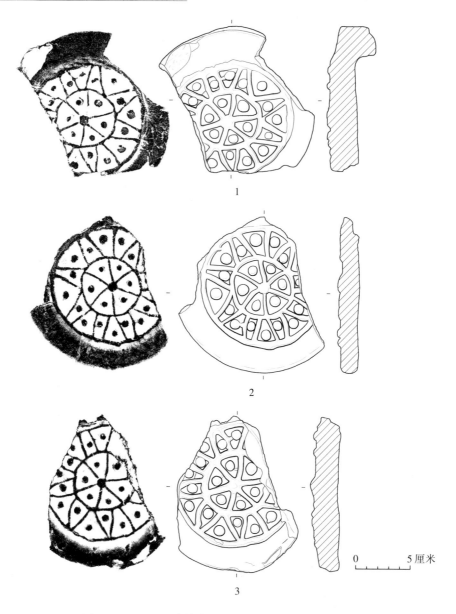

图 3-5-63　四号建筑基址出土几何纹瓦当

1. 10（四）①：81　2. 10（四）①：90　3. 10（四）①：92

　　10（四）②B：103，残。瓦当背面偏离中部的位置有一道记号线。瓦当残径13.8、边轮宽 1.9~2.2、边轮厚 1.5~1.7 厘米（图 3-5-65，2；图版五○○，3）。

　　10（四）②B：115，完整。瓦当背面中部有一道记号线，与对接筒瓦范围不完全一致。瓦当直径 15.6~15.8、边轮宽 1.8~2.6、边轮厚 1.4~1.8 厘米。当背保存一段对接筒瓦，筒瓦凸面素面，凹面保留布纹，左侧缘有内切痕迹。筒瓦残长 7、厚2~2.3 厘米（图 3-5-65，3；图版五○○，5、6）。

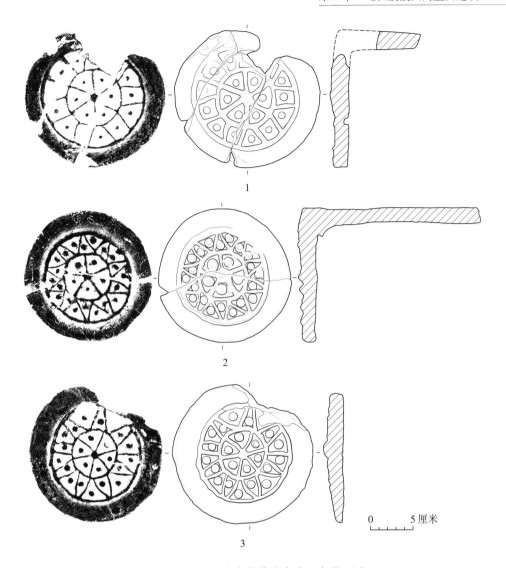

图 3-5-64 四号建筑基址出土几何纹瓦当

1.10（四）②A：1 2.10（四）②B：19 3.10（四）②B：28

第六种，1件。

10（四）①：102，残。当面纹饰由三角形装饰带和五角形图案共同组成。当面饰两周凸弦纹，其间有折线构成的三角形装饰以及小乳丁间饰。当心饰一多角形图案，一角保存较好，对称复原为五角，由外廓、凸棱带和高起的当心乳丁构成，各角之间有小乳丁间饰。边轮较低平。瓦当背面略偏离当心的位置有一道较长的细凹线，可能为记号线。瓦当直径 14.7、边轮宽 2~3、边轮厚 1.1~1.3 厘米。瓦当背面保存一小段对接筒瓦，筒瓦凸面素面，凹面为白灰覆盖。筒瓦厚 1.8~2 厘米（图 3-5-66，1；图版五〇〇，4）。

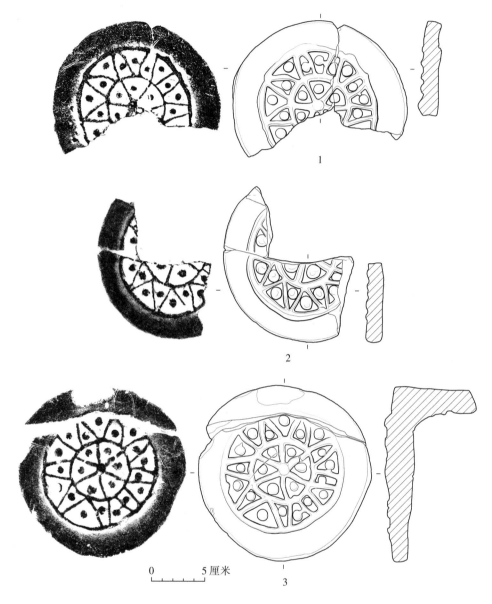

0　　　　　5厘米

图 3-5-65　四号建筑基址出土几何纹瓦当

1.10（四）②B：49　2.10（四）②B：103　3.10（四）②B：115

第二类，2 件。饰较大的圆形乳丁图案。当面主题纹饰为一圈大乳丁，共八个。大乳丁之间饰五个小乳丁组成的间饰，中心一个，上、下各两个。当心饰一个高突的乳丁，其外有两周凸弦纹。边轮与主题纹饰之间饰一圈凸弦纹。边轮较低平。

10（四）①：33，较完整。瓦当直径 15.7~16.2、边轮宽 1.7~2.1、边轮厚 1.3~1.5 厘米（图 3-5-66，2；图版五〇一，1、2）。

10（四）①：60，较完整。瓦当直径 16.2、边轮宽 1.5~2.1、边轮厚 1.2~1.4 厘米。

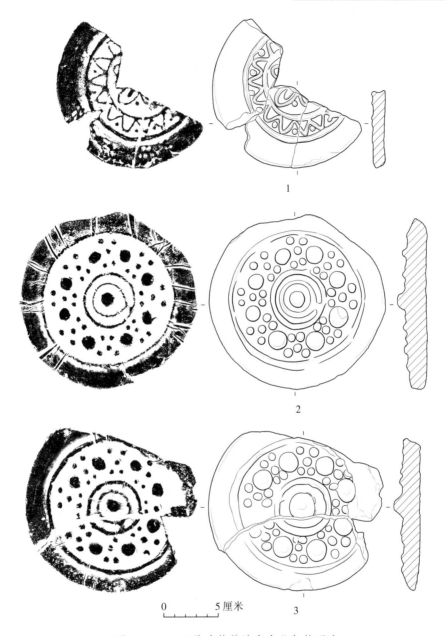

0 ————— 5厘米

图 3-5-66　四号建筑基址出土几何纹瓦当

1. 10（四）①：102　2. 10（四）①：33　3. 10（四）①：60

瓦当背面残存一小段对接筒瓦，筒瓦凸面素面，凹面残留部分为抹泥覆盖，有少量
布纹。筒瓦厚 2.1~2.3 厘米（图 3-5-66，3；图版五〇一，3、4）。

　　第三类，34 件。饰放射线图案。分六种。

　　第一种，15 件。当面主题纹饰由细密的短线纹构成，共八组，每组由三或四条
短线纹构成，各组之间有小乳丁间隔。短线纹和边轮、当心之间均有一圈凸弦纹间隔。

当心为一较大的乳丁，其外环绕七个小乳丁。边轮较低平。

09（四）G24③：1，较完整。瓦当直径 15.9、边轮宽 1.8~2.1、边轮厚 1~1.2 厘米（图 3-5-67，3；图版五〇一，5）。

10（四）①：11，较完整。瓦当残径 14.6、边轮宽 1.8、边轮厚 1.2 厘米（图 3-5-67，2；图版五〇一，6）。

10（四）①：54，残。瓦当背面不平，有指压痕迹。瓦当残径 9.8、边轮宽 1.8~2、边轮厚 0.9~1.1 厘米（图 3-5-67，1；图版五〇二，1）。

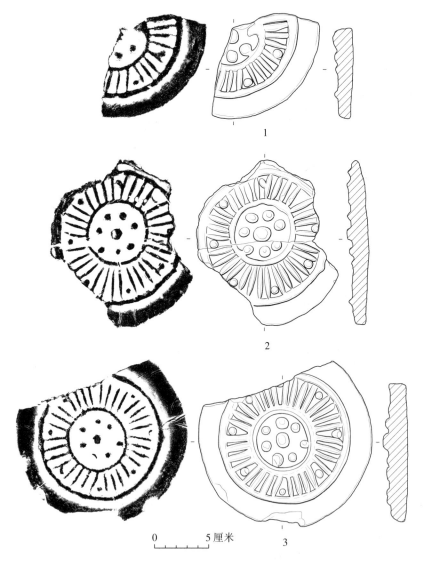

图 3-5-67　四号建筑基址出土几何纹瓦当

1. 10（四）①：54　2. 10（四）①：11　3. 09（四）G24③：1

10（四）①：59，完整。瓦当背面不平，有指压痕迹。瓦当直径 15.8~16.1、边轮宽 1.6~2.2、边轮厚 1~1.2 厘米。瓦当背面保存一小段对接筒瓦，筒瓦凸面素面，凹面保留布纹。筒瓦厚 1.6~1.8 厘米（图 3-5-68，1；图版五○二，2）。

10（四）①：93，残。瓦当残径 11.7、边轮宽 1.8~2、边轮厚 1~1.2 厘米（图 3-5-68，2；图版五○二，3）。

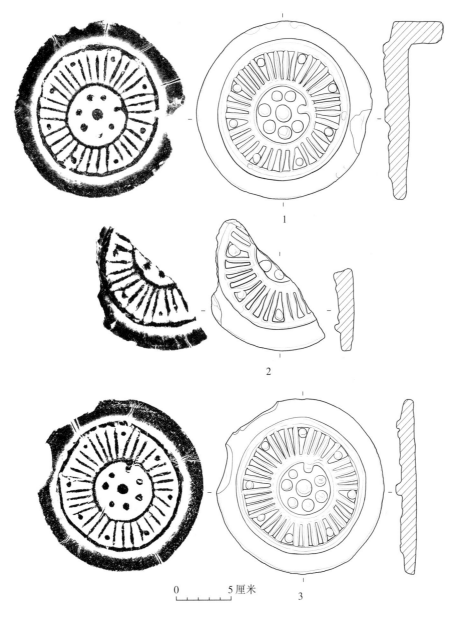

图 3-5-68 四号建筑基址出土几何纹瓦当

1.10（四）①：59 2.10（四）①：93 3.10（四）②B：29

10（四）②B：29，较完整。直径 15.2~15.5、边轮宽 1.6~2、边轮厚 0.9~1.2 厘米（图 3-5-68，3；图版五〇二，5、6）。

10（四）②B：38，较完整。瓦当直径 15.5、边轮宽 1.7~2、边轮厚 1.2~1.4 厘米（图 3-5-69，1；图版五〇二，4）。

10（四）②B：41，残。瓦当残径 12.6、边轮宽 1.3~2、边轮厚 1~1.2 厘米（图 3-5-69，2；图版五〇三，1）。

10（四）②B：44，残。瓦当残径 15.2、边轮宽 1.6~2、边轮厚 1.1~1.4 厘米。瓦当背面保存一小段对接筒瓦，筒瓦宽 2~2.3 厘米（图 3-5-69，3；图版五〇三，2）。

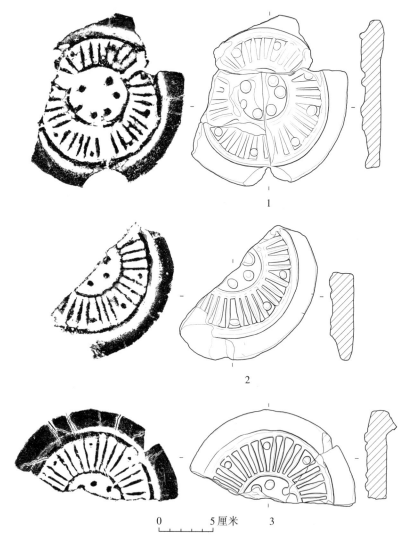

图 3-5-69　四号建筑基址出土几何纹瓦当

1. 10（四）②B：38　2. 10（四）②B：41　3. 10（四）②B：44

10（四）②B：61，残。瓦当残径 13.6、边轮宽 1.8、边轮厚 1.2 厘米（图 3-5-70，1；图版五〇三，3）。

10（四）②B：69，较完整。瓦当残径 14.8、边轮宽 1.7~2、边轮厚 0.9~1.1 厘米（图 3-5-70，2；图版五〇三，4）。

10（四）②B：71，较完整。瓦当直径 16.1、边轮宽 1.4~1.8、边轮厚 0.9~1.1 厘米（图 3-5-70，3；图版五〇三，5）。

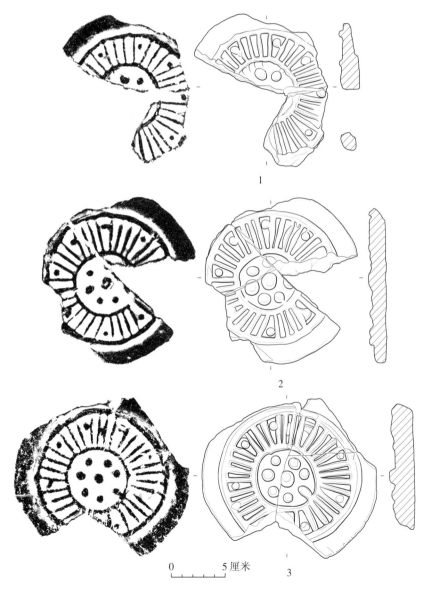

图 3-5-70　四号建筑基址出土几何纹瓦当

1.10（四）②B：61　2.10（四）②B：69　3.10（四）②B：71

　　10（四）②B：86，较完整。瓦当背面对接筒瓦处有印痕。瓦当直径 15.9、边轮宽 1.6~2.1、边轮厚 0.7~1.3 厘米（图 3-5-71，1；图版五〇三，6）。

　　10（四）②B：96，较完整。瓦当残径 14.2、边轮宽 1.8~2、边轮厚 0.7~1.3 厘米（图 3-5-71，2；图版五〇四，1）。

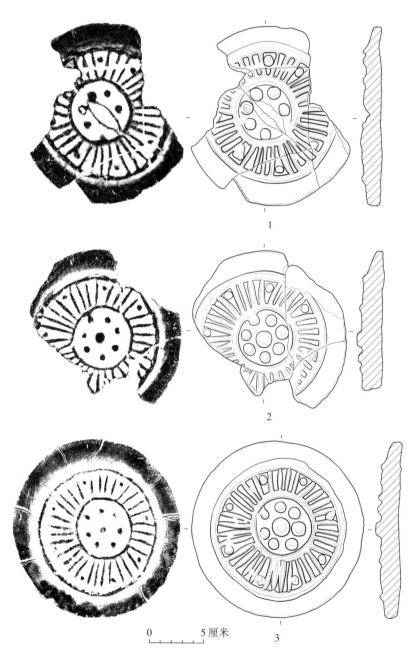

图 3-5-71　四号建筑基址出土几何纹瓦当

1. 10（四）②B：86　2. 10（四）②B：96　3. 10（四）②B：107

10（四）②B：107，完整。对接筒瓦基本不存，但残留有印痕。瓦当直径15.6~15.8、边轮宽1.6~2.1、边轮厚1~1.3厘米（图3-5-71，3；图版五〇四，3、4）。

第二种，4件。当面主题纹饰由细密的短线纹构成，共七组，每组有三条短线纹，各组之间有乳丁间隔。短线纹和边轮、当心之间均有一圈凸弦纹间隔。当心为一个乳丁，其外环绕六个乳丁。边轮较低平。

09（四）G24②：7，大部分残缺，紧邻边轮的凸弦纹已磨平。瓦当残径9.8、边轮宽2~2.5、边轮厚1.6厘米。当背保存一段对接筒瓦，筒瓦凸面素面，凹面保留布纹。筒瓦残长5.3、厚2.3~2.5厘米（图3-5-72，1；图版五〇四，2）。

10（四）①：20，残。残径12.1、边轮宽1.5~2.1、边轮厚1.2~1.4厘米（图3-5-72，2；图版五〇四，5）。

10（四）②B：17，大部分残缺。瓦当残径10.3、边轮宽1.7~1.9、边轮厚1.4~1.7厘米（图3-5-72，3；图版五〇四，6）。

10（四）②B：30，较完整。瓦当残径14.5、边轮宽1.4~1.6、边轮厚1.3~1.5厘

图3-5-72 四号建筑基址出土几何纹瓦当

1.09（四）G24②：7 2.10（四）①：20 3.10（四）②B：17

米（图 3-5-73，1；图版五〇五，1）。

第三种，1 件。

10（四）②B：93，残。当面主题纹饰由细密的短线纹构成，每组有三条短线纹，各组之间有乳丁间隔。短线纹和边轮、当心之间均有一圈凸弦纹间隔。当心为一个乳丁，其外还环绕一周乳丁，残存两个。短线纹之间和当心外环绕的乳丁均较小。边轮较低平。瓦当残径 12.8、边轮宽 1.5~1.7、边轮厚 1.1~1.3 厘米。瓦当背面保存一小段对接筒瓦，筒瓦厚 1.7 厘米（图 3-5-73，2；图版五〇五，2）。

第四种，1 件。

10（四）①：61，较完整。当面主题纹饰由细密的短线纹构成，可复原为七组，每组有四条短线纹，各组之间有较小的乳丁间隔。短线纹和边轮、当心之间均有一

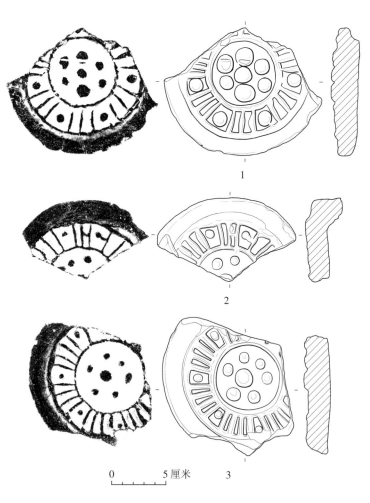

图 3-5-73　四号建筑基址出土几何纹瓦当

1. 10（四）②B：30　2. 10（四）②B：93　3. 10（四）①：61

圈凸弦纹间隔。当心为一个较大的乳丁，其外环绕六个乳丁。瓦当残径 12.3、边轮宽 1.7~1.9、边轮厚 1.5~1.6 厘米（图 3-5-73，3；图版五〇五，3）。

第五种，7 件。当面主题纹饰由细密的短线纹构成，共七组，每组有四条或六条短线纹，各组之间有乳丁间隔。短线纹和边轮、当心之间均有一圈凸弦纹间隔。当心为一个较大的乳丁，其外环绕五个乳丁。边轮较低平。

03（四）：采 3，残。瓦当残径 12.5、边轮宽 2.2、边轮厚 1.4~1.7 厘米（图 3-5-74，1；图版五〇五，4）。

09（四）G25 ②：2，残。瓦当残径 10.6、边轮宽 2.3、边轮厚 1.5 厘米（图 3-5-74，2；图版五〇五，5）。

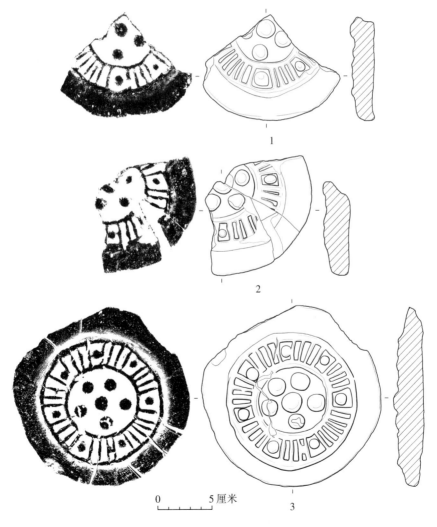

0　　　5厘米

图 3-5-74　四号建筑基址出土几何纹瓦当

1. 03（四）：采 3　2. 09（四）G25 ②：2　3. 10（四）①：1

10（四）①：1，较完整。瓦当直径 16.1~16.5、边轮宽 1.5~2.6、边轮厚 1.2~1.6 厘米（图 3-5-74，3；图版五〇六，1、2）。

10（四）①：15，较完整。当面纹样存在一定变形。瓦当直径 15.9、边轮宽 2.1~2.4、边轮厚 1.2~1.6 厘米（图 3-5-75，1；图版五〇六，3、4）。

10（四）①：66，残。瓦当残径 13.1、边轮宽 1.7~2.6、边轮厚 0.8~1.1 厘米（图 3-5-75，2；图版五〇五，6）。

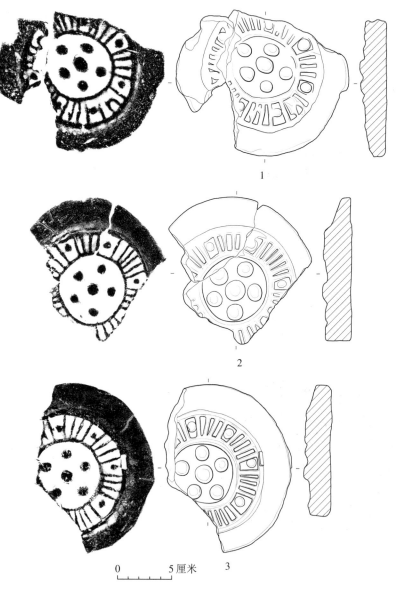

0 5厘米

图 3-5-75　四号建筑基址出土几何纹瓦当

1.10（四）①：15　2.10（四）①：66　3.10（四）①：88

10（四）①：88，较完整。瓦当直径 15.2、边轮宽 2~2.6、边轮厚 1.2~1.7 厘米（图 3-5-75，3；图版五〇六，5）。

10（四）①：94，残。瓦当残径 14.4、边轮宽 2~2.3、边轮厚 1.5~1.8 厘米（图 3-5-76，1；图版五〇六，6）。

第六种，6 件。当心饰一较大的乳丁，其外饰八组折线纹，较大的四组折线纹内饰小乳丁。折线纹和边轮之间饰两周凸弦纹夹一圈联珠纹。边轮较低平。

10（四）①：4，较完整。瓦当直径 16.2、边轮宽 2.1~2.5、边轮厚 1.1~1.4 厘米（图

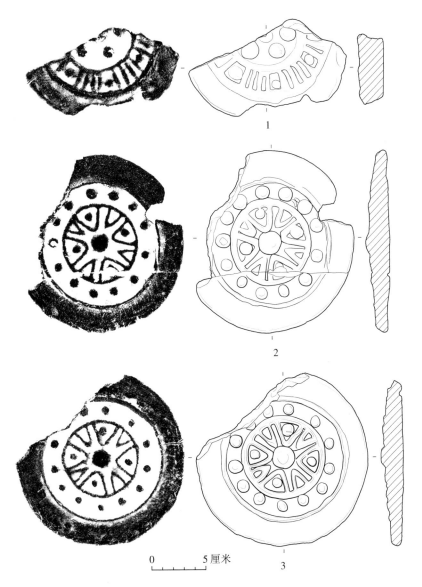

0　　　5 厘米

图 3-5-76　四号建筑基址出土几何纹瓦当

1. 10（四）①：94　2. 10（四）①：4　3. 10（四）①：9

3-5-76，2；图版五〇七，1、2）。

10（四）①：9，较完整。瓦当背面中部偏下位置有一道记号线。瓦当直径15.6~15.8、边轮宽2~2.4、边轮厚0.8~1.2厘米（图3-5-76，3；图版五〇七，3、4）。

10（四）①：10，较完整。瓦当背面偏离中部的位置有一道记号线。当背对接筒瓦处抹泥部分经过修整，部分较粗糙。瓦当残径14.5、边轮宽2.4~2.9、边轮厚0.7~1厘米（图3-5-77，1；图版五〇七，5、6）。

图3-5-77　四号建筑基址出土几何纹瓦当

1. 10（四）①：10　2. 10（四）①：21　3. 10（四）①：100

10（四）①：21，残。瓦当背面偏离中部的位置有一道记号线。瓦当残径14.3、边轮宽2.2~2.5、边轮厚0.9~1.1厘米（图3-5-77，2；图版五〇八，1、2）。

10（四）①：100，较完整。瓦当背面偏离中部的位置有一道记号线。瓦当残径14.8、边轮宽2~2.4、边轮厚1厘米（图3-5-77，3；图版五〇八，3、4）。

10（四）②B：108，残。瓦当背面偏离中部的位置有一道记号线。瓦当残径15.2、边轮宽1.9~2.6、边轮厚0.9~1.2厘米（图3-5-78，1；图版五〇八，5、6）。

瓦当残块 1件。

03（四）：采1，大部分残缺。边轮与当面间有一道凸弦纹，凸弦纹内残存两个小乳丁，其余纹饰磨损严重。瓦当残径7.4、边轮宽2.3、边轮厚1.6厘米（图3-5-78，2；图版五〇八，7）。

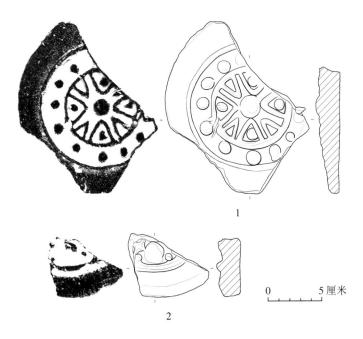

图 3-5-78 四号建筑基址出土瓦当
1. 几何纹瓦当［10（四）②B：108］ 2. 瓦当残块［03（四）：采1］

4. 滴水

共42件。均为陶质，灰胎。整体形制系在板瓦头接出一条带状折沿。端面底部呈波浪状。部分标本上存有白灰。根据滴水端面的加工方式和装饰布局，可分为两大类。

第一大类，共37件。对端面刮削出多道沟槽后再戳刻纹饰，分层式布局。

第一类，20件。滴水端面底部素面。

09（四）G24②：8，滴水端面与瓦身呈直角相接，分六层，纹饰位于第二、四层，第五、六层呈波浪状。侧缘保存有内侧切割痕迹。折沿背面和瓦身凸面有红彩痕迹。残长6、残宽14.6、瓦身厚2.2~2.4、滴水端面宽4.3厘米（图3-5-79，1；图版五〇九，1）。

09（四）G24②：10，滴水端面与瓦身呈直角相接，分六层，纹饰位于第二、四层，第六层呈波浪状。侧缘保存有内侧切割痕迹。残长9、残宽15.2、厚2~2.4、滴水端面宽4.3厘米（图3-5-79，2；图版五〇九，2）。

09（四）G24③：4，滴水端面与瓦身呈直角相接，分六层，纹饰位于第二、四层，第五、六层呈波浪状。侧缘保存有内侧切割痕迹。瓦身凸面有红彩，距离折沿3厘米处红彩较淡，距离折沿7厘米处有近似带状的较浓红彩。残长11.6、残宽13、瓦身厚2.1~2.5、滴水端面宽4.1厘米（图3-5-79，3；图版五〇九，3、4）。

10（四）①：50，滴水端面较完整，与瓦身呈直角相接，分六层，纹饰位于第二、四层，第五、六层呈波浪状。侧缘保存有内侧切割痕迹。瓦身凸面距离折沿15厘米处有一道疑似红彩痕迹。残长20、残宽25.3、瓦身厚2.2~3、滴水端面宽4.1厘米（图3-5-79，4；图版五〇九，5、6）。

10（四）①：57，滴水端面与瓦身呈直角相接，分五层，纹饰位于第二、四层，第五层呈波浪状。侧缘保存有内侧切割痕迹。瓦身凸面距离折沿10厘米处有红彩。残长15.8、残宽26.1、瓦身厚2.1~2.4、滴水端面宽5厘米（图3-5-79，5；图版五一〇，1、2）。

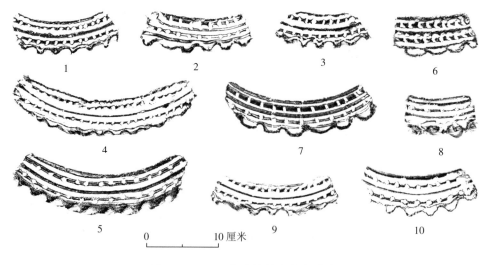

图3-5-79　四号建筑基址出土滴水

1.09（四）G24②：8　2.09（四）G24②：10　3.09（四）G24③：4　4.10（四）①：50　5.10（四）①：57
6.10（四）①：116　7.10（四）①：119　8.10（四）①：122　9.10（四）①：123　10.10（四）①：124

10（四）①：116，滴水端面与瓦身呈直角相接，分六层，纹饰位于第二、四层，第六层呈波浪状。侧缘保存有内侧切割痕迹。残长 10.4、残宽 12.7、瓦身厚 1.8~2、滴水端面宽 4.8 厘米（图 3-5-79，6；图版五一〇，3）。

10（四）①：119，滴水端面与瓦身呈直角相接，分六层，纹饰位于第二、四层，第六层呈波浪状。侧缘保存有内侧切割痕迹。残长 5、残宽 22、瓦身厚 2.5、滴水端面宽 4.6 厘米（图 3-5-79，7；图版五一〇，4）。

10（四）①：122，滴水端面与瓦身呈直角相接，分五层，纹饰位于第二、四层，第五层呈波浪状。侧缘保存有内侧切割痕迹。瓦身凸面距离折沿 4 厘米处有红彩痕迹。残长 8.4、残宽 9.8、瓦身厚 2~2.3、滴水端面宽 4.2 厘米（图 3-5-79，8；图版五一一，1）。

10（四）①：123，滴水端面与瓦身呈直角相接，分六层，纹饰位于第二、四层，第五、六层呈波浪状。侧缘保存有内侧切割痕迹。瓦身凸面距折沿 7.5 厘米处有残宽约 3 厘米的红彩。残长 13.2、残宽 17.6、瓦身厚 2.4~2.6、滴水端面宽 4.2 厘米（图 3-5-79，9；图版五一〇，5、6）。

10（四）①：124，滴水端面与瓦身呈直角相接，分六层，纹饰位于第二、四层，第五、六层呈波浪状。侧缘保存有内侧切割痕迹。残长 7.4、残宽 16.2、瓦身厚 2.1~2.5、滴水端面宽 4.6 厘米（图 3-5-79，10；图版五一一，2）。

10（四）①：126，滴水端面与瓦身呈直角相接，分六层，纹饰位于第二、四层，第六层呈波浪状。侧缘保存有内侧切割痕迹。残长 6.9、残宽 14.2、瓦身厚 1.9~2.3、滴水端面 4.7 厘米（图 3-5-80，1；图版五一一，3、4）。

10（四）①：129，滴水端面与瓦身呈直角相接，分六层，纹饰位于第一、二、四层，第五、六层呈波浪状。残长 7、残宽 24.2、瓦身厚 2.4、滴水端面 6 厘米（图 3-5-80，2；图版五一二，1）。

10（四）①：130，滴水端面与瓦身呈直角相接，分五层，纹饰位于第二、四层，第五层呈波浪状。残长 10.8、残宽 19.5、瓦身厚 2~2.4、滴水端面宽 4.2 厘米（图 3-5-80，3；图版五一一，5、6）。

10（四）②B：160，滴水端面与瓦身呈直角相接，分五层，纹饰位于第二、四层，第五层呈波浪状。侧缘保存有内侧切割痕迹。瓦身凸面距折沿 2 厘米和 4 厘米处均有红彩。残长 10.1、残宽 25.2、瓦身厚 1.9~2.4、滴水端面宽 4.8 厘米（图 3-5-80，4；图版五一二，2）。

10（四）②B：161，滴水端面与瓦身呈直角相接，分六层，纹饰位于第二、四层，第六层呈波浪状。侧缘保存有内侧切割痕迹。瓦身凸面距离折沿 10 厘米处有红彩痕迹。残长 15、残宽 14.4、瓦身厚 2.5~2.7、滴水端面宽 4.8 厘米（图 3-5-80，5；

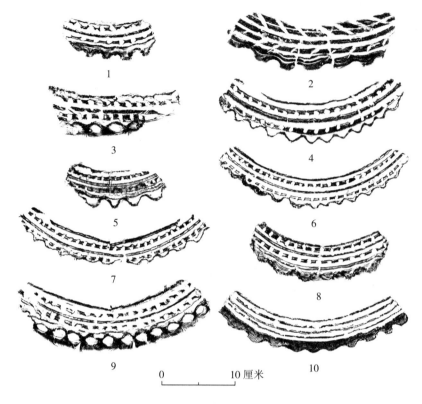

图 3-5-80　四号建筑基址出土滴水

1. 10（四）①：126　2. 10（四）①：129　3. 10（四）①：130　4. 10（四）②B：160　5. 10（四）②B：161　6. 10（四）②B：162　7. 10（四）②B：163　8. 10（四）②B：164　9. 10（四）②B：166　10. 10（四）②B：167

图版五一二，3、4）。

　　10（四）②B：162，滴水端面较完整。滴水端面与瓦身呈直角相接，分五层，纹饰位于第二、四层，第五层呈波浪状。侧缘保存有内侧切割痕迹。瓦身凸面距折沿 5 厘米和 14.5 厘米处各有一道红彩，宽度分别为 5 厘米和 1.5 厘米。残长 28.7、宽 25.5、瓦身厚 1.9~2.7、滴水端面宽 3.7 厘米（图 3-5-80，6；图版五一二，5、6）。

　　10（四）②B：163，滴水端面完整。滴水端面与瓦身呈直角相接，分五层，纹饰位于第二、四层，第五层呈波浪状。侧缘保存有内侧切割痕迹。残长 11.4、宽 25.2、瓦身厚 2.1~2.5、滴水端面宽 3.4 厘米（图 3-5-80，7；图版五一三，1、2）。

　　10（四）②B：164，滴水端面与瓦身呈直角相接，分六层，纹饰位于第二、四层，第六层呈波浪状。侧缘保存有内侧切割痕迹。瓦身凸面有红彩，主要分布在距离折沿约 3.5 厘米处。残长 8、残宽 19.1、瓦身厚 2.1~2.5、滴水端面宽 4.6 厘米（图 3-5-80，8；图版五一三，3、4）。

　　10（四）②B：166，滴水端面与瓦身呈直角相接，分六层，纹饰位于第二、四层，第六层呈波浪状。残长6.5、残宽25.7、瓦身厚2.2、滴水端面宽4.5厘米（图3-5-80，9；图版五一三，5）。

10（四）②B：167，滴水端面较完整。滴水端面与瓦身呈直角相接，分五层，纹饰位于第二、四层，第五层呈波浪状。侧缘保存有内侧切割痕迹。瓦身凸面距离折沿约5.5厘米处有红彩。残长8.9、宽25.9、瓦身厚2.3~2.7、滴水端面宽4.4厘米（图3-5-80，10；图版五一三，6、7）。

第二类，14件。滴水端面底部饰绳纹。

09（四）G24②：3，滴水端面底部绳纹磨损较严重，端面与瓦身呈钝角相接，分四层，纹饰位于第一、三层，第四层呈波浪状。侧缘保存有内侧切割痕迹，有线切痕。残长9.9、残宽25.2、瓦身厚2~2.3、滴水端面宽4厘米（图3-5-81，1；图版五一四，1、2）。

09（四）G24②：6，滴水端面与瓦身呈直角相接，分四层，纹饰位于第一、三层，第四层呈波浪状。侧缘保存有内侧切割痕迹。残长8.8、残宽14.5、瓦身厚2.5~3、滴水端面宽3.3厘米（图3-5-81，2；图版五一四，3~5）。

09（四）G24②：9，滴水端面与瓦身呈钝角相接，分五层，纹饰位于第一、四层，第五层呈波浪状。侧缘保存有内侧切割痕迹，有线切痕。残长5.2、残宽15.8、瓦身厚2~2.6、滴水端面宽3.9厘米（图3-5-81，3；图版五一四，6、7）。

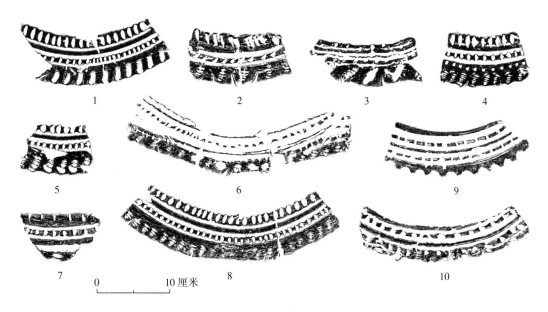

图3-5-81　四号建筑基址出土滴水

1. 09（四）G24②：3　2. 09（四）G24②：6　3. 09（四）G24②：9　4. 09（四）G25②：4-1　5. 09（四）G25②：4-2　6. 10（四）①：84　7. 10（四）①：112　8. 10（四）①：113　9. 10（四）①：118　10. 10（四）①：120

09（四）G25②：4-1，滴水端面与瓦身呈钝角相接，分四层，纹饰位于第一、三、四层，第四层呈波浪状。侧缘保存有内侧切割痕迹，有线切痕。残长 5、残宽 12.5、瓦身厚 1.2~2.5、滴水端面宽 4.5 厘米（图 3-5-81，4；图版五一五，1、2）。

09（四）G25②：4-2，滴水端面与瓦身呈直角相接，分四层，纹饰位于第一、三层，第四层呈波浪状。侧缘保存有内侧切割痕迹，有线切痕。残长 5.6、残宽 10.4、瓦身厚 2.3~2.5、滴水端面宽 4.3 厘米（图 3-5-81，5；图版五一五，3、4）。

10（四）①：84，滴水端面与瓦身呈钝角相接，分五层，纹饰位于第二、四层，第五层呈波浪状。侧缘保存有内侧切割痕迹，有线切痕。残长 31.5、残宽 29.2、瓦身厚 2.3~2.6、滴水端面宽 4.3 厘米（图 3-5-81，6；图版五一五，5、6）。

10（四）①：112，滴水端面与瓦身呈钝角相接，分四层，纹饰位于第一、二层，第四层呈波浪状。残长 7.9、残宽 12.5、瓦身厚 1.6~2、滴水端面宽 5.3 厘米（图 3-5-81，7；图版五一五，7）。

10（四）①：113，滴水端面完整，与瓦身呈钝角相接，分四层，纹饰位于第一、三层，第四层呈波浪状。侧缘保存有内侧切割痕迹，有线切痕。残长 9、宽 28.1、瓦身厚 1.8~2.6、滴水端面宽 4.1 厘米（图 3-5-81，8；图版五一六，1~4）。

10（四）①：118，滴水端面与瓦身呈直角相接，分五层，纹饰位于第二、四层，第五层呈波浪状。侧缘保存有内侧切割痕迹。残长 8.5、残宽 20.6、瓦身厚 2~2.3、滴水端面宽 5.5 厘米（图 3-5-81，9；图版五一六，5、6）。

10（四）①：120，滴水端面与瓦身呈钝角相接，分五层，纹饰位于第二、四层，第五层呈波浪状。侧缘保存内侧切割痕迹。残长 11.5、残宽 23.9、瓦身厚 1.7~2.6、滴水端面宽 4.7 厘米（图 3-5-81，10；图版五一七，1、2）。

10（四）①：128，滴水端面完整，与瓦身呈直角相接，分五层，纹饰位于第一、三层，第五层呈波浪状。侧缘保存有内侧切割痕迹，有线切痕。残长 9.3、宽 25、瓦身厚 1.8~2.7、滴水端面宽 3.7 厘米（图 3-5-82，1；图版五一七，3~5）。

10（四）②B：156，滴水端面较完整，与瓦身呈直角相接，分四层，纹饰位于第一、三层，第四层呈波浪状。侧缘保存有内侧切割痕迹。瓦身凸面距折沿 3 厘米和 5 厘米处有两处红彩。残长 15.9、残宽 29.4、瓦身厚 3.1~3.3、滴水端面宽 4.7 厘米（图 3-5-82，2；图版五一七，6~8）。

10（四）②B：158，滴水端面与瓦身呈钝角相接，分四层，纹饰位于第一、三层，第四层呈波浪状。侧缘保存有内侧切割痕迹。残长 10.4、残宽 22、瓦身厚 2.1~2.5、滴水断面宽 4.7 厘米（图 3-5-82，3；图版五一八，1~3）。

10（四）②B：165，滴水端面与瓦身呈直角相接，分四层，纹饰位于第一、三层，第四层呈波浪状。侧缘保存有内侧切割痕迹。残长 6.3、残宽 12.9、瓦身厚 3.2、

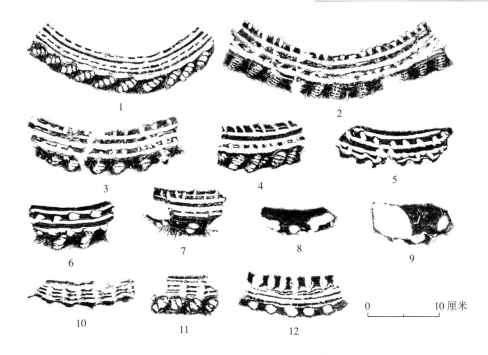

图 3-5-82　四号建筑基址出土滴水

1. 10（四）①：128　2. 10（四）②B：156　3. 10（四）②B：158　4. 10（四）②B：165　5. 10（四）①：117　6. 10（四）①：127　7. 10（四）②B：157　8. 10（四）①：121　9. 10（四）①：125　10. 10（四）①：115　11. 10（四）②B：159　12. 10（四）①：114

滴水端面宽 4.3 厘米（图 3-5-82，4；图版五一八，4）。

第三类，3 件。滴水端面底部饰戳印纹。

10（四）①：117，滴水端面与瓦身呈钝角相接，分五层，纹饰位于第二、四层，第五层呈波浪状。侧缘保存有内侧切割痕迹。瓦身凸面距离折沿 3.5 厘米处有红彩。残长 16、残宽 20.1、瓦身厚 2~2.4、滴水端面宽 4.9 厘米（图 3-5-82，5；图版五一八，5、6）。

10（四）①：127，滴水端面与瓦身呈钝角相接，分五层，纹饰位于第二、四层，第五层呈波浪状。侧缘保存有内侧切割痕迹。残长 6.3、残宽 12.3、瓦身厚 1.9~3.1、滴水端面宽 4.3 厘米（图 3-5-82，6；图版五一九，1、2）。

10（四）②B：157，滴水端面与瓦身呈钝角相接，分五层，纹饰位于第一、三层，第五层呈波浪状。残长 13.8、残宽 12、瓦身厚 2.3~2.5、滴水端面宽 4.6 厘米（图 3-5-82，7；图版五一九，3、4）。

第二大类，共 5 件。滴水端面呈其他形式布局。

第一类，2 件。滴水端面素面无装饰，底部波浪纹处亦为素面。

10（四）①：121，滴水端面与瓦身呈直角相接。残长 7、残宽 11.4、瓦身厚 2.3~

2.7、滴水端面宽 3.2 厘米（图 3-5-82，8；图版五一九，5、6）。

10（四）①：125，滴水端面与瓦身呈直角相接。残长 12.4、残宽 15.3、瓦身厚 2.2~2.9、滴水端面宽 5.1 厘米（图 3-5-82，9；图版五二○，1）。

第二类，2 件。对滴水端面刮削后，同时对形成的多道沟槽进行压印，形成节段状布局。

10（四）①：115，滴水端面底部素面。滴水端面与瓦身呈钝角相接，分五层，第五层呈波浪状。残长 13.8、残宽 19.6、瓦身厚 1.8~2.6、滴水端面宽 3.3 厘米（图 3-5-82，10；图版五二○，3、4）。

10（四）②B：159，滴水端面底部饰绳纹。滴水端面与瓦身呈钝角相接，分六层，第五层呈波浪状。侧缘保存有内侧切割痕迹。残长 7.4、残宽 10.7、瓦身厚 2~2.3、滴水端面宽 3.5 厘米（图 3-5-82，11；图版五二○，2）。

第三类，1 件。对滴水端面刮削出多道沟槽后，不戳刻纹饰，而是在端面的上、下两端均压印呈波浪状。

10（四）①：114，滴水端面底部为素面，与瓦身呈直角相接，分六层。侧缘保存有内侧切割痕迹。残长 15.1、残宽 14.6、瓦身厚 1.7~2、滴水端面宽 3.5 厘米（图 3-5-82，12；图版五二○，5、6）。

5. 垒脊瓦

共 9 件。均为陶质，灰胎，用板瓦切割而成。凸面素面，凹面保留布纹。侧缘均保存有内侧切割痕。部分切割痕呈全切状，近凸面一侧断裂面基本不存。

10（四）①：104，残长 24.1、宽 7.3、厚 1.8~2.1 厘米（图版五二一，1、2）。

10（四）①：105，凸面存有一排三个大字纹拍印痕。残长 15.2、宽 8.3~9、厚 1.8 厘米（图版五二一，3、4）。

10（四）②B：138，凸面有白灰。长 38.2、宽 8~10.4、厚 1.7~2.1 厘米（图 3-5-83，1；图版五二一，5、6）。

10（四）②B：139，侧缘和凸面局部存有白灰。残长 23.4、宽 8.8~9.2、厚 2~2.3 厘米（图 3-5-83，2；图版五二二，1、2）。

10（四）②B：140，残长 22.3、宽 9.2~10.2、厚 1.8~2 厘米（图 3-5-83，3；图版五二二，3、4）。

10（四）②B：141，凹面存有白灰。残长 17.6、宽 6.3~7.4、厚 1.7~2.2 厘米（图 3-5-83，4；图版五二二，5、6）。

10（四）②B：142，凸面一侧有白灰。残长 24.5、宽 8.7~10.5、厚 1.7~2.1 厘米（图 3-5-83，5；图版五二三，1、2）。

图 3-5-83　四号建筑基址出土垒脊瓦

1. 10（四）②B：138　2. 10（四）②B：139　3. 10（四）②B：140　4. 10（四）②B：141　5. 10（四）
②B：142　6. 10（四）②B：143　7. 10（四）②B：144

　　10（四）②B：143，侧缘存有白灰。残长 22.9、宽 8~8.2、厚 1.4 厘米（图 3-5-
83，6；图版五二三，3、4）。

　　10（四）②B：144，残长 22.9、宽 8~8.8、厚 2~2.5 厘米（图 3-5-83，7；图版
五二三，5、6）。

　　6. 鸱兽

　　共 20 件。多为陶质，个别标本施釉。部分标本上有红彩。

　　兽头　9 件。

　　03（四）：采 4，灰胎。残存陶板一角，前端存有兽首下颌局部。正面饰一周
凹弦纹组成的鬃毛状装饰，其内嘴部存有一段凸棱带。背面素面。长 4、宽 8.1、高
11.2 厘米（图版五二四，1）。

　　10（四）①：32-1，灰胎，胎心局部呈青黑色，正面局部施红彩。残存兽首上颌
部分。嘴大张，残存上部近方形轮廓。上颌露三颗圆乳丁形齿，中间一齿旁有一椭
圆形穿孔。穿孔旁饰多道凹弦纹。嘴一侧有卷曲的鬃毛状装饰。长 16.8、宽 19.6、

高 11.6 厘米（图 3-5-84，1；图版五二四，2）。

　　10（四）①：63-1，灰胎，胎心局部呈青黑色，正面饰红彩。残存眼部。眼圆形外凸，眼睑处饰一道凹弦纹。眼上部由凹弦纹、凸棱带组成眼眶，其上部有一周细密凹弦纹组成的鬃毛状装饰。背面素面不平整。长 15、宽 6、高 8.5 厘米（图 3-5-84，2；图版五二四，3）。

　　10（四）①：78，灰胎，胎心局部呈青黑色，正面饰红彩。残存眼部。眼圆形外凸，眼睑处饰一道凹弦纹。背面素面且不平整。长 10.2、宽 5.7、高 7.8 厘米（图 3-5-84，3；图版五二四，4）。

　　10（四）①：135，灰胎。呈弧形陶板状。正面主体饰较长的纵向凹弦纹。一侧有较短的弧向凹弦纹，局部凸起。背面素面。长 6、宽 18.5、高 22.6 厘米（图版五二四，5、6）。

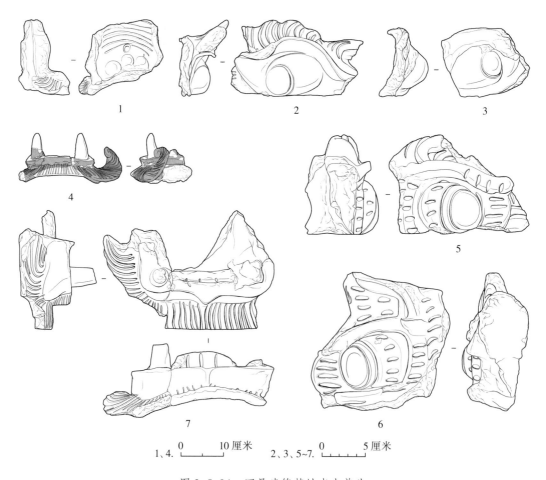

图 3-5-84　四号建筑基址出土兽头

1. 10（四）①：32-1　2. 10（四）①：63-1　3. 10（四）①：78　4. 10（四）②B：18　5. 10（四）②A：3
6. 10（四）②B：36　7. 10（四）②B：168

10（四）②A：3，灰胎。残存眼部。眼呈圆形凸起状，后有两道凹弦纹组成眼睑，眼皮饰一排戳刻纹。外围环绕有较密集戳刻纹凸棱带组成的眉脊和眼眶。眼上有耳，耳缘及耳窝内饰凹弦纹和戳刻纹。背面素面且不平整。长 16.1、宽 8.3、高 11 厘米（图 3-5-84，5；图版五二五，1）。

10（四）②B：18，红胎，外表面施绿釉，釉色不均，局部无釉。分两部分，后部为一残缺的陶板。前部为一突出的兽头下颌部位。嘴下半部呈方形，嘴内两侧各有一突出的獠牙，一颗保存较好。嘴下方有一圈细密的凹弦纹，形成鬃毛状装饰，其中右侧须毛呈螺旋状凸起。长 11.2、宽 23.8、高 14.3 厘米（图 3-5-84，4；图版五二五，2）。

10（四）②B：36，灰胎。残存眼部，眼呈圆形凸起状，后有两道凹弦纹组成眼睑，眼皮饰一排戳刻纹。外围环绕一周较密集戳刻纹组成的眼眶。眼上有耳，耳缘及耳窝内饰凹弦纹和戳刻纹。背面素面且不平整。长 15.9、宽 7.6、高 15.3 厘米（图 3-5-84，6；图版五二五，3）。

10（四）②B：168，灰胎，胎心呈青黑色，正面涂红彩。由前、后两部分组成。后部为一残缺的陶板。前部为一突出的兽头，仅存下颌部位。嘴下半部呈方形，嘴内两侧各有一突出的獠牙，均残。两獠牙之间有平舌，舌底有戳刻痕。嘴下方和侧缘有一圈细密的凹弦纹，形成鬃毛状装饰，其中侧缘须毛卷曲。长 8.3、宽 19.7、高 13.2 厘米（图 3-5-84，7；图版五二六，1）。

鸱兽残块　11 件。

10（四）①：8-2，红胎，施绿釉。残存部分略呈圆锥形，上饰螺状弦纹。长 5.7、宽 5、厚 2.6 厘米（图 3-5-85，1；图版五二六，2）。

10（四）①：32-2，灰胎。呈不规则形，一端呈圆锥形，上饰螺状弦纹，一端饰三绺鬃毛状装饰，每一绺装饰上均有多道凹弦纹。长 11.8、宽 3.7、厚 3.6 厘米（图 3-5-85，3；图版五二六，3）。

10（四）①：63-2，灰胎。残存部分略呈圆锥形，上饰螺状弦纹。长 4.8、宽 4.3、厚 1.9 厘米（图 3-5-85，2；图版五二六，4）。

10（四）①：69，红胎，施绿釉。残存部分略呈圆锥形，上饰螺状弦纹。长 5、宽 4.8、厚 2.6 厘米（图版五二六，5）。

10（四）②B：16，红胎，表面施绿釉，局部有红彩痕迹。分成两部分，一侧为施红彩的弧状陶板。一侧为施绿釉的不规则装饰，一端呈圆锥形，上饰螺状弦纹，一端饰三绺鬃毛状装饰，每一绺装饰上均有多道凹弦纹。长 14.2、宽 6.7、厚 4.6 厘米（图 3-5-85，4；图版五二六，6）。

10（四）①：8-1，灰胎，外表涂红彩。残存部分略呈马鞍形。长 12.8、宽 6.3、

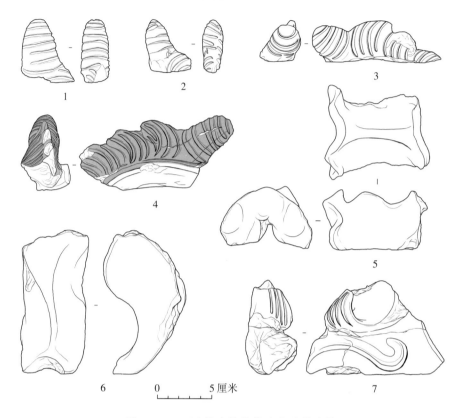

图 3-5-85   四号建筑基址出土鸱兽残块

1. 10（四）①：8-2   2. 10（四）①：63-2   3. 10（四）①：32-2   4. 10（四）②B：16   5. 10（四）②B：62
6. 10（四）①：8-1   7. 10（四）①：79

厚 7.7 厘米（图 3-5-85，6；图版五二七，1）。

　　10（四）②B：62，灰胎，表面施红彩，残存部分似鞍形，鞍部中间凸起。长 9.6、宽 8.3、厚 5.5 厘米（图 3-5-85，5；图版五二七，2）。

　　10（四）①：72-1，灰胎，胎心局部呈青黑色。正面存有红彩痕迹，饰一绺卷曲状鬃毛装饰，其上有密集的凹弦纹。背面素面。长 7.5、宽 8、厚 4.7 厘米（图版五二七，3）。

　　10（四）①：72-2，灰胎，正面有红彩痕迹。正面存一道"L"形凸棱带，背面素面。长 7.7、宽 4.1、厚 2.8 厘米（图版五二七，4）。

　　10（四）①：73，灰胎。残存部分呈椭圆形，两侧均饰弧向凹弦纹。长 6.2、宽 4.5、厚 3.1 厘米（图版五二七，5）。

　　10（四）①：79，灰胎，胎心局部呈青黑色，正面局部饰红彩。正面饰两道卷曲的凸棱装饰，背面素面。长 12.6、宽 8.4、厚 4.7 厘米（图 3-5-85，7；图版五二七，6）。

7. 砖

共 15 件。均为灰胎。

刻字砖 4 件。

10（四）③：1，已残。一面素面，阴刻一"殿"字。另一面有较多坑点，为灰浆覆盖。砖侧立面有白灰浆。字高 9、宽 9.5 厘米，砖长 36、残宽 20.5、厚 6 厘米（图 3-5-86，1；图版五二八，1、2）。

10（四）③：3，已残。一面素面，阴刻一字。另一面有较多坑点，为灰浆覆盖，有少量沟纹。砖侧立面有白灰浆。字高 11.2、宽 9.5 厘米，砖长 36.5、残宽 24.2、厚

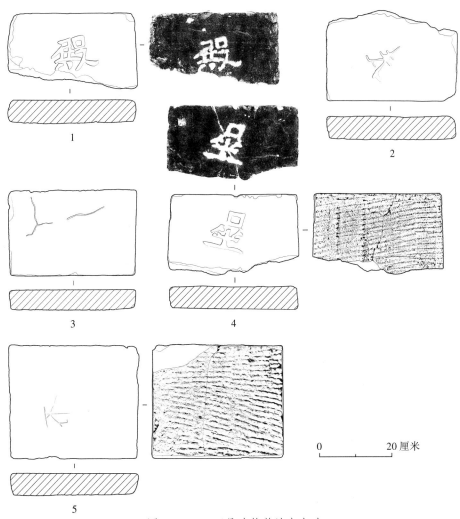

图 3-5-86　四号建筑基址出土砖

1. 刻字砖［10（四）③：1］　2. 刻字砖［10（四）③：3］　3. 刻字砖［10（四）③：2］　4. 刻字砖［10（四）③：7］　5. 刻划砖［10（四）③：4］

6厘米（图3-5-86，2；图版五二八，3、4）。

10（四）③：2，已残。一面素面，有阴刻痕迹，形似一字，但已磨损不清。另一面有较多坑点，为灰浆覆盖。侧立面有白灰。砖长35.5、残宽23、厚5.6厘米（图3-5-86，3；图版五二八，5、6）。

10（四）③：7，已残。一面素面，其上有刻划痕迹，似有刻字，难以辨识。另一面饰沟纹，沟纹接近纵向。侧立面一侧有白灰浆。字高11.2、宽11.4厘米，砖长36.1、残宽21.7、厚6.5厘米（图3-5-86，4；图版五二九，1、2）。

刻划砖　1件。

10（四）③：4，近方形砖，略残。一面素面，其上有刻划痕迹。刻划痕另一侧有一内凹方孔。另一面饰沟纹，沟纹接近纵向。饰沟纹一面和侧立面存有白灰浆。长36、宽30.3、厚5.7厘米（图3-5-86，5；图版五二九，3、4）。

方形棋盘砖　2件。

10（四）③：5，方形砖。一面刻十一道纵横交错的线纹，形成10×10个大小略有区别的方形。另一面饰沟纹，沟纹接近纵向，略弧。长35.6~36.2、厚6厘米（图3-5-87，1；图版五二九，5、6）。

10（四）③：6，方形砖。一面刻一棋盘纹，自外而内包括三个由大而小的方形，另在外侧方形的四个角和边线的近中间部位刻划一道线纹，至中心的方形四角和边线中部。另一面饰沟纹，沟纹接近纵向，略弧。长35.6~36.3、厚5.8厘米（图3-5-87，2；图版五三〇，1、2）。

沟纹砖　3件。

09（四）G24③：6，平面为长方形。一面饰斜向沟纹；另一面素面，中部有一道印痕。长38、宽18.6~18.8、厚5.6厘米（图3-5-87，3；图版五三〇，3、4）。

10（四）①：39，残存部分呈长条形，一面饰纵向沟纹，一面素面。长24.2、残宽6.6、厚5.7厘米（图版五三〇，5）。

10（四）①：76，残存部分呈长条形，一面饰纵向沟纹，一面素面。长36.2、残宽11.4、厚5.5厘米（图版五三一，1、2）。

"U"形砖构件　2件。

利用长方形沟纹砖一侧加工而成。上口打磨成"U"形，相对应的侧立面打磨成斜面状。一面光滑，饰两道平行弧线；另一面饰沟纹，沟纹纵向略弧。

10（四）①：132，光滑面的两道平行弧线下饰一道凹弦纹。宽25.2、厚5.6、高10.4厘米（图3-5-88，1；图版五三一，3、4）。

10（四）①：133，宽25.6、厚5.4、高22.2厘米（图3-5-88，2；图版五三一，5、6）。

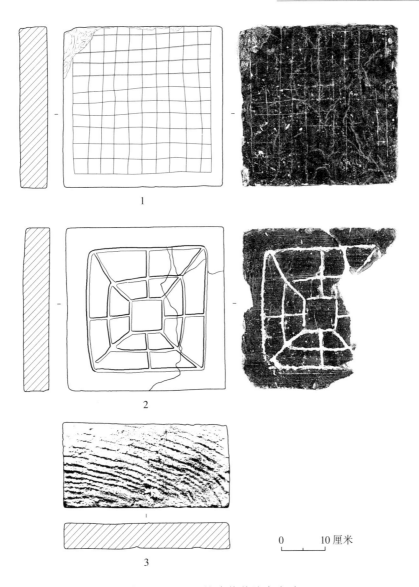

图 3-5-87 四号建筑基址出土砖

1. 方形棋盘砖［10（四）③：5］ 2. 方形棋盘砖［10（四）③：6］ 3. 沟纹砖［09（四）G24③：6］

仿木砖构件 3件。由圆形橡子和望板组成。

10（四）①：49，望板一面有沟纹。残长 22.6、残宽 13.6、橡子直径 4.5 厘米（图版五三二，1、2）。

10（四）①：131，望板一面有沟纹。长 38、残宽 13.7、橡子直径 4.6 厘米（图 3-5-88，3；图版五三二，3、4）。

10（四）②A：2，残长 13.3、残宽 10.5、橡子直径 4.6 厘米（图 3-5-88，4；图版五三〇，6）。

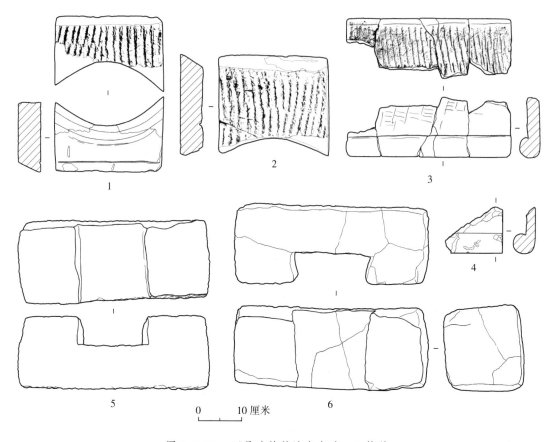

图 3-5-88　四号建筑基址出土砖、石构件

1. "U"形砖构件［10（四）①：132］　2. "U"形砖构件［10（四）①：133］　3. 仿木砖构件［10（四）①：131］　4.仿木砖构件［10（四）②A：2］　5.石构件［10（四）③：11］　6.石构件［10（四）③：12］

8.石构件

共2件。侧视呈"凹"字形。系在长方形石条正面中部凿刻贯通的方槽。方槽一面略窄。

10（四）③：11，长 43~44.8、宽 15.8~18.9、高 16.8 厘米，槽上口宽 16.2、下口宽 14.8~16.4 厘米（图 3-5-88，5；图版五三二，5）。

10（四）③：12，长 42.6~44.7、宽 16.8~18.6、高 18.4 厘米，槽上口宽 16.5、下口宽 16.9~18.5 厘米（图 3-5-88，6；图版五三二，6）。

五　初步认识

四号建筑基址的年代和性质，对于辽祖陵陵园布局而言是较为重要的课题。

（一）基址年代

四号建筑基址出土的遗物相对比较单纯。青釉碗［10（四）②B：125］，灰胎，较细腻，青釉，釉色均匀，通体有开片现象。葵口，外敞，圆唇，斜弧腹，圈足。此青釉碗与浙江临安五代吴越国康陵[1]和钱氏墓葬[2]出土器物十分相似，应是五代时期越窑的精品。

"官"字款白釉盘［10（四）②B：133、10（四）②B：134、10（四）②B：136］白胎，胎细腻，透明釉。通体施釉，仅圈足底无釉，釉色均匀，较光亮。方唇，波浪形花式口，斜腹，内平底，矮圈足。圈足底部有刮削痕，外底刻有"官"字。底径8.3、通高4.7厘米。其"官"字款白釉盘等与浙江临安晚唐光化三年（公元900年）钱宽墓[3]、内蒙古赤峰大营子辽代卫国王驸马墓[4]出土同类器如出一辙，属于五代白瓷精品。莲瓣纹碗［10（四）②B：127、10（四）②B：128、10（四）②B：129、10（四）②B：137］应产自辽境。

"□成"款莲瓣纹碗［10（四）②B：126］，白胎，较细腻。圆唇，敞口，弧腹，圈足，内底中部略凸，圈足底可见刮削痕。施泛青白釉，圈足底部施釉未满，外腹部饰有三层错缝叠压的莲瓣纹饰。根据残字的一捺推测，此题款可能是"天成"二字。与此有关的"天成"有二。一是辽祖陵奉陵邑设置"天成军"守陵；二是五代后唐明宗年号为天成（公元926~930年）。无论属于两者的哪一个，都是罕见的题款。

四号建筑基址所用一组兽首衔环瓦当［10（四）②B：66、10（四）②B：82］与耶律李胡墓墓道仿木结构建筑所用瓦当（07PM1：27）形制相同，表明两座建筑的始建年代大体一致。四号建筑基址也应始建于辽代早期，废弃于金兵占领此地之后。

（二）基址性质

四号建筑基址建在辽祖陵陵园内的第一道山岭（L1）上，位于耶律李胡墓的东南位。坐西朝东，为面阔五间、进深五间的建筑，地面铺方砖。殿内正中建有一个长方形内室（F1），门道朝东，其南北面阔6.6、东西进深7.1米。应是重要的祭祀空间。倒"凹"字形的前堂，地面踩踏情况较严重。慢道最东端为砖砌六边形基座，

［1］杭州市文物考古研究所、临安市文物馆：《五代吴越国康陵》，文物出版社，2014年。

［2］浙江省文物管理委员会：《浙江临安板桥的五代墓》，《文物》1975年8期。苏州市文管所吴县文管所：《苏州七子山五代墓发掘简报》，《文物》1981年2期。［日］佐佐木秀宪、王竞香：《关于晚唐五代越窑青瓷的若干考察》，《文博》1995年6期。

［3］浙江省博物馆、杭州市文管所：《浙江临安晚唐钱宽墓出土天文图及"官"字款白瓷》，《文物》1979年12期。

［4］前热河省博物馆筹备组：《赤峰县大营子辽墓发掘报告》，《考古学报》1956年3期。

疑似经幢座。尤为重要的是，在建筑东侧踏道南台面边缘发现一个祭祀小坑，出土一组保存完好的祭祀用器，有黑釉罐 1 件、白瓷小净瓶 1 件、铜钵 1 件、带孔铜器 1 件、铁铲 1 件、铁斧 1 件、铁锛 1 件。既有实用器也有明器。初步推测四号建筑基址是耶律李胡墓的献殿。

第六节　排水设施和其他建筑遗存

辽祖陵陵园内排水设施的探寻，是辽祖陵考古调查的重要内容之一。此外，在考古调查时除上述重要建筑基址外，还发现一些小型建筑遗存。

一　陵园内排水设施

排水设施是辽祖陵陵园内的有机组成部分。从现地貌观察，陵园内地势北高南低，西高东低。根据对辽祖陵陵园内考古实地调查可知，陵园的东北沟和西北沟都是较深的冲沟，当时可能都是辽祖陵陵园内的排水设施。这两条冲沟交汇后，沿陵园内东山角下由北向南流，直通黑龙门的水道。

需要指出的是，在黑龙门北侧约 150 米处（图 3-6-1）有 2 个凿山而成的深蓄水池（图版五三三，1）。水池平面略呈扁细腰鼓形，通长约 40、宽约 10 米。局部壁面有石块垒砌（图版五三三，2）。两水池之间的上面有桥连接南北。这个深蓄水池应是辽祖陵陵园内排水设施的重要组成部分，很可能与缓解山洪对陵门排水涵洞的冲击压力有关。

根据考古调查和试掘可知，黑龙门西隔墙和西墩台之间，现有一条范围较大的冲沟穿过。冲沟底部存在一个过水涵洞，宽约 3 米，深度不详。这是黑龙门西门道下部的排水设施。另外，在黑龙门中门道内侧正北方约 7 米处，有两块巨大裸露的自然基岩，其局部表面有凿琢痕迹。值得注意的是，这两块基岩间有一条宽约 2 米的沟槽，两壁凿琢基岩而成（图版一八五，1）。从沟槽的走向看，可与陵门下的过水涵洞连为一体，因此该沟槽应是陵园陵门口的排水道。其上应有木桥一类设施。

陵园内的排水，通过黑龙门陵门底部的"过水涵洞"出陵园，向东南注入季节河中。

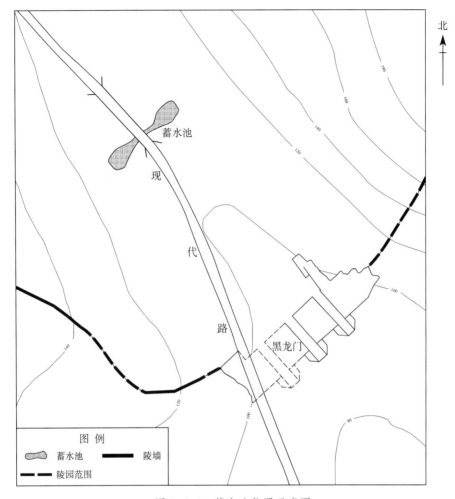

图 3-6-1 蓄水池位置示意图

二 其他建筑基址

（一）五号建筑基址

位于陵园内第二道山岭和第三道山岭之间，即"南岭"和太祖陵玄宫之间的西南沟内。基址南、西、北三面都是山体峭壁，为一处东向的建筑台面。东侧用石块垒砌成立墙，墙内垫土形成台面。在东立壁的北端，有台阶踏道可以登临台面。台面上没有发现砖瓦等建筑构件，也没有发现明显的建筑遗迹。此基址的用途不详。

（二）东山坡建筑基址

位于甲组建筑基址东侧的山坡上，是陵园东山脊内侧的一处坡地。推测东山坡

图 3-6-2　东山坡建筑基址位置示意图

基址平面为不规则方形（图 3-6-2）。保存不好，东侧倚靠山体，西侧修筑有石护墙，形成台面。没有发现砖瓦等建筑构件。推测此基址可能与甲组建筑基址和"南岭"一线界分内外陵区的设施有关。

三　山洞

2003 年，在考古调查山岭石墙时，根据辽祖陵看护员陈继和提供的线索，在陵园西垣西北山峰峭壁的东坡上，发现一个神秘的山洞（图版二九，1；五三四，1、2）。位置地处辽太祖玄宫所在山岭的北面，所谓"天梯山"豁口的南侧。坐标为43°53′30″N，119°05′56″E。海拔 1272 米。山洞口呈竖窄扁圆形，洞内平面略呈不规则长方形，东西进深 6.5、南北宽 8、高约 4 米。山洞壁面和顶部有明显的工具痕，为人工开凿无疑。洞口处北侧墙壁有几处磨光痕迹，十分明显，应为当时有人频繁出入活动所致。洞内地面有沟纹砖和灰陶片，还有一件磨石。从采集遗物看，此洞应是辽代开凿的遗迹，或许与辽祖陵的营建和使用有关。

出土遗物

采集遗物共 3 件。包括日常生活遗物和建筑材料两类。

1. 日常生活遗物

共 2 件。

陶片　1 件。

03D1：采 2，泥质灰陶。弧腹。器外壁灰色，局部呈黑色。内壁有轮修痕。残长 7.6、残宽 4~5、厚 0.5 厘米（图版五三四，3）。

石制品　1 件。

03D1：采 1，灰白色。近长方体，侧视略呈船形。残长 10.3、宽 3.3~3.4、厚 3.8~4.6 厘米（图 3-6-3；图版五三四，4）。

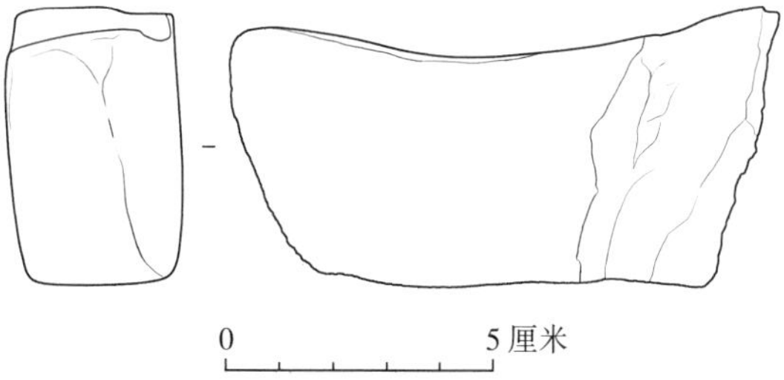

图 3-6-3　山洞采集石制品（03D1：采 1）

2. 建筑材料

1 件　筒瓦。

03D1：采 3，陶质，灰胎。凸面素面，凹面保留布纹。侧缘有内侧切割痕，接近全切状，近凸面一侧断裂面基本不存。侧缘近凹面一侧被二次加工的斜向刮削面打破。残长 10.2、残宽 9、厚 1.6~1.8 厘米（图版五三四，5）。

第七节　陵园陵墙

辽祖陵陵园范围实际上是一个口袋形山谷，仅在东南部有一个狭窄的出入口。根据考古实地调查资料可知，辽祖陵陵园四周的山脊线有的地方陡峭，有的地方较为平缓。祖陵陵园四周山脊线上并没有封闭的人工墙体，仅在东南位缺口营建一座黑龙门。但是在较为平缓的山脊或豁口处，都发现有人为垒砌的石墙（图版五三五）。这与唐代帝陵陵园四周有人工砌筑的封闭陵垣，四面各辟一门的情况不同[1]。因此说，辽祖陵陵园平面呈不规则椭圆形，是以自然山脊为陵墙，仅在东南豁口处规划唯一的陵园门。这是辽祖陵陵园的形制特点。

辽祖陵陵园的陵墙是由自然山脊和在山脊低缓或豁口处人工垒砌的山脊石墙共同构成的。此外，第二道山岭西段也分布有山脊石墙。石墙用大小不等的石块垒砌，有高有矮，有宽有窄，有平缓，也有陡直。

20世纪60年代，内蒙古自治区文物工作队贾洲杰曾对辽祖陵陵园山脊石墙进行过局部踏查[2]。2003年，中国社会科学院考古研究所内蒙古第二工作队董新林队长、巴林左旗博物馆康立君在护陵员陈继和的陪同下，对辽祖陵陵园四周山脊上的石墙进行全面踏查，并用皮尺手绘测量和手持GPS测绘，但数据尚不够精准。正是考虑到2003年所用手持GPS精度不够，测量数据误差较大，所以在2010年9月，董新林安排中国社会科学院研究生院研究生马小飞在陈继和的陪同下，用当时最新的测绘仪器RTK，对陵园山脊石墙重新进行测量和绘图（图3-7-1）。

根据考古调查资料，辽祖陵陵园四周山脊和第二道山岭西端的石墙，合计共约43处（我们调查时，将有些相连的石墙合归为一处）。为方便叙述，将辽祖陵陵园的石墙遗迹分为五组。即第二道山岭（南岭）石墙；陵园南部石墙；陵园西部石墙；陵园北部石墙；陵园东部石墙。下面将考古调查和测绘情况依次介绍。

（一）第二道山岭（南岭）石墙

第二道山岭，即《辽史》之"南岭"。共发现4处石墙（图版五三六）。自东向西依次为：

NLQ4，第二道山岭的最东段石墙（图版五三七，1）。东点海拔1072米，西点海拔1101米。石墙全长97、宽0.8~2.2、高1.1~2.4米。

NLQ3，位于第二道山岭西侧的山脊豁口上，与NLQ4相邻（图版五三七，3）。东点海拔1134米，西点海拔1139米。全长19、宽1.4~2.5、高3.3米。

NLQ2，位于NLQ3南侧的小豁口。东点海拔1143米，西点海拔1145米。全长6.6、宽1.2~1.4、高1.9米。

NLQ1，位于NLQ2南侧，与山体相交。东点海拔1159米，西点海拔1173米。全长46、宽1.1~1.6、高1.6~1.9米（图版五三七，2）。

（二）陵园南部石墙

位于黑龙门山口西侧，共发现2处东西向石墙。由东到西依次介绍。

[1]张建林：《唐代帝陵陵园制度的发展与演变》，《考古与文物》2013年5期。
[2]洲杰：《内蒙古昭盟辽太祖陵调查散记》，《考古》1966年5期。

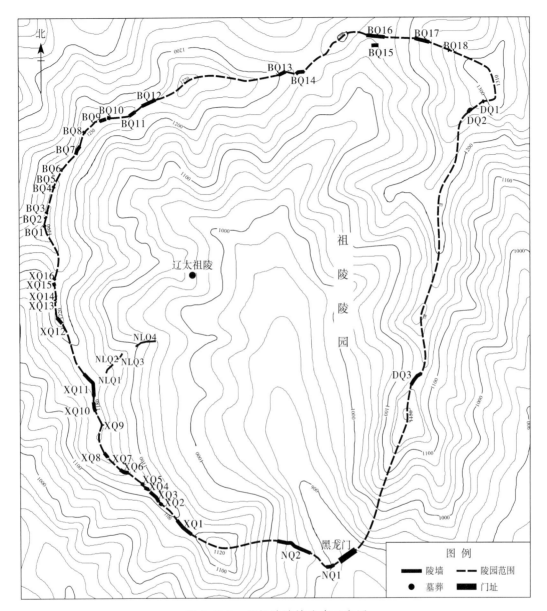

图 3-7-1 辽祖陵陵墙分布示意图

NQ1，东点海拔 899 米，西点海拔 907 米。全长 35、宽 1.5~3、高 0.8~2.1 米（图版五三八，1）。

NQ2，东点海拔 930 米，西点海拔 989 米。全长 149、宽 1.3~1.7、高 1.4~3 米（图版五三八，2）。

（三）陵园西部石墙

陵园西墙整体呈"东南—西北"走向，始自陵园东南侧，以陵园西山脊的"山洞"

为界与北墙相隔。共发现 16 处石墙。自南至北依次为：

XQ1，南点海拔 1102 米，北点海拔 1094 米。全长 82、宽 1~1.5、高 0.5~2.9 米（图版五三九，1）。

XQ2，海拔 1112 米。全长 14、宽 1.3~1.7、高 1.5 米。

XQ3，南点海拔 1111 米，北点海拔 1118 米。全长 52、宽 1.3~1.6、高 1.1 米（图版五三九，2）。

XQ4，南点海拔 1120 米，北点海拔 1123 米。全长 19、宽 1.2、高 1.5 米。

XQ5，南点海拔 1123 米，北点海拔 1125 米。全长 12、宽 1.1~1.3、高 1.1 米。

XQ6，南点海拔 1147 米，北点海拔 1153 米。全长 38、宽 1.5~1.8、高 1.8~4.2 米。

XQ7，海拔 1169 米。全长 2、宽 1.2~1.5 米。

XQ8，南点海拔 1174 米，北点海拔 1181 米。全长 26、宽 1~1.5、高 3.5 米。

XQ9，海拔 1190 米。全长 5、宽 1.2~1.8、高 6 米。

XQ10，南点海拔 1178 米，北点海拔 1180 米。全长 38、宽 1.8~2.3、高 2.1~2.7 米。

XQ11，其所在的陵园西山脊与第二道山岭呈"T"字形交接，东侧接 NLQ1。南点海拔 1183 米，北点海拔 1198 米（图版五四〇，1）。全长 113、宽 1.1~1.6、高 0.8~2.6 米。

XQ12，位于第二道山岭和第三道山岭（祖陵玄宫）之间的山脊上。南点海拔 1225 米，北点海拔 1230 米（图版五四〇，2）。全长 30、宽 1.6~3.8、高 2.2 米。

XQ13，南点海拔 1232 米，北点海拔 1231 米。全长 5、宽 0.8~1.3 米。

XQ14，海拔 1232 米。全长 2.2、宽 1.2~1.3 米。

XQ15，海拔 1232 米。全长 15、宽 1.7 米（图版五四一，1）。

XQ16，南点海拔 1231 米，北点海拔 1233 米。全长 11.2、宽 3.1、高 5.2 米（图版五四一，2）。

（四）陵园北部石墙

陵园西北部至东北部，共发现 18 处石墙。其中 BQ1~BQ8 整体呈南北走向，BQ9~BQ18 整体呈东西走向。从西到东依次介绍。

BQ1，海拔 1281 米。全长 7.5、宽 1.3~1.7 米（图版五四二，1）。

BQ2，海拔 1277 米。全长 6、宽 1.5 米。

BQ3，海拔 1279 米。全长 6.1、宽 1.7~2 米。

BQ4，海拔 1265 米。全长 6、宽 1.2~1.7 米。

BQ5，海拔 1266 米。全长 1.5、宽 0.7~1.2 米。

BQ6，位于第三道山岭之西北山脊上的一处深豁口处，即"山洞"北侧的"天梯山"

豁口（图版五四二，2）。此豁口有人工开凿的迹象（图版五四三，1）。海拔 1250 米。全长 4、宽 3、高 9 米。

BQ7，南点海拔 1240 米，北点海拔 1242 米。全长 42、宽 1.8~5.7、高 1.6~2.5 米（图版五四三，2）。

BQ8，南点海拔 1245 米，北点海拔 1248 米。全长 9、宽 2.9~3.5、高 5.5 米。

BQ9，西点海拔 1241 米，东点海拔 1239 米。全长 29、宽 2、高 1.9 米。

BQ10，西点海拔 1239 米，东点海拔 1241 米。全长 15、宽 1.5~2.5、高 4.3 米。

BQ11，正对山口。豁口部分保存较好。西点海拔 1244 米，东点海拔 1238 米。全长 31、宽 1.2~1.5、高 3~4.6 米。

BQ12，西点海拔 1230 米，东点海拔 1239 米。全长 63、宽 1~1.5、高 0.5~2 米（图版五四四，1）。

BQ13，西点海拔 1199 米，东点海拔 1187 米。全长 33、宽 1.2 米。

BQ14，位于东北沟西侧。西点海拔 1168 米，东点海拔 1166 米。全长 38、宽 1.2~6、高 1.2~5 米。

BQ15，位于东北沟东侧较缓的山坡，在 BQ16 之下。西点海拔 1148 米，东点海拔 1152 米。全长 24、宽 4.1~5.2、高 1.7 米。

BQ16，位于 BQ15 之上。西点海拔 1158 米，东点海拔 1163 米。全长 76、宽 1.9~3.7、高 1.2~2.1 米。

BQ17，西点海拔 1211 米，东点海拔 1234 米。全长 65、宽 1.5 米。

BQ18，海拔 1276 米。全长 4.5、宽 1.4~2.3 米（图版五四四，2）。

（五）陵园东部石墙

辽祖陵陵园东山，从东北部至黑龙门山口东侧山峰，共发现 3 处石墙。其中 DQ1、DQ2 位于祖陵东山北侧，DQ3 处在正对祖陵玄宫的东山脊。

DQ1，北点海拔 1301 米，南点海拔 1300 米。全长 7.7、宽 1.3~1.5 米（图版五四五，1）。

DQ2，有折角。北点海拔 1276 米，南点海拔 1271 米。全长 21.1、宽 1.5~2.4、高 0.9~2.9 米。

DQ3，北点海拔 1135 米，南点海拔 1127 米。全长 65、宽 0.6~1.2、高 0.5~3 米（图版五四五，2）。

根据考古调查资料可知，辽祖陵陵园西山脊上的石墙最多。且西山脊近中部的石墙，与第二道山岭（即南岭）西部石墙呈"T"字形相交，可能具有一定的界分意义。

第四章 辽祖陵陵园外重要遗址及陪葬墓群

辽祖陵陵园黑龙门出口外的东南侧和西南侧是低矮的山丘。考古调查时，在山丘上发现一系列建筑和道路遗存。同时在漫岐嘎山北麓也发现了重要的建筑遗存。此外，在辽祖陵陵园的东、西两侧，以及漫岐嘎山南麓山谷内都发现被盗掘的陪葬墓。这些都是辽祖陵形制布局的重要组成部分，是研究辽代帝陵制度的重要基础资料。本章主要介绍 2003 年中国社会科学院考古研究所内蒙古第二工作队考古调查发现的考古遗存（后来资料有所增补）。其中仅龟趺山建筑基址进行过考古发掘。

第一节 龟趺山建筑基址

龟趺山建筑基址坐落在辽祖陵陵园东侧耸立于山峰外的一处南向山岭最南端的小山丘上。基址依自然山岭走势修筑。山体北高南低，南部山丘较为平缓。基址北侧因山体开凿而成平面，东、南、西三面略陡峭呈悬崖状。因为小山丘的基址上现存一个巨大的石龟趺，故当地人称此地为龟趺山。

龟趺山建筑基址位于辽祖陵陵园黑龙门和祖州城西北门之间，是一处十分重要的辽代建筑遗址（图版五四六，1）。基址地势较高，可以俯视祖州城全貌，应是从祖州城通往辽祖陵陵园黑龙门神道附近的标志性建筑之一。

一 发掘工作概况

2003 年，中国社会科学院考古研究所内蒙古第二工作队等对龟趺山建筑基址（编号为 2003WJ1）进行实地调查，采集到带字碑片，意识到此基址的重要价值（图版五四六，2）。因此，在辽祖陵考古队开始工作的第一年，即首选对龟趺山建筑基址进行抢救性考古发掘，目的是在搞清建筑基址形制结构的同时，最大限度地全面收集带字碑片，以减少重要文物的流失。2007 年 8 月 10 日开始发掘[1]。首先在基址位置布设四个 5 米见方的探方（编号为 T1~T4）进行清理（图 4-1-1）。其次，通过逐层发掘，找出基址的主体建筑形制结构和台基地面情况。第三，因为考虑遗址发掘之后要回填，故发掘堆土局限于小山丘上，主体建筑之外的部分，只能选择探沟试掘。第四，对主体建筑的柱网结构进行清理和确认。最后用氢气球悬挂相机，拍摄遗址全景。并做好全站仪测量和绘图，以及基址的各种文字记录。在发掘过程中，我们对刻有文字的碑片全部分层采集，并测量记录坐标位置。为避免遗漏较小的石碑残片，对发掘堆积土进行仔细筛选。在 9 月 12 日发掘结束后，对基址进行了保护性回填。

　　2014 年，为申请建设"辽祖陵国家遗址公园"提供遗址展示节点，巴林左旗人

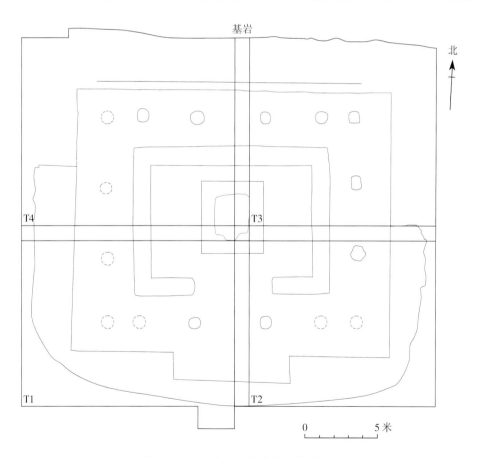

图 4-1-1　龟趺山建筑基址布方图

[1] 中国社会科学院考古研究所内蒙古第二工作队、内蒙古文物考古研究所：《内蒙古巴林左旗辽代祖陵龟趺山建筑基址》，《考古》2011 年 8 期。

民政府启动对龟趺山建筑基址的保护展示工程。为配合保护工程的建设，辽祖陵考古队对该基址进行了第二次清理和补充发掘[1]。如前所述，2007年第一次发掘虽然取得了重要成果，但当时受主客观条件所限，没有揭露基址全貌。而本次保护工程的实施，在保障遗址安全的前提下，为山地考古发掘提供了充分探索的条件。在第一次发掘的基础上，我们从考古学与古建筑相结合的角度出发，将基址的地上建筑和地下基础视作一个遗存的整体，对其进行了全面揭露、重点解剖和精细测绘，以期最大限度地获取相关考古资料。

二 地层堆积

龟趺山建筑基址地层堆积较为简单。

第①层：表土层。黑灰土，土质疏松。包含砖瓦残块和现代遗物。厚约0~0.1米。

第②层：倒塌堆积层。灰褐土，土质较疏松。局部曾被扰动过。包含石碑残片、铜钱、铁钉，以及板瓦、筒瓦、瓦当、滴水、砖等建筑构件。厚约0.15~0.45米。

此层下为龟趺山建筑基址。

夯土以下为基岩。

三 主要遗迹

龟趺山建筑基址坐北朝南，方向为179.5°。由台基、踏道和碑楼组成（图4-1-2）。

（一）台基

龟趺山建筑基址系利用南向的平缓山丘，修筑的长方形双层夯土包石台基。台基夯土北薄南厚，东、南、西三面为双层台基。三面边壁均用打磨较为规整的石条包砌，外表涂抹白灰皮。双层台明均铺有方砖。

上层台基总平面呈凸字形（图版五四七）。主体部分为长方形，东西长21.8、南北宽19.6米。南侧中央突出一个长方形月台，东西长约4、南北宽约1.85、高约1.7米。台基东、南、西三面边壁做包石（图版五四八），台面边缘各有不同程度的损毁。台明铺有方砖，砌法为横排通缝。

下层台基东西总长约28.2、高约1.4米。下层台基边缘被雨水、山洪常年冲刷，

---

[1] 汪盈、董新林：《从考古新发现看辽祖陵龟趺山基址的形制与营造》，《考古》2016年10期。

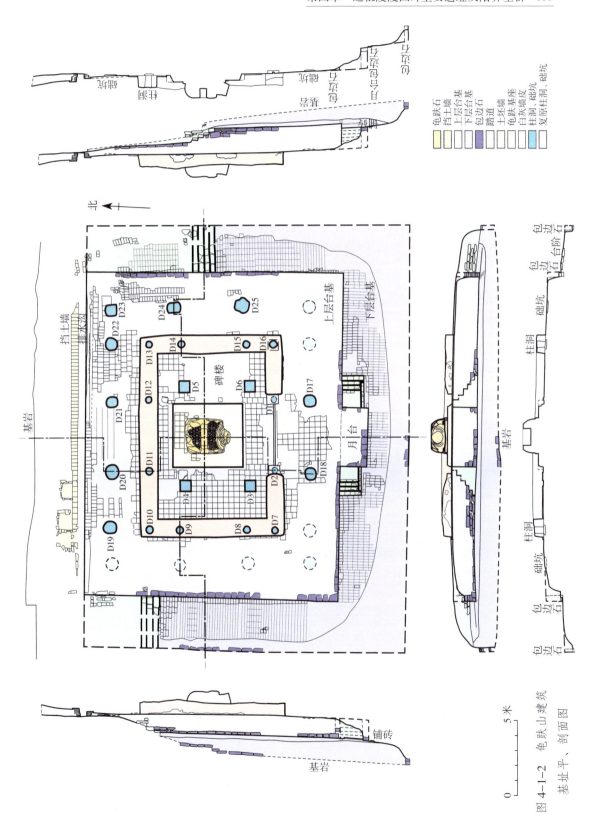

图 4-1-2　龟趺山建筑
基址平、剖面图

坍塌破坏程度相当严重。从平面上看，下层台面仅东、南、西三面宽出，均作长方形铺砖。南面宽4.2米，北高南低呈坡面，坡面高差达1.45米。东、西两面宽约3.4~3.5米，亦北高南低呈平缓长坡道状。下层台基主要起散水和连接登山路的作用。

双层台明铺砖做法一致，均为在夯土上铺垫一层黄土，然后铺砌青砖。砖素面向上，底面纹饰有方格纹、沟纹等。黄垫土土质细密，厚约0.02米。铺砖底面与黄土之间，均用白灰勾缝。铺地砖破坏严重，大部分铺砖已经无存，但仍可通过保存清晰的白灰铺砖痕迹来了解台明和铺砖做法（图版五四九，1）。

通过对夯土台基的局部解剖可知，建筑营建之初，几乎没有对高低起伏的原始基岩面进行修整，而是直接在基岩上开始起筑夯土台基。因为山势南部落差较大，所以首先修筑下层台基，使下层台明与东、西两侧地势基本取平。对南面地势较低的陡峭处，以石块和砂石土略作修垫，然后逐层夯筑台基，同时以打磨较为规整的石块对三面边壁进行包砌，并涂抹白灰皮。其次，在筑好的下层台基之上，开始营建上层台基、月台和踏道。

台基夯土以黄土为主，辅以黑灰土、青色砾石块以及灰褐色碎砂石等，夯筑坚实。台基边缘部分与中芯部分的夯土筑造略有区别。中芯部分为夯土与细碎的砂石层交替夯筑，近边缘部分的砂石层中不再使用碎石，而是改用大块的青色砾石，以增加台基强度（图版五四九，2）。底部夯层较薄，黄夯土层厚约0.04~0.06米。上部夯层较厚，黄夯土层厚约0.13米，黑灰夯土、砾石层厚约0~0.15米，细砂石层厚约0.02~0.08米（图4-1-3）。

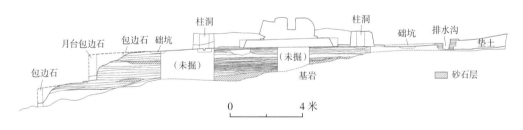

图4-1-3 解剖沟所见龟趺山建筑基址台基剖面图

（二）踏道

踏道在台基底部的东、西两侧，与连通黑龙门和祖州城的古道相接。也就是说，古道直接通往下层台基的台明。在两层台基之间，共设有两组踏道，分别可登至上层台基南部的中央月台和北部的东、西两侧。

第一组踏道设置于上层台基南部月台的东、西两侧。踏道东西向对称分布，各作4级台阶，各壁包砖。每级阶长约1.55、阶宽约0.3、阶高约0.22~0.32米。通过这组踏道，可从下层台面南部中央的东、西两侧登上月台，来到碑楼南部中央。

第二组踏道位于上层台基的东、西两面，踏道南北向，非对称分布。东侧踏道位于台基中部，共4级石砌台阶，每级台阶长约1.75、宽约0.35、高约0.15米（图版五五〇；五五一，1）。西侧踏道位于台基中后部，现存3级石砌台阶，每级台阶长约1.28、宽约0.45、高约0.25米（图版五五一，2；五五二，1）。通过这组踏道，可从下层台面的东、西两面登临至碑楼北部。两面踏道位置的不对称，可能与自然山体走势和登山古道位置相关。

（三）碑楼

碑楼位于上层台基中央，还残存墙体、石龟趺等地面建筑遗迹，是一座殿身三间、四周设回廊的木构建筑。

殿身平面呈长方形，面阔三间，进深三间。外墙为土坯墙，东西长13.53、南北宽9.83米（图版五四七）。四面墙体底宽约1.25、残高约0.3~0.7米。土坯墙内、外表面均抹有草拌泥，其上再涂抹厚约0.8厘米的白灰（图版五五二，2）。南墙正中辟门。门两侧门砧石无存，仅各存有一个长方形础坑。础坑南北长0.8、东西宽0.6米（东侧编号为D1、西侧为D2）。门槛无存，仅存嵌置下槛的浅凹槽，长4.1、宽0.1米（图版五四九，1）。

除南墙明间两侧的门砧石础坑外，墙内共发现柱洞10个。柱洞皆为近圆形，底部均置平柱础石（分别编号为D7~D16）。西南角为D7。D7柱洞口径约0.4、深0.7米，东北壁保存好，内存烧土块和木炭块。西墙中部偏南为D8。D8柱洞口径0.42、深0.7米（图4-1-4，1），保存较好，仅西侧上部有破坏，内存残瓦、烧土块及铁钉、铁片，坑底有一层木炭块。西墙中部偏北为D9。D9柱洞口径0.42、深0.75米，保存好，内存烧土块、铁钉、带红漆的铁片等，底有一层厚0.06~0.08米的木炭。西北角为D10。D10柱洞口径约0.39、残深0.75米，内存残瓦、砖块、烧土块、炭渣等，周壁保存较好，仅西北部有破坏（图版五五三，1）。北墙中部偏西为D11。D11口径约0.4、深0.7米，内存残瓦、砖块，底部有木柱烧毁残迹，还有铁钉和铁片，柱洞东壁、南壁保存好，西北壁有所破坏。北墙中部偏东为D12。

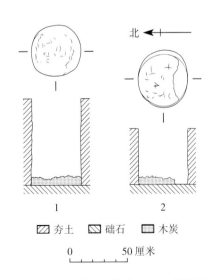

图4-1-4　龟趺山建筑基址土坯墙内柱洞
1. D8平、剖面图　2. D15平、剖面图

D12 口径 0.4、深 0.73 米，内存残瓦、砖块，还有铁钉和铁片。柱洞东壁有所破坏。东北角为 D13。D13 内木柱尚存，已烧焦且局部炭化。口径约 0.4 米，因未取木柱，故深度不详（图版五五三，2）。东墙中部偏北为 D14。D14 柱洞保存不好，口径 0.43~0.48、深 0.4 米。东墙中部偏南为 D15。D15 直径 0.42、深 0.5 米（图 4-1-4，2），内存残瓦、砖块，底部有木柱炭化残块。东南角为 D16。D16 柱洞有所破坏，口径约 0.4、深 0.4 米。平石础石均为素面，长方形，长 0.8、宽 0.7 米。

室内中央筑长方形夯土包砖基座，基座东西宽 4.1~4.2（南侧略窄）、南北进深 4.82、高 0.4 米。基座正中安置一座大型石龟趺碑座（图版五四七），残长 3.1、宽 2.1、高 1.06 米（图 4-1-5）。石龟趺头部残，已缺失（图版五五四），颈部朝南，背上有三圈环套的六边形龟背纹，尾部尚存（图版五五三，3）。四足雕刻细致，各四瓣爪（图版五五三，4）。龟趺背部中央凿有长方形碑槽，槽东西长 1.1、南北宽 0.45、深 0.55 米（图版五五三，5）。石碑已毁，残损碑片散落在四周堆积中。南部契丹大字碑片较多（图版五五三，6），北部汉字碑片较多。

在碑座四角的室内铺砖地面上，共有 4 个方形柱础浅坑，础坑边长均为 0.75 米，础石不存（分别编号为 D3~D6）。室内地面铺有方砖（图版五五五）。东侧中部铺地砖多被破坏。地砖规格通常为长 0.36、宽 0.35、厚 0.05 米，也见有边长 0.36 米的方砖。

殿身以外的上层夯土台基台明铺砖保存状况较差，仅北部和东部还残存局部。经过仔细清理，在台明北部、东部和南部新发现打破夯土的础坑共 9 个（分别编号为 D17~D25）。础坑平面形状不规则，最大径约为 0.75~1、深约 0.08~0.2 米（图版五五六，1）。坑内础石均已无存。在台明西部，原应也有对位的础坑，由于铺砖及部分夯土已损，础坑亦已无存。由此可以推定，在土坯墙外的上层台基上，原来还有一周面阔五间、进深三间的围廊。当心间柱心距为 4.8 米，次间柱心距为 3.7 米，梢间柱心距为 2.3~3 米。进深三间基本等距，约为 4.4~4.6 米。

在龟趺山建筑基址清理出诸多大火焚烧的迹象。于靠近北墙内发现一大段焚烧过

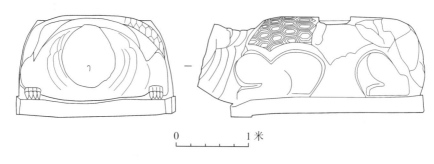

0   1 米

图 4-1-5　龟趺山建筑基址出土石龟趺正、侧视图

的木构件（图版五五六，2），应为建筑梁柱残骸。土坯墙内的檐柱洞中，多存有炭化的木柱残骸，特别是东北角 D13 中已炭化的木柱形状保存完好。基址东南部和北部地面局部存留 0.05~0.08 米的灰色灰烬土。四周墙壁局部留有黑色或红色的火烧痕迹。

（四）排水设施等

龟趺山建筑基址上、下层台明均北高南低、西高东低、中心高边缘低，具有明显的坡度。虽然局部台明已被破坏，但是根据铺砖及砖痕的保存情况，仍然可以判断并测量出上层台明的原始坡度约为 3°，下层台明的坡度约为 5°~7°，由此可知建筑排水的走向。

在基址北侧，夯土台基与自然山体之间，还发现有排水沟等设施。排水沟紧贴台明铺砖面北缘，呈东西向，系在夯土中挖槽而成，沟壁、沟底均用砖垒砌，残长 21.1、宽 0.5、深 0.3 米（图版五五七，1）。排水沟北壁有一道东西向挡土墙，大部分用砖垒砌，局部用石块，残高 0.55 米。排水沟等遗存的发现，说明在营建时对建筑排水有周密考虑和安排。

此外，在建筑北侧排水沟的西北，发现有方形坑（图版五五七，2）。或许与拌灰池有关。

四　出土遗物

龟趺山建筑基址多次被盗掘，台面铺砖也多被取走。现存最为重要的遗物，就是刻有契丹大字和汉字的石碑残片（从统计看，估计不足原来的二分之一）。此外，还有较多的建筑材料和少量生活遗物。现分类介绍。

（一）日常生活遗物

1.水晶饰件

共 1 件。

07GT2②：17，近鸥尾形。圆体，用一块水晶打磨而成，头细底粗，通体光滑。下部有垂直但不相交的两个小细穿孔，底部有榫槽。榫槽制作方法为先钻孔再凿通。通高 11.8、宽 6.6、底径 5.2~5.9 厘米（图 4-1-6，1；图版五五八，1、2）。

2.瓷器

共 5 件。

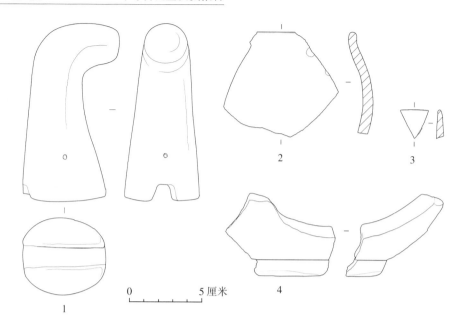

图 4-1-6 龟趺山建筑基址出土水晶饰件、瓷器

1. 水晶饰件（07GT2②：17） 2. 瓷器口沿（15GT3 北扩②：7） 3. 瓷器口沿（15GT4 北扩 G1②：1）
4. 瓷器底（03G：采 10）

口沿 2 件。

15GT3 北扩②：7，夹砂粗褐胎。圆唇外展，鼓腹。内、外壁施化妆土后敷釉。外壁釉不及底。釉色白中泛黄，釉层薄厚不匀。残长 7.9、残宽 7、厚 0.5~1 厘米（图 4-1-6，2；图版五五八，3）。

15GT4 北扩 G1②：1，粗灰胎。圆唇，内、外壁施化妆土。釉色灰白，口沿黏有窑渣。残长 1.9、宽 1.9、厚 0.6 厘米（图 4-1-6，3；图版五五八，4）。

器底 1 件。

03G：采 10，夹砂黄褐胎，质较粗。斜弧壁，圈足。内、外壁施釉，釉色白中泛灰。外壁施釉不及底。残高 5.7 厘米（图 4-1-6，4；图版五五八，5）。

腹片 2 件。

03G：采 1，夹砂灰褐胎，质较粗。外壁素面，施白色化妆土，内壁施米黄釉。长 2.5、宽 2.4、厚 0.5~0.6 厘米（图版五五八，6）。

15GT1 北扩②：35，夹细砂红褐胎。腹片，器壁内、外饰茶褐色釉。长 6.2、宽 4.7、厚 0.7~1.2 厘米（图版五五八，7）。

3. 釉陶口沿

共 1 件。

03G：采 11，泥质黄褐细胎。叠唇。内、外壁均施化妆土。外壁化妆土、釉层剥落，见轮修痕。内壁釉色略泛黄。残长 2.2、残宽 2.2 厘米（图版五五九，1、2）。

4. 陶器

共 12 件。

砚台残件　1 件。

14GJPG1 夯：1，灰陶，残缺。器正面及侧面磨光。砚台侧立边高于砚台面。残长 7.5、残宽 3.8、厚 2 厘米（图 4-1-7，8；图版五五九，3、4）。

口沿　1 件。

14GT2 南扩①：2，泥质灰陶。器表磨光。窄平沿，圆唇，凸缘。残高 4.5、宽 6.5、厚 0.6 厘米（图 4-1-7，2；图版五五九，5）。

器底　2 件。

14GJPG1 夯：2，泥质灰陶，夹粗砂。平底内凹，底心有篦点纹。残长 7.5、高 1.6 厘米（图 4-1-7，11；图版五五九，6）。

15GT4 西扩②：2，泥质灰陶。器外壁饰 9 组篦点纹，近器底 1.4 厘米处有圆形穿孔，孔径 1.6~1.8 厘米。平底内凹，底心饰由双线构成的六边形图案。器底及器身外壁残存水垢。底径 10、残高 9.7、厚 0.6 厘米（图 4-1-7，4；图版五五九，7）。

片　7 件。

14GT2 南扩①：3，泥质灰陶。表面一侧磨光，呈灰黑色，余部饰密集篦点纹及凹弦纹。残高 7.2、残宽 6.7、厚 0.5 厘米（图 4-1-7，5；图版五六〇，1）。

15GTG1 ③：7，泥质灰陶，胎质坚硬。腹片，外壁饰篦点纹。残长 6.7、残宽 4.4、厚 0.5 厘米（图 4-1-7，6；图版五六〇，2）。

15GT1 东扩②：36，夹砂灰陶。颈部残片，近中部饰凸弦纹。残宽 6.4、残长 6.8、厚 0.6 厘米（图 4-1-7，7；图版五六〇，3）。

15GT1 东扩②：37，泥质灰陶。腹片，外壁饰五组篦点纹，局部磨光。残长 5.5、残宽 4.8、厚 0.5 厘米（图 4-1-7，1；图版五六〇，4）。

15GT3 北扩②：8，泥质灰陶。腹部残片。外壁饰篦点纹，局部磨光。残长 6.1、残宽 4.5、厚 0.6 厘米（图 4-1-7，3；图版五六〇，5）。

15GJPG1 ⑥：4，夹砂黑灰陶。腹部残片。外部饰篦点纹。残长 5.1、残宽 2.7、厚 0.6 厘米（图 4-1-7，12；图版五六〇，6）。

15GJPG1 ⑥：13，泥质灰陶。腹部残片。外部磨光，内壁有轮修痕迹。残长 4.4、残宽 2.6、厚 0.5 厘米（图 4-1-7，10；图版五六〇，7）。

球　1 件。

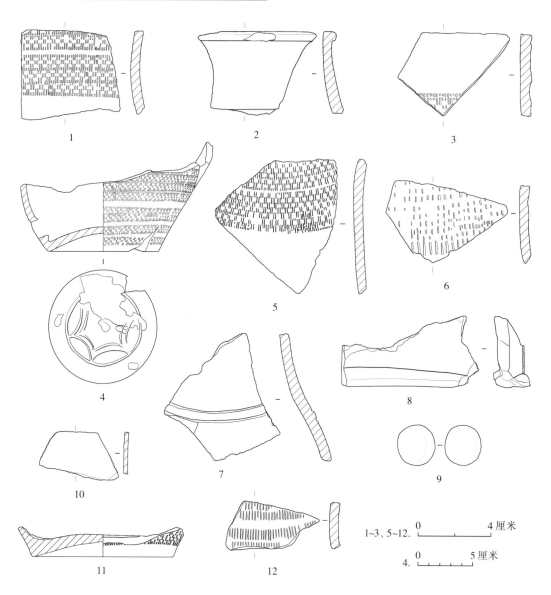

图 4-1-7 龟跌山建筑基址出土陶器

1. 片（15GT1 东扩②：37） 2. 口沿（14GT2 南扩①：2） 3. 片（15GT3 北扩②：8） 4. 器底（15GT4 西扩②：2） 5. 片（14GT2 南扩①：3） 6. 片（15GTG1③：7） 7. 片（15GT1 东扩②：36） 8. 砚台残件（14GJPG1 夯：1） 9. 球（15GT1 南扩②：4） 10. 片（15GJPG1⑥：13） 11. 器底（14GJPG1 夯：2） 12. 片（15GJPG1⑥：4）

15GT1 南扩②：4，手制。泥质黄褐陶。圆形。球面不平。直径 2~2.2 厘米（图 4-1-7，9；图版五六〇，8）。

5. 铁钉

共 36 件。锻打而成。依据形制的不同，可分为扁帽钉、圆帽钉、普通铁钉。

扁帽钉 32件。钉帽由钉身打制成扁平状后折弯而成，钉身为四棱锥体。

07GT2②：82，钉帽呈"心"形，向一侧弯曲。钉身表面光滑，局部表皮剥落。长25.8、钉身上部宽1.2~1.7、钉帽宽3.8厘米（图4-1-8，1；图版五六一，1）。

07GT2②：83-1，钉帽残。钉身呈四棱锥体，钉尖部分弯曲。长12、钉身顶端宽0.5~0.9、钉帽宽1.3厘米（图4-1-8，3；图版五六一，2）。

07GT2②：83-2，钉身稍弯曲。长11.4、钉帽宽1.4厘米（图4-1-8，4；图版五六一，3）。

07GT2②：83-3，钉帽弯近90°。钉身呈弧状。长10.4、钉帽宽1.3厘米（图4-1-8，5；图版五六一，4）。

07GT2②：83-5，钉身下部弯曲。钉尖残。长7.2、钉帽宽1.6厘米（图4-1-8，6；图版五六一，5）。

07GT2②：83-6，钉帽弯近90°。钉身弯曲。长12、钉帽宽1.2厘米（图4-1-8，

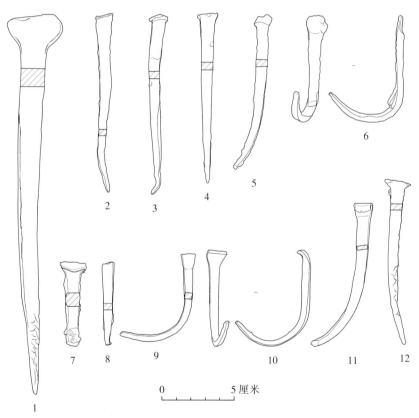

图4-1-8 龟趺山建筑基址出土铁扁帽钉

1. 07GT2②：82 2. 07GT2②：83-6 3. 07GT2②：83-1 4. 07GT2②：83-2 5. 07GT2②：83-3 6. 07GT2②：83-5 7. 07GT2②：83-14 8. 07GT2②：83-13 9. 07GT2②：83-12 10. 07GT2②：83-8 11. 07GT2②：83-9 12. 07GT4②：47-1

2；图版五六一，6）。

07GT2②：83-8，钉尖向一侧弯曲。长6.5、钉帽宽1.4厘米（图4-1-8，10；图版五六一，7）。

07GT2②：83-9，钉尖向一侧弯曲。长9.6、钉帽宽1.3厘米（图4-1-8，11；图版五六一，8）。

07GT2②：83-12，钉尖向一侧弯曲。长5.9、钉帽宽1厘米（图4-1-8，9；图版五六一，9）。

07GT2②：83-13，钉帽残缺。残长5.6、顶端宽0.8厘米（图4-1-8，8；图版五六二，1）。

07GT2②：83-14，钉身残缺。残长5.7、钉帽宽1.9厘米（图4-1-8，7；图版五六二，2）。

07GT4②：47-1，钉尖略弯曲。长11、顶端宽0.5~1、钉帽宽1.9厘米（图4-1-8，12；图版五六二，3）。

07GT4②：47-2，钉身略弧。长9.8、顶端宽0.6、钉帽宽1.6厘米（图4-1-9，1；图版五六二，4）。

07GT4②：47-3，残长7.2、钉帽宽2.2厘米（图4-1-9，8；图版五六二，5）。

07GT4②：47-4，残长7.2、钉帽宽2.1厘米（图4-1-9，6；图版五六二，6）。

07GT4②：47-5，长8.6、钉帽宽1.1厘米（图4-1-9，2；图版五六二，7）。

07GT4②：47-6，长6.7、钉帽宽1.4厘米（图4-1-9，5；图版五六二，8）。

07GT4②：47-7，钉身稍弯曲。长5.4、钉帽宽1.3厘米（图4-1-9，10；图版五六二，9）。

15GT3北扩①：3，钉身弯曲，至尖部渐细，钉尖不存。长5.7、宽0.3~0.6、厚0.2~0.3、帽宽1厘米（图4-1-9，9；图版五六三，1）。

15GT3北扩①：4，钉身弯曲，至尖部渐细，钉尖残缺。长7、宽0.3~0.7、厚0.2~0.5、帽长0.9、帽宽0.4厘米（图4-1-9，4；图版五六三，2）。

15GT3北扩①：5，钉身略弯曲，至尖部渐细。长7.9、宽0.3~0.8、厚0.2~0.4、帽长1.2厘米（图4-1-9，3；图版五六三，3）。

15GT3北扩①：6，钉身下部锈蚀严重，至尖部渐细。长9.2、宽0.3~0.7、厚0.2~0.4、帽长1.6、帽宽0.9厘米（图版五六三，4）。

15GT3北扩①：7，钉身弯曲，至尖部渐细。现存长12.1、宽0.3~1、厚0.2~0.5、帽长1.8、帽宽1.2厘米（图4-1-9，19；图版五六三，5）。

15GT3北扩①：8，钉身弯曲，至尖部渐细。长11.8、宽0.3~0.9、厚0.3、帽长1.7、帽宽0.9厘米（图4-1-9，18；图版五六三，6）。

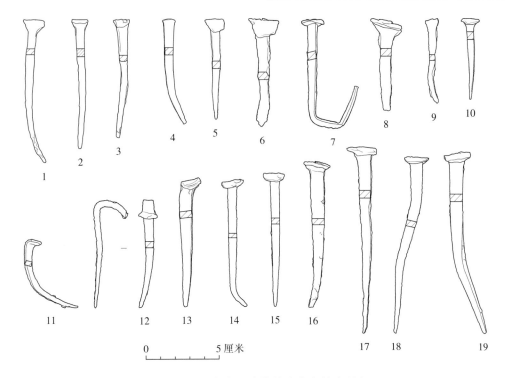

图 4-1-9　龟趺山建筑基址出土铁扁帽钉

1. 07GT4②：47-2　2. 07GT4②：47-5　3. 15GT3 北扩①：5　4. 15GT3 北扩①：4　5. 07GT4②：47-6
6. 07GT4②：47-4　7. 15GT3 北扩②：9　8. 07GT4②：47-3　9. 15GT3 北扩①：3　10. 07GT4②：47-7
11. 15GT4 北扩②：4　12. 15GT4 北扩①：3　13. 15GT3 北扩②：10　14. 15GT3 北扩②：11　15. 15GT4 北扩
①：2　16. 15GT4 北扩②：5　17. 15GT4 北扩②：3　18. 15GT3 北扩①：8　19. 15GT3 北扩①：7

15GT3 北扩②：9，钉身下部向上弯曲。帽圆形，钉身渐细。现存长 7.3、厚 0.2~0.5、帽直径 1.6 厘米（图 4-1-9，7；图版五六三，7）。

15GT3 北扩②：10，钉身渐细，尖部略弯曲。现存长 8.6、宽 0.3~0.9、帽长 1.5、帽宽 0.9、钉身厚 0.2~0.4 厘米（图 4-1-9，13；图版五六三，8）。

15GT3 北扩②：11，钉身渐细，尖部弯曲。现存长 8.5、宽 0.2~0.7、厚 0.3、帽长 1.5、帽宽 0.8 厘米（图 4-1-9，14；图版五六三，9）。

15GT4 北扩①：2，钉身渐细，弯曲。现存长 8.9、宽 0.2~0.6、厚 0.2~0.4、帽长 1.5、帽宽 0.8 厘米（图 4-1-9，15；图版五六四，1）。

15GT4 北扩①：3，钉身渐细，上部弯曲。现存长 7.2、厚 0.2~0.4、帽长 1.3 厘米（图 4-1-9，12；图版五六四，2）。

15GT4 北扩②：3，钉身渐细。现存长 12.4、宽 0.3~1、厚 0.3~0.5、帽长 2.1、帽宽 0.9 厘米（图 4-1-9，17；图版五六四，3）。

15GT4 北扩②：4，钉身渐细，弯曲。现存长 4.6、宽 0.3~0.6、厚 0.2~0.3、帽长

1 厘米（图 4-1-9，11；图版五六四，4）。

　　15GT4 北扩②：5，钉身渐细，弯曲。现存长 9.7、宽 0.3~0.9、厚 0.2~0.4、帽长 1.8、宽 0.9 厘米（图 4-1-9，16；图版五六四，5）。

　　圆帽钉　1 件。

　　07GT2②：83-10，钉帽近圆形，稍隆起。钉身为四棱锥体。钉尖稍残。长 6.8、帽径 1.5 厘米（图 4-1-10，4；图版五六四，6）。

　　普通铁钉　3 件。钉身呈四棱锥体。

　　07GT2②：83-4，长 12.3、顶端宽 0.9 厘米（图 4-1-10，1；图版五六四，7）。

　　07GT2②：83-7，长 9.5、顶端宽 1.2 厘米（图 4-1-10，2；图版五六四，8）。

　　07GT2②：83-11，长 7.7、顶端宽 1 厘米（图 4-1-10，3；图版五六四，9）。

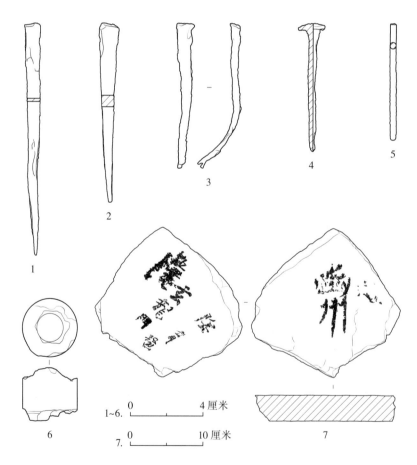

图 4-1-10　龟趺山建筑基址出土铁钉、铜器、石制品

1. 铁钉（07GT2②：83-4）　2. 铁钉（07GT2②：83-7）　3. 铁钉（07GT2②：83-11）　4. 铁圆帽钉
（07GT2②：83-10）　5. 铜棍（15GT4 北扩③：26）　6. 石管状器（15GT1 南扩②：5）　7. 墨书石块
（15GJPG2⑭：1）

6. 铜器

共 1 件。棍。

15GT4 北扩③：26，一端完整，另一端残。通体银白色，有划痕。长 6.2、直径 0.4 厘米（图 4-1-10，5；图版五六五，1）。

7. 铜钱

共 5 枚。

货泉　1 枚。

15GT4 北扩②：1，表面呈铜绿色。方穿，光背。直径 2.3 厘米（图 4-1-11，1；图版五六五，2）。

开元通宝　3 枚。通体绿色铜锈。上下对读。

07GT1 ②：28，背面上部有月牙纹。直径 2.4、穿边宽 0.7、厚 0.2 厘米（图 4-1-11，2；图版五六五，3）。

07GT3 ②：16，文字略模糊，穿孔被磨成近圆形。直径 2.4、穿径 0.7 厘米（图

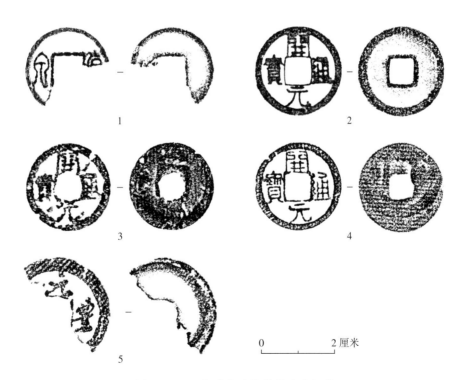

图 4-1-11　龟趺山建筑基址出土铜钱

1. 货泉（15GT4 北扩②：1）　2. 开元通宝（07GT1 ②：28）　3. 开元通宝（07GT3 ②：16）　4. 开元通宝（15GT3 北扩②：3）　5. 残钱（15GT4 西扩①：1）

4-1-11，3；图版五六五，4）。

15GT3北扩②：3，锈蚀，有红色铜锈。方穿。铜钱背面有错模痕迹。直径2.4、穿宽0.7厘米（图4-1-11，4；图版五六五，5）。

残钱　1枚。

15GT4西扩①：1，锈蚀，器身呈铜绿色。旋读，钱文"元丰□□"。方穿，光背。残长2.7、宽2.5厘米（图4-1-11，5；图版五六五，6）。

8. 石制品

共2件。

管状器　1件。

15GT1南扩②：5，白色。管状，一端大部分残缺，残存一侧为平面，另一端残缺，接近器内壁处为六棱形，器内壁光滑，局部可见麻点，器断面有蚌窝状小孔，同时可见红色污渍。外径3、内径1.5、厚0.8、残长2.8厘米（图4-1- 10，6；图版五六五，7）。

墨书石块　1件。

15GJPG2⑭：1，褐色石块。面较平整，平面略呈梯形，一面居中处墨书"玄龍門"，其左、右侧还有字迹，可识一字为"陰"。另一面居中处墨书"幽州"。长20.3、宽19.8、厚2.6~3.5厘米（图4-1-10，7；图版五六五，8、9）。

（二）建筑材料

1. 板瓦

共15件。均为陶质，灰胎。凸面素面，凹面保留布纹。部分标本上存有白灰。
王字纹板瓦　8件。凸面有近"王"字的拍印痕迹。
07GT1②：29，侧缘有内侧切割痕。残长9.4、残宽13.4、厚2.5~2.7厘米（图4-1-12，1；图版五六六，1）。

07GT2②：96-1，残长12.4、残宽16.8、厚2.4~2.7厘米（图4-1-12，2；图版五六六，2）。

07GT2②：96-2，侧缘有内侧切割痕。凸面有少量红彩痕迹。残长10.9、残宽7.5、厚2.9~3.2厘米（图4-1-12，3；图版五六六，3）。

07GT2②：96-3，残长6.6、残宽6、厚2.5厘米（图4-1-12，4；图版五六六，4）。

15GT1南扩②：52，侧缘有内侧切割痕。残长8.1、残宽6.8、厚2.4~2.8厘米（图4-1-12，5；图版五六七，1）。

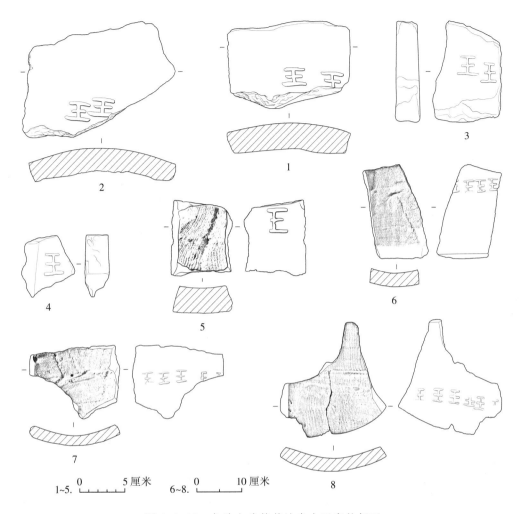

图 4-1-12　龟趺山建筑基址出土王字纹板瓦

1. 07GT1②：29　2. 07GT2②：96-1　3. 07GT2②：96-2　4. 07GT2②：96-3　5. 15GT1 南扩②：52　6. 15GT1
南扩②：53　7. 15GT4 北扩②：6　8. 15GT4 北扩③：25

15GT1 南扩②：53，残长 20.5、残宽 14.5、厚 2.4~2.9 厘米（图 4-1-12，6；图
版五六六，5、6）。

15GT4 北扩②：6，凸面有多道纵向加工痕，侧缘有内侧切割痕。残长 15.4、残
宽 20、厚 2.7~2.9 厘米（图 4-1-12，7；图版五六七，2、3）。

15GT4 北扩③：25，侧缘有内侧切割痕。残长 25、残宽 23.2、厚 2.7~3 厘米（图
4-1-12，8；图版五六七，4、5）。

普通板瓦　5 件。侧缘均保存有内侧切割痕。

07GT2②：89-1，残长 30.4、残宽 27.3、厚 2.2~2.8 厘米（图 4-1-13，1；图版
五六七，6；图版五六八，1）。

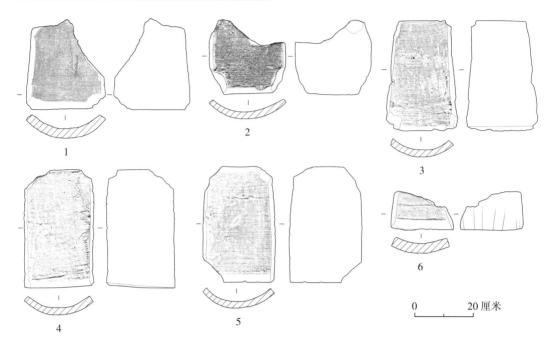

图 4-1-13　龟趺山建筑基址出土板瓦

1. 07GT2 ②：89-1　2. 07GT2 ②：89-2　3. 15GT1 南扩②：32　4. 15GT1 南扩②：33　5. 15GT2 南扩②：15
6. 15GT3 北扩②：23

　　07GT2 ②：89-2，残长 25、残宽 26.4、厚 2~2.5 厘米（图 4-1-13，2；图版五六八，2、3）。

　　15GT1 南扩②：32，长 36.3、残宽 24.6、厚 1.6~2.7 厘米（图 4-1-13，3；图版五六八，4~6）。

　　15GT1 南扩②：33，长 39.6、残宽 23.5、厚 1.7~2.6 厘米（图 4-1-13，4；图版五六九，1、2）。

　　15GT2 南扩②：15，长 38.4、残宽 24.6、厚 2~2.5 厘米（图 4-1-13，5；图版五六九，5~7）。

　　板瓦残块　2 件。侧缘均残缺。

　　07GT2②：98，残存部分呈三角形，瓦缘压印有交错的细线纹。残长 5.1、残宽 6.8、厚 2.7 厘米（图版五六九，3、4）。

　　15GT3 北扩②：23，凸面有纵向加工痕迹。残长 13.1、残宽 21.6、厚 2.8~3.3 厘米（图 4-1-13，6；图版五七〇，1、2）。

　　2. 筒瓦

　　共 15 件。均为陶质，灰胎。凸面素面，凹面保留布纹。部分标本上存有白灰。

凹面近下缘一侧保存完好者多经过刮削，呈斜面状。

王字纹筒瓦 2件。侧缘均残缺，被一条粗糙的断裂面打破。

07GT2②：73-1，凸面中部有一排上下错落的王字形拍印纹。残长28.8、宽16.7~16.9、厚2.2~2.6厘米（图4-1-14，1；图版五七〇，3、4）。

07GT2②：73-2，凸面有一排王字形拍印纹。残长23、宽16.6、厚2.3~2.5厘米（图4-1-14，2；图版五七〇，5、6）。

普通筒瓦 5件。侧缘均有内侧切割痕。

07GT2②：84-1，残长23.5、宽16.8~17.5、厚2.5~3、瓦舌长2.7厘米（图4-1-14，3；图版五七一，1、2）。

07GT2②：84-2，长39.7、宽16.6~17.2、厚2.1~2.7、瓦舌长2.2厘米（图4-1-14，4；图版五七一，3、4）。

07GT2②：84-3，残长22、宽16.4~16.9、厚1.9~3.4、瓦舌长2厘米（图4-1-14，5；图版五七一，5、6）。

15GT2南扩②：14，残长35.6、宽16.1~17、厚2.4~2.8、瓦舌长1.8厘米（图4-1-14，8；图版五七二，1~3）。

15GT4北扩③：27，长52.4、宽16.8~17.9、厚2.4~3.5、瓦舌长4.3厘米（图4-1-14，9；图版五七二，4、5）。

筒瓦残块 8件。侧缘内侧、外侧切割标本均有。

14GT4西扩①：1，侧缘有内侧切割痕。残长9.5、残宽17.4、厚2.5~2.6厘米（图版五七二，6、7）。

14GT4西扩①：2，侧缘有内侧切割痕。残长7.7、残宽10.1、厚2.7~3.2、瓦舌长2.2厘米（图版五七三，1、2）。

14GT4西扩①：3，侧缘有内侧切割痕，呈全切状，侧缘近凸面一侧断裂面基本不见，近凹面一侧被二次加工的斜向刮削面打破。残长14.9、残宽13.1、厚2.3~3、瓦舌长1.1厘米（图版五七三，3、4）。

14GT4西扩①：4，残长4.6、残宽12.2、厚3.5、瓦舌长2.6厘米（图版五七三，5）。

14GT4西扩①：5，残长9.9、残宽5.6、厚2.8~3.2、瓦舌长3.2厘米（图版五七三，6）。

14GT4西扩①：6，侧缘有内侧切割痕。残长8.1、残宽9.3、厚1.7~2.4、瓦舌长1.4厘米（图版五七三，7）。

15GT4西扩②：71，凸面近瓦舌处有两道长椭圆形的戳压痕迹。侧缘保存有内侧切割痕。残长9.2、残宽12.2、厚2~2.5、瓦舌长3.4厘米（图4-1-14，6；图版五七三，8）。

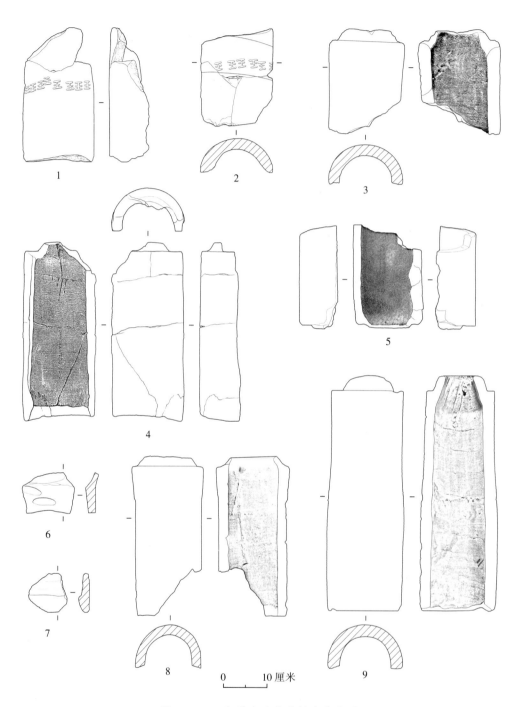

图 4-1-14　龟趺山建筑基址出土筒瓦

1. 王字纹筒瓦（07GT2②：73-1）　2. 王字纹筒瓦（07GT2②：73-2）　3. 筒瓦（07GT2②：84-1）
4. 筒瓦（07GT2②：84-2）　5. 筒瓦（07GT2②：84-3）　6. 筒瓦残块（15GT4 西扩②：71）　7. 筒瓦残
块（15GJPG1⑥：11）　8. 筒瓦（15GT2 南扩②：14）　9. 筒瓦（15GT4 北扩③：27）

15GJPG1⑥：11，瓦舌凸面中部下凹。侧缘有外侧切割痕迹。残长 8.9、残宽 9、厚 2~2.5、瓦舌长 4.9 厘米（图 4-1-14，7；图版五七四，1、2）。

3. 瓦当

共 140 件。均为陶质，灰胎为主。包括兽面、莲花纹、几何纹三大类。当背多见细线刻划，抹泥多数经过修整。部分标本上存有白灰。

兽面瓦当　共 20 件，分两类。

第一类，19 件。当面饰一兽面。头顶有弯曲的犄角，眉脊粗壮，呈倒"八"字形，两侧有丰满的叶形双耳。小圆眼，蒜头鼻。嘴角两端起翘，露单排齿，嘴下有密集的短线鬃毛。面像与边轮之间有三道凸弦纹，其中内侧两道凸弦纹中饰小短线，构成斜方格纹；外侧两道凸弦纹之间饰联珠和小三角形交替的一周纹饰带。边轮较低平。

03G：采 12，大部分残缺。残径 6.6、残宽 5.7、边轮厚 1.6 厘米（图 4-1-15，1；图版五七四，3）。

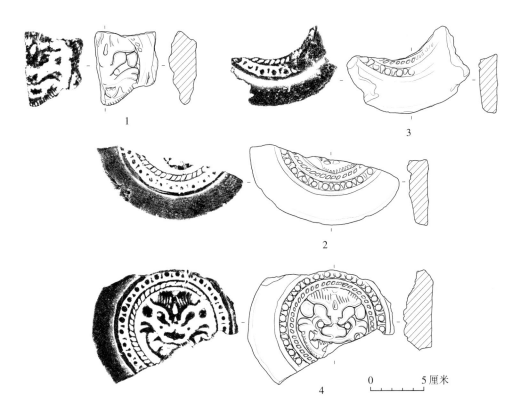

图 4-1-15　龟趺山建筑基址出土兽面瓦当
1. 03G：采 12　2. 07GT2②：74-2　3. 07GT2②：87-5　4. 07GT3②：25-1

07GT2②：74-2，大部分残缺，兽面基本不存。瓦当残径13.7、边轮宽2.3~2.8、边轮厚1.2厘米（图4-1-15，2；图版五七四，4）。

07GT2②：87-5，大部分残缺，兽面已不存。瓦当残径11.4、边轮宽2.7~2.8、边轮厚1.4厘米（图4-1-15，3；图版五七四，5）。

07GT3②：25-1，残。瓦当残径13.5、边轮宽2.1~2.5、边轮厚1.5厘米。瓦当背面保存一小段对接筒瓦，筒瓦厚2.5~3厘米（图4-1-15，4；图版五七四，6）。

07GT3②：25-4，残。瓦当背面偏离中部位置有一道记号线。瓦当残径12.8、边轮宽2.1~2.9、边轮厚1~1.1厘米（图4-1-16，1；图版五七五，1）。

07GT4②：45-1，大部分残缺，兽面已不存。瓦当残径14.2、边轮宽1.9~2.2、边轮厚1.2~1.6厘米（图4-1-16，2；图版五七五，2）。

14GT4北扩②：2，残。瓦当残径15、边轮宽2.2~2.8、边轮厚1~1.2厘米（图4-1-16，3；图版五七五，3）。

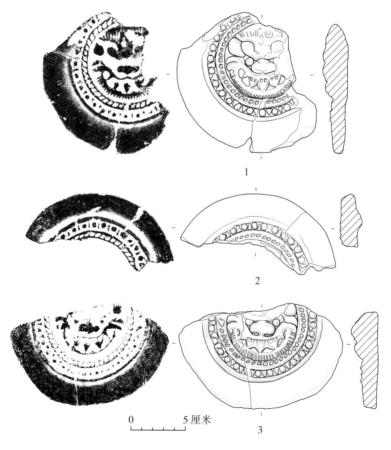

图4-1-16　龟趺山建筑基址出土兽面瓦当
1.07GT3②：25-4　2.07GT4②：45-1　3.14GT4北扩②：2

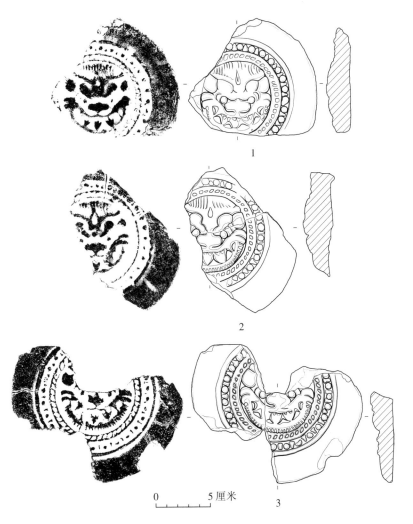

0　　　　　5厘米

图 4-1-17　龟趺山建筑基址出土兽面瓦当
1. 14GT4 北扩②：7　2. 14GT4 北扩②：8　3. 15GT1 东扩②：12

14GT4 北扩②：7，残。瓦当残径 11.7、边轮宽 2.2~2.3、边轮厚 1.2~1.4 厘米。瓦当背面保存一小段对接筒瓦（图 4-1-17，1；图版五七五，4）。

14GT4 北扩②：8，残。瓦当残径 12.5、边轮宽 2.8、边轮厚 1~1.2 厘米（图 4-1-17，2；图版五七五，5）。

15GT1 东扩②：12，残。瓦当直径 15.7~15.8、边轮宽 2.3~2.6、边轮厚 0.7~1 厘米（图 4-1-17，3；图版五七五，6）。

15GT1 东扩②：13，残。瓦当残径 11.5、边轮宽 2.4~2.7、边轮厚 1.1~1.2 厘米（图 4-1-18，1；图版五七六，1）。

15GT2 南扩②：2，较完整。瓦当直径 15.1、边轮宽 2.3~2.6、边轮厚 1.3~1.5 厘米

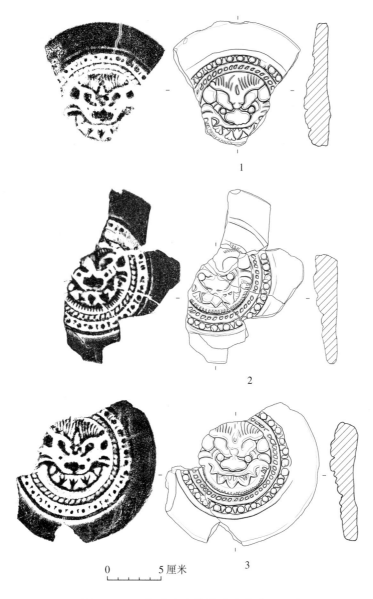

0　　　　5厘米

图 4-1-18　龟趺山建筑基址出土兽面瓦当
1. 15GT1 东扩②：13　2. 15GT3 北扩①：1　3. 15GT2 南扩②：2

（图 4-1-18，3；图版五七六，2）。

　　15GT3 北扩①：1，残。瓦当残径 15.5、边轮宽 2.5~2.6、边轮厚 0.8~1 厘米（图 4-1-18，2；图版五七六，3）。

　　15GT3 北扩②：6，完整。瓦当直径 15~15.7、边轮宽 2.1~2.4、边轮厚 1.2~1.4 厘米（图 4-1-19，1；图版五七六，5、6）。

　　15GT3 北扩②：13，较完整。瓦当直径 15.8、边轮宽 2.5~2.8、边轮厚 0.9~1 厘米。

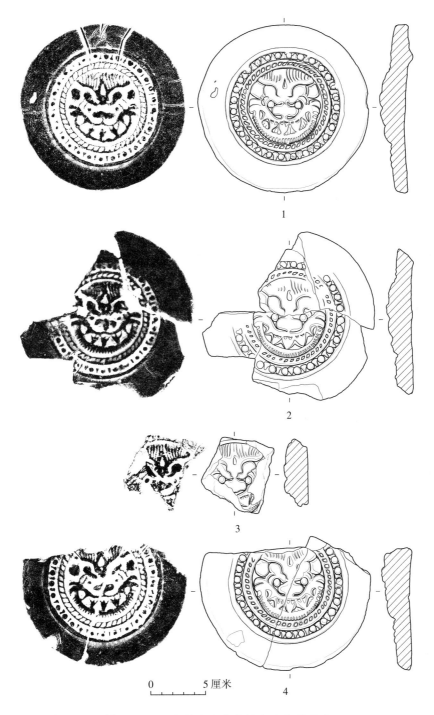

图 4-1-19　龟趺山建筑基址出土兽面瓦当

1. 15GT3 北扩②：6　2. 15GT3 北扩②：13　3. 15GT4 北扩①：7　4. 15GT4 北扩②：9

当背保存一小段对接筒瓦，筒瓦宽2.4~2.6厘米（图4-1-19，2；图版五七六，4）。

15GT4北扩①：7，大部残缺。瓦当残径6.8厘米（图4-1-19，3；图版五七七，1）。

15GT4北扩②：9，较完整。瓦当直径15.6、边轮宽2.2~2.6、边轮厚1.4~1.6厘米（图4-1-19，4；图版五七七，2）。

15GT4北扩②：12，较完整。瓦当直径15.3~15.6、边轮宽2.1~2.4、边轮厚1.1~1.3厘米。瓦当背面残存一小段对接筒瓦，筒瓦宽2.6~2.8厘米（图4-1-20，1；图版五七七，3）。

15GT4北扩③：20，大部分残缺。瓦当残径5.7厘米（图4-1-20，2；图版五七七，4）。

第二类，1件。

15GT4北扩G1①：1，大部分残缺。当面饰一兽面形象。额头饰一圆形纹，眉脊细长，略呈倒"八"字形。圆眼，有眼睑。平椭圆形鼻。嘴微咧而平，两端略上扬。

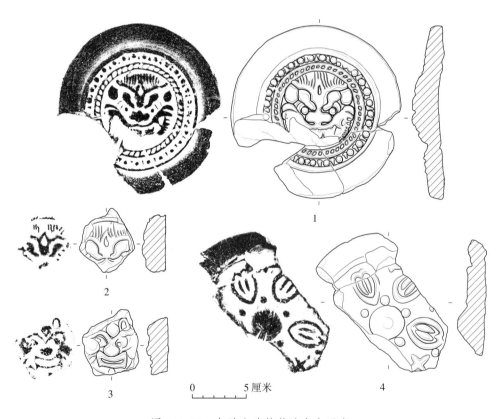

图4-1-20　龟趺山建筑基址出土瓦当

1. 兽面瓦当（15GT4北扩②：12）　2. 兽面瓦当（15GT4北扩③：20）　3. 兽面瓦当（15GT4北扩G1①：1）
4. 莲花纹瓦当（15GJPG1③：6）

无排齿。下颌有一缕须。瓦当残径5.9厘米（图4-1-20，3；图版五七七，5）。

莲花纹瓦当　共49件。分三类。

第一类，26件。饰倒心型花瓣及其变体。分四种。

第一种，4件。当面饰一朵莲花图案。花瓣呈倒心形，多残缺，个别保存较好的标本可对称复原为五瓣。花瓣朝向当心一侧为尖头，朝外一侧略内凹。花瓣内有两片花肉。花瓣之间有小乳丁和十字形饰组成的间饰。花瓣与边轮之间饰一周凸弦纹。边轮较低平。

15GJPG1③：6，残，花瓣存三瓣，对称复原为五瓣。当心饰一大乳丁，其外环绕一周小乳丁。莲瓣之间有十字形和小乳丁构成的间饰。瓦当残径12.3、边轮宽1.8、边轮厚1.3厘米。瓦当背面保存一小段对接筒瓦，筒瓦凸面素面，凹面保留布纹，近下缘处有一道凹槽。筒瓦厚2.1~2.3厘米（图4-1-20，4；图版五七七，6）。

15GT4北扩②：14，大部分残缺。瓦当残径9.2、边轮宽1.6~2、边轮厚1~1.2厘米。瓦当背面保存一小段对接筒瓦，筒瓦厚2.1~2.3厘米（图4-1-21，1；图版五七八，1）。

15GT4北扩②：25，大部分残缺，边轮部分不规整。瓦当残径8.6、边轮宽2、边轮厚1.2~1.3厘米（图4-1-21，2；图版五七八，2）。

15GT4北扩③：11，残，花瓣残存三瓣，对称复原为五瓣。当心饰一大乳丁，其外环绕一周小乳丁。瓦当残径14.6、边轮宽1.7~2.1、边轮厚1.2厘米。瓦当背面保存一段对接筒瓦，凸面素面，凹面保留布纹。左侧缘为内切，呈全切状，近凹面一侧保留切割面，近凸面一侧断裂面基本不存。左侧缘被二次加工的斜向刮削面打破。筒瓦残长6、厚2.2~2.4厘米（图4-1-21，3；图版五七八，3~5）。

第二种，2件。当面饰一朵莲花图案。花瓣呈倒心形，多残缺，个别标本可对称复原为六瓣。尖头朝外。花瓣有两层外廓，内有两片花肉，其间有凸弦纹间隔。边轮较突出。

14GT4北扩②：1，大部分残缺，花瓣仅存一瓣。瓦当残径6.4厘米（图4-1-21，4；图版五七八，6）。

15GT3北扩②：14，大部分残缺，花瓣仅一瓣保存较好，另一瓣存有部分轮廓，对称复原为六瓣。旁边有十字形间饰，接近当心部分有一乳丁。瓦当背面不平，有指压印痕。瓦当残径9.6、边轮宽1.7~1.9、边轮厚1.7~1.9厘米（图4-1-21，5；图版五七九，1）。

第三种，10件。当面饰一朵莲花图案，花瓣呈倒心形，多残缺严重，复原后应为六或七瓣。花瓣尖头向外，每片花瓣均由凸弦纹勾勒出外廓，内有两片短凸棱带

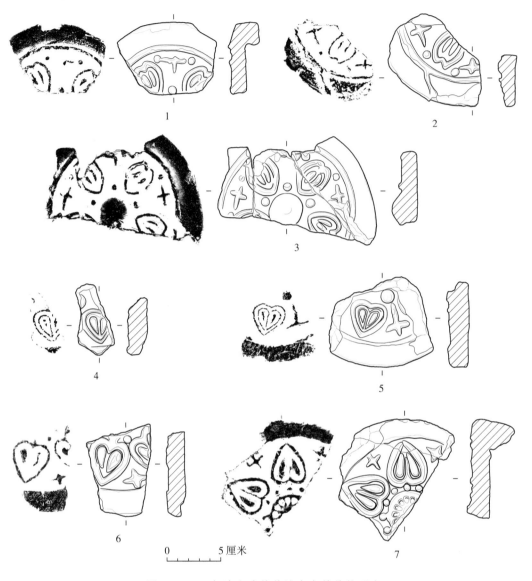

图 4-1-21　龟趺山建筑基址出土莲花纹瓦当

1. 15GT4 北扩②：14　2. 15GT4 北扩②：25　3. 15GT4 北扩③：11　4. 14GT4 北扩②：1　5. 15GT3 北扩②：14
6. 14GT4 北扩②：3　7. 15GTG1③：1

构成的花肉，花肉较丰满，花肉之间有凸弦纹间隔。花瓣之间有十字形间饰。边轮
较突出。

　　14GT4 北扩②：3，大部分残缺，花瓣存两瓣。当心仅存外围的小乳丁。花肉中
间的凸弦纹不明显。瓦当残径 8.3、边轮宽 2~2.3、边轮厚 1.7~1.8 厘米（图 4-1-21，
6；图版五七九，2）。

　　15GTG1③：1，残。当心部分由内向外依次为乳丁、放射线、凸弦纹和一圈小乳

丁。瓦当残径 10.9、边轮宽 1.2~1.8 厘米。瓦当背面保存一小段对接筒瓦，凸面素面，凹面保留布纹，筒瓦厚 2.6 厘米（图 4-1-21，7；图版五七九，3）。

15GT3 北扩①：9，大部分残缺，花瓣存两瓣。瓦当残径 9.7、边轮宽 1.8~2.2、边轮厚 1.3~1.6 厘米（图 4-1-22，1；图版五七九，4）。

15GT3 北扩②：20，大部分残缺，花瓣存两瓣。瓦当残径 6.6 厘米（图 4-1-22，2；图版五七九，5）。

15GT4 北扩①：10，大部分残缺。瓦当残径 6.2、边轮宽 2.1~2.2、边轮厚 1.6~1.7 厘米（图 4-1-22，3；图版五七九，6）。

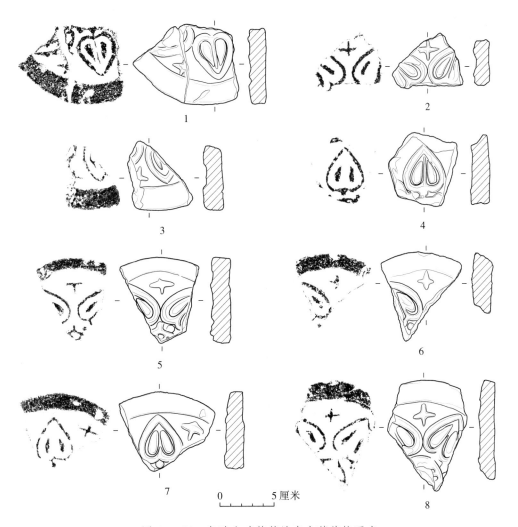

图 4-1-22　龟跌山建筑基址出土莲花纹瓦当

1. 15GT3 北扩①：9　2. 15GT3 北扩②：20　3. 15GT4 北扩①：10　4. 15GT4 北扩②：23　5. 15GT4 北扩③：4　6. 15GJPG1 ③：3　7. 15GJPG1 ⑥：1　8. 15GJPG1 ⑥：6

15GT4北扩②：23，大部分残缺，花瓣仅存一瓣。瓦当残径6.6厘米（图4-1-22，4；图版五八〇，1）。

15GT4北扩③：4，大部分残缺，花瓣存两瓣。边轮略微高出。当心仅存外围的两个乳丁和一段凸弦纹。瓦当残径7.7、边轮宽1.2~1.4、边轮厚1.5~1.7厘米（图4-1-22，5；图版五八〇，2）。

15GJPG1③：3，大部分残缺，花瓣存一瓣。边轮略高出。瓦当残径8、边轮宽1.5~1.7、边轮厚1.6厘米（图4-1-22，6；图版五八〇，3）。

15GJPG1⑥：1，大部分残缺，花瓣存一瓣。瓦当残径8.8、边轮宽1.3~1.9、边轮厚1.2~1.5厘米（图4-1-22，7；图版五八〇，4）。

15GJPG1⑥：6，大部分残缺，花瓣存两瓣。当心磨损严重，由外向内可见小乳丁和一周凸弦纹。瓦当残径10、边轮宽1.8~2、边轮厚1.2厘米（图4-1-22，8；图版五八一，1）。

第四种，10件。当面饰一朵莲花图案。花瓣呈倒心型，根据个别保存较好的标本可对称复原为六瓣。朝向当心一侧为尖头，朝外一侧略内凹。花瓣内有两片细长花肉。花瓣之间有十字形间饰。花瓣和边轮之间饰一周凸弦纹。边轮较低平。

15GT3北扩②：16，大部分残缺，花瓣仅存一瓣。当心不存。瓦当残径9.4、边轮宽1.8~2.2、边轮厚1.2厘米。瓦当背面保存一段对接筒瓦，筒瓦凸面素面，凹面保留布纹。筒瓦左侧缘为内切，呈全切状，近凹面一侧保留切割面，近凸面一侧断裂面基本不存。左侧缘被二次加工的斜向刮削面打破。筒瓦残长10、厚2.5~2.7厘米（图4-1-23，1；图版五八〇，5、6）。

15GT4北扩②：15，大部分残缺，仅一瓣保存较好。当心大多残损，仅存一周凸弦纹和其外部的两个小乳丁。瓦当残径6.9厘米（图4-1-23，2；图版五八一，2）。

15GT4北扩③：2，残，花瓣残存两瓣。当心饰一高出的大乳丁，其外环绕一周小乳丁。小乳丁有大、小两种规格，交替分布。瓦当残径10、边轮宽2~2.2、边轮厚1.4~1.6厘米（图4-1-23，3；图版五八一，3）。

15GT4北扩③：6，残，花瓣存四瓣，对称复原为六瓣。当心部分多缺失，仅当心外围的小乳丁有少量残留。瓦当残径16.3、边轮宽2~2.2、边轮厚1.3~1.4厘米（图4-1-23，4；图版五八一，4）。

15GT4北扩③：10，残，花瓣存三瓣。瓦当直径16.3、边轮宽1.6~2、边轮厚1~1.5厘米。当背保存一段对接筒瓦，凸面素面，凹面保留布纹，凹面近下缘有一道凹槽。筒瓦右侧缘为内切，呈全切状，近凹面一侧保留切割面，近凸面一侧断裂面基本不存。右侧缘被二次加工的斜向刮削面打破。筒瓦残长14.2、宽16.4、厚2.4~2.7厘米（图4-1-23，5；图版五八一，5、6）。

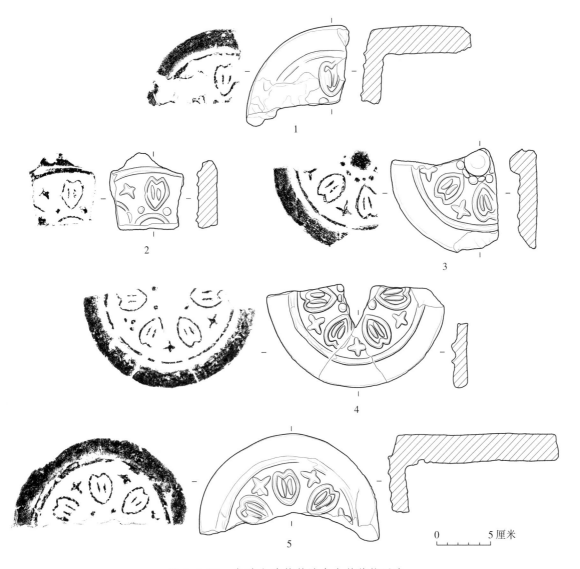

图 4-1-23　龟跌山建筑基址出土莲花纹瓦当

1. 15GT3 北扩② : 16　2. 15GT4 北扩② : 15　3. 15GT4 北扩③ : 2　4. 15GT4 北扩③ : 6　5. 15GT4 北扩③ : 10

　　15GT4 北扩③ : 16，残，花瓣存三瓣。当心饰一高出的大乳丁，其外环绕一周小乳丁。小乳丁有大、小两种规格，交替分布。瓦当残径 13.3、边轮宽 2~2.2、边轮厚 1.3~1.5 厘米（图 4-1-24，1；图版五八二，1）。

　　15GT4 北扩③ : 17，残，花瓣存三瓣。当心由内向外依次为一个高突的大乳丁、一周凸弦纹和一周小乳丁。瓦当残径 11.9、边轮宽 1.3~1.7、边轮厚 1.4~1.7 厘米（图 4-1-24，2；图版五八二，2）。

　　15GT4 北扩③ : 18，较完整，共六瓣。当心饰一高出的大乳丁，其外环绕十二

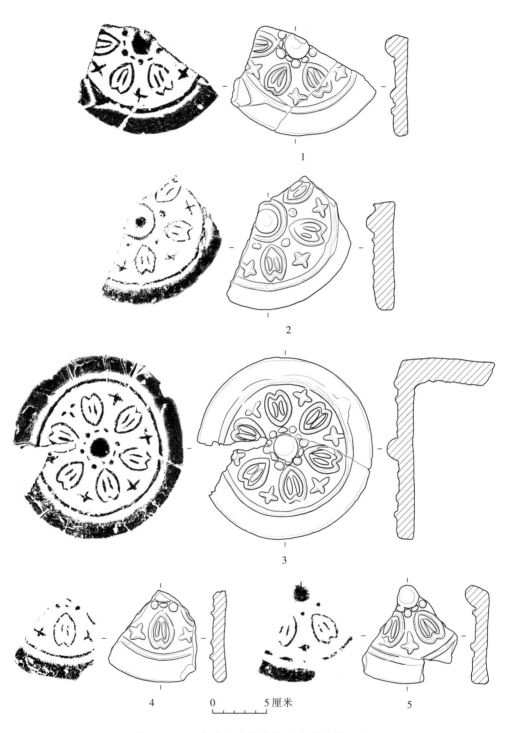

图 4-1-24 龟趺山建筑基址出土莲花纹瓦当

1. 15GT4 北扩③：16　2. 15GT4 北扩③：17　3. 15GT4 北扩③：18　4. 15GJPG1③：1　5. 15GJPG1③：7

个小乳丁。小乳丁有大、小两种规格，交替分布。瓦当直径 16~16.2、边轮宽 1.8~2.1、边轮厚 1.3~1.7 厘米。当背保存一段对接筒瓦，筒瓦凸面素面，凹面保留布纹。筒瓦残长 8.5、厚 2~2.2 厘米（图 4-1-24，3；图版五八二，3）。

15GJPG1 ③：1，大部分残缺，花瓣仅一瓣保存较好，当心纹饰仅存外围的一周小乳丁。小乳丁有大、小两种规格。瓦当残径 8.3、边轮宽 2~2.2、边轮厚 1.2~1.3 厘米（图 4-1-24，4；图版五八二，4）。

15GJPG1 ③：7，大部分残缺，花瓣存两瓣。当心饰一高出的大乳丁，其外环绕一周小乳丁。小乳丁有大、小两种规格，交替分布。瓦当残径 8.8、边轮宽 1.8~1.9、边轮厚 1.3~1.6 厘米（图 4-1-24，5；图版五八二，5、6）。

第二类，17 件。饰较大的椭圆形花瓣。分三种。

第一种，7 件。当面饰一朵莲花图案，莲瓣呈长椭圆形，共六瓣。花瓣之间饰"T"字形间饰，一端与当心乳突相连。边轮与当面之间饰两圈凸弦纹夹一圈联珠纹。边轮较低平。

07GT2 ②：87-1，残。瓦当残径 13.4、边轮宽 1.6~1.8、边轮厚 1.4~1.6 厘米（图 4-1-25，1；图版五八三，1）。

15GT3 北扩②：4，大部分残缺。瓦当残径 9.6、边轮宽 2、边轮厚 1.5~1.7 厘米（图 4-1-25，2；图版五八三，2）。

15GT4 北扩①：4，大部分残缺，当面磨损严重，仅存两瓣和一个"T"字形间饰的轮廓，以及外围的一周凸弦纹。瓦当残径 8.9、边轮宽 1.9~2.6 厘米（图 4-1-25，3；图版五八三，3）。

15GT4 北扩②：70，大部分残缺。瓦当残径 12.2、边轮宽 1.8~2.1、边轮厚 1.5~1.8 厘米（图 4-1-25，4；图版五八三，4）。

15GT4 北扩③：3，残。瓦当残径 12 厘米（图 4-1-25，5；图版五八三，5）。

15GJPG1 ⑥：2，大部分残缺。瓦当残径 8.3、边轮宽 2~2.2、边轮厚 1.4~1.5 厘米（图 4-1-25，6；图版五八三，6）。

15GJPG1 ⑥：3，残。瓦当残径 13.5、边轮宽 2.3~2.6、边轮厚 1.3 厘米（图 4-1-25，7；图版五八四，1）。

第二种，7 件。当面饰一朵莲花图案。花瓣为突出的大椭圆形，一端与当心相连，其外有凸弦纹构成的弧状外廓，共六瓣。外廓之间有小乳丁构成的间饰。当心有一大乳突作为莲心。边轮与莲花间饰一周凸弦纹。边轮较低平。

07GT4 ②：45-4，大部分残缺。瓦当残径 6.5、边轮宽 1.7~1.8、厚 1.2 厘米（图 4-1-25，8；图版五八四，2）。

14GT4 北扩②：4，大部分残缺。瓦当残径 6.3 厘米（图 4-1-26，3；图版五八

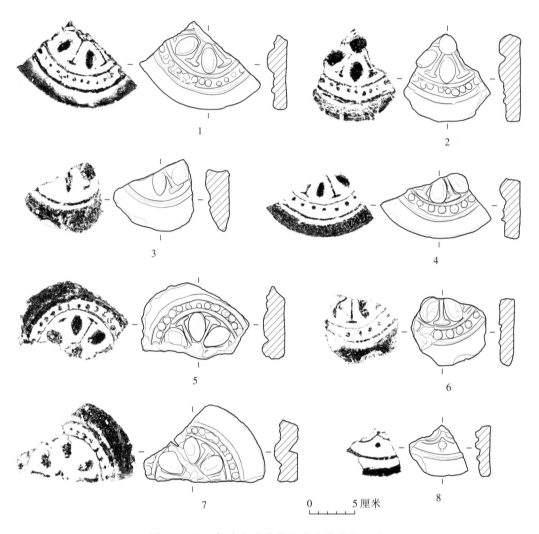

图 4-1-25 龟趺山建筑基址出土莲花纹瓦当

1. 07GT2②：87-1 2. 15GT3 北扩②：4 3. 15GT4 北扩①：4 4. 15GT4 北扩②：70 5. 15GT4 北扩③：3
6. 15GJPG1⑥：2 7. 15GJPG1⑥：3 8. 07GT4②：45-4

四，3）。

15GTG1③：2，残。瓦当残径 13.8、边轮宽 1.9~2.2、边轮厚 1.4~1.7 厘米（图 4-1-26，4；图版五八四，4）。

15GT4 北扩③：12，较完整。瓦当残径 14、边轮宽 1.7~2.2、边轮厚 1.3~1.5 厘米（图 4-1-26，2；图版五八四，5、6）。

15GT4 北扩③：13，较完整。瓦当残径 11.3、边轮宽 1.4~1.7、边轮厚 1.5~1.7 厘米（图 4-1-26，1；图版五八五，1）。

15GJPG1③：2，大部分残缺。瓦当残径 7.6、边轮宽 2.1 厘米（图 4-1-27，1；

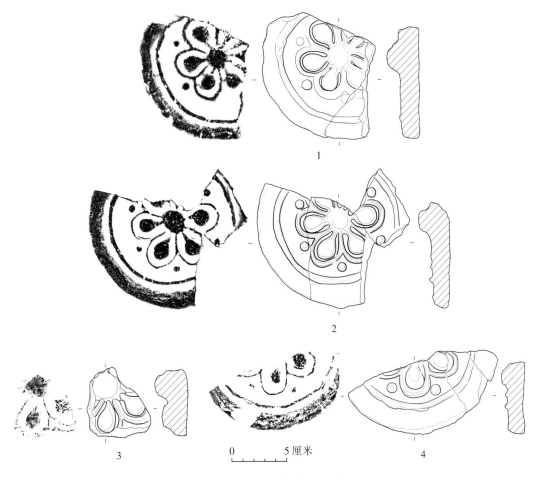

图 4-1-26　龟趺山建筑基址出土莲花纹瓦当
1. 15GT4 北扩③：13　2. 15GT4 北扩③：12　3. 14GT4 北扩②：4　4. 15GTG1 ③：2

图版五八五，2）。

15GJPG1 ③：8，大部分残缺。瓦当残径 10.4、边轮宽 2~2.6 厘米。瓦当背面保存一小段对接筒瓦，筒瓦宽 2.5 厘米（图 4-1-27，2；图版五八五，3）。

第三种，3 件。当面饰一朵莲花纹图案。花肉呈凸起的椭圆形，其外有凸弦纹构成的外廓，共八瓣。花瓣之间有小乳丁构成的间饰。当心饰一个较大的乳突，周围依次环绕一周小乳丁和一周凸弦纹，共同构成莲心。花瓣和边轮之间有一周凸弦纹。边轮较低平。

15GT1 东扩②：11，大部分残缺。瓦当残径 13.3、边轮宽 1.8~2.4、边轮厚 1.2 厘米。瓦当背面保存一段对接筒瓦，筒瓦凸面素面，凹面保留布纹，筒瓦残长 5.2、厚 2.2~2.4 厘米（图 4-1-27，3；图版五八五，4）。

15GT4 北扩③：5，较完整，边轮残损严重。瓦当背面边缘环绕一周刻划的细线。

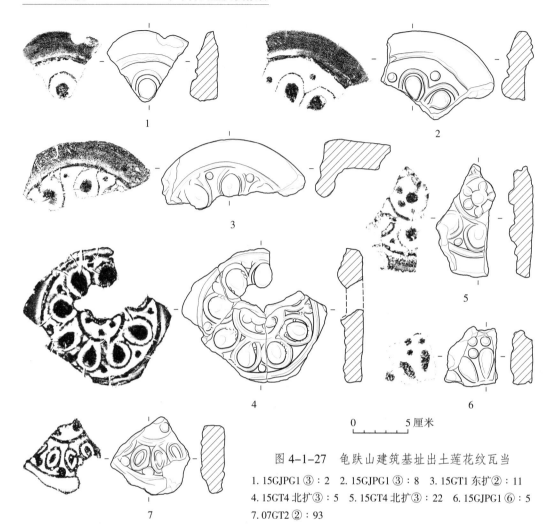

图 4-1-27 龟趺山建筑基址出土莲花纹瓦当

1. 15GJPG1 ③：2 2. 15GJPG1 ③：8 3. 15GT1 东扩②：11
4. 15GT4 北扩③：5 5. 15GT4 北扩③：22 6. 15GJPG1 ⑥：5
7. 07GT2 ②：93

瓦当残径 13.4 厘米（图 4-1-27，4；图版五八五，5、6）。

15GT4 北扩③：22，大部分残缺。瓦当残径 10.1、边轮宽 1.8、边轮厚 1.3~1.4 厘米
（图 4-1-27，5；图版五八六，1）。

第三类，6 件。饰密集的小椭圆形花瓣。分三种。

第一种，1 件。

15GJPG1 ⑥：5，大部分残缺。当面残存两瓣细长莲瓣，莲瓣之间有小乳丁间饰，
外部还有两个小乳丁，可能为一周联珠纹。瓦当残径 5.4 厘米（图 4-1-27，6；图版
五八六，2）。

第二种，2 件。当面饰一朵莲花图案。当心饰一稍大的乳丁，周边环绕小乳丁和
一圈凸弦纹，共同构成莲心。四周莲瓣由凸弦纹勾勒出长椭圆形外廓，各莲瓣之间
饰一小乳丁。边轮与当面之间饰一周凸弦纹。边轮较低平。

07GT2②：93，大部分残缺。瓦当残径7.4厘米（图4-1-27，7；图版五八六，3）。

15GT4北扩③：15，较完整。瓦当直径15.6、边轮宽2.2~2.6、边轮厚1.4~1.6厘米。瓦当背面保存一小段对接筒瓦，筒瓦厚2.2厘米（图4-1-28，1；图版五八六，4）。

第三种，3件。当面饰一莲花纹，花瓣多由小椭圆形凸弦纹勾勒而成，个别为实心椭圆状。花瓣之间有两个小乳丁构成间饰。当心残损，可见一周小乳丁纹、一周凸弦纹，小乳丁纹之间有更细小的乳丁间饰，凸弦纹上缀小联珠。边轮和花瓣之间饰一圈凸弦纹，其上缀小联珠。边轮较低平。

07GT2②：87-6，大部分残缺。瓦当残径9.1、边轮宽1.9厘米（图4-1-28，2；图版五八六，5）。

15GT3北扩②：18，大部分残缺。瓦当残径9.3、边轮宽2.1~2.7、边轮厚1.3~1.5

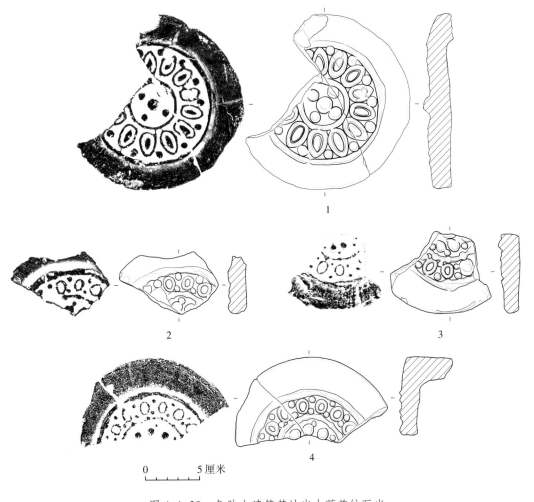

0   5厘米

图4-1-28　龟趺山建筑基址出土莲花纹瓦当
1. 15GT4北扩③：15　2. 07GT2②：87-6　3. 15GT3北扩②：18　4. 15GT4北扩③：19

厘米（图4-1-28，3；图版五八六，6）。

15GT4北扩③：19，残。瓦当残径14、边轮宽2.6~3、边轮厚1.3厘米。瓦当背面保存一小段对接筒瓦，筒瓦凸面素面，凹面保留布纹，筒瓦厚1.8~2厘米（图4-1-28，4；图版五八七，1）。

几何纹瓦当　共60件。分四类。

第一类，28件。饰多角形图案。分七种。

第一种，9件。当面饰一五角形图案，由外向内依次由五角形外廓、五条凸棱带和当心凸起的乳丁组成。外廓各角之间均有小乳丁间饰。五角形与边轮之间饰两周凸弦纹夹一周联珠纹。边轮较低平。

07GT2②：74-1，较完整。瓦当背面偏离中部的位置有一道记号线。瓦当直径16.7~17、边轮宽1.6~2.8、边轮厚1.8~2厘米（图4-1-29，1；图版五八七，2）。

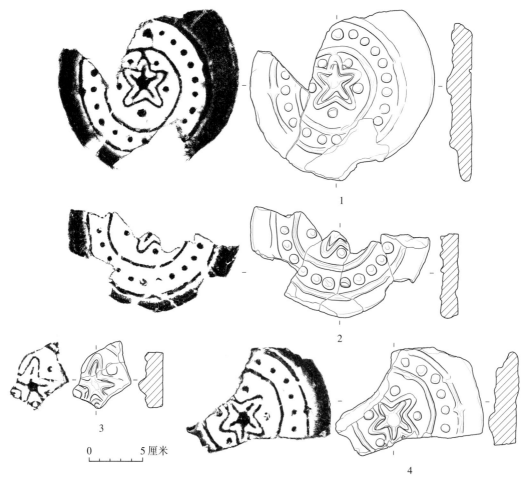

图4-1-29　龟趺山建筑基址出土几何纹瓦当

1.07GT2②：74-1　2.07GT2②：87-2　3.07GT2②：87-7　4.07GT2②：94-1

07GT2②：87-2，残。瓦当直径 16.4、边轮宽 1.4~2、边轮厚 1.5~1.8 厘米（图4-1-29，2；图版五八七，3）。

07GT2②：87-7，大部分残缺。瓦当残径 6 厘米（图 4-1-29，3；图版五八七，4）。

07GT2②：94-1，残。瓦当残径 13.6、边轮宽 1.9~2.3、边轮厚 1.6~1.7 厘米（图4-1-29，4；图版五八七，5）。

07GT2②：94-2，红胎。大部分残缺。瓦当残径 10.4、边轮宽 2~2.3、边轮厚 1.5~1.7 厘米（图 4-1-30，1；图版五八七，6）。

15GT1 东扩②：2，大部分残缺。瓦当背面接近中部的位置有一道记号线。瓦当

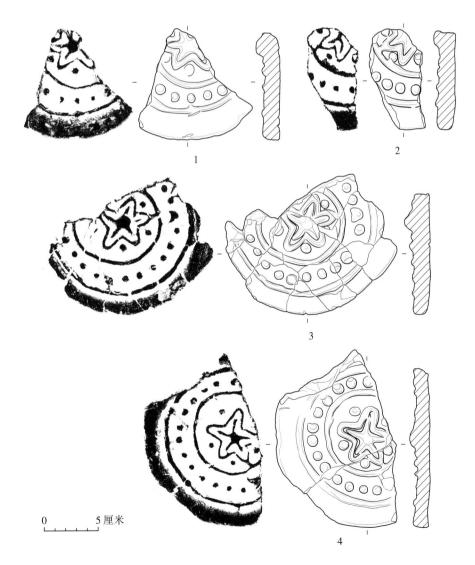

图 4-1-30　龟跌山建筑基址出土几何纹瓦当

1.07GT2②：94-2　2.15GT1 东扩②：2　3.15GT1 南扩②：8　4.15GT3 北扩②：12

残径9、边轮宽2、边轮厚1.4厘米（图4-1-30，2；图版五八八，1）。

15GT1南扩②：8，较完整。瓦当残径15.8、边轮宽1.5~2.8、边轮厚1.4~1.8厘米（图4-1-30，3；图版五八八，2）。

15GT3北扩②：12，较完整。瓦当残径15.7、边轮宽1.7~2.1、边轮厚1.4~1.7厘米（图4-1-30，4；图版五八八，3）。

15GT4北扩①：8，残。瓦当背面对接筒瓦处抹泥经过一定修整，部分区域较粗糙。瓦当残径12.6、边轮宽1.9、边轮厚1.4厘米（图4-1-31，1；图版五八八，4）。

第二种，1件。

15GT1东扩②：3，大部分残缺。当面原应饰一五角形外廓，仅残存一角，其内

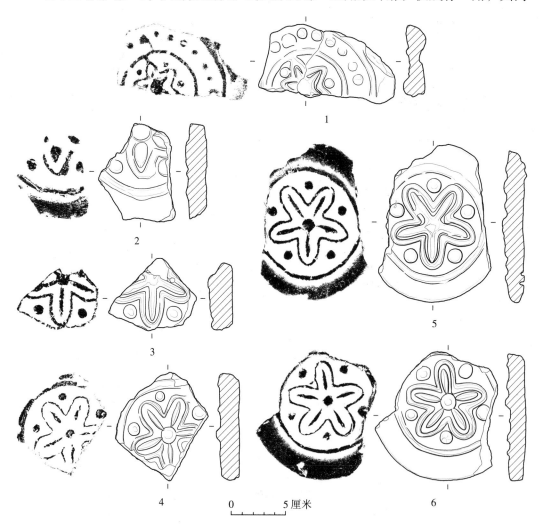

图4-1-31 龟趺山建筑基址出土几何纹瓦当

1. 15GT4北扩①：8 2. 15GT1东扩②：3 3. 07GT4②：45-3 4. 15GT3北扩①：2 5. 15GT3北扩②：17
6. 15GT4北扩②：8

有扁平的椭圆形装饰，朝外一侧垂尖。外廓旁有乳丁间饰。边轮较低平。瓦当残径8.8厘米（图4-1-31，2；图版五八八，5）。

第三种，6件。当面饰一五角形外廓，每一角内均有细长的凸棱带组成内饰，当心有一乳丁。凸棱带和乳丁突出的程度相对较低。外廓各角之间有单个乳丁构成的间饰。星形图案和边轮间有一周凸弦纹。边轮较低平。

07GT4②：45-3，大部分残缺。瓦当残径8.2厘米（图4-1-31，3；图版五八八，6）。

15GT3北扩①：2，残，边轮基本不存。瓦当残径9.7厘米（图4-1-31，4；图版五八八，7）。

15GT3北扩②：17，较完整。瓦当直径14.1、边轮宽1.7~2.2、边轮厚1.5~1.7厘米（图4-1-31，5；图版五八九，1、2）。

15GT4北扩②：8，较完整。瓦当残径11.5、边轮宽2.1~2.3、边轮厚1.3~1.6厘米（图4-1-31，6；图版五八九，3）。

15GT4北扩②：10，较完整。瓦当直径14~14.2、边轮宽2.4~2.6、边轮厚1.4~1.9厘米（图4-1-32，1；图版五八九，4）。

15GT4北扩②：11，残。瓦当残径13、边轮宽2.2~2.6、边轮厚1.4~1.6厘米（图4-1-32，2；图版五八九，5）。

第四种，1件。

15GT3北扩②：2，较完整。当面饰一七角形图案，由外向内依次为七角形外廓、外廓内的凸棱、一周低矮的弦纹和一个较扁平的乳丁。外廓各角之间均有小乳丁间饰。边轮和七角形图案之间饰两周凸弦纹夹一周短线纹，构成一圈方格纹饰带。边轮较低平。瓦当背面偏离中部的位置有一道凹直线。瓦当残径13.4、边轮宽2.8~3.1、边轮厚1.2~1.4厘米（图4-1-32，3；图版五八九，6）。

第五种，7件。当面饰一五角形图案，由外向内依次为五角折线纹、一周低矮的弦纹和一个较扁平的当心乳丁。各角之间有小乳丁和弧线构成的间饰。五角形和边轮之间饰两周凸弦纹夹一周短线纹，构成一圈方格纹饰带。边轮宽而低平。

07GT2②：74-3，残。瓦当背面偏离中部的位置有一道疑似记号线的凹弦纹。瓦当残径12.7、边轮宽2.9~3.3、边轮厚1.1~1.3厘米（图4-1-33，1；图版五九〇，1）。

15GT4北扩①：9，大部分残缺。瓦当残径6.5厘米（图4-1-33，2；图版五九〇，2）。

15GT4北扩②：13，残。瓦当直径15.1、边轮宽2.8~3、边轮厚1.2~1.5厘米。瓦当背面保存一段对接筒瓦，凸面素面，凹面保留布纹。筒瓦残长5.8、厚2.1~2.3厘米（图4-1-33，3；图版五九〇，3）。

图 4-1-32 龟趺山建筑基址出土几何纹瓦当

1. 15GT4 北扩②：10　2. 15GT4 北扩②：11　3. 15GT3 北扩②：2

15GT4 北扩②：16，较完整。瓦当直径 15.8、边轮宽 2.7~3、边轮厚 1.2 厘米。瓦当背面保存一段对接筒瓦，凸面素面，凹面保留布纹，凹面近下缘处抹泥较粗糙。筒瓦残长 6、厚 1.6~2.2 厘米（图 4-1-33，4；图版五九〇，5、6）。

15GT4 北扩②：20，残。瓦当背面偏离中部的位置有一道记号线。瓦当残径 12.4、边轮宽 3~3.1、边轮厚 1.1~1.3 厘米（图 4-1-34，1；图版五九〇，4）。

15GT4 北扩②：26，大部分残缺。瓦当残径 6.5 厘米（图 4-1-34，2；图版五九一，1）。

15GT4 北扩③：24，大部分残缺。瓦当残径 6.2 厘米（图 4-1-34，3；图版

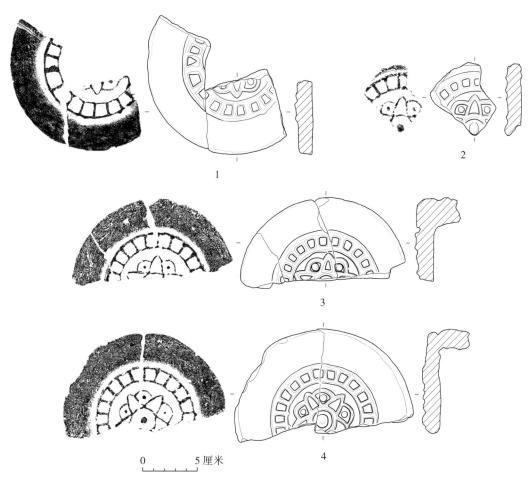

图 4-1-33　龟趺山建筑基址出土几何纹瓦当

1. 07GT2②：74-3　2. 15GT4 北扩①：9　3. 15GT4 北扩②：13　4. 15GT4 北扩②：16

五九一，2）。

第六种，1件。

15GT1 东扩②：1，大部分残缺。当心饰一大乳丁，其外饰一周乳丁纹、一周三角形折线纹和一周凸弦纹。凸弦纹外有一周联珠纹，联珠以外部分残损不清。瓦当残径 8.3 厘米（图 4-1-34，4；图版五九一，3）。

第七种，3件。当面饰两周凸弦纹，其间有短直线构成的近三角形和梯形装饰，短线之间有小乳丁间隔。当心饰一乳丁，内圈凸弦纹和当心之间有短直线和小乳丁构成的一周装饰。边轮较低平。

15GT3 北扩②：19，残。瓦当残径 13.9、边轮宽 2.3~2.5、边轮厚 1.6~1.8 厘米（图 4-1-34，5；图版五九一，5、6）。

15GT4 北扩①：6，大部分残缺。瓦当残径 10.4、边轮宽 2.4~2.7 厘米（图 4-1-34，

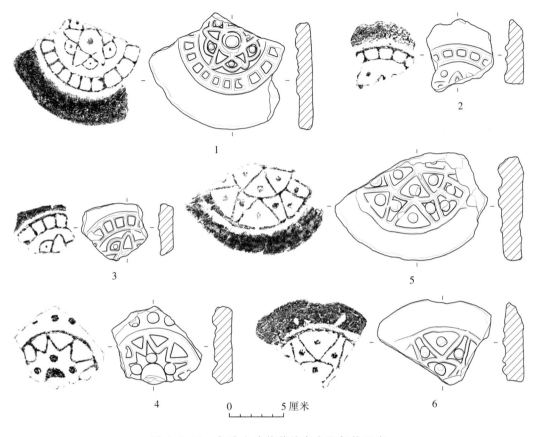

图 4-1-34　龟趺山建筑基址出土几何纹瓦当

1. 15GT4 北扩②：20　2. 15GT4 北扩②：26　3. 15GT4 北扩③：24　4. 15GT1 东扩②：1　5. 15GT3 北扩②：19
6. 15GT4 北扩①：6

6；图版五九一，4）。

15GT4 北扩②：17，残。瓦当残径 13.5、边轮宽 2.4~3、边轮厚 1.8~2 厘米（图 4-1-35，1；图版五九二，1、2）。

第二类，8 件。饰较大的圆形乳丁。分三种。

第一种，2 件。

15GTG1③：4，大部分残缺。当面残存一个圆形大乳丁和一个较小的十字形间饰，外围残存有凸弦纹痕迹。瓦当残径 6 厘米（图 4-1-35，2；图版五九二，3）。

15GT4 北扩③：34，大部分残缺。当面主题纹饰仅残存一个较大的乳丁，两旁间饰磨损较严重，从残存痕迹推断可能为较大的十字形间饰。当心饰一较大的乳丁，其外有一周小乳丁和一周凸弦纹。边轮和纹饰之间有一周凸弦纹。边轮较低平。瓦当残径 9.1、边轮宽 1.8、边轮厚 2~2.2 厘米（图 4-1-35，3；图版五九二，4）。

第二种，5 件。当面主题纹饰为较大的圆形乳丁。大乳丁之间由较小的十字形饰

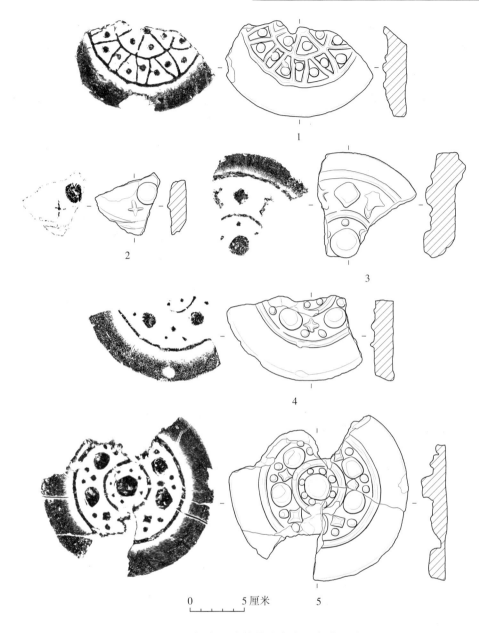

图 4-1-35　龟趺山建筑基址出土几何纹瓦当

1. 15GT4 北扩②：17　2. 15GTG1③：4　3. 15GT4 北扩③：34　4. 15GT3 北扩②：21　5. 15GT4 北扩②：7

和两个小乳丁组成间饰。当心为一个较大乳突，其外依次环绕一周小乳丁和一周凸弦纹。边轮与主题纹饰之间有一周凸弦纹。边轮低平。

　　15GT3 北扩②：21，残，当心大多不存。瓦当残径 12.4、边轮宽 2.7~3、边轮厚 1.6~1.8 厘米（图 4-1-35，4；图版五九三，1）。

　　15GT4 北扩②：7，较完整。瓦当直径 16、边轮宽 2.5~3、边轮厚 1.4~1.7 厘米。

瓦当背面保存一小段对接筒瓦，筒瓦厚 2.6 厘米（图 4-1-35，5；图版五九二，5、6）。

15GT4 北扩③：7，残。当背不平，有指压印痕。瓦当残径 14.5、边轮宽 2.4~2.6、边轮厚 1.5~1.9 厘米（图 4-1-36，1；图版五九三，2）。

15GT4 北扩③：8，较完整。瓦当直径 16.3、边轮宽 2.8~3.1、边轮厚 1.1~1.7 厘米。瓦当背面保存一段对接筒瓦，筒瓦胎心呈青黑色，凸面素面，凹面保留布纹，近下缘处有一道凹槽。左侧缘残损，右侧缘为内切，呈全切状，近凹面一侧保留切割面，近凸面一侧断裂面基本不存。右侧缘被二次加工的斜向刮削面打破。筒瓦残长 11、

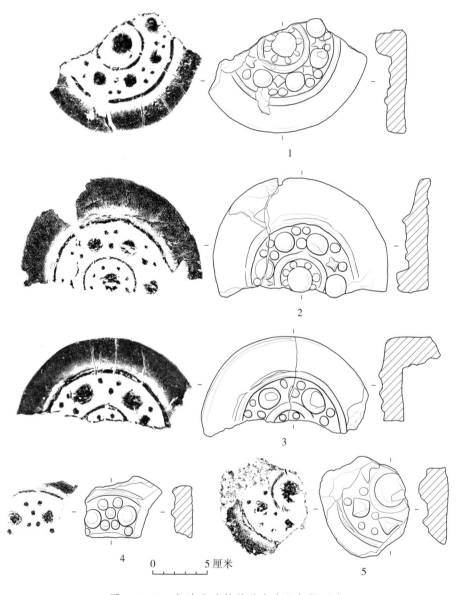

图 4-1-36　龟趺山建筑基址出土几何纹瓦当

1. 15GT4 北扩③：7　2. 15GT4 北扩③：8　3. 15GJPG1③：4　4. 15GT4 北扩②：24　5. 15GT4 北扩③：21

厚 2.1~2.4 厘米（图 4-1-36，2；图版五九三，3、4）。

15GJPG1 ③：4，残，当心大多不存。瓦当残径 15.3、边轮宽 2.7~3 厘米。瓦当背面保存一段对接筒瓦，筒瓦凹面下缘有一道凹槽。筒瓦厚 1.7~2.3 厘米（图 4-1-36，3；图版五九三，5、6）。

第三种，1 件。

15GT4 北扩②：24，大部分残缺。当面主题纹饰为一圈较大的圆形乳丁，残存两个。大乳丁之间饰五个小乳丁组成的间饰，中心一个、上下各二个。边轮与主题纹饰之间饰一圈凸弦纹。边轮较低平。瓦当残径 7.2、边轮宽 1.7、边轮厚 1.3 厘米（图 4-1-36，4；图版五九四，1）。

第三类，1 件。主题纹饰为十字形纹。

15GT4 北扩③：21，大部分残缺。主题纹饰磨损严重，残存两个近十字形装饰，当中有小乳丁间饰。当心饰一较大且突出的乳丁，其外有一圈不明显的凸弦纹。边轮与十字形饰之间饰一周凸弦纹。瓦当残径 9、边轮宽 1.5~1.7、边轮厚 1.7 厘米（图 4-1-36，5；图版五九四，2、3）。

第四类，23 件。饰放射线图案。分四种。

第一种，6 件。当面主题纹饰由细密的短线纹构成，每组由三或四条短线纹构成，各组之间有小乳丁间隔。短线纹和边轮、当心之间均有一圈凸弦纹间隔。当心为一较大的乳丁，其外环绕一周小乳丁，复原后应为七个。边轮较低平。

15GTG1 ③：3，大部分残缺。瓦当残径 8.1、边轮宽 1.8~2、边轮厚 1.2~1.3 厘米（图 4-1-37，1；图版五九四，4）。

15GT3 北扩①：10，大部分残缺。瓦当残径 9、边轮宽 1.6~1.9、边轮厚 1.3~1.7 厘米（图 4-1-37，2；图版五九四，5）。

15GT4 北扩②：22，残。瓦当直径 15.9、边轮宽 1.9~2.1、边轮厚 1.3~1.4 厘米（图 4-1-37，3；图版五九四，6）。

15GT4 北扩③：9，较完整。瓦当背面接近中部的位置有一道浅凹槽。瓦当直径 15.2、边轮宽 1.7~2、边轮厚 1~1.2 厘米（图 4-1-37，4；图版五九四，7）。

15GT4 北扩③：14，残。瓦当残径 15.6、边轮宽 1.7~1.9、边轮厚 1~1.4 厘米（图 4-1-37，5；图版五九五，1）。

15GT4 北扩③：35，大部分残缺。瓦当残径 8.7 厘米（图 4-1-38，1；图版五九五，2）。

第二种，6 件。当面主题纹饰由细密的短线纹构成，共八组，每组由二至四条短线纹构成，各组之间有乳丁间隔。短线纹和边轮、当心之间均有一圈凸弦纹间隔。当心为一个较大的乳丁，其外环绕六个乳丁。边轮较低平。

图 4-1-37　龟趺山建筑基址出土几何纹瓦当

1. 15GTG1③：3　2. 15GT3 北扩①：10　3. 15GT4 北扩②：22　4. 15GT4 北扩③：9　5. 15GT4 北扩③：14

07GT4②：45-2，大部分残缺。瓦当残径 8.2、边轮宽 1.7~1.8、边轮厚 1.5 厘米（图 4-1-38，2；图版五九五，3）。

15GT1 东扩②：9，残。瓦当残径 15.9、边轮宽 2.1~2.3、边轮厚 1.2~1.4 厘米。瓦当背面保存一段对接的筒瓦，筒瓦凸面素面，凹面保留布纹。筒瓦残长 9.8、宽 15.9、厚 2~2.4 厘米（图 4-1-38，3；图版五九五，4）。

15GT1 东扩②：10，大部分残缺。瓦当残径 8.3 厘米（图 4-1-38，4；图版五九五，5）。

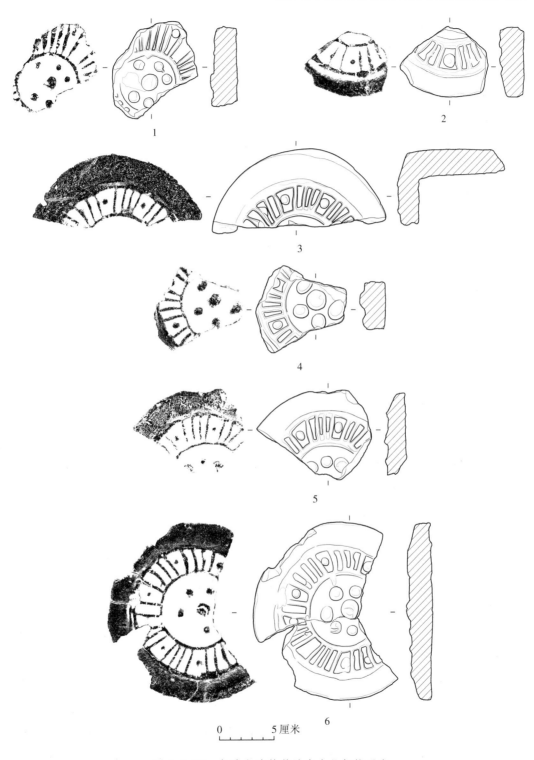

0 _____ 5厘米

图 4-1-38　龟趺山建筑基址出土几何纹瓦当

1. 15GT4 北扩③：35　2. 07GT4 ②：45-2　3. 15GT1 东扩②：9　4. 15GT1 东扩②：10　5. 15GT4 北扩②：18
6. 15GT4 北扩②：19

15GT4北扩②：18，大部分残缺。瓦当残径10.5、边轮宽2.2、边轮厚0.9~1厘米。对接筒瓦基本不存，但与瓦当对接处残留有印痕（图4-1-38，5；图版五九五，6、7）。

15GT4北扩②：19，较完整。瓦当直径15.9、边轮宽2~2.3、边轮厚1~1.5厘米（图4-1-38，6；图版五九六，1、2）。

15GT4北扩③：1，较完整。瓦当直径15.6~15.8、边轮宽1.7~2.1、边轮厚1.2~1.6厘米（图4-1-39，3；图版五九六，3、4）。

第三种，5件。当面主题纹饰由细密的短线纹构成，共七组，每组由四或六条短线纹构成，各组之间有乳丁间隔。短线纹和边轮、当心之间均有一圈凸弦纹间隔。当心为一个较大的乳丁，其外环绕五个乳丁。边轮较低平。

15GT2南扩②：1，较完整。瓦当残径14.7、边轮宽1.9~2.3、边轮厚1.3~1.5厘米（图4-1-39，2；图版五九六，5、6）。

15GT3北扩②：15，残。瓦当残径11.5、边轮宽2~2.4、边轮厚1.7~1.9厘米（图4-1-39，1；图版五九七，1）。

15GT3北扩②：22，残。瓦当残径13.1、边轮宽1.9~2.2、边轮厚1.3~1.5厘米（图4-1-40，1；图版五九七，2）。

15GT4北扩②：21，大部分残缺。瓦当残径8.3厘米（图4-1-40，2；图版五九七，3）。

15GJPG1③：5，大部分残缺。瓦当残径9厘米（图4-1-40，3；图版五九七，4）。

第四种，6件。当心饰一较大的乳丁，其外饰八组折线纹，较大的四组折线纹内饰小乳丁。折线纹和边轮之间饰两周凸弦纹夹一圈联珠纹。边轮较低平。

15GT1南扩②：6，较完整。瓦当直径15~15.7、边轮宽2~2.4、边轮厚0.9~1.2厘米。瓦当背面保存一段对接筒瓦，筒瓦凸面素面，凹面保留布纹。两侧缘均为内切，局部接近全切，近凹面一侧保留切割面，近凸面一侧局部保留断裂面。筒瓦残长12、宽15.9、厚2~2.2厘米（图4-1-40，4；图版五九七，5、6）。

15GT1南扩②：7，较完整。瓦当背面近中部存有一段疑似记号线痕迹。瓦当残径14.7、边轮宽2~2.8、边轮厚1~1.5厘米（图4-1-40，5；图版五九八，1）。

15GT2南扩②：3，残。瓦当背面近中部有一道记号线。瓦当残径14.9、边轮宽1.9~2.4、边轮厚1~1.2厘米（图4-1-41，2；图版五九八，3、4）。

15GT3北扩②：5，较完整。瓦当背面略偏离中部的位置有一道记号线。当背对接筒瓦处抹泥修整较粗糙。瓦当残径14.7、边轮宽2~2.5、边轮厚1.2厘米（图4-1-41，4；图版五九八，5、6）。

15GT4北扩①：5，残。瓦当残径13.2、边轮宽2~2.4、边轮厚1~1.3厘米（图4-1-

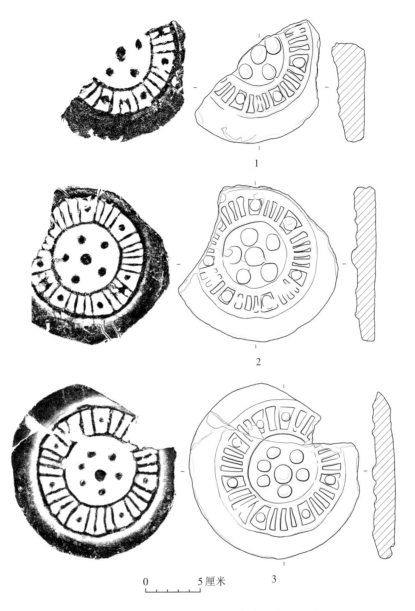

图 4-1-39　龟趺山建筑基址出土几何纹瓦当

1. 15GT3 北扩②：15　2. 15GT2 南扩②：1　3. 15GT4 北扩③：1

41，3；图版五九八，2）。

15GT4 北扩③：23，大部分残缺。瓦当残径 7.3 厘米（图 4-1-41，1；图版五九九，1）。

瓦当残块　11 件。

03G：采 7，边轮与当面之间存一周凸弦纹，凸弦纹内仅存一个乳丁及花瓣的一小段外廓。边轮较低平。瓦当残径 10.3、边轮宽 1.7、边轮厚 1.2 厘米。瓦当背面保

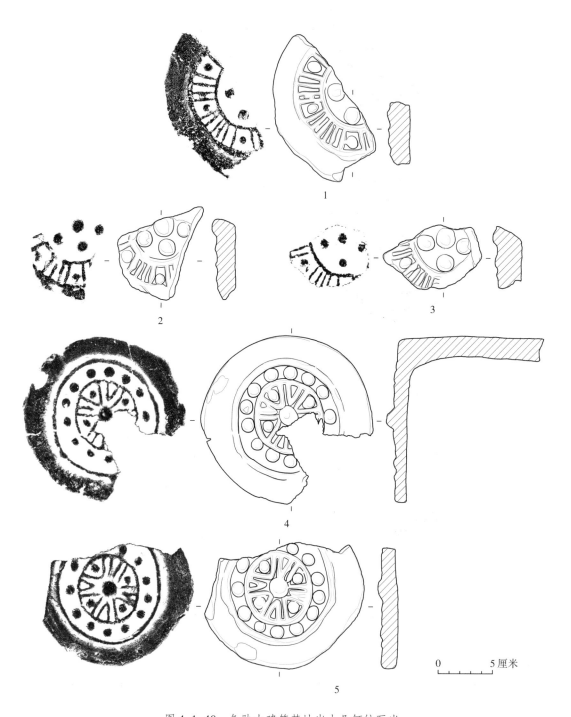

图 4-1-40 龟趺山建筑基址出土几何纹瓦当

1. 15GT3 北扩②：22　2. 15GT4 北扩②：21　3. 15GJPG1③：5　4. 15GT1 南扩②：6　5. 15GT1 南扩②：7

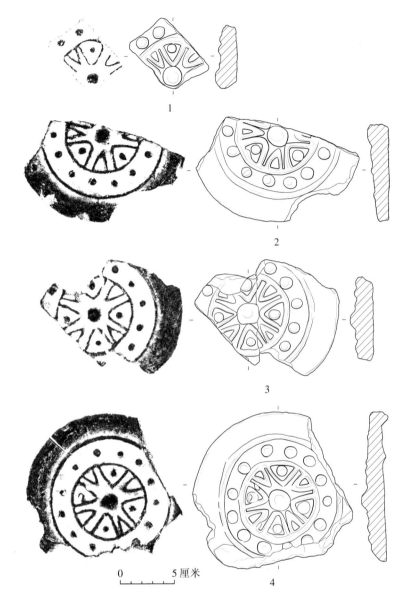

图4-1-41 龟跌山建筑基址出土几何纹瓦当

1. 15GT4北扩③：23 2. 15GT2南扩②：3 3. 15GT4北扩①：5 4. 15GT3北扩②：5

存一小段对接筒瓦，筒瓦凸面素面，凹面保留布纹，筒瓦厚2厘米（图4-1-42，1；图版五九九，2、3）。

07GT2②：87-3，当面残存一段联珠纹，内外均有一周凸弦纹。边轮较低平。瓦当背面偏离中部的位置有一道记号线。瓦当残径13.2、边轮宽1.9~2.3、边轮厚1.6~1.8厘米（图4-1-42，2；图版五九九，4）。

07GT2②：87-4，仅存一段联珠纹，联珠纹内外均有一条凸弦纹。内圈凸弦纹

图 4-1-42　龟跌山建筑基址出土瓦当残块

1. 03G：采 7　2. 07GT2 ②：87-3　3. 07GT2 ②：87-4　4. 07GT2 ②：87-8　5. 07GT2 ②：94-3　6. 07GT3
②：25-2　7. 07GT3 ②：25-3　8. 07GT4 ②：45-5　9. 07GT4 ②：45-6　10. 07GT4 ②：45-7　11. 15GT4 北扩
①：11

以内残存一个小乳丁。边轮较低平。瓦当残径 7.9、边轮宽 2.1、边轮厚 1.5 厘米（图
4-1-42，3；图版五九九，5）。

07GT2 ②：87-8，仅存一小段联珠纹，内外均有一条凸弦纹。瓦当残径 4.9 厘米
（图 4-1-42，4；图版五九九，6）。

07GT2 ②：94-3，仅存一小段联珠纹，内外均有一条凸弦纹。边轮较低平。瓦
当残径 6.8、边轮宽 2~2.2、边轮厚 1.8 厘米（图 4-1-42，5；图版五九九，7）。

07GT3 ②：25-2，残存一小段凸弦纹，其外还有一条凸弦纹。边轮较低平。瓦
当残径 10.2、边轮宽 1.9~2.2、边轮厚 1.5 厘米（图 4-1-42，6；图版六〇〇，1）。

07GT3②：25-3，存一小段联珠纹，内外均有一条凸弦纹。边轮较低平。瓦当残径7.3厘米（图4-1-42，7；图版六〇〇，2）。

07GT4②：45-5，砖红胎。存一段联珠纹，内外均有一条凸弦纹。边轮较低平。瓦当残径9厘米（图4-1-42，8；图版六〇〇，3）。

07GT4②：45-6，仅存一小段联珠纹，内外均有一条凸弦纹。边轮较低平。瓦当残径4.3、边轮宽2.2、厚1.2厘米（图4-1-42，9；图版六〇〇，4）。

07GT4②：45-7，存有一小段联珠纹，内外均有一条凸弦纹。边轮较低平。瓦当残径6.3、边轮宽2.1、边轮厚1.7厘米（图4-1-42，10；图版六〇〇，5）。

15GT4北扩①：11，当面存有一段边轮，饰细长的沟槽纹，背后保存一段对接筒瓦，与当背连接部分略呈弧形内收。残径11.3、残宽4厘米（图4-1-42，11；图版六〇〇，6）。

4. 滴水

共123件。

施釉滴水　1件。

03G：采5，砖红胎，通体施绿釉。滴水端面与瓦身呈锐角相接，向上内折。端面分三层，中间一层饰戳刻痕，近瓦身凸面一层饰绳纹，呈波浪状弯曲。残长6、残宽6.8、瓦身厚2.1、滴水端面宽3.6厘米（图4-1-43，1；图版六〇一，1、2）。

陶质滴水　122件。大多为灰胎。分为二大类。

第一大类，108件。均为分层式布局。分四类。

第一类，49件。滴水端面底部素面。

03G：采6，滴水端面与瓦身呈锐角相接，分六层，纹饰位于第二、四层，第六层呈波浪状。侧缘保存有内侧切割痕迹。残长9.8、残宽12、瓦身厚2.3~2.9、滴水端面宽5.1厘米（图4-1-43，2；图版六〇一，3、4）。

07GT2②：75-3，滴水端面与瓦身呈直角相接，分六层，纹饰位于第二、四层，第六层呈波浪状。残长8.5、残宽10.4、瓦身厚3~3.2、滴水端面宽5.7厘米（图4-1-43，3；图版六〇一，5）。

07GT2②：76-2，滴水端面与瓦身呈直角相接，分五层，纹饰位于第二、四层，第五层呈波浪状。侧缘保存有内侧切割痕迹。残长8.4、残宽8.8、瓦身厚2~2.6、滴水端面宽4.8厘米（图4-1-43，4；图版六〇一，6）。

07GT2②：95，砖红胎，滴水端面与瓦身呈钝角相接，分五层，纹饰位于第二、四层，第五层呈波浪状。残长8.1、残宽14.7、瓦身厚2.2~2.8、滴水端面宽4.9厘米（图4-1-43，5；图版六〇一，7）。

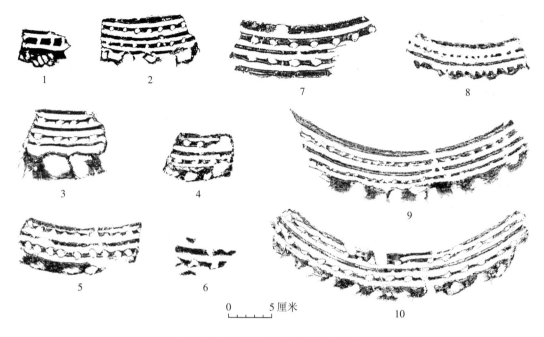

图 4-1-43   龟趺山建筑基址出土滴水

1. 03G：采 5   2. 03G：采 6   3. 07GT2 ②：75-3   4. 07GT2 ②：76-2   5. 07GT2 ②：95   6. 07GT2 ②：97   7.
07GT4 ②：46   8. 07GT4 ②：48   9. 15GT1 南扩 ②：14   10. 15GT1 南扩 ②：16

07GT2 ②：97，滴水端面与瓦身呈直角相接，分五层，纹饰位于第二、四层，
第五层呈波浪状。侧缘保存有内侧切割痕迹。残长 5.9、残宽 11.6、瓦身厚 1.9~2.1、
滴水端面宽 5.4 厘米（图 4-1-43，6；图版六〇二，1）。

07GT4 ②：46，滴水端面与瓦身呈直角相接，分六层，纹饰位于第二、四层，
第六层呈波浪状。残长 11、残宽 16.8、瓦身厚 4~4.6、滴水端面残宽 6.6 厘米（图
4-1-43，7；图版六〇二，2）。

07GT4 ②：48，滴水端面与瓦身呈钝角相接，分四层，纹饰位于第二、四层，
第四层呈波浪状。残长 19.7、残宽 16.4、瓦身厚 2.2~2.5、滴水端面宽 3.9 厘米（图
4-1-43，8；图版六〇二，3、4）。

15GT1 南扩 ②：14，滴水端面与瓦身呈钝角相接，分五层，纹饰位于第二、四
层，第五层呈波浪状。侧缘保存有内侧切割痕迹。瓦身凸面距离折沿 10 厘米处有红
彩痕迹。残长 16.5、残宽 30.1、瓦身厚 2.1~2.4、滴水端面宽 4.6 厘米（图 4-1-43，9；
图版六〇二，5、6）。

15GT1 南扩 ②：16，滴水端面较完整。滴水端面与瓦身呈直角相接，分五层，
纹饰位于第二、四层，第五层呈波浪状。侧缘保存有内侧切割痕迹。残长 11.4、
残宽 29.8、瓦身厚 2.1~3.2、滴水端面宽 4.8 厘米（图 4-1-43，10；图版六〇三，

1~3）。

15GT1 东扩②：23，滴水端面与瓦身呈直角相接，分五层，纹饰位于第二、四层，第五层呈波浪状。侧缘保存有内侧切割痕迹，有线切痕。残长 13、残宽 12.2、瓦身厚 2.5~3、滴水端面宽 6 厘米（图 4-1-44，1；图版六〇三，4~6）。

15GT1 南扩②：24，滴水端面与瓦身呈直角相接，分五层，纹饰位于第二、四层，第五层呈波浪状。侧缘保存有内侧切割痕迹。瓦身凸面距离折沿 8 厘米处有一条宽约 2 厘米的红彩。残长 19.4、残宽 25、瓦身厚 2.1~2.7、滴水端面宽 4.8 厘米（图 4-1-44，2；图版六〇四，1~3）。

15GT1 东扩②：28，滴水端面与瓦身呈钝角相接，分六层，纹饰位于第二、四层，第五、六层呈波浪状。侧缘保存有内侧切割痕迹。残长 19.5、残宽 18.5、瓦身厚 2.5~3.3、滴水端面宽 5.9 厘米（图 4-1-44，3；图版六〇四，4）。

15GT1 东扩②：29，滴水端面与瓦身呈直角相接，分六层，纹饰位于第二、四层，第六层呈波浪状。侧缘保存有内侧切割痕迹，残长 14.3、残宽 20.6、瓦身厚 3.7~4.2、滴水端面宽 5.4 厘米（图 4-1-44，4；图版六〇四，5、6）。

15GT1 南扩②：34，瓦身较完整。滴水端面与瓦身呈钝角相接，分五层，纹饰位于第二、四层，第五层呈波浪状。瓦身凸面距离折沿 10.5 厘米处有一道红彩。长

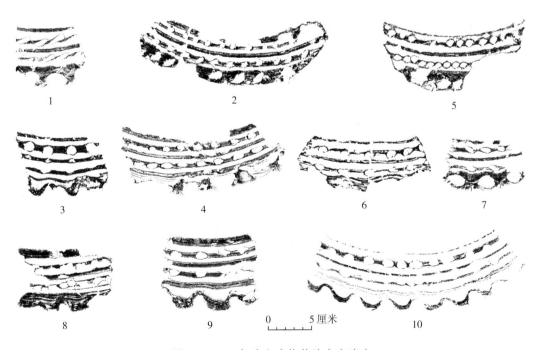

图 4-1-44　龟趺山建筑基址出土滴水

1. 15GT1 东扩②：23　2. 15GT1 南扩②：24　3. 15GT1 东扩②：28　4. 15GT1 东扩②：29　5. 15GT1 南扩②：34
6. 15GT2 南扩②：8　7. 15GT2 南扩②：10　8. 15GT3 北扩①：13　9. 15GT3 北扩①：14　10. 15GT3 北扩②：26

42.9、残宽 27.8、瓦身厚 1.9~2.6、滴水端面宽 5 厘米（图 4-1-44，5；图版六〇五，1、2）。

15GT2 南扩②：8，滴水端面与瓦身呈直角相接，分六层，纹饰位于第二、四层，第五、六层呈波浪状。残长 10.4、残宽 15.2、瓦身厚 2.9~3.3、滴水端面宽 6.2 厘米（图 4-1-44，6；图版六〇五，3）。

15GT2 南扩②：10，滴水端面与瓦身呈直角相接，分五层，纹饰位于第二、四层，第五层呈波浪状。侧缘保存有内侧切割痕迹。残长 28.9、残宽 18.3、瓦身厚 2.5~3、滴水端面宽 4.7 厘米（图 4-1-44，7；图版六〇五，4）。

15GT3 北扩①：13，滴水端面与瓦身呈直角相接，分六层，纹饰位于第二、四层，第六层呈波浪状。残长 16.2、残宽 13、瓦身厚 3~3.9、滴水端面宽 6.2 厘米（图 4-1-44，8；图版六〇五，5）。

15GT3 北扩①：14，滴水端面与瓦身呈直角相接，分六层，纹饰位于第二、四层，第六层呈波浪状。残长 7.8、残宽 12.1、瓦身厚 2.8~3.1、滴水端面宽 7.1 厘米（图 4-1-44，9；图版六〇五，6）。

15GT3 北扩②：26，滴水端面与瓦身呈直角相接，分六层，纹饰位于第二、四层，第六层呈波浪状。侧缘保存有内侧切割痕迹。残长 6.3、残宽 25.6、瓦身厚 2.4~2.6、滴水端面宽 6.6 厘米（图 4-1-44，10；图版六〇六，1）。

15GT3 北扩②：27，滴水端面与瓦身呈直角相接，分六层，纹饰位于第二、四层，第五、六层呈波浪状。残长 9.3、残宽 17.1、瓦身厚 2.5~3、滴水端面宽 4.7 厘米（图 4-1-45，1；图版六〇六，3、4）。

15GT3 北扩②：29，滴水端面与瓦身呈直角相接，分五层，纹饰位于第二、四层，第五层呈波浪状。残长 8.5、残宽 21.7、瓦身厚 2.1~2.5、滴水端面宽 5.1 厘米（图 4-1-45，2；图版六〇六，2）。

15GT3 北扩②：31，滴水端面与瓦身呈直角相接，分六层，纹饰位于第二、四层，第六层呈波浪状。侧缘保存有内侧切割痕迹。残长 18.1、残宽 15.2、瓦身厚 2.1~2.7、滴水端面宽 4 厘米（图 4-1-45，3；图版六〇六，5）。

15GT3 北扩②：33，滴水端面与瓦身呈直角相接，分六层，纹饰位于第二、四层，第六层呈波浪状。侧缘保存有内侧切割痕迹。残长 4.7、残宽 13.9、瓦身厚 3.5~3.7、滴水端面宽 6.1 厘米（图 4-1-45，4；图版六〇六，6）。

15GT4 北扩①：16，滴水端面与瓦身呈直角相接，分五层，纹饰位于第二、四层，第五层呈波浪状。侧缘保存有内侧切割痕迹。残长 9、残宽 14.2、瓦身厚 2.2~2.6、滴水端面宽 4.3 厘米（图 4-1-45，5；图版六〇七，1、2）。

15GT4 北扩①：18，滴水端面与瓦身呈直角相接，局部近锐角。端面分六层，

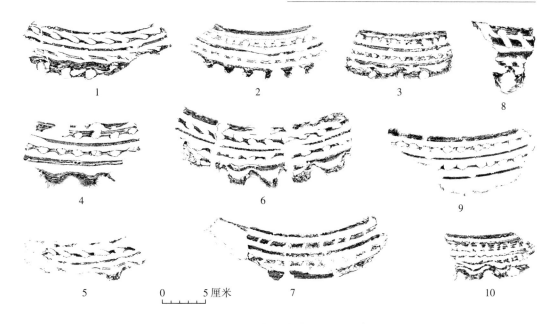

图 4-1-45　龟趺山建筑基址出土滴水

1. 15GT3 北扩②：27　2. 15GT3 北扩②：29　3. 15GT3 北扩②：31　4. 15GT3 北扩②：33　5. 15GT4 北扩①：16
6. 15GT4 北扩①：18　7. 15GT4 北扩①：19　8. 15GT4 北扩①：22　9. 15GT4 西扩②：53　10. 15GT4 西扩②：50

纹饰位于第二、四层，第六层呈波浪状。侧缘保存有内侧切割痕迹。残长 10.5、残宽 21.3、瓦身厚 2.4~2.7、滴水端面宽 6 厘米（图 4-1-45，6；图版六〇七，3）。

　　15GT4 北扩①：19，滴水端面与瓦身呈钝角相接。端面分五层，纹饰位于第二、四层，第五层残存部分波浪状弯曲不明显。侧缘保存有内侧切割痕迹。残长 9.3、残宽 21.3、瓦身厚 2.5~3、滴水端面宽 5.3 厘米（图 4-1-45，7；图版六〇七，4）。

　　15GT4 北扩①：22，滴水端面与瓦身呈钝角相接，分五层，纹饰主要位于第二、四层，一、三层也有，第五层呈波浪状。残长 7.6、残宽 11.2、瓦身厚 2.5~3、滴水端面宽 5.7 厘米（图 4-1-45，8；图版六〇七，5）。

　　15GT4 西扩②：50，滴水端面与瓦身呈直角相接，分六层，纹饰位于第二、四层，第五、六层呈波浪状。残长 12.1、残宽 16.3、瓦身厚 2.6~3、滴水端面宽 4.8 厘米（图 4-1-45，10；图版六〇七，6）。

　　15GT4 西扩②：53，滴水端面与瓦身呈直角相接，分六层，纹饰位于第二、四层，第六层呈波浪状。侧缘保存有内侧切割痕迹。残长 28.3、残宽 21、瓦身厚 3.5~4、滴水端面宽 6.2 厘米（图 4-1-45，9；图版六〇八，1~3）。

　　15GT4 北扩②：54，滴水端面与瓦身呈直角相接，分五层，纹饰位于第二、四层，第五层呈波浪状。侧缘保存有内侧切割痕迹。残长 13.1、残宽 16、瓦身厚 2.6~3.5、滴水端面宽 4.3 厘米（图 4-1-46，1；图版六〇八，4）。

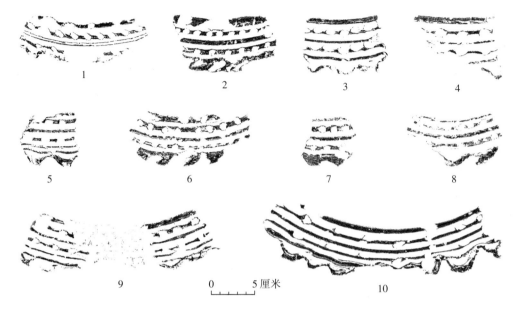

图 4-1-46 龟趺山建筑基址出土滴水

1. 15GT4 北扩②：54 2. 15GT4 北扩②：55 3. 15GT4 北扩②：56 4. 15GT4 北扩②：60 5. 15GT4 北扩②：61
6. 15GT4 西扩②：65 7. 15GT4 西扩②：68 8. 15GT4 北扩②：69 9. 15GT4 北扩③：36 10. 15GT4 北扩③：37

15GT4 北扩②：55，滴水端面与瓦身呈直角相接，分五层，纹饰位于第二、四层，第五层呈波浪状。侧缘保存有内侧切割痕迹。残长 12.1、残宽 14、瓦身厚 2.3~2.9、滴水端面宽 5 厘米（图 4-1-46，2；图版六〇八，5）。

15GT4 北扩②：56，胎心局部呈青黑色。滴水端面与瓦身呈直角相接，分六层，纹饰位于第二、四层，第六层呈波浪状。侧缘保存有内侧切割痕迹，有线切痕。残长 4.5、残宽 10.2、滴水端面宽 5.8 厘米（图 4-1-46，3；图版六〇八，6）。

15GT4 北扩②：60，滴水端面与瓦身呈直角相接，分六层，纹饰位于第二、四层，第六层呈波浪状。侧缘保存有内侧切割痕迹。残长 11.7、残宽 11.1、瓦身厚 2.8~3.1、滴水端面宽 6.9 厘米（图 4-1-46，4；图版六〇九，1、2）。

15GT4 北扩②：61，滴水端面与瓦身呈直角相接，分七层，纹饰位于第二、四层，第七层呈波浪状。残长 8.5、残宽 6.6、瓦身厚 2.8~3.3、滴水端面宽 5.7 厘米（图 4-1-46，5；图版六〇九，3）。

15GT4 西扩②：65，滴水端面与瓦身呈直角相接，分五层，纹饰位于第二、四层，第五层呈波浪状。侧缘保存有内侧切割痕迹。残长 9.8、残宽 14.7、瓦身厚 2~2.4、滴水端面宽 5.2 厘米（图 4-1-46，6；图版六〇九，4）。

15GT4 西扩②：68，砖红胎。滴水端面与瓦身呈直角相接，分五层，纹饰位于第二、四层，第五层呈波浪状。残长 7.6、残宽 6.7、瓦身厚 2.2~2.5、滴水端面宽 5.2 厘米（图

4-1-46，7；图版六〇九，5）。

15GT4北扩②：69，瓦身基本不存。滴水端面与瓦身呈钝角，分五层，纹饰位于第二、四层，第五层呈波浪状。残长3.2、残宽11.6、滴水端面宽6厘米（图4-1-46，8；图版六〇九，6）。

15GT4北扩③：36，滴水端面与瓦身呈直角相接，分七层，纹饰位于第二、四层，第七层呈波浪状。残长12、残宽23.8、瓦身厚3.1~3.8、滴水端面宽6厘米（图4-1-46，9；图版六一〇，1）。

15GT4北扩③：37，滴水端面与瓦身呈直角相接，分六层，纹饰位于第二、四层，第五层局部与第六层呈波浪状。侧缘保存有内侧切割痕迹。瓦身与折沿对接处有网格状痕迹。残长15.3、残宽32.5、瓦身厚2.5~3.3、滴水端面宽5.8厘米（图4-1-46，10；图版六一〇，3、4）。

15GT4北扩③：38，滴水端面与瓦身呈直角相接，分六层，纹饰位于第二、四层，第六层呈波浪状。残长9.5、残宽11.4、瓦身厚3.1~3.6、滴水端面宽5.4厘米（图4-1-47，1；图版六一〇，2）。

15GT4北扩③：39，滴水端面与瓦身呈钝角相接，分六层，纹饰位于第一、二、四层，第五、六层呈波浪状。侧缘保存有内侧切割痕迹。残长12.5、残宽12.1、瓦身

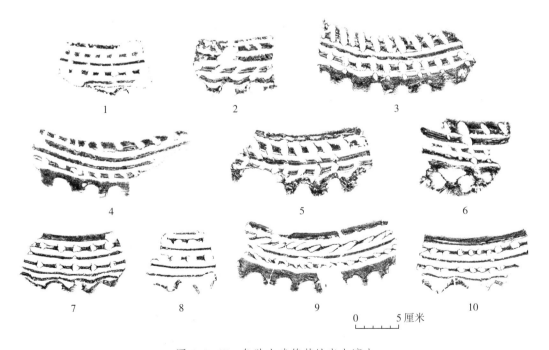

图 4-1-47 龟趺山建筑基址出土滴水

1. 15GT4北扩③：38 2. 15GT4北扩③：39 3. 15GT4北扩③：40 4. 15GT4北扩③：41 5. 15GT4北扩③：43
6. 15GT4北扩③：47 7. 15GT4北扩③：50 8. 15GT4北扩③：53 9. 15GJPG1③：10 10. 15GJPG1③：13

厚 2.3~3.2、滴水端面宽 5.5 厘米（图 4-1-47，2；图版六一〇，5）。

15GT4 北扩③：40，滴水端面与瓦身呈直角相接，分四层，纹饰位于第一、三、四层，第四层呈波浪状。侧缘存有内侧切割痕迹。残长 9、残宽 19.8、瓦身厚 2.4~2.8、滴水端面宽 5.9 厘米（图 4-1-47，3；图版六一〇，6）。

15GT4 北扩③：41，滴水端面与瓦身呈直角相接，分五层，纹饰位于第一、四层，第五层呈波浪状。侧缘存有内侧切割痕迹。残长 9.8、残宽 19.1、瓦身厚 2.2~2.9、滴水端面宽 5.4 厘米（图 4-1-47，4；图版六一一，1）。

15GT4 北扩③：43，滴水端面与瓦身呈直角相接，分五层，纹饰集中于第二、四层，第五层呈波浪状。残长 5.6、残宽 16.8、瓦身厚 2.6~3.3、滴水端面宽 5.9 厘米（图 4-1-47，5；图版六一一，2）。

15GT4 北扩③：47，滴水端面与瓦身呈直角相接，分六层，纹饰集中于第一、三层，第六层呈波浪状。残长 7.2、残宽 13.1、瓦身厚 2.5~2.7、滴水端面宽 6 厘米（图 4-1-47，6；图版六一一，3）。

15GT4 北扩③：50，滴水端面与瓦身呈直角相接，分七层，纹饰集中于第二、四层，第六、七层呈波浪状。残长 2.8、残宽 12.6、滴水端面宽 6.1 厘米（图 4-1-47，7；图版六一一，4）。

15GT4 北扩③：53，胎心局部呈青黑色。滴水端面与瓦身呈直角相接，分七层，纹饰集中于第二、四层，第七层呈波浪状。残长 8.8、残宽 8.6、瓦身厚 3~3.3、滴水端面宽 6.3 厘米（图 4-1-47，8；图版六一一，5）。

15GJPG1③：10，滴水端面与瓦身呈直角相接，分五层，纹饰位于第二、四层，第五层呈波浪状。侧缘保存有内侧切割痕迹。残长 5.5、残宽 19.7、瓦身厚 2.4~3.1、滴水端面宽 5.7 厘米（图 4-1-47，9；图版六一一，6）。

15GJPG1③：13，滴水端面与瓦身呈直角相接，分六层，纹饰位于第二、四层，第六层呈波浪状。残长 7.3、残宽 14、瓦身厚 2.9~3.7、滴水端面宽 6.2 厘米（图 4-1-47，10；图版六一二，1）。

第二类，28 件。滴水端面底部饰绳纹。

07GT2②：75-2，滴水端面与瓦身呈钝角相接，分六层，纹饰位于第二、四层，第六层呈波浪状。残长 8.1、残宽 11、瓦身厚 1.9~2.4、滴水端面宽 4.7 厘米（图 4-1-48，1；图版六一二，2）。

07GT2②：76-4，瓦身基本不存。滴水端面残存五层，纹饰位于第二、四层，第五层呈波浪状。残长 2.3、残宽 6.5、滴水端面残宽 4.5 厘米（图 4-1-48，2；图版六一二，3）。

07GT3②：30，滴水端面与瓦身呈直角相接，分六层，纹饰位于第二、四层，

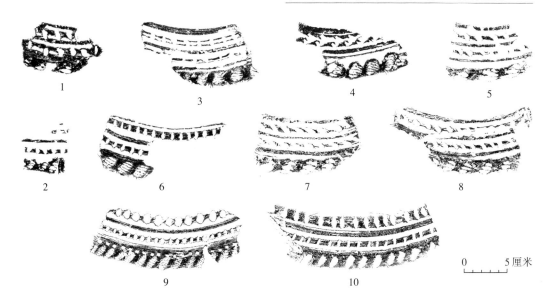

图4-1-48　龟趺山建筑基址出土滴水

1.07GT2②：75-2　2.07GT2②：76-4　3.07GT3②：30　4.07GT3②：31　5.14GT3北扩①：3　6.14GT4北扩
②：10　7.15GT1东扩②：18　8.15GT1东扩②：19　9.15GT1南扩②：20　10.15GT1南扩②：21

第六层呈波浪状。侧缘保存有内侧切割痕迹，有线切痕。残长14、残宽13.9、瓦身
厚1.8~2.3、滴水端面宽5.3厘米（图4-1-48，3；图版六一二，4）。

07GT3②：31，滴水端面与瓦身呈钝角相接，分五层，纹饰位于第二层，第五
层呈波浪状。残长9.9、残宽16.3、瓦身厚2.1~2.6、滴水端面宽5厘米（图4-1-48，
4；图版六一二，5、6）。

14GT3北扩①：3，滴水端面与瓦身呈钝角相接，分六层，纹饰位于第二、四层，
第六层呈波浪状。残长9.3、残宽10.4、瓦身厚2.3~2.6、滴水端面宽5.1厘米（图
4-1-48，5；图版六一二，7）。

14GT4北扩②：10，滴水端面与瓦身呈钝角相接，分五层，纹饰位于第二、四层，
第五层呈波浪状。侧缘保存有内侧切割痕迹，有线切痕。残长9、残宽16.7、瓦身厚
2.6~2.9、滴水端面宽4.6厘米（图4-1-48，6；图版六一三，1、2）。

15GT1东扩②：18，滴水端面与瓦身呈钝角相接，分六层，纹饰位于第二、四层，
第六层呈波浪状。侧缘保存有内侧切割痕迹。残长17.7、残宽14.9、瓦身厚2~3.1、
滴水端面宽4.9厘米（图4-1-48，7；图版六一三，3）。

15GT1东扩②：19，滴水端面与瓦身呈钝角相接，分六层，纹饰位于第二、四层，
第六层呈波浪状。侧缘保存有内侧切割痕迹。残长18.4、残宽18.7、瓦身厚2.2~2.5、
滴水端面宽5厘米（图4-1-48，8；图版六一三，4）。

15GT1南扩②：20，滴水端面与瓦身呈钝角相接，分四层，纹饰位于第一、三、四层，

第四层呈波浪状。侧缘保存有内侧切割痕迹，有线切痕。残长 17.1、残宽 18.3、瓦身厚 1.9~2.3、滴水端面宽 4.2 厘米（图 4–1–48，9；图版六一三，5~7）。

15GT1 南扩②：21，滴水端面与瓦身呈钝角相接，分四层，纹饰位于第一、三层，第四层呈波浪状。残长 11.4、残宽 20.6、瓦身厚 2.1~2.6、滴水端面宽 3.9 厘米（图 4–1–48，10；图版六一四，1）。

15GT1 东扩②：25，滴水端面较完整，与瓦身呈钝角相接，分四层，纹饰位于第一、三层，第四层呈波浪状。侧缘保存有内侧切割痕迹，有线切痕。残长 15.3、宽 26.7、瓦身厚 2.1~2.8、滴水端面宽 4.5 厘米（图 4–1–49，1；图版六一四，2）。

15GT2 南扩②：12，滴水端面与瓦身呈钝角相接，分四层，纹饰位于第一、三层，第四层呈波浪状。侧缘保存有内侧切割痕迹，有线切痕。残长 16.2、残宽 20.2、瓦身厚 1.9~2.4、滴水端面宽 4.7 厘米（图 4–1–49，2；图版六一四，3~5）。

15GT3 北扩①：12，滴水端面与瓦身呈钝角相接，分六层，纹饰位于第二、四层，第六层呈波浪状。侧缘保存有内侧切割痕迹，有线切痕。瓦身凸面有斜向拍印痕。残长 14.1、残宽 16、瓦身厚 2~2.7、滴水端面宽 5.2 厘米（图 4–1–49，3；图版六一四，6）。

15GT3 北扩①：16，绳纹磨损较严重。滴水端面与瓦身呈钝角相接，分四层，纹饰位于第一、三层，第四层呈波浪状。侧缘保存有内侧切割痕迹，有线切痕。

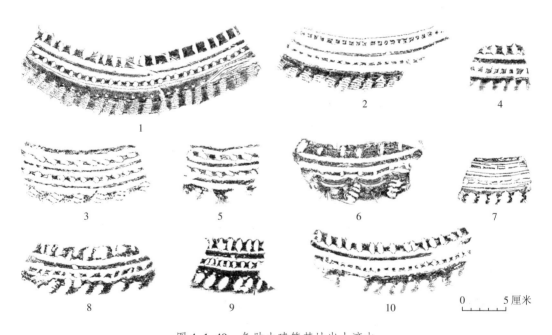

图 4–1–49　龟趺山建筑基址出土滴水

1. 15GT1 东扩②：25　2. 15GT2 南扩②：12　3. 15GT3 北扩①：12　4. 15GT3 北扩①：16　5. 15GT3 北扩②：34
6. 15GT3 北扩②：35　7. 15GT4 北扩①：23　8. 15GT4 北扩②：43　9. 15GT4 北扩②：44　10. 15GT4 北扩②：46

残长 6.1、残宽 7.3、瓦身厚 2.2~2.4、滴水端面宽 3.8 厘米（图 4-1-49，4；图版六一五，1）。

15GT3 北扩②：34，滴水端面与瓦身呈钝角相接，分六层，纹饰位于第二、四层，第六层呈波浪状。侧缘保存有内侧切割痕迹。残长 10.5、残宽 10.3、瓦身厚 2.2~2.7、滴水端面宽 5.2 厘米（图 4-1-49，5；图版六一五，2）。

15GT3 北扩②：35，滴水端面与瓦身呈直角相接，分五层，纹饰位于第一、三层，第四、五层呈波浪状。残长 13.3、残宽 16.6、瓦身厚 2.7~3.4、滴水端面宽 4.9 厘米（图 4-1-49，6；图版六一五，3）。

15GT4 北扩①：23，滴水端面与瓦身呈直角相接，分五层，纹饰位于第二、四层，第五层呈波浪状。侧缘保存有内侧切割痕迹。残长 7.5、残宽 9.4、瓦身厚 2.1~2.5、滴水端面宽 4.2 厘米（图 4-1-49，7；图版六一五，5、6）。

15GT4 北扩②：43，胎心局部呈黑色。滴水端面与瓦身呈钝角相接，分四层，纹饰位于第一、三层，第四层呈波浪状。残长 7.4、残宽 15.8、瓦身厚 2.7~3.1、滴水端面宽 4.4 厘米（图 4-1-49，8；图版六一五，4）。

15GT4 北扩②：44，滴水端面与瓦身呈钝角相接，分四层，纹饰位于第一、三、四层，第四层呈波浪状。侧缘保存有内侧切割痕迹，有线切痕。残长 11.4、残宽 15.3、瓦身厚 2.4~2.7、滴水端面宽 3.9 厘米（图 4-1-49，9；图版六一六，1）。

15GT4 北扩②：46，滴水端面底部绳纹基本磨损殆尽。端面与瓦身呈钝角相接，分四层，纹饰位于第一、三层，第四层呈波浪状。侧缘保存有内侧切割痕迹，有线切痕。残长 21、残宽 18.5、瓦身厚 1.9~2.4、滴水端面宽 4.1 厘米（图 4-1-49，10；图版六一六，2）。

15GT4 北扩②：47，滴水端面与瓦身呈钝角相接，分五层，纹饰位于第二、四层，第五层呈波浪状。侧缘保存有内侧切割痕迹，有线切痕。瓦身凸面有较明显的斜向拍印痕迹。残长 16、残宽 18.1、瓦身厚 2.5~3.2、滴水端面宽 5 厘米（图 4-1-50，1；图版六一六，3）。

15GT4 北扩②：48，滴水端面与瓦身呈直角相接，分五层，纹饰位于第一、三层，第五层呈波浪状。残长 7.8、残宽 15.3、瓦身厚 1.8~2.1、滴水端面宽 3.8 厘米（图 4-1-50，2；图版六一六，4）。

15GT4 北扩②：49，滴水端面与瓦身呈钝角相接，分六层，纹饰位于第二、四层，第六层呈波浪状。侧缘保存有内侧切割痕迹。残长 20.1、残宽 14.4、瓦身厚 2.3~2.8、滴水端面宽 5.1 厘米（图 4-1-50，3；图版六一六，5）。

15GT4 北扩②：51，滴水端面与瓦身呈钝角相接，分六层，纹饰位于第二、四层，第六层呈波浪状。侧缘保存有内侧切割痕迹。残长 14.5、残宽 12.9、瓦身厚 2.3~2.8、

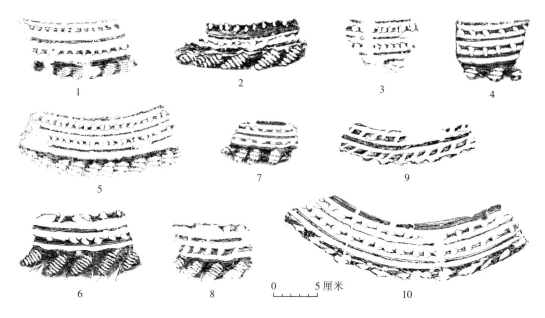

图 4-1-50　龟趺山建筑基址出土滴水

1. 15GT4 北扩②：47　2. 15GT4 北扩②：48　3. 15GT4 北扩②：49　4. 15GT4 北扩②：51　5. 15GT4 北扩②：52
6. 15GT4 北扩③：45　7. 15GT4 北扩③：46　8. 15GT4 北扩③：52　9. 07GT2 ②：75-1　10. 14GT4 北扩②：9

滴水端面宽 5.1 厘米（图 4-1-50，4；图版六一六，6）。

　　15GT4 北扩②：52，滴水端面与瓦身呈钝角相接，分六层，纹饰位于第二、四层，第六层呈波浪状。侧缘保存有内侧切割痕迹，有线切痕。残长 15.4、残宽 20.9、瓦身厚 2.6~2.9、滴水端面宽 5.5 厘米（图 4-1-50，5；图版六一七，1）。

　　15GT4 北扩③：45，滴水端面与瓦身呈钝角相接，分四层，纹饰位于第一、三层，第四层呈波浪状。侧缘保存有内侧切割痕迹，有线切痕。残长 12.1、残宽 15、瓦身厚 2.6~2.9、滴水端面宽 4.7 厘米（图 4-1-50，6；图版六一七，3、4）。

　　15GT4 北扩③：46，滴水端面与瓦身呈钝角相接，分五层，纹饰位于第二、四层，第五层呈波浪状。侧缘保存有内侧切割痕迹，有线切痕。残长 8、残宽 11.7、瓦身厚 2~2.5、滴水端面宽 3.9 厘米（图 4-1-50，7；图版六一七，2）。

　　15GT4 北扩③：52，滴水端面与瓦身呈钝角相接，分四层，纹饰位于第一、三层，第四层呈波浪状。残长 6.8、残宽 9.9、瓦身厚 2.8~3.1、滴水端面宽 4.5 厘米（图 4-1-50，8；图版六一七，5）。

　　第三类，14 件。底部饰戳印纹。

　　07GT2 ②：75-1，滴水端面与瓦身呈直角相接，分五层，纹饰位于第二、四层，第五层呈波浪状。侧缘保存有内侧切割痕迹。残长 8.8、残宽 16.5、瓦身厚 2.2~3.2、滴水端面宽 3.8 厘米（图 4-1-50，9；图版六一七，6）。

14GT4 北扩②：9，滴水端面与瓦身呈直角相接，分七层，纹饰位于第二、四层，第七层呈波浪状。侧缘保存有内侧切割痕迹。残长 9.9、残宽 27.5、瓦身厚 2.2~2.5、滴水端面宽 5.8 厘米（图 4-1-50，10；图版六一八，1、2）。

15GT1 东扩②：15，滴水端面完整，与瓦身呈直角相接，分五层，纹饰位于第二、四层，第五层呈波浪状。侧缘保存有内侧切割痕迹。残长 12.6、宽 28.5、瓦身厚 2~2.6、滴水端面宽 5 厘米（图 4-1-51，1；图版六一八，3、4）。

15GT1 南扩②：22，滴水端面与瓦身呈直角相接，分五层，纹饰位于第二、四层，第五层呈波浪状。侧缘保存有内侧切割痕迹。残长 9.3、残宽 18.7、瓦身厚 2.3~2.7、滴水端面宽 4.1 厘米（图 4-1-51，2；图版六一八，5、6）。

15GT1 东扩②：27，滴水端面与瓦身呈直角相接，分五层，纹饰位于第二、四层，第五层呈波浪状。侧缘保存有内侧切割痕迹。残长 9.2、残宽 16.6、瓦身厚 2~2.9、滴水端面宽 5 厘米（图 4-1-51，3；图版六一九，1）。

15GT2 南扩②：7，滴水端面与瓦身呈直角相接，分七层，纹饰位于第二、四层，

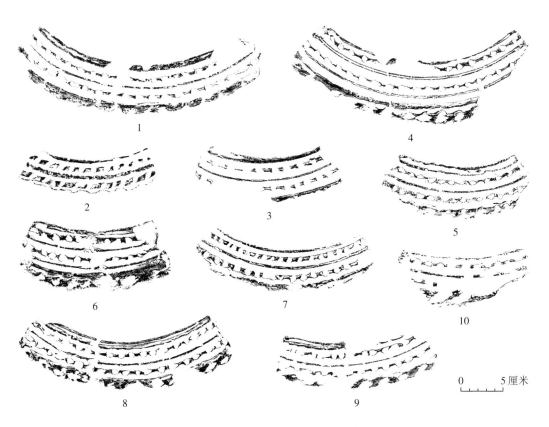

图 4-1-51 龟跌山建筑基址出土滴水

1. 15GT1 东扩②：15　2. 15GT1 南扩②：22　3. 15GT1 东扩②：27　4. 15GT2 南扩②：7　5. 15GT2 南扩②：11
6. 15GT3 北扩①：11　7. 15GT4 北扩②：57　8. 15GT4 北扩②：58　9. 15GT4 北扩②：59　10. 15GT4 西扩②：63

第七层呈波浪状。侧缘保存有内侧切割痕迹。残长6、残宽27.5、瓦身厚2.3~2.8、滴水端面宽6厘米（图4-1-51，4；图版六一九，2）。

15GT2南扩②：11，滴水端面与瓦身呈直角相接，分六层，纹饰位于第三、五层，第六层呈波浪状。侧缘保存有内侧切割痕迹。残长9.8、残宽17.3、瓦身厚2.3~3、滴水端面宽5厘米（图4-1-51，5；图版六一九，3、4）。

15GT3北扩①：11，滴水端面与瓦身呈直角相接，分六层，纹饰位于第二、四层，第六层呈波浪状。侧缘保存有内侧切割痕迹。残长15.9、残宽20、瓦身厚2.3~3、滴水端面宽5.4厘米（图4-1-51，6；图版六二〇，1~4）。

15GT4北扩②：57，滴水端面与瓦身呈直角相接，分六层，纹饰位于第二、四层，第六层呈波浪状。侧缘保存有内侧切割痕迹。残长9.5、残宽20.4、瓦身厚1.6~2、滴水端面宽4.4厘米（图4-1-51，7；图版六一九，5）。

15GT4北扩②：58，滴水端面与瓦身呈直角相接，分六层，纹饰位于第三、五层，第六层呈波浪状。侧缘保存有内侧切割痕迹。残长12、残宽23.5、瓦身厚2~2.5、滴水端面宽5厘米（图4-1-51，8；图版六一九，6）。

15GT4北扩②：59，滴水端面与瓦身呈直角相接，分五层，纹饰位于第二、四层，第五层呈波浪状。侧缘保存有内侧切割痕迹。残长11.2、残宽18.5、瓦身厚2.1~2.8、滴水端面宽5.1厘米（图4-1-51，9；图版六二〇，5、6）。

15GT4西扩②：63，滴水端面与瓦身呈钝角相接，分五层，纹饰位于第二、四层，第五层呈波浪状。侧缘保存有内侧切割痕迹。瓦身凸面距折沿8厘米处有红彩。残长14.1、残宽17.2、瓦身厚2.2~2.8、滴水端面宽4.5厘米（图4-1-51，10；图版六二一，1）。

15GT4北扩②：64，滴水端面与瓦身呈直角相接，分五层，纹饰位于第二、四层，第五层呈波浪状。残长6.6、残宽24.7、瓦身厚2.2~2.4、滴水端面宽4.7厘米（图4-1-52，1；图版六二一，2）。

15GT4北扩③：51，滴水端面与瓦身呈直角相接，分六层，纹饰位于第二、四层，第六层呈波浪状。侧缘保存有内侧切割痕迹。残长5.3、残宽14、瓦身厚2.1~2.9、滴水端面宽5.5厘米（图4-1-52，2；图版六二一，3）。

第四类，17件。滴水端面底部残缺。

07GT2②：76-1，滴水端面与瓦身呈直角相接，残存四层，纹饰位于第二、四层。残长8.8、残宽12.6、瓦身厚2.3~2.9、滴水端面残宽5厘米（图4-1-52，3；图版六二一，4）。

07GT2②：76-3，滴水端面与瓦身呈直角相接，分五层，纹饰位于第二、四层，第五层呈波浪状。侧缘保存有内侧切割痕，有线切痕。残长10.7、残宽8、瓦身厚1.9~2.8、

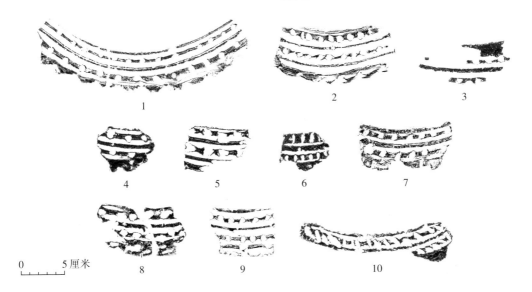

0　　5厘米

图4-1-52　龟趺山建筑基址出土滴水

1. 15GT4北扩②：64　2. 15GT4北扩③：51　3. 07GT2②：76-1　4. 07GT2②：76-3　5. 07GT2②：76-5
6. 07GT2②：76-6　7. 07GT3②：24-1　8. 07GT3②：24-2　9. 15GT1东扩②：17　10. 15GT2南扩②：9

滴水端面宽4.9厘米（图4-1-52，4；图版六二一，5）。

07GT2②：76-5，瓦身不存。滴水端面残存六层，纹饰位于第二、四层。残长2.5、残宽8.1、滴水端面残宽5.2厘米（图4-1-52，5；图版六二一，6）。

07GT2②：76-6，滴水端面与瓦身呈钝角相接，残存四层，纹饰位于第一、三层。残长4、残宽6、瓦身厚2.2~2.4、滴水端面残宽4.1厘米（图4-1-52，6；图版六二二，1）。

07GT3②：24-1，滴水端面与瓦身呈直角相接，分五层，纹饰位于第二、四层，第五层呈波浪状。残长10、残宽11、瓦身厚2.5~3、滴水端面宽4.8厘米（图4-1-52，7；图版六二二，2）。

07GT3②：24-2，滴水端面与瓦身呈直角相接，分五层，纹饰位于第二、四层，第五层呈波浪状。残长8、残宽10.2、瓦身厚2.5~2.7、滴水端面宽4.4厘米（图4-1-52，8；图版六二二，3）。

15GT1东扩②：17，滴水端面与瓦身呈直角相接，局部内收呈锐角。残存五层，纹饰位于第二、四层。侧缘保存有内侧切割痕迹。残长11、残宽10.4、瓦身厚2~2.6、滴水端面残宽4.9厘米（图4-1-52，9；图版六二二，4）。

15GT2南扩②：9，滴水端面与瓦身呈钝角相接，分五层，纹饰位于第二、四层，第五层呈波浪状。侧缘保存有内侧切割痕迹。残长7.6、残宽19.7、瓦身厚2.1~2.7、滴水端面宽4.6厘米（图4-1-52，10；图版六二二，5）。

15GT2南扩②：13，滴水端面与瓦身呈直角相接，分五层，纹饰位于第二、四层，第五层呈波浪状。侧缘保存有内侧切割痕迹。残长8.8、残宽9.2、瓦身厚1.9~2.6、滴水端面宽4.6厘米（图4-1-53，1；图版六二二，6）。

15GT3北扩②：25，滴水端面与瓦身呈直角相接，分五层，纹饰位于第二、四层，第五层呈波浪状。侧缘保存有内侧切割痕迹。瓦身凸面距离折沿约10.5厘米处有红彩。残长19.8、残宽22.3、瓦身厚2.2~2.8、滴水端面宽4.6厘米（图4-1-53，2；图版六二三，1、2）。

15GT3北扩②：30，胎心局部呈青黑色。滴水端面与瓦身呈直角相接，残存五层，纹饰位于第二、四层。残长7.2、残宽18.3、瓦身厚3.4~4、滴水端面残宽6.2厘米（图4-1-53，3；图版六二三，3）。

15GT4北扩①：21，滴水端面与瓦身呈钝角相接，残存三层，纹饰位于第二层。残长10.7、残宽13.8、瓦身厚2.1~2.7、滴水端面残宽4.4厘米（图4-1-53，4；图版六二三，4）。

15GT4北扩②：45，滴水端面与瓦身呈钝角相接，残存三层，纹饰位于第二层。残长8.1、残宽13.1、瓦身厚2.4~2.6、滴水端面残宽2.9厘米（图4-1-53，5；图版六二三，5）。

15GT4北扩②：62，滴水端面与瓦身呈直角相接，分五层，纹饰位于第二、四层，

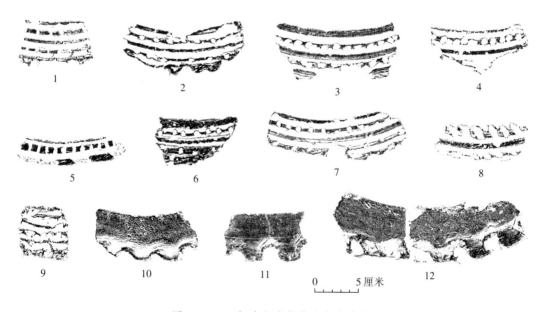

图4-1-53　龟趺山建筑基址出土滴水

1. 15GT2南扩②：13　2. 15GT3北扩②：25　3. 15GT3北扩②：30　4. 15GT4北扩①：21　5. 15GT4北扩②：45　6. 15GT4北扩②：62　7. 15GT4西扩②：66　8. 15GJPG1③：11　9. 15GJPG1⑥：12　10. 07GT3②：29　11. 15GT3北扩②：32　12. 15GT3北扩①：15

第五层残存部分弯曲不明显。侧缘保存有内侧切割痕迹。残长9.5、残宽13、瓦身厚2.5~3、滴水端面宽4.4厘米（图4-1-53，6；图版六二三，6）。

15GT4西扩②：66，滴水端面与瓦身呈直角相接，分五层，纹饰位于第二、四层，第五层呈波浪状。侧缘保存有内侧切割痕迹。残长14、残宽16.1、瓦身厚2.3~3.1、滴水端面宽4.7厘米（图4-1-53，7；图版六二四，1）。

15GJPG1③：11，滴水端面与瓦身呈直角相接，残存三层，纹饰位于第一、三层。残长7.9、残宽10.9、瓦身厚2.8~3、滴水端面残宽3.9厘米（图4-1-53，8；图版六二四，2）。

15GJPG1⑥：12，滴水端面与瓦身呈直角相接，残存六层，纹饰位于第二、四层，第六层略呈波浪状。残长12.8、残宽10.7、瓦身厚2.3~2.9、滴水端面残宽4.8厘米（图4-1-53，9；图版六二四，3）。

第二大类，共14件。滴水端面采用其他布局形式。

第一类，9件。滴水端面和底部波浪纹处均为素面。

07GT3②：29，滴水端面与瓦身呈直角相接。侧缘保存有内侧切割痕迹。残长10、残宽12.5、瓦身厚2.8、滴水端面宽5厘米（图4-1-53，10；图版六二四，4）。

15GT3北扩①：15，滴水端面与瓦身呈钝角相接。侧缘保存有内侧切割痕迹。残长7.6、残宽22.4、瓦身厚2.5~3.1、滴水端面宽5.7厘米（图4-1-53，12；图版六二四，5）。

15GT3北扩②：32，胎心局部呈青黑色。滴水端面与瓦身呈直角相接。侧缘保存有内侧切割痕迹。瓦身凸面距离折沿约4厘米处有疑似红彩的痕迹。残长15.6、残宽10.7、瓦身厚2.5~3.2、滴水端面宽5.4厘米（图4-1-53，11；图版六二四，6）。

15GT4北扩①：17，滴水端面与瓦身呈直角相接。残长8.2、残宽12.1、瓦身厚2.5~2.8、滴水端面宽4.9厘米（图4-1-54，1；图版六二五，1）。

15GT4北扩③：42，滴水端面较完整，与瓦身呈直角相接。侧缘保存有内侧切割痕迹。瓦身凸面存有两处红彩，一处位于折沿与瓦身交界处，一处距离折沿约3.5厘米。残长11.5、残宽30.9、瓦身厚2.6~3、滴水端面宽5.1厘米（图4-1-54，2；图版六二五，2、3）。

15GT4北扩③：44，胎心局部呈青黑色。滴水端面与瓦身呈钝角相接。侧缘保存有内侧切割痕迹。残长12、残宽13.1、瓦身厚3.4~3.6、滴水端面宽5.4厘米（图4-1-54，3；图版六二五，4）。

15GT4北扩③：48，滴水端面与瓦身呈钝角相接。侧缘保存有内侧切割痕迹。瓦身凸面距离折沿约3.5厘米处有红彩，宽约3厘米。残长18.3、残宽18.2、瓦身厚3~3.5、滴水端面宽4.4厘米（图4-1-54，4；图版六二五，5）。

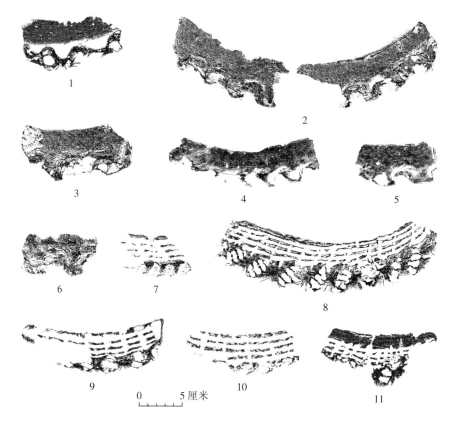

图 4-1-54　龟趺山建筑基址出土滴水

1. 15GT4 北扩①：17　2. 15GT4 北扩③：42　3. 15GT4 北扩①：44　4. 15GT4 北扩③：48　5. 15GT4 北扩③：49
6. 15GJPG1③：12　7. 15GTG1③：6　8. 15GT1 南扩②：26　9. 15GT3 北扩②：28　10. 15GT4 北扩①：20
11. 15GT4 北扩②：67

　　15GT4 北扩③：49，滴水端面与瓦身呈钝角相接。瓦身凸面距离折沿约 3.4 厘米处有少量红彩痕迹。残长 11.8、残宽 11.3、瓦身厚 2.2~2.6、滴水端面宽 4.6 厘米（图 4-1-54，5；图版六二五，6）。

　　15GJPG1③：12，滴水端面与瓦身呈钝角相接。瓦身凸面距离折沿 5.8~6.4 厘米处有一道红彩，宽约 1.5~2 厘米。残长 11.8、残宽 13、瓦身厚 2.9~3.1、滴水端面宽 4.7 厘米（图 4-1-54，6；图版六二五，7）。

　　第二类，5 件。滴水端面为节段式布局。

　　15GTG1③：6，端面底部饰绳纹。瓦身基本不存，滴水端面分五层，第五层呈波浪状。残宽 8.5、滴水端面宽 3.9 厘米（图 4-1-54，7；图版六二六，1）。

　　15GT1 南扩②：26，滴水端面底部饰绳纹。端面与瓦身呈钝角相接，分五层，第五层呈波浪状。侧缘保存有内侧切割痕迹，有线切痕。瓦身凸面距离折沿约 6 厘米处有红彩。残长 20.2、残宽 24.4、瓦身厚 2.3~2.4、滴水端面宽 4.2 厘米（图 4-1-54，

8；图版六二六，2~4）。

15GT3 北扩②：28，滴水端面底部饰戳印纹。端面与瓦身呈钝角相接，分五层，第五层呈波浪状。残长 12.9、残宽 20.3、瓦身厚 2.6~2.8、滴水端面宽 3.8 厘米（图4-1-54，9；图版六二六，5）。

15GT4 北扩①：20，滴水端面底部饰绳纹。端面与瓦身呈钝角相接，分五层，第五层呈波浪状。残长 6.6、残宽 13.8、瓦身厚 2~2.2、滴水端面宽 3.7 厘米（图4-1-54，10；图版六二六，6）。

15GT4 北扩②：67，滴水端面底部饰绳纹。端面与瓦身呈直角相接，分五层，第五层呈波浪状。残长 8.8、残宽 13.6、瓦身厚 2.5~2.9、滴水端面宽 4.4 厘米（图4-1-54，11；图版六二六，7）。

5. 鸱兽

共 85 件。均为陶质，以灰胎为主，部分胎心呈青黑色，表面色泽不一。个别标本上附着有白灰。

鸱吻　38 件。

07GT2②：77-1，灰胎。正面由较宽的凸棱带饰两绺卷云状装饰。背面平整。长 21.3、宽 18.1、厚 3 厘米（图版六二七，1）。

07GT2②：77-2，灰胎，胎心局部呈青黑色。正面存一圆形装饰，中心为一乳丁，外围环绕一周饰戳刻纹的凸棱带。圆形饰旁还有一段凸棱。背面较平整。长 10.2、宽 9.1、厚 4 厘米（图版六二七，2）。

07GT2②：78-1，灰胎。正面被一条纵向凸棱带分成两部分。凸棱带上饰戳刻纹和压印纹。凸棱带一侧素面，另一侧饰弧向凸棱带和凹弦纹组成的鳍状纹。背面有一块连接的陶板。长 35.6、宽 24.5、厚 9.1 厘米（图4-1-55，1；图版六二七，3）。

07GT2②：78-2，灰胎。正面存一道残凸棱，凸棱两侧为凹弦纹。背面较平整。长 6.6、宽 4.5、厚 2.8 厘米（图版六二七，4）。

07GT2②：78-3，灰胎。正面残存两道弧向凸棱带，一侧有直边。背面较平整。长 20.6、宽 15.9、厚 6.8 厘米（图版六二七，5）。

07GT2②：78-4，灰胎。残存部分略呈三角形。正面饰两道凸棱，凸棱两侧饰凹弦纹，形成鳍状纹。背面平整。长 10、宽 9.3、厚 4 厘米（图版六二七，6）。

07GT2②：78-5，灰胎。正面残存一道凸棱，背面平整。长 8.9、宽 6.5、厚 3.3 厘米（图版六二八，1）。

07GT2②：79，红胎。呈弧形，正面饰一道凹弦纹，其下饰一排戳刻纹。长 16.7、宽 6、厚 3.2 厘米（图版六二八，2）。

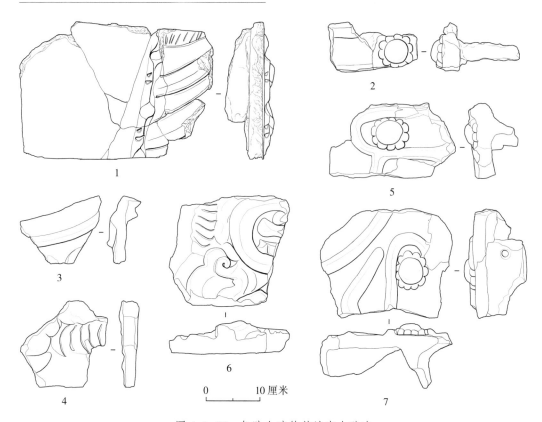

图 4-1-55　龟趺山建筑基址出土鸱吻

1. 07GT2 ② : 78-1　2. 07GT3 ② : 23-2　3. 15GTG1 ③ : 5　4. 15GT1 东扩 ② : 44　5. 15GT1 东扩 ② : 45
6. 15GT1 东扩 ② : 46　7. 15GT1 东扩 ② : 47

　　07GT2 ② : 80-1，灰胎。正面一侧呈低平的素面。另一侧呈略微高出的直凸棱状，饰有多道斜向凹弦纹。背面残存一道残缺的直凸棱。长 18.3、宽 17.7、厚 7 厘米（图版六二八，3）。

　　07GT2 ② : 81-2，灰胎。残存平面呈不规则形。正面存有一条弧形凸棱带，凸棱带旁有戳刻纹。一端存有弧形缺孔。背面较平整。长 12.8、宽 9.2、厚 4.6 厘米（图版六二八，4）。

　　07GT2 ② : 91，灰胎。正面饰一 "U" 形凸棱，内饰一圆形装饰，中心为一乳丁，外围环绕一周饰戳刻纹的凸棱带。长 11.1、宽 9.3、厚 2.4 厘米（图版六二八，5）。

　　07GT2 ② : 92，灰胎。饰一个圆形装饰，中心为一乳丁，外围环绕一周饰戳刻纹的凸棱带。长 7、宽 5.6、厚 3.8 厘米（图版六二八，6）。

　　07GT3 ② : 23-1，灰胎，胎心局部呈青黑色。正面残存一兽嘴。上颌存两道弯曲的凸棱带，前有伸出起翘的獠牙，后方有一突出的犬齿，犬齿后方存两颗臼齿。下颌基本缺失，仅存两颗臼齿。上下颌之间还存有两道凸棱带。背面素面且较平整，存有一道残凸棱。长 22.6、宽 17.5、厚 6.7 厘米（图版六二九，1）。

07GT3②：23-2，灰胎，胎心呈青黑色。正面残存一圆形装饰，中心为一乳丁，外围环绕一周饰戳刻纹的凸棱带。旁有一残凸棱。背面存有连接隔板。长 16.7、宽 8.9、厚 16.4 厘米（图 4-1-55，2；图版六二九，3、4）。

07GT3②：23-3，灰胎，胎心局部呈青黑色。残存一凸起的长獠牙。长 13.6、宽 9.2、厚 6.6 厘米（图版六二九，2）。

07GT3②：23-5，灰胎，胎心偏青黑色。残存一尖牙。背面素面且平整。长 6.6、宽 5.3、厚 2.4 厘米（图版六二九，5）。

07GT3②：23-6，灰胎，胎体局部呈青黑色。残存一圆形装饰，中心为一乳丁，外围环绕一周饰戳刻纹的凸棱带。长 8.4、宽 5.6、厚 3 厘米（图版六二九，6）。

15GTG1③：5，灰胎。残存部分呈弧状隆起，正面饰一弧形凸棱，背面素面且凹凸不平。长 15、宽 12.2、厚 6.4 厘米（图 4-1-55，3；图版六三〇，1）。

15GT1 东扩②：44，灰胎。正面饰有多道弧向短凸棱带。旁有凸起装饰，磨损严重。背面素面且较平整。长 15.7、宽 15.2、厚 3.7 厘米（图 4-1-55，4；图版六三〇，2）。

15GT1 东扩②：45，灰胎。正面饰一"U"形凸棱带，内饰一圆形装饰，中心为一乳丁，外围环绕一周饰戳刻纹的凸棱带。"U"形凸棱带一侧还残存一小段纵向凸棱。背面素面，存有一段连接隔板，略呈弧形。长 23.3、宽 13.2、厚 10 厘米（图 4-1-55，5；图版六三〇，3）。

15GT1 东扩②：46，灰胎，胎心偏青黑色。正面装饰分三部分，一侧存有一弧形凸棱带，其内残存有凸起的装饰，凸棱带一侧有一高突的卷曲装饰；另一侧饰多道弧向短凸棱带构成的装饰。背面素面且较粗糙。长 19.6、宽 22.4、厚 5.8 厘米（图 4-1-55，6；图版六三〇，4）。

15GT1 东扩②：47，灰胎，胎心偏青黑色。正面饰一"U"形凸棱，内饰一圆形装饰，中心为一乳丁，外围环绕一周饰戳刻纹的凸棱带。"U"形凸棱带一侧有两道弧向凸棱，其外有一段光滑的弧形边缘。背面素面，存有一段连接隔板，隔板上有一穿孔。长 24.4、宽 19.2、厚 11.5 厘米（图 4-1-55，7；图版六三〇，5）。

15GT1 东扩②：48，灰胎。正面用凸棱带饰两绺卷曲的纹饰，凸棱带之间饰一似伞状装饰。背面素面且较平整，存有一段略弯折的隔板，旁接一略微高起的凸棱带。长 25.8、宽 19.8、厚 11.3 厘米（图 4-1-56，1；图版六三〇，6）。

15GT1 东扩②：50，灰胎，胎心偏青黑色。正面中部饰两道纵向长凸棱带，凸棱带内饰两个圆形装饰，中心为一乳丁，外围环绕一周饰戳刻纹的凸棱带，两个圆形装饰间距约 12 厘米。纵向长凸棱带一侧存有两条弧向凸棱，另一侧存有两道凸起较低的卷曲凸棱。背面素面且较平整，存有连接隔板。长 31.7、宽 37、厚 11.6 厘米（图

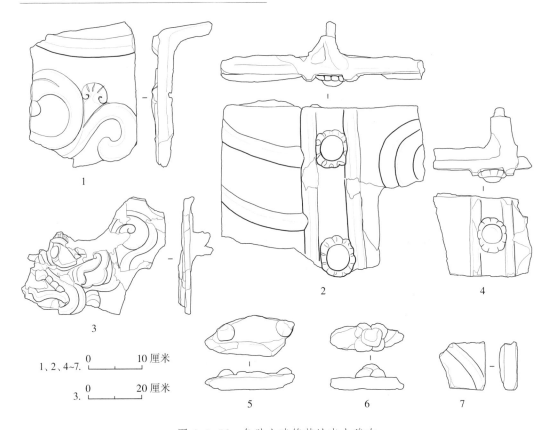

图 4-1-56　龟趺山建筑基址出土鸱吻

1. 15GT1 东扩②：48　2. 15GT1 东扩②：50　3. 15GT2 南扩②：4　4. 15GT2 南扩②：5　5. 15GT3 北扩②：24
6. 15GT4 北扩①：13　7. 15GT4 北扩①：15

4-1-56，2；图版六三一，1）。

　　15GT2 南扩②：4，灰胎，胎心局部偏黑色。正面下部饰一兽首，咧嘴，上颌存一颗突出的獠牙，后有三颗臼齿，下有弯曲的舌头。下颌残缺。眼呈圆形凸起状，后有两道凹弦纹组成眼睑，眼外环绕一周凸棱带构成眼眶和眉脊。眉脊上部有一凸棱，凸棱朝外一侧饰密集的凹陷纹。嘴部和眼部后方各有一绺卷曲的鬃毛状装饰，偏上的一绺较突出，后接一绺双凸棱带构成的卷云状饰。背面素面。长 53.4、宽 42、厚13 厘米（图 4-1-56，3；图版六三一，2）。

　　15GT2 南扩②：5，灰胎。正面饰两道凸棱带，其间饰一圆形装饰，中心为一乳丁，外围环绕一周饰戳刻纹的凸棱带。背部素面，存有一块对接隔板。长 18.2、宽15.1、厚 13.4 厘米（图 4-1-56，4；图版六三一，3）。

　　15GT3 北扩②：24，灰胎。正面一侧饰一条凸棱，另一侧饰二乳丁。背面素面且平整。长 16.6、宽 7.3、厚 4 厘米（图 4-1-56，5；图版六三一，4）。

　　15GT4 北扩①：13，灰胎。残存部分略呈长条形，正面贴塑一花瓣，中心为一乳丁状花心，旁有四瓣椭圆形花瓣。背面素面，较平整。长13.6、宽5.2、厚4.7厘米（图4-1-56，6；图版六三一，5）。

15GT4北扩①：15，灰胎。正面存一弧向凸棱带，边缘存有一直边，背面较平整。长8.8、宽8.6、厚3.5厘米（图4-1-56，7；图版六三一，6）。

15GT4西扩②：31，红胎，胎心呈青黑色。正面残一凸起的圆眼，旁边饰一段戳刻纹，戳刻纹外还有两段高起的凸棱。背面素面。长14.4、宽10.5、厚5.7厘米（图4-1-57，1；图版六三二，1）。

15GT4北扩②：36，红胎，胎心呈青黑色。正面图案分两部分，左侧为一纵向凸棱带，呈波浪状，其上戳印纹饰。右侧存三条凸棱带组成的鳍状纹，每道凸棱带两侧均有凹弦纹。背面素面，存有一条凸棱。长19.4、宽16.6、厚6.1厘米（图4-1-57，2；图版六三二，2）。

15GT4西扩②：38，红胎，胎心局部呈青黑色。侧视整体呈"T"字形。正面纹饰高起，分两部分，均饰凹弦纹。一部分凹弦纹较平直，一部分呈螺旋状卷曲。背面接一凸棱。长12、宽9.4、厚11.8厘米（图4-1-57，3；图版六三二，3）。

15GT4北扩③：28，灰胎。正面存两道弧向凸棱。背面素面，有一条弧形凸棱。长17.8、宽16.9、厚8.4厘米（图4-1-57，4；图版六三二，4）。

15GT4北扩③：29，灰胎，残存部分呈长条形。正面两侧各有一弧向凸棱带构

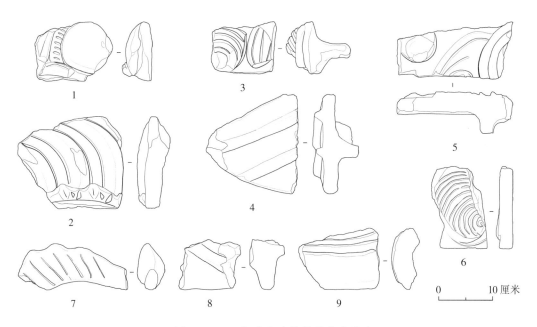

图4-1-57　龟趺山建筑基址出土鸱吻

1. 15GT4西扩②：31　2. 15GT4北扩②：36　3. 15GT4西扩②：38　4. 15GT4北扩③：28　5. 15GT4北扩③：29
6. 15GT4北扩③：32　7. 15GJPG1⑥：7　8. 15GJPG1⑥：8　9. 15GJPG1⑥：9

成的装饰，中部有一绺带凹弦纹的鬃毛状装饰。背面素面，存有一条残缺的凸棱。长 21.6、宽 10.2、厚 9.4 厘米（图 4-1-57，5；图版六三二，5）。

15GT4 北扩③：32，灰胎，胎心局部呈青黑色。正面饰一多道凹弦纹组成的螺旋状装饰，略凸起。背面素面且较平整。长 14.7、宽 10.3、厚 3.2 厘米（图 4-1-57，6；图版六三二，6）。

15GJPG1⑥：7，灰胎。平面呈略弧的长条形，截面略呈扁椭圆形，一侧缘存有波浪状凸起。正、反面均有数道刻划纹。长 20.2、宽 4.1、厚 5.1 厘米（图 4-1-57，7；图版六三三，1）。

15GJPG1⑥：8，灰胎。正面有一道凸棱。背面素面，有一小段残凸棱。长 11.4、宽 9、厚 6.4 厘米（图 4-1-57，8；图版六三三，2）。

15GJPG1⑥：9，灰胎，胎体局部呈黑色。正面向上隆起，一侧存三道凹弦纹，背面凹凸不平，中间内凹。长 15、宽 10.9、厚 5.2 厘米（图 4-1-57，9；图版六三三，3）。

兽头　33 件。

03G：采 8，灰胎。后部为一弧形陶板，前端饰两绺凹弦纹组成的鬃毛状装饰，其中一绺凸起。长 7、宽 13.6、高 17.7 厘米（图版六三三，4）。

03G：采 9，灰胎，局部偏青黑色。存一椭圆形眼，眼上部有一条弯曲的凸棱带，似眉脊。凸棱带上部存一凹弦纹和圆点戳纹组成的装饰面，局部上翘，与凸棱带之间形成一凹窝，可能是耳、角部位。眼后部有一绺饰凹弦纹的鬃毛状装饰。背面凹凸不平。长 17.6、宽 9.2、高 12.8 厘米（图版六三三，5）。

07GT2②：80-2，灰胎。残存一兽首上颌部分。上颌较长，内面素面，前端嘴角一侧存一獠牙，獠牙内存四颗门齿，獠牙和门齿外侧面均饰戳刻纹。鼻梁低平，上、下两面均饰三角形戳刻纹，鼻梁一侧存弯曲的鼻翼，鼻孔呈内凹圆孔状。长 19.8、宽 10、高 6.9 厘米（图版六三三，6）。

07GT2②：81-1，灰胎，残存部分略呈长方形，一侧缘存有两绺饰凹弦纹的鬃毛状装饰。长 9、宽 10.7、高 5.5 厘米（图版六三四，1）。

07GT2②：81-4，灰胎。残存平面略呈不规则三角形，正面存多道弧向凹弦纹和一道直凸棱，背面较平整。长 2.7、宽 7.5、高 8.8 厘米（图版六三四，2）。

07GT3②：9，灰胎。残存一兽首眼部。眼呈凸起的椭圆形，用两道凹弦纹饰双层眼睑。眼上方有一条弯曲的凸棱带，近眼部一侧饰戳刻纹，可能是眉脊。背面素面且凹凸不平。长 12.2、宽 5.8、高 10.5 厘米（图版六三四，3）。

07GT3②：26，灰胎。由前、后两部分组成。后部为一弧形陶板。上部呈方形缺孔状。前部为一突出的兽头，残存上半部。嘴仅存较长的上颌，上颌内面饰密集的戳刻纹。嘴角一侧有一颗突出的獠牙，牙根外侧饰戳刻纹，獠牙内侧有残缺的凸棱，凸棱外侧饰一排戳刻纹，可能为门齿。鼻翼和鼻梁均鼓起，鼻孔呈内凹的圆形，鼻梁上部饰三排戳刻纹，下部存两道短凸棱。眼呈凸起的椭圆形，用两道凹弦纹饰双层眼睑。眼前部有多道凹弦纹组成的鬃毛状装饰。眼上部有凸棱带构成的月牙形弯脊，弯脊近眼部一侧缘饰凹弦纹。眉脊上部有突出的双角，外缘饰多道凹弦纹。角后有耳，耳缘及耳窝内饰凹弦纹。兽首两侧有密集凹弦纹组成的鬃毛状装饰。兽首内部素面，中空，与陶板上部的缺孔相接。额前有一近长方形穿孔，孔径 2 厘米。长 27.6、宽 22.9、高 23 厘米（图 4-1-58，1；图版六三四，4~6）。

14GT4 北扩②：5，灰胎，残存一兽首上半部，其后连有一小块弧形陶板。兽首嘴部残损，仅存上半部。上颌侧面饰凹弦纹，内面前端露齿，中间为四颗门齿，牙根外侧有横向戳刻纹。嘴角一侧残存一颗突出的獠牙，牙根有纵向戳刻纹。牙后露舌，呈三角形，自上颚向下后方卷曲收尖，舌面饰多道纵向凹弦纹。两侧鼻翼和中间鼻梁均鼓起，鼻翼下部有一道凹弦纹，鼻孔呈内凹圆形。眼呈椭圆形凸起状，用两道凹弦纹饰双层眼睑，眼皮饰一排戳刻纹。眼睛前部饰凹弦纹。眼睛上部有凸棱带构成的月牙形眉脊，眉脊两侧均饰戳刻纹。角、耳多残缺。角呈凸棱带状，朝外一侧饰多道凹弦纹。角、耳之间的额部有纵向凹弦纹组成的鬃毛。兽首一侧有弧向凹弦纹组成的鬃毛。兽头上部中空。近额顶前端有一长方形穿孔，孔径 1.9 厘米。长 26.6、宽 20.4、高 21.5 厘米（图 4-1-58，3；图版六三五，1、2）。

15GT1 东扩②：30，灰胎。存兽首一侧的上半部。表面装饰有眼、耳、角等。眼呈椭圆形凸起状，饰单层眼睑，宽眼皮，其外环绕一周凸棱带，构成眉脊和眼眶。上部饰叶形小耳，耳上部有一卷曲的兽角，兽角上饰多道凹弦纹。眼眶后部残存一凸起的卷曲装饰，尾端内凹，分为两绺。眼眶下部有一凸棱带装饰，上有戳刻纹。内部素面，呈前后贯通的弧形中空状，下部存一缺孔。长 18.4、宽 10.4、高 15.8 厘米（图 4-1-58，2；图版六三五，3）。

15GT1 东扩②：31，灰胎，由前后两部分组成。后部为一陶板，素面，存有三道凸棱痕迹。前部为一突出的兽首，眼部呈圆形凸起状，周围有一圈凸棱形成眉脊和眼眶。额顶面饰沟槽纹。鼻梁窄而高起，鼻孔存一个，较小，呈稍朝上翘的圆形。下颌后部较平整，前部上翘且饰多道沟槽纹，沟纹底部有一排门齿，残存四颗。兽首内部中空。长 16、宽 14、高 13.8 厘米（图 4-1-58，4；图版六三五，4）。

15GT1 东扩②：40，灰胎。存一兽首上颌及鼻部。上颌两侧弯曲，一侧外缘残存戳刻纹。内面饰密集的戳刻痕，存有一排门齿，门齿上饰细长戳刻纹。上颌一侧残存一弧形尖角状装饰，角面一侧有一道凹弦纹，另一侧饰戳刻纹。鼻翼与鼻梁均微鼓，鼻孔朝向两侧，呈内凹圆孔状。长 17.5、宽 17.4、高 13.7 厘米（图 4-1-58，5；

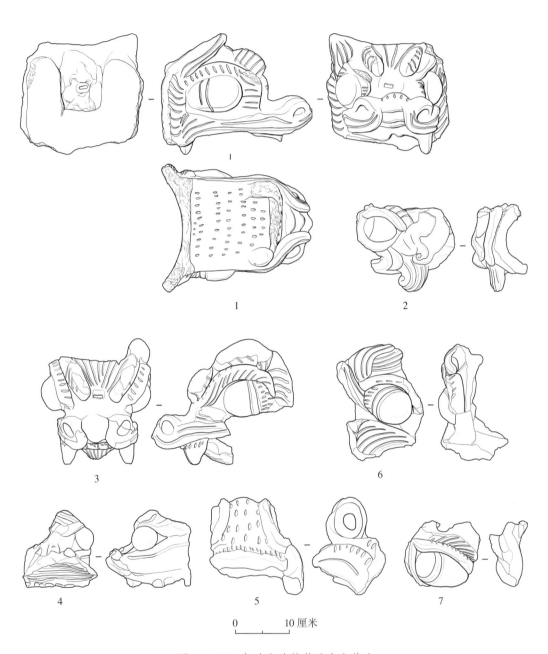

0　　　10厘米

图 4-1-58　龟趺山建筑基址出土兽头

1. 07GT3 ②：26　2. 15GT1 东扩②：30　3. 14GT4 北扩②：5　4. 15GT1 东扩②：31　5. 15GT1 东扩②：40
6. 15GT1 南扩②：41　7. 15GT1 东扩②：42

图版六三五，5）。

15GT1南扩②：41，灰胎。后部存一弧形陶板，前部为一突出的兽首。兽首眼部呈凸起的椭圆形，用两道凹弦纹饰双层眼睑，眼皮表面饰戳刻纹。眼上部有一道弯曲的月牙形眉脊，眉脊近眼部一侧饰戳刻纹。眉脊上部有耳，耳缘及耳窝内饰凹弦纹。眼下部有一绺饰多道凹弦纹的鬃毛状装饰，一端收尖。残存上颌内面饰戳刻纹。背面素面且凹凸不平。长16.2、宽12.9、高20.8厘米（图4-1-58，6；图版六三五，6）。

15GT1东扩②：42，灰胎，胎心局部呈青黑色。存一兽首眼部。眼呈椭圆形凸起状，用两道凹弦纹饰双层眼睑，眼皮较宽，外饰一周弯曲的凸棱带构成眼眶和眉脊。凸棱带上方有一凸起装饰，外缘饰凹弦纹，旁有一穿孔残边。背面素面且凹凸不平。长14.2、宽7.2、高11.8厘米（图4-1-58，7；图版六三六，1）。

15GT1南扩②：43，灰胎。残存兽首眼部及耳部。眼睛残缺，有两道凹弦纹构成的双层眼睑，眼皮饰短戳刻纹。眼部上方有一条弯曲的月牙形眉脊，眉脊饰戳刻纹。眉脊上部有耳，耳缘及耳窝内饰凹弦纹，一端收尖。背面素面且起伏不平。长13.2、宽7、高12.4厘米（图4-1-59，1；图版六三六，2）。

15GT3北扩②：1，灰胎，分前、后两部分。后部为一弧形陶板，其上半部呈椭圆形缺孔状。前部为一突出的兽首造型。嘴大张。上颌较长，侧面饰凹弦纹，内面饰密集的三角形戳刻纹，前端露齿，中间为四颗门齿，嘴角两侧各饰一獠牙，牙根外侧饰近三角形戳刻纹。下颌嘴角两侧同样各饰一獠牙，牙根外侧饰近三角形戳刻纹，两獠牙之间有舌，略向上内卷，舌背面有三道凹弦纹。两侧鼻翼鼓起，鼻孔呈内凹的圆形，中间鼻梁低陷，鼻梁下部饰密集的三角形戳刻纹。眼呈椭圆形凸起状，用两道凹弦纹饰双层眼睑，眼皮和眼窝下缘饰近三角形戳刻纹。眼睛上部有凸棱带构成的月牙形眉脊，眉脊内侧饰近三角形戳刻纹，外侧有弯曲的兽角，角后有饰凹弦纹的双耳，角、耳之间的额部有纵向凹弦纹构成的鬃毛。兽首两侧和下底用弧向凹弦纹饰鬃毛。兽首上半部中空，中空部分与陶板的缺孔部分相接。近额顶前端有一长方形穿孔，孔径2.4厘米。长27.8、宽21.4、高31厘米（图4-1-59，2；图版六三六，3、4）。

15GT3北扩②：36，灰胎，胎心局部呈青黑色。残存一兽首嘴部。上颌已残，下颌嘴角原应装饰有獠牙，现仅存较长的牙根，牙根外侧饰弧向凹弦纹。下颌中部有舌，舌尖略上翘，舌背面中部饰一纵向沟纹，舌下饰一排纵向戳刻纹。兽首侧面饰卷曲的鬃毛状装饰，其上饰多道凹弦纹。兽首背面为一纵向陶板，其上有多道直凸棱。长19.1、宽18.8、高19.6厘米（图4-1-59，3；图版六三七，1、2）。

15GT3北扩②：37，灰胎。正面存一兽眼，上部有一凸棱带构成的月牙形眉脊，

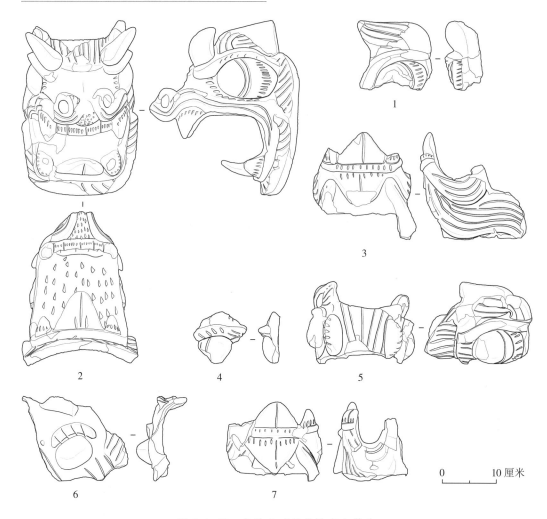

图 4-1-59　龟趺山建筑基址出土兽头

1. 15GT1 南扩②：43　2. 15GT3 北扩②：1　3. 15GT3 北扩②：36　4. 15GT3 北扩②：37　5. 15GT4 北扩①：25
6. 15GT4 北扩②：27　7. 15GT4 北扩②：28

眉脊近眼部一侧饰戳刻纹。背面素面且凹凸不平。长 9.9、宽 4.1、高 9.3 厘米（图
4-1-59，4；图版六三七，3）。

15GT4 北扩①：24，灰胎，胎心局部呈黑色。后部为一弧形陶板，前部为一突
出兽首。兽首仅存下颌部分，嘴大张，残存部分近方形，嘴角左下侧有一颗突出的
獠牙，獠牙外侧牙根饰一周戳刻纹。兽首底部和侧缘有密集凹弦纹构成的鬃毛状装饰。
长 9、宽 17.7、高 15.2 厘米（图版六三七，4、5）。

15GT4 北扩①：25，灰胎。残存一兽首上半部。存眼、耳、角。眼呈椭圆形凸
起状，用两道凹弦纹饰双层眼睑，眼皮上饰一排戳刻纹。眼上方有一条凸棱带状眉脊，
饰刻划纹。眉脊上方有耳，耳缘及耳窝内饰凹弦纹。额顶两侧饰凸棱带构成的兽角，

朝外的侧缘饰弦纹。额部饰数道凹弦纹。兽头内部呈中空状。长 19.9、宽 19.8、高 14.7 厘米（图 4-1-59，5；图版六三八，1、2）。

15GT4 北扩②：27，灰胎。正面存一兽首侧面，眼部呈突出的扁椭圆形，眼下部和两侧有凹弦纹组成的装饰，上部有凸棱带构成的月牙形眉脊，眉脊内缘饰四道凹弦纹。眉脊上部有一凸起的棱带，棱带朝内一侧饰戳刻纹。背面素面，凹凸不平。长 19.8、宽 9.4、高 15.2 厘米（图 4-1-59，6；图版六三八，3）。

15GT4 北扩②：28，灰胎。残存截面呈凹字形，为一兽首嘴部。上部为一横向陶板，内面有戳刻纹，可能为上颌。上下颌连接部分呈弧形，侧面饰卷曲的弦纹。下颌一侧嘴角有突出的獠牙，獠牙外侧有长短不一的戳刻痕。下颌中部有舌，舌尖略上翘，舌尾亦呈对称造型，向下收尖。舌背面有一道纵向凹弦纹，其上有一道横向凸棱带。凸棱带上和凸棱带后侧各饰一排戳刻痕。兽首侧面有多道凹弦纹组成的鬃毛状装饰。背面有四道纵向凸棱痕迹。长 14、宽 17.6、高 13.6 厘米（图 4-1-59，7；图版六三八，4）。

15GT4 北扩②：29，灰胎。由前后两部分组成。后部为一弧形陶板，残存下半部分。前部为一突出的兽首，残存嘴部与鼻部。上颌较长，侧面饰凹弦纹，内面后半部饰密集的戳刻痕，前端嘴角一侧有一突出的獠牙，牙根外部有戳刻痕。下颌两侧各有一獠牙，牙根外部有戳刻痕，中间有舌，略向上曲，舌背面有一道凹弦纹。两侧鼻翼略鼓起，中间鼻梁较突出，鼻梁上、下两侧饰多道凹弦纹。鼻孔呈内凹的圆形。兽首一侧有凹弦纹构成的鬃毛。长 29.4、宽 21.9、高 25.6 厘米（图 4-1-60，1；图版六三八，5）。

15GT4 北扩②：30，灰胎。残存部分系兽首额部，顶部存两角，由凸棱带构成，角外侧饰多道凹弦纹。两角之间饰四道略呈"八"字形的沟纹。一侧下方有一条弯曲的凸棱带，可能是眉脊。凸棱带下饰多道弦纹。额前存一方形穿孔。长 12.8、宽 14、高 10.3 厘米（图 4-1-60，2；图版六三八，6）。

15GT4 北扩②：32，灰胎。残存部分为一弧形陶板。正面存一截面呈三角形的凸棱，凸棱上饰沟状戳刻纹。凸棱两侧饰纵向沟状凹弦纹，一侧边缘残存弧向凹弦纹组成的鬃毛状装饰，尾端凸起。长 5.5、宽 19.2、高 11.8 厘米（图 4-1-60，3；图版六三九，1）。

15GT4 北扩②：33，红胎，胎心呈青黑色。残存一兽眼，呈圆形凸起状。背面素面。长 8.2、宽 7、高 6.6 厘米（图 4-1-60，4；图版六三九，2）。

15GT4 北扩②：34，红胎，胎心局部呈青黑色。现存部分呈不规则形。正面饰一道蜿蜒曲折的长凸棱带，呈心尖形。长凸棱带前方有一鼓出部分，局部突出，可能为鼻部。长凸棱带内存一残缺的近圆形大乳丁，乳丁旁有凹弦纹装饰。长凸棱

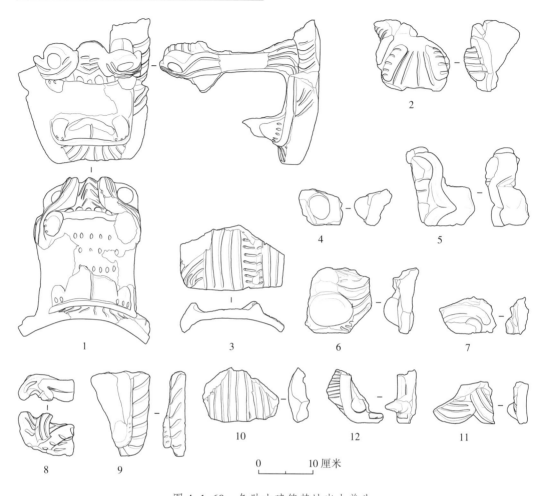

0   10厘米

图 4-1-60 龟跌山建筑基址出土兽头

1. 15GT4 北扩②：29   2. 15GT4 北扩②：30   3. 15GT4 北扩②：32   4. 15GT4 北扩②：33   5. 15GT4 北扩②：34
6. 15GT4 北扩②：35   7. 15GT4 北扩②：37   8. 15GT4 北扩②：39   9. 15GT4 北扩②：40   10. 15GT4 北扩②：41
11. 15GT4 北扩②：42   12. 15GT4 北扩③：31

带后方存一纵向短凸棱带。背面素面且凹凸不平。长 12.6、宽 14.1、高 8 厘米（图 4-1-60，5；图版六三九，3）。

    15GT4 北扩②：35，灰胎。残存一兽眼，呈椭圆形凸起状，兽眼周边有凹弦纹和凸棱带组合成的鬃毛状装饰。背面素面且凹凸不平。长 12.4、宽 6.4、高 11.9 厘米（图 4-1-60，6；图版六三九，4）。

    15GT4 北扩②：37，灰胎，胎心偏青黑色。眼呈圆形凸起状，用凹弦纹饰单层眼睑，上部有一凸棱带构成的弯曲眉脊。背面素面且凹凸不平。长 10.5、宽 4.4、高 6.6 厘米（图 4-1-60，7；图版六三九，5）。

    15GT4 北扩②：39，灰胎。残存兽首一侧，下端存有眼部一角，眼部一侧有戳刻痕，上方有凸棱带构成的月牙形眉脊，眉脊近眼部一侧饰戳刻纹。眉脊上方有一竖向和一弧向装饰，表面均饰凹弦纹，可能分别为角、耳。背面素面。长10.4、宽5.2、高8.2厘米（图4-1-60，8；图版六三九，6）。

15GT4北扩②：40，灰胎，胎心局部呈青黑色。残存部分正面边缘处存较粗的凹弦纹，形成鬃毛状装饰，凸弦纹内有一残缺的凸棱带，凸棱带侧面局部饰戳刻痕。长4.3、宽11、高15.2厘米（图4-1-60，9；图版六四〇，1）。

15GT4北扩②：41，灰胎，胎心局部呈青黑色。构件侧视略呈弧形，正面饰多道凹弦纹组成的鬃毛状装饰。背面素面，内凹。长9.8、宽14.1、高3.8厘米（图4-1-60，10；图版六四〇，2）。

15GT4北扩②：42，灰胎。为一弧形陶板残块，正面饰凹弦纹组成的鬃毛状装饰，分两绺，其中一绺尾端隆起。背面素面。长4、宽7.6、高11.4厘米（图4-1-60，11；图版六四〇，3）。

15GT4北扩③：31，灰胎。存兽头下颌部，嘴角饰一突出的獠牙。獠牙旁有一齿，齿外表面有一纵向刻划纹。下颌侧面有细密凹弦纹组成的鬃毛状装饰。背面素面。长5.8、宽10.6、高9.7厘米（图4-1-60，12；图版六四〇，4）。

鸱兽残块　14件。

07GT2②：81-3，灰胎。残存平面略呈三角形，两面均略呈弧形。长9.7、宽7.2、厚4.6厘米（图版六四〇，5）。

07GT3②：23-4，灰胎，胎心局部偏青黑色。正面饰一卷曲凸棱，侧面饰斜向凹弦纹。长9.5、宽7.8、厚8厘米（图版六四〇，6）。

07GT3②：27，红胎，胎心局部偏灰褐色。残存一兽眼外廓，旁有一凸棱，凸棱上饰多道凹弦纹。凸棱旁有少量细密戳刻纹。长9.9、宽6.5、厚4.5厘米（图版六四一，1）。

07GT4②：49-1，灰胎。正面饰多道弧向凹弦纹，背面素面。长8.2、宽4.5、厚2.8厘米（图版六四一，2）。

07GT4②：49-2，灰胎。正面饰密集的弧向凹弦纹，背面素面。长8、宽3.5、厚1.9厘米（图版六四一，3）。

14GT2西扩①：4，红胎。分前、后两部分。正面饰两绺凸起的鬃毛状装饰，均饰凹弦纹。背面为一残缺且弧度较大的陶板。长14.5、宽9、厚4.7厘米（图版六四一，4）。

15GT1东扩②：49，灰胎，胎心偏青黑色。正面饰一卷曲状凸棱，一端残存一獠牙，另一端有多道凹弦纹组成的鬃毛状装饰。背面凹凸不平。长16.5、宽8.4、厚7.6厘米（图4-1-61，1；图版六四一，5）。

15GT4 北扩①：12，灰胎。正面饰多道凹弦纹组成的鬃毛状装饰，背面较平整，一侧边缘有残缺的凸棱。长 10.4、宽 8.5、厚 3.7 厘米（图 4-1-61，2；图版六四一，6）。

15GT4 北扩①：14，红胎，胎心局部呈青黑色。正面饰一排三角形戳印纹，背面素面且平整。构件一侧为齐边，余边皆残。长 8.7、宽 5.6、厚 2.4 厘米（图 4-1-61，3；图版六四二，1）。

15GT4 北扩①：26，灰胎。残存部分呈不规则形。正面存一近耳形的凸起装饰，有圆形凹窝，饰戳刻纹和凹弦纹。耳形饰旁饰有两绺凹弦纹组成的鬃毛状装饰。背面素面，起伏不平。长 15.3、宽 11.4、厚 5.1 厘米（图 4-1-61，4；图版六四二，2）。

15GT4 北扩③：30，灰胎。残存构件平面略呈三角形。正、背饰一绺弧向鬃毛状装饰，尾端凸起且内卷，旁有一条纵向凹弦纹。背面素面且平整，局部略弧。长 13.2、宽 10.9、厚 4.2 厘米（图 4-1-61，5；图版六四二，3）。

15GT4 北扩③：33，红胎。呈弯曲状，一端较宽，一端收尖，正面和背面饰密度不一的刻划纹。长 4.7、宽 5.1、厚 2.1 厘米（图 4-1-61，6；图版六四二，4）。

15GJPG1③：9，红胎，胎心呈黑色。正面存一略呈"J"形的凸棱带，截面略呈三角形。背面素面，略有起伏。长 8.3、宽 7.2、厚 3.5 厘米（图 4-1-61，7；图版六四二，5）。

15GJPG1⑥：10，灰胎。两面均为素面，构件一侧有弧形边。长 9.4、宽 5.6、厚 1.8

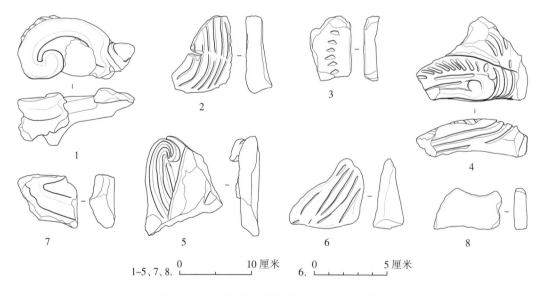

图 4-1-61　龟趺山建筑基址出土鸱兽残块

1. 15GT1 东扩②：49　2. 15GT4 北扩①：12　3. 15GT4 北扩①：14　4. 15GT4 北扩①：26　5. 15GT4 北扩③：30
6. 15GT4 北扩③：33　7. 15GJPG1③：9　8. 15GJPG1⑥：10

厘米（图 4-1-61，8；图版六四二，6）。

6. 砖

共 9 件。均为灰胎。

花纹砖 2 件。一面饰花草植物纹样，另一面素面。

14GT2 西扩①：1，残长 9.7、残宽 8.2、厚 5.8 厘米（图 4-1-62，1；图版六四三，1）。

15GT2 南扩②：6，残长 15.6、残宽 13.1、厚 5.9~6.4 厘米（图 4-1-62，2；图 4-1-63，1；图版六四三，2）。

刻划砖 1 件。

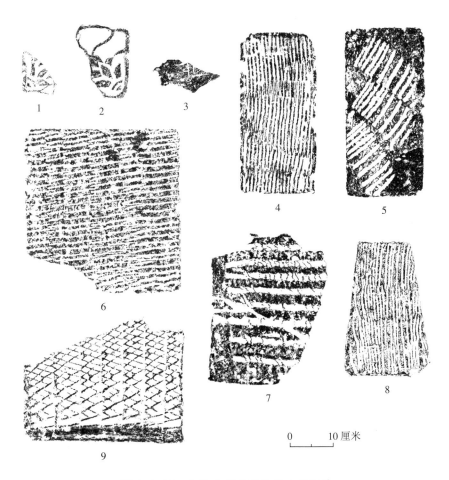

图 4-1-62 龟趺山建筑基址出土砖拓片

1. 花纹砖（14GT2 西扩①：1） 2. 花纹砖（15GT2 南扩②：6） 3. 刻划砖（15GT1 南扩②：51） 4. 长方形沟纹砖（07GT2②：85-1） 5. 长方形沟纹砖（07GT2②：85-2） 6. 方形沟纹砖（07GT2②：86） 7. 方形沟纹砖（07GT2②：90） 8. 梯形砖（07GT3②：28） 9. 菱纹方砖（07GT2②：88）

15GT1南扩②：51，砖一面有刻划痕，似一字。另一面存沟纹。立面存有白灰。残长18.6、残宽10.3、厚6厘米（图4-1-62，3；图4-1-63，2；图版六四三，3、4）。

长方形沟纹砖　2件。一面饰沟纹，另一面素面。

07GT2②：85-1，饰近纵向沟纹。两面均有少量白灰。长36、宽18、厚6~6.3厘米（图4-1-62，4；图版六四三，5、6）。

07GT2②：85-2，饰斜向沟纹，沿对角线方向分三组。砖的两面和侧立面均有白灰。长37.8、宽18.2~18.7、厚5.5厘米（图4-1-62，5；图版六四四，1、2）。

方形沟纹砖　2件。一面饰沟纹，另一面素面。

07GT2②：86，一面饰近纵向沟纹，略弧，沟纹较细。饰沟纹一面粘有白灰。长36.1~37.2、厚5.3~6.5厘米（图4-1-62，6；图版六四四，3、4）。

07GT2②：90，一面饰纵向沟纹，沟纹较粗。残长33.5、厚5.5厘米（图4-1-62，7；图版六四四，5、6）。

菱纹方砖　1件。

07GT2②：88，一面饰网格状菱纹，另一面素面。立面有少量白灰。长36.5、厚5.5~6厘米（图4-1-62，9；图版六四五，1、2）。

梯形砖　1件。

07GT3②：28，整体呈梯形，一面饰纵向沟纹，一面为素面。长29.7、宽12.3~20.8、厚5.6厘米（图4-1-62，8；图4-1-63，3；图版六四五，3、4）。

7. 柱础石残块

共14件。均为砂岩，雕刻。

07GT3②：21-1，柱础石正面雕刻有莲瓣纹饰，莲瓣之间的间隙中饰有卷曲纹。

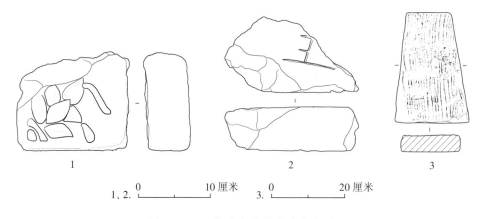

图4-1-63　龟跌山建筑基址出土砖

1. 花纹砖（15GT2南扩②：6）　2. 刻划砖（15GT1南扩②：51）　3. 梯形砖（07GT3②：28）

长 19.5、宽 14、厚 5.8 厘米（图版六四五，5）。

07GT3 ②：21-2，侧面存有二个花瓣。长 21.5、宽 13.6、厚 4.6 厘米（图 4-1-64，1；图版六四五，6）。

07GT3 ②：22-1，柱础石顶面有凿痕，侧面有一个较完整的莲瓣。长 22.1、宽

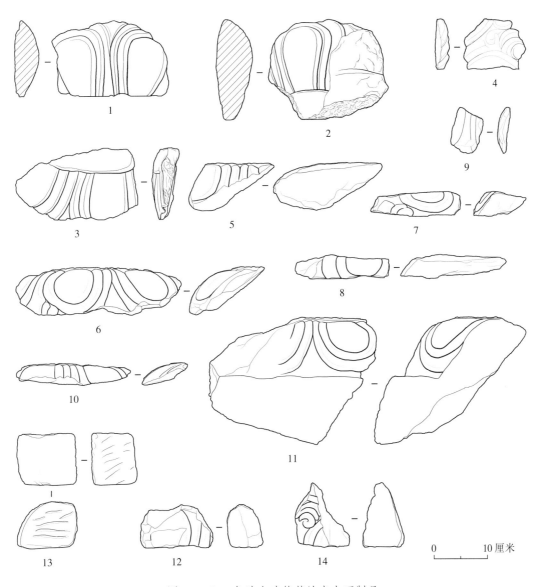

图 4-1-64 龟跌山建筑基址出土石制品

1. 柱础石残块（07GT3 ②：21-2） 2. 柱础石残块（07GT3 ②：22-1） 3. 柱础石残块（07GT3 ②：22-2）
4. 柱础石残块（07GT3 ②：22-3） 5. 柱础石残块（14GT2 西扩①：5） 6. 柱础石残块（14GT2 西扩①：6）
7. 柱础石残块（14GT4 西扩②：6） 8. 柱础石残块（14GT4 西扩②：11） 9. 柱础石残块（15GTG1 ①：1）
10. 柱础石残块（15GT1 南扩②：39） 11. 柱础石残块（15GT4 西扩②：72） 12. 柱础石残块（15GT4 北扩②：73） 13. 石构件（14GT3 北扩①：1） 14. 石构件（15GT3 北扩①：17）

17.9、厚6.7厘米（图4-1-64，2；图版六四六，1）。

07GT3②：22-2，柱础石顶面有凿痕，侧面有二个莲瓣。长22.6、宽12.8、厚5.2厘米（图4-1-64，3；图版六四六，2）。

07GT3②：22-3，柱础石正面有二个残缺的莲瓣轮廓，莲瓣之间饰卷曲纹。长11.6、宽9.1、厚2.8厘米（图4-1-64，4；图版六四六，3）。

07GT3②：22-4，柱础石正面雕刻有四条凸棱纹。长12.7、宽8、厚3.5厘米（图版六四六，4）。

14GT2西扩①：5，柱础石顶面有凿痕，侧面存二个不完整莲瓣。长20、宽15.8、高8.6厘米（图4-1-64，5；图版六四六，5）。

14GT2西扩①：6，柱础石顶面有凿痕，侧面尚存三个莲瓣，其中两个莲瓣较完整。长30.6、宽13.8、高8.7厘米（图4-1-64，6；图版六四六，6）。

14GT4西扩②：6，侧面尚存一不完整莲瓣，莲瓣一侧存二段弧形凸棱及一方形凸棱。长16.7、宽9.8、高4.5厘米（图4-1-64，7；图版六四六，7）。

14GT4西扩②：11，侧面尚存一不完整莲瓣。长19.8、宽17.4、高4.3厘米（图4-1-64，8；图版六四六，8）。

15GTG1①：1，正面雕刻有四道宽窄不一的凸棱。长8.3、宽6.1、厚2.5厘米（图4-1-64，9；图版六四七，1）。

15GT1南扩②：39，柱础石顶面有凿痕，侧面存二个不完整莲瓣。长21.2、宽8.4、高4.1厘米（图4-1-64，10；图版六四七，2）。

15GT4西扩②：72，柱础石顶面有凿痕，侧面存二个莲瓣，其中一个完整。下部残存有底座。长30.4、宽28.2、高22.6、覆盆高10.5厘米（图4-1-64，11；图版六四七，3）。

15GT4北扩②：73，残存部分略呈一长方体。一面尚存一不完整莲瓣，其他面皆残。长13.4、宽7.8、厚6.7厘米（图4-1-64，12；图版六四七，4）。

8. 石构件

共2件。

14GT3北扩①：1，灰褐色砂岩。构件整体呈四分之一圆柱体。各面表面均有凿痕，其中一面为弧面。长10.8、宽9.2、厚8.4厘米（图4-1-64，13；图版六四七，5）。

15GT3北扩①：17，红褐色砂岩。构件略呈不规则三角形。一侧立面有沟槽纹，一侧立面饰凸起的卷曲纹。残长11.5、残宽10.1、厚7.7厘米（图4-1-64，14；图版六四七，6）。